中国前近代的
出版、文化与权力

16—17世纪

〔美〕周启荣
著

张志强　傅良瑜　郝彬彬
肖　超　乔晓鹏
译

夏维中　张新歌
何朝晖　王　赫
校

商务印书馆
The Commercial Press

PUBLISHING, CULTURE, AND POWER IN EARLY MODERN CHINA

by KAI-WING CHOW

©The Commercial Press, 2023

The copyright of Chinese edition is granted by Kai-wing Chow.

ALL RIGHTS RESERVED

根据斯坦福大学出版社 2004 年版译出

纪念我敬爱的老师刘广京教授

代序

新文化史视角下的中国前近代出版业

如果要在明清史研究领域推荐一种系统运用新文化史研究方法的代表作,周启荣教授的《中国前近代的出版、文化与权力(16—17世纪)》(*Publishing, Culture, and Power in Early Modern China*)无疑是迄今最好的选择之一。该书英文版面世有年,已在英语学术界形成广泛影响,如今中译本即将付梓,缘因先睹,兹将心得与同好分享。

这是一部从印刷对文化生产的影响的角度考察晚明社会公共领域情态的专门著作。晚明历史各个领域的研究都已非常丰厚,学术界完全了解,晚明是一个文化繁荣的时代,出版业的空前发达是这种繁荣的表征之一。然而,出版业繁荣的社会表象背后,究竟在发生什么,我们却常常不去深究,或者将之笼统纳入"社会转型""市民文化兴起"之类宏大叙事中,归为经济、政治推演导致的诸多社会表现中的一种,对其自身情态与文化含义仅做白描式的呈现。启荣教授的著作,用新文化史的透视镜,让我们看到晚明出版文化纷繁复杂、绚烂多彩的情节,揭示出内中种种意蕴，促使我们修正关于晚明文化、政治的一些习惯了的看法，或者把一些以往迟疑的看法确定下来，把模糊的去处看得真切。它不仅提出了对于理解晚明中国的一些重要观点，而且展示出一种研究的理念和方法，为学术界提供了运用新文化史方法研究晚明历史究竟可以怎样深化和拓展晚明历史认识的典范文本。现今学术出版规模空前巨大，但类似《中国前近代的出版、文化与权力（16—17世纪）》这样的书，仍然难得一见。

启荣教授受过严谨社会科学理论方法训练，他的著作，包括本书和更早出版并已有中译本的《清代儒家礼教主义的兴起：以伦理道德、儒学经典和宗族为切入点的考察》（*The Rise of Confucian Ritualism in Late Imperial China: Ethics, Classics, and Lineage Discourse*），对论题的缘起总是要做深入的分析，在分析中对自己所运用的、常常具有创新性的核心概念做出明确的界定，全书逻辑严谨，浑然一体。这样的书，并不以易读为胜，须得有一些耐心，有一些追求学术新境界的心情。

启荣教授在这本书中提出了若干非常重要而富有启发性的概念。

"艺文文化"（literary culture），指"透过文字所表达的各种文学和艺术形式，包括那些与文字相关的艺术，如书法、绘画、篆刻、音乐、歌曲、舞蹈、戏剧、地方民谣等"。这个概念涵盖了作为表演艺术的"文艺"，也涵盖了以文字为载体的"文学"，以及其他各种艺术形式，是"文学文化"和"艺术文化"的统称。他认为晚明"艺文文化"是一种由"士商"为主体推动的文化，而印刷和商业化的出版在其中扮演了重要的角色。商业出版的扩大促成了包括作者、编辑、编纂者、评注者、批评者、出版者和校对者在内的艺文文化职业阶层增长，这个职业把"士"和"商"结合到一起，他们借助书籍市场的发展而获取科举之外的显赫声名，俨然成为与科举考官分庭抗礼的别种权威，从而建构起了一种新而广阔的、把无数阅读公众（reading public）卷入其中的话语空间，构成了一个与科场经济和官方意识形态交叉但又迥然不同的艺文公共领域（literary public sphere）。看到这里，读者自然会发现，作者正在从出版、士商融合、艺文文化的角度思考公共空间在晚明时代如何发生这样的问题。这个问题之所以重要，是因为设若不存在公共空间，现代社会就断然难以发生——虽然存在公共空间未必等于已经进入现代社会。启荣先生实际上通过对晚明士商阶层支撑的出版和艺文文化的研究，从文化领域向我们证明了晚明公共空间的存在，并以非常细腻的笔触呈现了这种公共空间存在的方式。这时我们也就理解，"艺文文化"是解开晚明文化历史和社会变迁诸多繁难问题的一把钥匙。

"超附文本"（paratext）是本书中另一个轴心性的概念。它指的是，一本书中附属但又往往超离该书主要文本的部分，包括序言、评语、注解、书名、字号、出版人、插图等，它们附属于书，但又可以被分割甚至离开主体文本而存在、流行，可以影响读者对主要文本的解读，是阐释书籍的门槛，同时也是相当程度上商业化了的艺文产品。这种超附文本拓展了书籍的话语空间，被用来贯彻作者和编者的意图，并导引或控制读者建构意义的方式，扩展士商的话语空间，去协商、挑战甚至颠覆官方的艺文话语权威。其中一个重要的表现，就是那些编辑、评选科举时文的书籍往往会承载对遴选不公的批评、制造民间的舆论以此来干预科考选举的操作。本书的研究表明，对超附文本的考察，使得追踪那些常常被有意遮掩的商业出版界士商们的职业轨迹成为可能，也使透过公众阅读习惯来了解当时作者、出版者通过评论来反对，甚至颠覆皇权意识形态和政府政策而建构的巨大话语空间成为可能。有了这样的研究，我们就可以看到，以往我们以嘲讽的口吻提及的那些科举经济文字背后，其实隐藏着丰富的历史信息，一种士商话语与皇权意识形态的角力。于是，晚明文化思想界的动向就比以往清晰了许多。

为什么以往学者没有充分注意或者察觉这种情况呢？启荣教授认为最主要的原因是"偏汉学"（sinologistic）研究方法的影响。"偏汉学"是启荣教授在汉学（sinology）基础上自创的一个语汇。汉学泛指关于中国语言、历史和文化的研究，狭义则专指域外学者的相关研究。域外学者研究的基本特点在于他们是将中国语言、历史和文化作为他者来思考，而本土学者则是将之作为一种自我审视的考察。这是我们总能在狭义汉学家的研究中看到更多比较性分析的总体原因。由于狭义汉学家主体在西方，其主流的研究一定带有西方观念和学术传统的色彩。这种色彩提供了诸多本土学者因为"身在此山中"而难以察觉的认识，也带来一些偏见，尤其在 20 世纪中叶以前，即汉学研究尚未对西方中心主义有足够的警觉之前，更是如此。基于汉学的内涵而创立的"偏汉学"，就是指带有传统汉学固有的思维定势色彩的中国研究和历史叙事模式。启荣教授指出："这种模式采纳了三种不同但却密切相连的时间、空间与文化的话语系统——历史社会有机论（Historicism）、欧洲中心主义（Eurocentrism）与现代主义（Modernism）。"这里的"历史社会有机论"在其他著作中常被译作"历史主义"或"历史决定论"。搁置翻译的差异，启荣教授的贡献在于，用"偏汉学"这个概念揭示出这三种深度影响现代历史学的观念的共性和关联。我们在现代历史学的各类著述中司空见惯的那种通过化约而构建起来的同质、线性、渐进的普遍历史序列，其实只是西欧独特的历史时序。一旦承认历史主义话语建构起来的这种普遍性，欧洲中心主义就应声而至，非西方的历史只能在西方历史的时序中去定位，作为欧洲的边缘而被描述成非典型、变态、迟钝的经验。欧洲经验既成为一种历史宿命，欧式现代化就成为标准，从而现代主义的话语就支配了所有地方的历史叙事。于是，除非现代化，中国历史中的任何变化都成为没有意义的事情。被中国读者广泛推崇的黄仁宇教授的把中国明代视为"一个失败的总记录"的论述，其实就是这种"偏汉学"话语支配的中国历史叙事的一个范例。启荣教授认为："如果我们继续从欧洲中心主义的角度来进行研究的话，我们将不可能看到除空白和缺陷之外的任何东西……";"偏汉学叙述根本不能够辨认与说明中国历史的差异性",以往的中国印刷史,就是在这种叙述中被理解的。在这种理解中,虽然印刷术在中国比欧洲早5个世纪,但中国的表意文字妨碍活字印刷的发展,因而在欧洲,活字印刷极大地促进了现代化进程,而中国大量使用的雕版印刷却是一种缺乏重要性的发明。虽然近年已经出版了许多有关中国印刷的调整视角的著作,但尚无从比较印刷史角度所做的关于印刷对于中国社会影响之历史意义的深入研究,而我们案头的这本书,正是从质疑以往主流话语和历史研究观念入手对雕版印刷与活字印刷这两种技术产生的影响进行比较的力作。研究的取径有二:一是去探析"16、17世纪雕版印刷和活字印刷方法在复制和传播信息过程中差异的复杂性";二是考察该时期印刷对社会各个层面所产生影响的差异。

考察中,启荣教授把与印刷相关的各种社会实践(practice,本书中译为"习业")作为中心,同时变通地采用了皮埃尔·布尔迪厄(Pierre Bourdieu)的"场域"概念作为讨论的工具。在这样的语境中,社会实践被分为各种场域,以便思考其间的各种关系及其变动。他的研究勾勒出这样的场景:个人在权力、文化生产、文学、经济等各种场域中通过竞争获得经济、文化、语言意义上的资本,占取不同的位置,创造事业轨迹。尤其是士商阶层,借助于商业发展环境提升了自己在政治和经济场域中的位置,并改变了两个场域之间的关系。一些不得志的科举考生作为职业作家、批评家、编者和评注者出卖艺文劳动,获取经济收益和声名,凭借其声名成为经籍解释和文学品评领域的鉴赏裁判人,进而影响了科举考试场域的实践方式。于是,我们就看到了印刷业繁荣与体制之间存在复杂的关联。

参酌哈贝马斯的"公共领域"(public sphere)概念,启荣教授从印刷、阅读史的角度回答了中国在 19 世纪之前是否曾经发展起一个"公共领域"的问题。并未拘泥于西文中"公共领域"定义的复杂纠缠,他在中国固有的"公"概念基础上提出,16、17 世纪存在着一个"艺文公共领域"。书籍是要推向公众、向社会公布的,本身就具有"公"的含义。晚明时期的"公"常被用来表示识字人群共享的公共空间,印刷和阅读把分散于中国广阔地域中的读者连接起来,文人和读者组成了一个艺文公众(literary public),于是,与出版关联的接近公共舆论含义的"公论"也凸显起来。

新文化史相对晚出,是具有明显新异性的学术取径。近年来许多具有新异性的历史研究,以辩难实证主义历史研究缺陷入手,结果却往往是新意可观而推测过多,求诸文献,反证常被规避,不称严谨。启荣教授的研究,兼得理论方法求新与实证严谨之长。前述有关晚明印刷、出版、艺文公共空间等论说,皆在书中以文献实证的具体过程一一落实,体现出历史研究中新异方法与文献考证之间完全可以相得益彰,而非相互排斥,从而展现出远比简单的潮流革替观更丰富的历史面貌。书中随处可见对前人论说或者潜在不同论证的辨析,不时将晚明时代的情况与欧洲的情况加以比照，从而将读者带入一个立体、动态的思考场景。与建构一种主张后调动支持性证据一条鞭地说下去的灌注性叙述相比，这样的研究可以使我们更深入地领会历史研究作为一种论述（discourse）的意蕴。

本书从多个角度考察了16—17世纪中国书籍的生产。其中涉及纸张成本、雕版刻工、书价、出版收益、商业出版的运作方式、出版中心、商业出版扩张如何为科举士子提供艺文劳动机会、艺文市场的交易、商业性"四书"论集对官方解释的挑战、艺文权威由朝廷向职业批评家的转移、复社作为能够对科举考官施加影响的职业批评家联盟的性质、八股文评选家通过出版市场而成为公共批评家、科举考试与商业性书籍出版的关系、诸多晚明士人在商业化艺文公共空间的表现，以及中、欧出版商运作社会环境的差异等前人语焉不详或者根本未曾研究的问题。仅就这些问题所涉史实而言，这本书就足以成为明清历史研究者案头必备的文献。况且，在考核这些史实的同时，书中还提出了诸多富有启发意义的见解，例如晚明多样化的士商精英群体、增长的城市人口、科举考生的增多，以及包括娱乐在内的社会生活的活跃与多样性为书籍出版带来更大需求。由于纸张成本低廉、人力充足和印刷技术纯熟，晚明书籍对于当时读者而言，价廉而易得，而价格低廉的书籍是该时代涌现大量藏书家的重要背景。晚明书籍出版相当自由，任何人只要有足够的资源，就能自由出版包括新闻、手稿和政府刊本等几乎任何文本，政府对出版基本不加干预，盗印普遍但有可能被追究。雕版印刷具有技术简便、投资灵活和处理"超附文本"便利的优势，是一种有效的印刷技术，对文化、社会产生了重大影响，而绝非一种难以产生这类影响的"原始的技术"。这个时代的科举考试，作为基于皇权而生产社会、文化和政治秩序的主要制度，也是一般文化生产的重要制度，它提供了教育、科举习业和与政治资本关联的特定语言沟通系统。晚明士人刻意遮掩参与出版的行为，仍以求取功名为终极的人生目标，但却往往需要在艺文市场中获取经济收益和声誉资本。晚明士人十分重视保存自己政治追求的文字，但有意"忘却"在经济场域的职业轨迹。晚明商业出版扩张并没有导致与朝廷敌对的世俗印刷者群体出现，印刷也没能促成社会、政治的彻底变革，但这并非由于中国没能发展活字印刷技术。该时期商业出版以独特的方式产生了深远的社会影响，商业出版繁荣本身就意味着书籍及其生产技术推动了16、17世纪的商业化进程，扩大了纸张、墨料、木料消费需求和相关劳动需求与市场，成为财富累积的重要方式，推进了士商融合，重组了政治场域和经济场域之间的关系，悄悄地侵蚀着皇权政府在文化生产场域的权威，并使艺文公共场域成为科举考生在乡试、会试中进身的重要途径之一。艺文生产中的专业和业余界限是模糊的，士商阶层在这种模糊而又灵活的社会活动中走出新的职业轨迹。这些见解，无疑都值得研究明清历史的学者深思。

启荣先生认为，明清之际中国社会可以总体上称之为"士商社会"。他虽然没有在这部著作中全力论证这种看法，但前述主张，都与这种看法一致。了解这一点有助于读者把握本书的整体含义。我们尽可以从其他角度来概括这个时代社会的基本特征与趋势，但是通过这部书，我们无法不对明清之际中国士与商两大社会阶层的融合及其后果刮目相看，它令人信服地表明，晚明时代正在经由士与商在出版和更广义的艺文生产活动中，创造出一个具有空前自主性和规模的文化空间，并在这种空间中内在地融合，营建起一个与庙堂意识形态进行交流切磋的"新文化意识形态"。

启荣教授是蜚声中外的明清文化、思想史专家，是我神交已久的学长。为他的这部重要著作作序，使我惶恐不安，亦觉与有荣焉，是以不揣浅陋，略陈管见。至于书中精深，还需读者细心寻绎，各见精彩。

赵轶峰

2019 年 7 月 18 日

中文版自序

在华文史学界里，中国印刷史研究在 20 世纪以前，研究方法与议题基本属于文献学与版本学的传统。最著名的研究可以以张秀民与钱存训为代表。两家的研究主要集中在印刷技术与具体的书籍目录、出版地、出版机构与版本等问题。

西方学者对印刷技术对于近世欧洲的文化、宗教、科技、经济、政治各方面的影响有深入研究。然而，古腾堡活字印刷对于欧洲近世兴起具有关键性作用的观点，长期以来已经成为主流的论述范式，而这个论述往往被用作衡量中国雕版印刷术的标杆。在目的论与欧洲中心主义的支配下，直至 20 世纪 90 年代，中国出版印刷史的研究仍然停留在文献史、目录学史与技术史的层面，学者少有就印刷出版对中国文化、社会、政治、经济与宗教各方面产生的深远影响进行深入的分析。本书的研究方法应用新文化史理论来分析晚明蓬勃的商业出版对社会、文化各方面所起的巨大作用，包括"士商"的经济生活、"艺文公共场域"的扩大、士人应试策略的改变、商业出版产生的"文权"对于官方阐释经籍的权威与衡文标准的冲击，及其直接影响政治权力的分配等问题。

  本书的中文译本能够与读者见面实属不易！南京大学张志强教授的领导与坚持是本书得以最终出版的主要原因！主要译者傅良瑜与参与翻译的其他学者付出的努力让我的研究可以介绍到华人学界。特别要感谢两位明史专家：南京大学的夏维中教授于百忙之中抽空仔细审阅了书稿，纠正了很多错讹，提供了很多翻译词语的建议！东北师范大学的赵轶峰教授不吝为本书赐序！我的几位博士生——张新歌、蒲玉洁、李汉平、杜瞻秋也参与了本书译文的校对工作，并寻找核对一些原文，费时耗力，十分感谢他们的努力。最后，中国社会科学院中国历史研究院古代史研究所解扬教授为了追查核证引文，多次到书库翻阅明版原书，于此一并致谢！

周启荣
写于香槟晚落湖畔
2021 年 11 月 5 日

目 录

英文版平装本序　　　　　　　　　　　　　　　　i
致　谢　　　　　　　　　　　　　　　　　　　　v
图表目录　　　　　　　　　　　　　　　　　　　viii
翻译名词说明　　　　　　　　　　　　　　　　　x

引　言　印刷、欧洲中心主义以及对中国前近代社会的研究　1
　　印刷、艺文文化与科举考试　　　　　　　　　1
　　偏汉学模式的历史叙事　　　　　　　　　　　9
　　建构中国前近代社会"习业"概念　　　　　　18
　　士商文化和"公"领域的扩张　　　　　　　　25

第一章　书籍生产成本和书价　　　　　　　　31
　　纸在明代社会中的使用　　　　　　　　　　　47
　　书籍生产的成本　　　　　　　　　　　　　　54
　　书价　　　　　　　　　　　　　　　　　　　61
　　收入与书价　　　　　　　　　　　　　　　　74

第二章　中国书籍与晚明出版　　　　　　　　　87

　　印刷技术的经济学分析　　　　　　　　　　87

　　出版业的商业运作　　　　　　　　　　　　109

　　书籍贸易和销售　　　　　　　　　　　　　116

第三章　写作、科举和出版的商品化　　　　134

　　明代的科举考试和文化生产　　　　　　　　134

　　超附文本与可信性、公众性和人际网络的生产　162

　　形形色色的士商出版人与士商作家　　　　　180

第四章　超附文本：评论、意识形态与政治　216

　　科举考试与意识形态　　　　　　　　　　　216

　　超附文本以及对经典的多种阅读阐释　　　　249

第五章　公众权威、艺文批评与组织力量　　270

　　公众权威：从宫廷到阅读公众　　　　　　　270

　　出版与科举考试成功　　　　　　　　　　　294

　　批评家和商业出版　　　　　　　　　　　　306

　　文社与考试成功　　　　　　　　　　　　　316

　　艺文批评家的联盟——复社　　　　　　　　329

结　论　16—17世纪中国的印刷和艺文文化　340

　　印刷对16—17世纪中国的影响　　　　　　　340

　　士商文化在超附文本中的象征性产物　　　　344

　　前近代中国与欧洲的印刷　　　　　　　　　346

附　录　357

附录1　毛扆：《汲古阁珍藏秘本书目》　357

附录2　潘允端1586年至1601年间所购图书　362

附录3　沈津列出的书籍价格　363

附录4　1570年代至1640年代食物、用具和其他物品的价格　364

附录5　陈仁锡以不同身份参与出版的书籍
（出版商、编辑、评注者、编纂者、校对者）　366

附录6　晚明时期关于"四书"评注书籍的出版时间列表　368

图书馆、机构和书目出处缩写　371
参考文献　374
译后记　401

英文版平装本序

这是一个新的平装版，只更正了一些错误。将来可能会通过另一个修订版进行更多修改。但就这个新版本而言，利用这个超附文本来解释本书所使用的分析概念的一个主要理论问题是最合适的。

本书的有些评论者对一个问题感到困惑：我一方面批评中国历史研究里的欧洲中心主义方法，而我在书中使用的主要概念却是由欧洲学者构建的。这种被误认为的"矛盾"有必要澄清。将"欧洲中心主义"（Eurocentric）与"欧洲原生主义"（Eurogenic）区分开来是很重要的。前者是指一种通过欧洲，或更准确地说是西方的视角来表现和解释社会形态和历史的方式，而后者则涉及源自欧洲包括象征性和物质性的事物。与"印刷资本主义""公民社会""个人主义"和"现代性"等欧洲中心主义的概念和理论不同，"欧洲原生主义"的理论，例如"场域"和"超附文本"的概念，它们并不属于西方独特性的宏大叙事的组成部分，它们与欧洲走向现代最终胜利和统治的制度与知识体系发展的话语没有必然关系。

与马克斯·韦伯和安东尼·吉登斯的社会学理论,或尤尔根·哈贝马斯的"公共领域"理论不同,皮埃尔·布尔迪厄的"场域"(field)、"习心"(habitus)和"象征资本"(symbolic capital)等主要概念并没有对于资本主义或现代民族国家的理论假设任何必要的历史或理论联系。它们不是为了解释和证明现代欧洲可能优越和独特的习业。事实上,他的理论提供了"对现代性的批判"[1]。布尔迪厄对区分不同社会类型不感兴趣。正如他在卡比利亚的早期田野调查和他后来对法国社会的研究所证明的那样,他的分析以一个特定的"社会世界"为研究对象,而没有假设任何关于社会形成的普世发展路径和类型学。他关注在心理和社会结构中创造差异的各种程序,这些程序允许主导群体复制统治模式。与福柯(Michel Foucault)的那些理论一样,他的理论侧重于分析多种习业(practice)形式中的支配关系再生产的结构和程序。

尽管布尔迪厄致力于将习业作为系统知识(科学)进行研究,但他的"习心""象征资本"和"场域"概念的发展超越了任何特定社会产生的"知识"和文化。他认为"场域之间的关系不存在跨历史规律[此句原书作斜体],[而且]我们必须分别调查每个

---

[1] 见 Craig Calhoun, "Habitus, Field, and Capital: The Question of Historical Specificity", in Craig Calhoun, Edward LiPuma, and Moishe Postonel, eds., *Bourdieu: A Critical Perspective*, Chicago: University of Chicago Press, 1993, p. 62。

历史案例"①。通过避免使用欧洲中心论中的标准术语，布尔迪厄的理论为在非欧洲社会研究中的应用提供了广阔的空间。他的概念为我提供了另一种工具来描绘出版印刷对 16 世纪和 17 世纪中国文化生产和权力生产的影响。

热拉尔·热奈特（Gérard Genette）的"超附文本"概念也是如此。欧洲书籍中确实有一些中文图书没有的超附文本，例如水印、不成比例的首字母、大写字母、奇妙的画中画首字母等。中国传统书籍可以被称为超附文本的有很多，例如序、跋、页眉和行间批注、包装方法、纸张、书籍封面、字体大小和颜色、插图、标题、作者、编辑和出版商的姓名等。我在这本书中展示了"超附文本"可以用来分析出版对前近代中国艺文生产和权力关系的深远影响。"超附文本"的概念不需要涉及任何以欧洲为中心的历史变迁或社会经济和意识形态组合的宏大理论。

在为现代性和资本主义的理论和史学批判提供新的方法和理论的欧洲学者中，米歇尔·福柯和米歇尔·德·塞尔托（Michel de Certeau）是最有影响力的两个人。这里没有必要重申对启蒙运动的批评以及福柯作品中对现代国家和社会的约束机制和程序的分析。米歇尔·德·塞尔托的立场可能需要一些解释。与福柯一样，塞尔托批评启蒙运动以来欧洲现代文化的发展。民族—国家、资本主义及其支持机构——写作、法律、工厂、城市和话语/知

---

① Pierre Bourdieu and Loïc J. D. Wacquant, *An Invitation to Reflexive Sociology*, Chicago: University of Chicago Press, 1992, p. 109.

识——重新组织了习业,压制了异类的声音和非标准的习业。然而,与福柯和布尔迪厄不同,塞尔托的理论关注被支配者在日常生活中的抵抗"策略"——比如阅读、散步和谈话。

在他们对西欧现代资本主义社会中的权力技术及其"象征权体"(symbolic regimes)的分析和批评中,这些欧洲学者已经营构了各种分析工具,对"西方崛起"话语的社会和历史分析的假设和方法进行了质疑和削弱。它们是挑战"欧洲中心主义"话语和史学史的"欧洲原生主义"理论。在本研究中应用的这些理论旨在帮助我们清除对中国前近代习业研究中的障碍,绕过现代主义的社会和历史分析理论,因为后者模糊和歪曲了中国的社会和历史进程。

在这一新版中,我要感谢帮助纠正错误的同事、朋友和学生:我的导师刘广京教授,同事韩子奇,译者傅良瑜;我的学生杜勇涛、贺栗、张晶晶、李同路、崔洁和约书亚·赫(Joshua Herr)。尤其是张晶晶和贺栗在查找不一致和错误方面特别细致。

最后,我要把这个新版本献给我的导师,已故的刘广京教授。他非常认真地阅读学生论文,这次也为本书指出并纠正了一些错误。

致　谢

许多人慷慨地付出了宝贵的时间来阅读这本书不同时期的稿本。我要特别感谢司徒琳（Lynn Struve）、罗友枝（Evelyn S. Rawski）、包筠雅（Cynthia Brokaw）、何谷理（Robert Hegel）和韩子奇（Tze-ki Hon），以及我在伊利诺伊大学的同事安濮（Anne Burkus-Chasson）和科珍妮（Janet Kelly），感谢他们的批评和评论。有许多人阅读了不同的章节并提出了他们的赞扬和批评。大木康（Oki Yashushi）、艾思仁（Soren Egren）、杰克·威尔斯（Jack Wills）和我的同事徐钢、韩瑞亚（Rania Huntington）、上田温子（Ueda Atsuko）都慷慨地贡献了他们的时间和专业知识。

我还从各种研讨会和演讲上的同事评论和批评中受益，如印第安纳大学的书籍史研讨会、华盛顿大学的梅隆论文研讨会、加州大学戴维斯分校的刘广京系列讲座，以及在夏威夷大学的演讲。我对彼得·林顿（Peter Lindenbaum）、司徒琳、何谷理、曼素恩（Susan Mann）和郭颖颐（Daniel Kwok）表示感谢，感谢他们为我提供了检验我的想法的绝佳机会。我还要感谢比利时的韩约翰

（Johan Hanselaer），他慷慨地翻译了他自己关于16世纪安特卫普工资和价格的文章的部分内容。

从他们富有洞察力的建议、批评和专业知识中，我纠正了一些错误并得到了提高。但我仍然对本书中存在的任何错误负全部责任。我必须向伊佩霞（Patricia Ebrey）和罗威廉（William Rowe）表示感谢，他们在我整个学术生涯中的支持和建议都具有特殊意义。他们的友谊和实质性的指导促进了本书的推进和完成。

许多朋友和图书馆员提供了书籍使用和收藏地点方面的帮助。中国社会科学院历史研究所的戚克臣、周少全；伦敦大学非洲和东方学院的斯素（Sue Small）；牛津大学博德利图书馆的何大伟（David Helliwell）；曾任职于台北"中央"图书馆中国研究中心的苏精，其他曾给予我宝贵帮助的中心工作人员包括张琏和刘显树。哈佛燕京图书馆的沈津，美国国会图书馆的居蜜（Mi Chu Wiens）帮我寻找明代的印本。在本校，陈同丽和她在伊利诺伊大学图书馆东亚馆的工作人员在整个过程中都乐于提供支持。我特别感谢野口节子（Setsuko Noguchi）为我寻找图书的奉献精神。

本研究的初衷是通过深入研究李贽的思想和生活来考察晚明文化。它逐渐从对李贽参与出版的研究扩展到对刊本对于晚明文化、习业影响的综合探究。该项目在其漫长的孕育和嬗变的各个阶段，得到了各个机构和资助机构的慷慨支持。中华人民共和国学术交流委员会的资助使我能够在北京和上海的各个图书馆对相关书籍的明代版本进行研究。台北汉学研究中心的补助金为我提供了一个很好的机会来研究该中心收藏的"四书"晚明注解本。

本书的写作得到了各个机构的资助。台北太平洋文化基金会和伊利诺伊大学香槟校区东亚和太平洋研究中心为我的写作提供资金支持。伊利诺伊大学的研究委员会和"人文学科发布时间计划"慷慨地提供了资金支持。我特别感谢东亚和太平洋研究中心主任于子乔（George Yu）在该项目的各个阶段给予的不懈支持。

还要感谢日本国立公文书馆许可复制四本明版书的页面：《四书体义》《皇明百方家问答》《四书千百年眼》和《陈批列国志传》。我特别感谢日本国立公文书馆档案事务科服务部的大原由美子（Yumiko Ohara）小姐的有效沟通和专业协助。本书第四章的部分内容已发表在1996年6月出版的《晚清帝国》中。

我还要感谢马特·史蒂文斯（Matt Stevens）的细致编辑。他的专业精神非常令人敬佩。我也衷心感谢斯坦福大学出版社编辑梅利·贝尔（Muriel Bell）和希朱迪（Judith Hibbard）的热情、建议和帮助。

最后，要特别感谢我的子女乐思（Roxanne）和乐文（Shawn），他们也为这本书做出了许多重要的贡献。没有他们的支持和理解，这本书就不会取得今天的成功。我将这本书献给我的父母，他们的牺牲和永恒的爱是使这本书成为可能的最终力量。虽然他们所做的牺牲很难通过本书的完成来弥补，但我希望我们都能分享看到它最终出版的喜悦。

图表目录

图片目录

图 1.1 《陈批列国志传》中的一页　　　　　　　　46

图 2.1 郭洙源《皇明百方家问答》书目的最后一页　　112

图 3.1 一部"四书"评注——《四书千百年眼》之凡例
　　　 部分　　　　　　　　　　　　　　　　　165

图 3.2 郭洙源《皇明百方家问答》中的一页　　　　170

图 4.1 《大学体义》中的一页　　　　　　　　　257

表格目录

表 1.1 雕版价格（约 16 世纪 70 年代—80 年代）　　55

表 1.2 16 世纪 50 年代—17 世纪 50 年代纸张价格　　57

表 1.3 明末清初的书价范围　　　　　　　　　　63

表 1.4 晚明时期的月工资　　　　　　　　　　　82

表 2.1 官刻与坊刻雇用刻工数量表　　　　　　　102

表 5.1　士商作家考中进士或举人的平均年龄和余生对照表　　285

表 5.2　四个艺文派领袖中进士时的平均年龄和余生对照表　　286

表 5.3　艺文领袖写作或编纂的书籍总表　　287

表 5.4　艺文领袖在出版活动中的职位　　288

表 5.5　艺文领袖的出版物数量、种类与参与出版的职位数　　288

表 5.6　其他知名作家在出版活动中的职位　　290

表 5.7　其他知名作家写作或编纂的书籍总表　　290

表 5.8　其他知名作家的出版物数量、种类与参与出版的职位数　　291

翻译名词说明

cultural production　"文化生产"，这个概念涵盖"艺文生产""艺术生产"（art production）与"语言生产"（linguistic production）。参看 literary production。

epitext　"超书文本"，指实体地超越、超出，并不附存于一部书本体的文本，如书评、作者访问、藏书目录。"超书文本"与书不是合体共存的。参看 paratext 与 peritext。

discourse　"论述"，这个概念学界有翻译为"话语"或"论述"的。欧洲早期 discourse 主要跟语言、对话有关。但作为新文化史的用法，分析 discourse 侧重在文字、观念，而不是对话。虽然"论述"也是源于语言，但是"论"已经完全文字化，所以，"论文""论著""评论"都是以文字形式为主。因此 discourse 翻译为"论述"而不是"话语"比较妥当。

genre　"体类"，这个概念有"文类""体裁""类型"等不同的翻译。genre 主要指不同的"艺文"（literary）或者"说话"（speech）类型。这些不同的类型体现在由词汇、音律、格式构成的系统性之间的差异。因此不同的类型具有相对明确的结构规范的差异。选择"体类"作为 genre 的翻译考虑到两个重要意涵：1. 体型的具体要素（词汇、格式、韵律）；2. 类别，即这些要素的系统性差异。"体类"不但可以包含"体裁""类型"和"文类"，同时可以用于文章或者文字以外的艺文形式。例如，speech genre 可以翻译为"说话体类"，film genre 可以翻译为"电影体类"，而 literary genre 可以翻译为"艺文体类"。若将 film genre 翻译为"电影文类"便不适当。电影作为一种艺文媒介主要体现在视像而不是文字。

habitus "习心"，取自《吕氏春秋·有始览》："凡人亦必有所习其心。""习心"指由场域产生和复制的思想习惯，不是个人的思想习惯。个人的思想习惯可以千差万别，但"习心"却是由制度、场域的规范所产生与复制的。"习心"产生与复制"习业"，而"习业"又产生与复制了"习心"。比照"习业"条。

literary "艺文"，取自《汉书·艺文志》，以别于"文学"(literature)。"文学"是西方近代创造的概念，现代知识分类强行分割"艺文品"为"文学""历史""哲学"，树立论述界限，割裂"艺文品"为不同学科的知识。

literary field "艺文场域"，参见 cultural production。

literary production "艺文生产"，指一切以文字为主体的物品。艺文生产的对象是识字的读者，所以不包括"艺术生产"(arts production）。"艺术生产"又可分为"行为艺术"（performing arts）与"视觉艺术"（visual arts）两种。"行为艺术"包括说书、戏曲、话剧、相声、舞蹈、歌唱、音乐、杂技、魔术等表演艺术。"视觉艺术"如电影、绘画、雕塑、建筑、室内摆设、灯光秀等产品。"艺术生产"的对象无需识字，只需要观众与听众具有视觉与听觉的能力。

literary public　　"艺文公众"，指所有具有阅读能力的读者群。

misonymity　　"冒名"。misonymize 即"冒名"或"错名"，是指书籍的作者冒用名人的姓名。参看 pseudonymity 与 onymity。

onymity　　"具名"，指书籍的作者署名，可以是真实的作者，也可以是冒用别人姓名。与"冒名"与"匿名"（anonymity）或不署名相对。

paratext　　"超附文本"，取超越但也是附属之意。学界有把 paratext 翻译为"副文本"或"辅助文本"的。但"副文本"或"辅助文本"没有包含可以实体脱离书本而存在的意思，只有辅助的涵义。更重要的是热拉尔·热奈特的 paratext 理论的一个核心理由是要凸出"超附文本"作为了解一部书的认知门槛。所以"超附文本"的作用不仅有"副"或者"辅助"的作用，而且可以具有主宰与引导读者解读的功能。因此，中文翻译需要把这个意思包含在内。"超附文本"的"超越"涵义便可以满足热拉尔·热奈特理论的这个要求。"超附文本"又可以分为不附存于书上的"超书文本"（epitext）与附存于书本上、同本体不分的"附书文本"（peritext）。参看 epitext 与 peritext。

peritext "附书文本"，属"超附文本"的一种，指实体地附存于一部书的文本，如封面上所有文字、如作者名、书名、字体、图案设计等。相对于可以脱离书本的"超书文本"而言，"附书文本"与书本是合体不分的。参看 paratext 与 peritext。

practice "习业"，取自《礼记·曲礼》："所习必有业"，指习以为常之行为。学界通常把 practice 翻译为"实践"，但实践具有按照计划或目的而行动或反复从事的意思。practice 指的其实是社会上习以为常的行为，可以是个人但却又是社会上人人日常都可能从事的行为，不必是有意识地去反复训练或者按照计划去从事的活动。例如把钱存到银行，小孩到入学年龄便送入学校，卫生的刷牙习惯，一天吃三餐，以至用手机而不是通过邮寄信件来沟通等。"习业"可以是在论述对个别"习业"赋予意义之前的社会性行为。

pseudonymity "假名"，书籍的作者姓名是虚构的，并非真实的人。与"冒名"比较，"冒名"是作者与被冒用姓名的人都是真实的。

publicity "公示性"或"公开性"，视乎语境而定，两个词语都有公开展示的意涵。前者凸显让公众看见的性质，后者强调公众可以查找，或者获得的知情性质。

public authority "公众权威"或"公共权威"。

representation "表述",学界习惯性地将representation 翻译为"再现",理由是根据re-present的意思。但是"再现"的过程几乎必定是透过文字,所以用"表述"更能表达"表而出之"的意思。"述"有"复述""转述"的意思,相当于re-present一词里"再"的意思。"表述"比"再现"更适合汉语造词的习惯。

sinologistic "偏汉学",指以西方历史经验与分析概念作为标准并用以研究中国历史的学术立场和方法。"偏汉学"的知识论立场是:一切认知的方法与判别标准都由西方的理论与价值来衡量。西方的"偏汉学主义"(sinologism)可以视为"东方主义"(orientalism)的一种。

引　言
印刷、欧洲中心主义以及对中国前近代社会的研究

印刷、艺文文化与科举考试

这是一项关于中国前近代印刷文化的研究①，主要侧重于讨论印刷对于文化生产的影响。众所周知，雕版印刷与活字印刷对中国社会产生了深远的影响，而在 16、17 世纪，则表现为"艺文公共领域"（literary public sphere，即"公"）通过商业出版的延伸不断扩张，并影响着"艺文文化"（literary culture）的生产。

本书中的"艺文文化"指的是透过文字所表达的各种文学和艺术形式，包括那些与文字相关的艺术，如书法、绘画、篆刻、音乐、歌曲、舞蹈、戏剧、地方民谣等。本书建构"艺文文化"的概念，目的在于有别于"文学"和"文艺"的概念。"文艺"一

---

① 在这项研究中，"中国前近代"（early modern China）和"中华帝国晚期"（late imperial China）两个术语并不冲突。这里的"前近代"就是指中国 16 世纪和 17 世纪。

词目前已成为各种表演艺术的统称，而"文学"一词是指以文字为载体的艺术形式，其含义不包括利用文字的艺术形式，如书法、绘画、篆刻。因此"艺文文化"在内涵上涵盖了文学、文艺和其他各种艺术形式，但又不同于"文学""文艺"和"艺术"这些名词单独所包含的内容。因此，"艺文文化"包括"文学文化"和"艺术文化"。

在这个时期的一种新的"艺文文化"（"士商"的艺文文化）的产生过程中，印刷究竟扮演了何种角色？这是笔者正在探究的问题，本书便是这一大课题中的一部分。①这些研究聚焦于印刷和商业出版对艺文公共领域的深刻影响，以科举考试为切入点，揭示了前近代中国出现的广泛的文化转型。

印刷对中国前近代文化生产的影响是多方面的。然而，本书的论题主要集中在论证商业出版对艺文文化的生产起到了越来越重要的作用，以及日益扩大的艺文文化精英层与皇朝政权在取得政治权力的过程中的争持。首先，商业出版的扩大促成了艺文文化职业阶层的增长，其中包括作者、编辑、编纂者、评注者、批评者、出版者和校对者，而这又正是"士"和"商"两种职业相

---

① 在探究明清时期儒学思想新发展这一问题上，前辈学者余英时将儒学的新发展归根为"士商互动"，他在早期关于"商人精神与中国宗教"和"中国近世宗教伦理与商人精神"的文章中曾经提到过。研习明代文学的一些年轻学者也将"士"与"商"的融合当作前沿课题，这种融合是新文学思想产生的主要社会因素。见陈建华：《中国江浙地区十四至十七世纪社会意识与文学》，第77—85、325—339页；郑利华：《明代中期文学演进与城市形态》，第168—175页。

结合的一种形态。① 笔者的研究正着眼于"士商"这一参与艺文文化之商业生产的特定群体。

其次，书籍市场的扩大使艺文从业者声名鹊起，使得他们在朝廷考官之外别树权威，并进而挑战考官的权威。这一影响不仅仅表现在对儒家经典的理解上，更反映在散文的写作风格中。一种新的文学权威在艺文公共领域（公）中建立起来，同时，借助着商业出版的扩张，一个新的、更广阔的话语空间也被开辟了。

作为商业和产业生产增长的一部分，出版业的繁荣大大促进了文学流派数量的增加，并创造了全新的、呈扩大态势的阅读公众（reading public）。他们的阅读兴趣纷繁且复杂，这是皇朝固有的意识形态所无法满足的。编辑者、批评者和作者们，凭着在商业出版市场上得来的名声，获得了评鉴的权力。他们通过书籍"超附文本"（paratextual）所开拓的话语空间来表达个人和集体的利益，并借此挑战文化生产领域中的皇权。② 书籍出版的增长为士商提供了一个不断膨胀的话语空间，在这个空间中，士商们可以商议、挑

---

① 士人和商人的趋同在笔者待出的论著《中国近现代早期的出版、艺文公众和士商文化》（*Publishing, Literary Public, and Shishang Culture in Early Modern China*）当中有详细阐述。

② paratext 这个词中的"para-"有"附属"和"超越"两个意义。"超附文本"指一本书中附属的但往往又可以超越、脱离这本书的主要文本。例如序、书页中的各处评语、注解、书名、字号大小、出版人、插图等文本是主体文本的附属物。但它们却又可以超越以及被分割，离开主体文本，因为这些附属物可以影响读者对主要文本的解读，所以被称为"阐释的门槛"（Threshold of Interpretation）。因此，作为一个文本的载体，这些超附文本既是附属于书上面的，并非主体文本的构成部分，但它们却又同时可以超越主要文本，把守着阐释的门槛，居于主导的地位。关于"超附文本"（paratext）这一术语的相关问题在之后的章节中有具体讨论。

战,甚至颠覆科举考试官员们的权威性,建立与官方标准迥异的新模式来界定什么是"优秀文学"。通过编辑评选科举时文(八股文),他们表达对遴选不公的愤懑和批评,进而通过动员考生制造舆论和利用评论家的文社组织来干预官府选拔人才的运作。

　　学者对这个时期印刷文化对于文学和女性的一些影响已有研究。① 然而,上面提到的许多重要变化还没有引起注意,或者更精确地说,还未被察觉到。因为这里存在着两大障碍:一是笔者称为"偏汉学"(sinologistic)式的研究方法;二是当时中国文人记录自己经历的文学表述中的语言迷雾,实际上,这种隐喻性的表达模式使很多深刻的变革隐没了。正如下面会解释清楚的,作为一种历史写作"习业"(practice)②,"偏汉学模式"很大程度上依赖社会科学理论、概念和方法论,而社会科学的发展,除最近的一些新理论之外,一直以来都是以欧洲社会研究为基础的。那些诸如资本主义、民族国家、启蒙运动、浪漫主义、个人主义、理性主义、现代性、资产阶级、礼和宗族等的概念和理论,都与关于"现代欧洲崛起"的各种版本的"元叙事"(meta-

---

① 关于印刷文化的影响,更多叙述参见本书第 15 页注释③。
② 译者注:一般把 practice 翻译为"实践","实践"一词的习惯用法是根据一个目标、原则、蓝图有计划、有意识地去实现,把计划、原则、蓝图变成事实。此处将 practice 翻译为"习业"的理由是:"习业"一方面可以包括上述意思,但是"习"强调不必是有意识、预先构想的计划、蓝图以至原则,只是由种种不同因素造成的惯性活动,而此种活动已经成为"业",就是说这些活动已经不是偶然性的、突发性的、一次性的活动,而是经常重复、有一定规则、带有累积性和长时段的活动——"业"。同时,这种活动是社会中有一定数量的人共同接受、重复而不自知的。

narrative）① 纠缠在一起。对于那些在中国历史研究中使用这些概念的学者来说，他们接受了不同学科对这些观念所赋予的习惯用法，因而错误表述了中国的"习业"，在使用这些观念的时候便自动复制了那些欧洲中心主义的话语。② 这种撰写历史的模式在中国前近代印刷和文化研究的领域内是很普遍的。所以，笔者的这项研究可以说就位于中国印刷史和明清变革时期的文化史这两个历史进程的交汇处，这是近现代的一个历史转折点。关于中国印刷的影响和明末清初变革的本质的研究，在汉学历史中被认为是一个重要的问题，而这个问题最佳的研究对象莫过于李贽（1527—1602年）——一个反对传统观念的重要人物。

中国近代的反传统思想之谜

李贽是晚明时期的一位畅销书作家。他曾在题为《读书乐》的四言诗中惊呼道："世界何窄，方册何宽！"③ 这句诗的意思是指一个人能够在书籍中找到一个更大更丰富的世界，而这个世界并非来源于自己的切身体验。它们可以是真实的，也可以是想象的；可以是一直渴望的世界，也可以是一个甚至在梦中见到都惧怕的

---

① 译者注："元叙事"（meta-narrative）指具有全面、高度的概括性，对全球文化性质及发展的覆盖性（totalizing）大叙述。

② 的确，一个读者是否会认识到不同学科赋予的重要意义，取决于他/她对于学术讨论的熟悉程度。但是，多数学者都能认识到概念的习惯用法，诸如资本主义、资产阶级和启蒙主义。

③ 李贽：《焚书》，中华书局，1975年，第227页。

世界。李贽周游在书籍所营造的不同世界中。他发现了什么呢？作为一个读者，他沉醉于阅读书籍与批评诗文、小说、戏剧和佛经的快乐之中。在他眼前展开的无尽视野中，邂逅的人和事时常使他感动落泪，有时又会让他开怀大笑、手舞足蹈。李贽边读书边思考，之后突然得出了一个结论。① 他发现，他同时代的那些伪善而堕落的文人和官员，与孩子们纯洁、自然、真实的"童心"相比，简直是羞耻不堪。他折服于《水浒传》中那些杀死贪官污吏的"反贼"，敬慕他们的忠诚和勇敢。他发现王阳明（1472—1529 年）的著作中有关于平等的思想。他敢于嘲弄传统的圣贤，因为圣贤只知道把儒家经典祀奉为真理的唯一来源和文艺的典范。② 在狄培理（de Bary）看来："晚明时期个人主义思想的浪潮在李贽这里达到了最高峰。"③

李贽在孤独的、无休止的阅读中获得了大量的个人感悟，这些感悟无不使他的读者们为之着迷。学者们倾心于他对官方正统——朱熹道学——的那种破除迷信式的批判。1602 年，李贽在狱中自杀，这种行为被誉为"殉道者"对"自身信仰"所做出的牺牲。④ 然而，李贽的反叛思想对中国、对世界究竟有什么重要的意义呢？

---

① 李贽：《焚书》，第 227 页。
② 李贽：《焚书》，第 30—31、96—99 页。
③ de Bary, "Individualism and Humanitarianism in Late Ming Thought", p.188. 与狄培理（de Bary）一样对李贽的思想进行正面解读的还有沟口雄三（Mizoguchi Yuzo），他还特别提到自然和社会化欲望（"穿衣吃饭"）之间的统一，同时也看到了这种统一与李贽对个人利益的拥护相互关联。见沟口雄三，第 56—87 页。
④ de Bary, "Individualism and Humanitarianism in Late Ming Thought", p.214. 关于李贽自绝的历史背景和他遭受迫害的原因，可参考蒋进的著作。

李贽"反叛"的原因并不在于对一种社会新秩序的憧憬。历史学家黄仁宇曾经总结到,李贽"所受的教养是儒学,死时亦是一个儒者"①。在他看来,不仅仅李贽"激进"的观点微不足道,那一年发生的所有的事,甚至整个明朝发生的事都是无足轻重的。无论李贽对虚伪官场多么无情地抨击,对平等思想多么大力地弘扬,"对个体解放不懈地追求",可是他从来就没有过马丁·路德那样的果断言行,也缺少伊拉斯谟(Erasmus)般的自信。②可见,在反叛传统的过程中,李贽与那些欧洲的思想大师们比起来真是相形见绌了!按照黄仁宇的解释,李贽确实从孩提时代起就"耳濡目染于中国传统文化"③。这种"中国传统文化"不仅孕育了"高度僵化的社会",阻碍了大明帝国的发展,而且使明朝发生的一切变得"无足轻重"。黄仁宇认为:

在这个时候,无论皇帝是勤政的或者是昏庸的,他(万历皇帝)的首辅是进取的或者是因循的,高级将领是富于谋略的

---

① Huang, Ray, *1587: A Year of No Significance*, New Haven: Yale Unirersity Press,1981, p. 189. 尽管蒋进对李贽受迫害的研究持修正主义态度,但他在李贽的重要意义这一方面同黄仁宇的观点相同。见 Jiang Jin, "Heresy and Persecution in Late Ming Society: Reinterpreting the Case of Li Zhi ", *Late Imperial Chira* 22, no.2(Dec.2001), pp.25-26。

② Huang, Ray, *1587: A Year of No Significance*, New Haven: Yale Unirersity Press,1981, pp. 190-221.

③ Huang, Ray, *1587: A Year of No Significance*, New Haven: Yale Unirersity Press,1981, p. 190. 张东荪(Carson Chang)也得出过类似的结论,认为李贽之死无足轻重,而且他正是受害于一个"崇尚传统和顺从的社会"。引自 de Bary, "Individualism and Humanitarianism in Late Ming Thought", pp.220-221。

或者是无能的，文职官员是廉洁奉公的或者是贪污舞弊的，出色的思想家是激进的或者是保守的，最后的结果，所有人都不能达到他们的目标。因此我们的故事只有一个悲剧性的结束。万历丁亥（猪）年的年鉴，必被视为历史上**一部失败的总记录**［本书作者强调］。①

黄仁宇用"一部失败的总记录"这样一个说法来为他那部众所周知的晚明史著作做总结，这个结论清楚地说明了撰写中国历史时所遇到的困难的理论问题。对于黄仁宇和其他很多研究者来说，不仅1587年是无足轻重的，中国的整个过去都要被谴责为"一部失败的总记录"。尽管个中确实存在着对改善政治环境的努力和摆脱社会不公正的期望，就如同李贽那悲剧性的斗争一般，可是这些努力注定不能为中国带来任何重大的彻底的改变。不管这些变化的重要性如何、本质如何，它们根本无足轻重，因为中国始终未能越过那道"传统"与"现代"之间不可逾越的鸿沟。这种"失败的记录"便是"传统中国文化"的命运。也正是这种"失败的记录"使中国跟其他非欧洲社会一样，沦落为西方的异类。②

---

① Huang, Ray, *1587: A Year of No Significance*, New Haven: Yale Unirersity Press, 1981, p. 221.

② 本书中的"西方"这个术语事实上并不是指地理存在的欧洲国家和社会的整体，而是发散建构为一个同质的庞大单位，用来与被称为"东方"的非欧洲社会进行对比分析。甚至连那些否认欧洲社会与非欧洲社会中文化二分化的研究，也都沿用了"东方"和"西方"这两个术语。张隆溪的著作就是例证。

偏汉学模式的历史叙事

作为一种叙述的形式，历史书写可以根据其构思的不同而采用下列任何一种结构：成功、失败、专门论述和开放式。在有关非欧洲社会的历史叙事中，"失败的记录"这样的结构模式是经常被运用的一种"布局"（plot）。这里的"失败"有个孪生兄弟——"缺失"，它们一起成为非西方地域——印度、中国、穆斯林中东和非洲历史论述的共同特征。甚至，连推动"后殖民地"历史研究的"底层研究"（subaltern studies）在其第一阶段都未能例外。① 一切历史所固有的异质性和多样化的时序（temporalities）合并为失败和缺失的历史——这些失败和缺失的历史就是西方异类的命运，与成功而丰富的现代西方社会形成鲜明的对比。

即使同样是失败的记录，非西方社会的过去也呈现出相互差异的话语形态。黄仁宇的著作就是采用了偏汉学模式的历史写法。为了同"汉学"（sinological）模式区分开来，这里"偏汉学"的概念是指一种特定的历史叙事模式。这种模式采纳了三种不同但却密切相连的时间、空间与文化的话语系统——历史社会有机论（Historicism）、欧洲中心主义（Eurocentrism）与现代主义（Modernism）。

历史社会有机论把异质性的时序化约为单一的、同质的、线性且渐进的普世时序，就是西欧独特的时序。正如迪佩什·查克

---

① Chakrabarty, *Provincializing Europe: Postcolonial Thought and Historical Difference*, pp. 31-32.

拉巴蒂（Dipesh Chakrabarty）所评论的："历史社会有机论把现代性或者资本主义说成不仅是随着时间推移而成为全球化的过程，而且还发源于一个地方（欧洲），然后转播到外地。"① 从19世纪末期开始，中国学者和历史学家就开始以历史社会有机论或者一种"启蒙运动"模式② 来重新书写中国历史。在历史社会有机论的叙述中，中国终于在历史中有了一席之地。然而，这种历史的元叙事把中国置于人类进化过程的一个阶段中，而这个阶段却被贬低为等同于西欧的萌芽期。同时这种历史还认为中国只会以更缓慢的速度经历每个相同的阶段。在历史社会有机论的叙述中，中国的特征变为原始、落后和缺失。

欧洲中心主义的话语认定西欧产生了巨大改变，这驱使人类一路向前。在这种叙述中，中国却被贬谪到欧洲的边缘——仅仅是一个无足轻重的空间，只有通过欧洲特定形式的习业（社会、政治及经济结构）和符号系统（语言及意识形态构造）的逐渐普及，欧洲人眼中的异类才能被带入唯一的宿命之中——那就是现代化。③

---

① Chakrabarty, *Provincializing Europe: Postcolonial Thought and Historical Difference*, p.7.
② 杜赞奇（Prasenjit Duara）在其著作的第一章中从现代中国政治性的创制历史叙事的角度讨论了历史书写模式的问题，见 Duara, *Rescuing History from the Nation: Questioning Narratives of Modern China*。
③ J. M. 布劳特（J. M. Blaut）对欧洲中心主义的历史做了简洁的批评，他在著作中论证了西欧存在的独特条件，其种族、文化或地理赋予"西方"在面对非欧洲群体时一种永恒的优越性。他强调了殖民主义的重要性，认为殖民主义能为理解欧洲为什么和如何能够抢先开拓殖民地提供一个更广阔的框架。以上参见布劳特的著作。但是，认为西欧在1492年时仍然处在上升阶段，其实就是漠视了一个事实——从1500年到19世纪早期，亚洲尤其是中国，正是全球经济的中心。见 Frank, *ReOrient: Global Economy in the Asian Age*, chs.1-2; Brook, *The Confusion of Pleasure: Commerce and Culture in Ming China*, p. xvi.

现代主义的话语则认为中国社会和文化缺乏现代习业的特定形式，包括经济结构（资本主义、股份公司、工厂以及工业化）、政治制度（单一民族国家、共和政体及政府组织形式）、社会构造（中产阶级、工人阶级和公共领域）与意识形态构造（启蒙主义、个人主义以及有关进步、公众、权力、言论自由、科学和艺术的观念）。在现代主义论述中，中国皇朝史的叙述常常需要从欧洲获得"文化冲击"，持这种观点的学者认为，没有现代化这一孕育变化的种子，中国就会陷于永恒的传统惰性中，或者说即使有变化，也根本没有丝毫的意义。

根据历史社会有机论、欧洲中心主义和现代主义的理论，中国被赋予了原始性、落后、边缘化、无意义以及传统主义和惰性的文明特征。这些特征给予"传统中国"①一个统一性的概念。所以，我们可以理解黄仁宇对李贽"激进的"观点不加重视的原因。对黄仁宇来说，李贽只是比同时代的人相对来说不那么传统守旧罢了。李贽仍然处在现代化的另一边，他所摆出的那种变革社会的姿态也只是一种没有什么意义的行为而已。像黄仁宇这样的偏

---

① 近期的中国研究在关注19世纪早期欧洲入侵前中国的变化时，已经开始超越了对"传统"和"现代"的二分法研究方式。"中华帝国晚期"这个术语涵盖了从唐宋转型时期一直到明清两朝的漫长历史时期，然而它的使用也仅仅是避免了现代与传统间的一分为二，实际上并没有真正解决问题。使用"中华帝国晚期"这个词固然是非常便捷，但是却自然使人们终止对这个问题的思考或者疑惑。现在延续使用的 modern China 这个词并未质疑于欧洲中心主义的假设，会减弱19世纪之前中国变化的重要性。因此，我们需要对中国研究中根植的欧洲中心主义叙述多加注意。对此问题，杜赞奇也有过相似的提醒，见 Duara, *Rescuing History from the Nation: Questioning Narratives of Modern China*, pp. 25-26。

汉学叙述将中国异质的过去约化为同质的传统和僵死的文化。

如果我们继续从欧洲中心主义的角度来进行研究的话，我们将不可能看到除空白和缺陷之外的任何东西，正如米歇尔·德·塞尔托（Michel de Certeau）所说，欧洲中心主义将"多元性的道路导入单一的生产中心"①。欧洲中心主义就像一个透视镜，而这个透视镜已经挡住了亮光，那些亮光原本应该能够阐释19世纪前中国生活世界中复杂和不同步的经济、社会、政治和文化的变动。所以，偏汉学叙述根本不能够辨认与说明中国历史的差异性。为了看清李贽发现的16、17世纪大量印刷书籍中可能存在的世界，我们需要质疑现存的中国印刷史。因为一直以来，历史社会有机论和欧洲中心主义在印刷史的研究领域里投射了一个巨大的阴影，中国印刷史便是在这个阴影之下写成的。

一种"无实质作用"的技术：偏汉学叙述中的中国雕版印刷

欧洲历史上发生过很多重要的知识变革、政治事件和宗教运动，包括文艺复兴、科学革命、宗教改革、启蒙运动、法国大革命和现代民族国家的扩散等。而15世纪中期欧洲活字印刷的发明则被认为是成就所有这些变革的关键因素。在欧洲印刷史学家看来，上述知识文化变迁所产生的强大推动力导致了现代欧洲的兴起，这足以证明古腾堡活字印刷作为一种传播技术和进步因素的

---

① De Certeau, *Writing History*, p.218.

优越性。相比较而言，尽管印刷术在中国和东亚的发明和传播至少比欧洲早五个世纪，雕版印刷方法却被认为只是一种原始的艺术，没有对社会产生革命性的变化。在这个问题上，欧洲学者认为中国是不同于欧洲的一个例外。这样的观点在一般谈及中国印刷的论著中十分普遍。①

在吕西安·费弗贺（Lucien Febvre）与亨利-让·马尔坦（Henri-Jean Martin）合著的《印刷书的诞生》(*The Coming of the Book*)这部经典著作中，雕版印刷的重要性也仅仅被看作中国不能进步到现代时期的一个"先例"。虽然费弗贺和马尔坦知道中国活字印刷的发明，但他们却依然坚持认为这是失败的，并将其归因于中国书写特有的性质——大量的字符、粗劣制墨（上墨）技术和制造铜活字的高成本。②他们的这一看法在马歇尔·麦克卢汉（Marshall McLuhan）广为人知的著作《古腾堡星汉璀璨：印刷文明的延生》(*Gutenberg Galaxy: The Making of Typographical Man*)中得到了回应。麦克卢汉说道："中国的表意文字变成了完全妨碍活字印刷术在中国文化中发展的因素。"③换句话说，表意文字系统事实上是印刷技术在中国文化发展中的最大障碍。很明显，他假设：

---

① 关于印刷对于中国的影响，威廉·H. 麦克内尔（William H. McNeill）评论道："在中国，印刷能够巩固和传播儒学，并且使社会和艺文文化彻底变得守旧。……与此相反，在欧洲，印刷则趋向于打破陈旧的生活方式。"见McNeill, "World History and the Rise and Fall of the West", p. 224。

② Febvre and Martin, *The Coming of the Book*, p. 75.

③ McLuhan, *Gutenberg Galaxy: The Making of Typographical Man*, p. 152.

雕版印刷术不能发展出活字印刷术。麦克卢汉的理论认为雕版印刷是一种毫无重要性的发明，这也是中国特有的书写系统的一个合乎逻辑的必然结果。

伊丽莎白·爱森斯坦（Elizabeth Eisenstein）提到了中国活字印刷术的发明，但也仅仅是在脚注中指出"现在的讨论集中在字母文字比表意文字在全面使用活字印刷方面的优势"①。在爱森斯坦看来，中国书面文字的"表意"特性使之不能完全采用活字印刷。② 这种从语言学的角度提出的解释植根于一种假设，即只有表音文字才适应现代形式的活字印刷术的发展。③ 爱森斯坦的观点正是对研究中国印刷史的欧洲学者所持的主流观点的一种复述。④

尽管在欧美学术界，书籍史是一个飞速成长的领域，而对于

---

① Eisenstein, *The Printing Press as an Agent of Change: Communications and Cultural Transformations in Early-Modern Europe*, p.276.

② 同样的观点见 Mukerji, *From Graven Images: Patterns of Modern Materialism*, pp.141-142。

③ 詹姆斯·哈夫曼（James Huffman）在解释17世纪日本出版商放弃使用活字印刷这一问题时，也提出了同样的论点。众所周知，丰臣秀吉（Toyotomi Hideyoshi）印刷书籍所使用的铜活字是从高丽获得的。据传，德川家康（Tokugawa Ieyasu）将300000个木活字赠送给足利（Ashikaga）家族，1614年时，他自己也拥有200000个铜活字。尽管幕府将军拥有活字这种新的技术，并且也进行过早期实践，哈夫曼仍然做出如下解释："首先，书面日文采用的汉字具有复杂性；其次，用可以更换字体的印刷方式做出的书籍几乎没有美感。这些因素干扰了德川幕府时代绝大多数的印刷者，所以几年之后，他们抛弃了活字印刷机，就如同他们丢弃洋枪洋教一样。最终，他们还是重新转回传统的石板和雕版印刷技术。"相对大量的汉字确实给印刷者带来一些问题，这一点毫无疑问。但是，更重要的原因却被忽视了。选择活字印刷而非雕版印刷，究竟有多少经济？如果一个商业印刷者要办一个活字印书作坊而非雕版印书作坊，他究竟要多投入多少资本？有关成本和经济程度的因素并没有被提及。见 Huffman, *Creating a Public: People and Press in Meiji Japan*, p.20。

④ 相似的观点见 Clair, *A History of European Printing*, p.1。

中国印刷的研究大部分还是停留在用技术手段进行解读的水平，主要是强调印刷在传播信息和思想方面的功能。事实上，在其他东亚国家（比如日本），这种方法对于印刷研究仍旧很有影响。① 在最近发表的大量研究中，一个重要的主题是探讨出版对于中国社会不同方面的影响。② 在中国历史研究领域内，当今学术界已经在一些方面提供了新的信息和重要的洞见，比如文人如何以作者、编辑和出版者的身份介入出版，出版对妇女文化的影响，印刷在创造新的阅读公众中起到的独特作用，新形式的宗教文本，宗教场所以及对经书的注解，等等。③ 虽然如此，印刷对于中国社

---

① 詹姆斯·哈夫曼从技术角度对现代日本的出版在开辟公众领域方面进行了研究。详见他对于德川幕府末期新环境的讨论。典型的技术方式表现在他对于读写能力、学校教育、信息传播网络、农场主对信息的"欲望"、新观点新技术和商人们获知"大阪物价"等的考察。这样的分析需要考虑到这样一个事实——如果在大阪，一个商人没有自己的销售网络，也没有对及时运输货物的财力物力支持，他就不能够有效利用这里的高物价获得收益，那么，价格和新技术的信息也就与此并不相干了。对于普通的农场主来说，新技术常常是物不美价不廉的。见 Huffman, *Creating a Public: People and Press in Meiji Japan*, pp. 18-20。

② 布索蒂（Bussotti）对近期西文文献中国出版史的学术研究进行了广泛的调查。

③ 近年来，有关中国印刷文化对中国社会影响的拓荒性著作大量出版。姜士彬（David Johnson）、黎安友（Andrew Nathan）和罗友枝（Evelyn Rawski）编辑出版了一本关于通俗文化的论文集，当中强调了明清时期的印刷对中国通俗文化的重要性。大木康（Oki Yasushi）探讨了冯梦龙的出版活动和政治斗争中对文学的利用，韩南（Patrick Hanan）则成功考察了李渔这个人物，他们的研究为江南文人参与商业出版和他们如何担当作者、编辑、出版者的角色这一研究课题提供了很多精彩的洞见。而对于我们理解出版如何改变阅读习惯、发展不同的插图方法并驱使出版者试图为自己的职业行为合法化摇旗呐喊等问题，研究文学的学者贡献极大。见何谷理（Robert Hegel）对小说读者和插图的研究、陆大伟（David Rolston）对小说阅读注释的研究，同时还有安妮·麦克拉伦（Anne MacLaren）、魏爱莲（Ellen Widmer）和柯立德（Catherine Carlitz）对故事、小说和戏剧中的女性、阅读以及出版等方面的研究。对印刷在宗教活动、文本构成和宗教场所中的特殊作用这些问题，凯瑟琳·贝尔（Catherine Bell）、包筠雅（Cynthia Brokaw）和于君方都进行了探讨。而在考察出版对于女性文学习业和论述的具体影响方面，最重要的著作莫过于高彦颐（Dorothy Ko）

会的影响这一问题更大的历史意义尚未从比较印刷史的角度进行过尝试性研究。① 从真正意义上来说，对于雕版印刷与活字印刷这两种技术产生的影响的历史比较只能从质疑主流话语的工作中开始。

（接上页）的著作《闺塾师：明末清初江南的才女文化》(*Teachers of the Inner Chamber: Women and Culture in Seventeenth Century China*)。也可见 Ellen Widmer, "From Wang Duanshu to Yun Zhu: The Changing Face of Women's Book Culture in Qing China" and "Xiaoqing's Literary Legacy and the Place of Women Writers in Late Imperial China"; David Johnson, Andrew Nathan, and Evelyn Rawski, eds., *Popular Culture in Late Imperial China*; Rolston, *How to Read the Chinese Novel*; Hanan, *Invention of Li Yu*; Hegel, "Distinguishing Levels of Audience" and *Reading Illustrated Fiction in Late Imperial China*; Maclaren, "Popularizing the Romance of the Three Kingdoms" and "Ming Audiences and Vernacular Hermeneutics: The Uses of the Romance of the Three Kingdoms"; Oki, "Women in Feng Menglong's Mountain Songs" and "A Study of Printing Culture in the Jiangnan Region in the Late Ming Period"; Carlitz, "Printing as Performance: Late Ming Literati Drama Publishing"。对于印刷在瓷器场景画中的作用，见 Wenchin Hsu, *Fictional Scenes*。对于印刷和宗教，见 Bell, "Printing and Religion in China: Some Evidence from the Taishang Ganying Bian" and "'A Precious Raft to Save the World': The Interaction of Scriptural Traditions and Printing in a Chinese Morality Book"; James Cahill, "Huang Shan Paintings as Pilgrimage Pictures"; Chun-fang Yu, "P'u-t'o Shan: Pilgrimage and the Creation of the Chinese Potalaka"。对于晚清和 20 世纪早期的印刷研究，见 Joan Judge, *Printing and Politics: Shibao and the Culture of Reform in Late Qing China*; Catherine Yeh, "Reinventing Ritual: Late Qing Handbooks for Proper Customer Behavior in Shanghai Courtesan Houses"; "The Life Style of Four Wenren in Late Qing Shanghai"; Rudolf Wagner, "Ernest Major's Shenbaoguan"; and Leo Lee, *Shanghai Modern:The Flowering of a New Urban Culture in China, 1930-1945*。

① 贾晋珠（Lucile Chia）对建阳出版活动的研究卓有成效，这是历数中国和欧洲印刷史之间区别的一种尝试。她认识到了"印刷对中国的巨大影响与欧洲不相上下，只是表现得截然不同罢了"。然而，她的论述并没有涉及印刷在现代欧洲产生的过程中所起到的作用。见 Lucile Chia, "Printing for Profit: The Commercial Printers in Jianyang, Fujian (Song-Ming)", p.6。近期的一篇博士论文也研究了这一问题，但是试图解释为何中国的印刷与欧洲相比并未成为一种变革的手段。这正是一种偏汉学的论述模式。见 Ze, "Printing as an Agent of Social Stability: The Social Organization of Book Production in China during the Song Dynasty", ch. II。

对欧洲印刷中有关古腾堡论述的商榷

古腾堡印刷术被认为是传播的革命性手段,它在论述现代欧洲成就的元叙事中占有无比重要的地位。法国历史学家罗杰·夏蒂埃(Roger Chartier)曾经为一本关于中华帝国晚期印刷的特辑撰写了一篇前言,在这篇文章中他要求"中国历史学家和欧洲历史学家之间加强对话"①。然而,只要欧洲历史学家没有认识到中国和东亚地区印刷术的影响,这种对话就不可能真正起作用。正如亨利·史密斯(Henry D. Smith II)恰当地指出:"中国印刷文化的精妙和复杂远在古腾堡之前很久就已达到了很高的水平,而欧洲历史学家对这些事实仍然难以掌握。"② 的确,没有对东亚的重新审视,古腾堡论述将会继续弱化任何对印刷在东亚影响的理解的尝试。所以,必须在有关中国出版史的重大问题上与欧洲历史学家进行商榷。

在英语国家的学术界中已经有学者开始挑战古腾堡论述。在近期关于印刷对现代欧洲的影响的相关研究中,学者所提出的新问题已经离开了欧洲中心主义覆盖式(totalizing)的历史论述方法。阿德里安·约翰斯(Adrian Johns)对关于印刷在现代欧洲文化创造中的地位的权威叙述——所谓的"印刷革命"——提出了

---

① Chartier, "Gutenberg Revisited from the East", p. 9.
② 亨利·史密斯曾评论过彼得·科尔尼基(Peter Kornicki)对日本书籍史的研究,他指出科尔尼基仅仅对日本书籍提出了有限的信息,而没有将他的研究放在更大的背景下进行讨论,所以这种研究仍然使东亚印刷史在"有关古腾堡具有世界性优势发明的论述当中,仅仅是一个脚注而已"。Henry D. Smith II, *Japaneseness and the History of the Book*, pp. 501-502.

质疑。他从印刷者对于享有印刷特权的斗争历史中来说明欧洲印刷史的建构谱系。① 现在正是研究欧洲以外印刷史的历史学家们质询古腾堡元叙事的时候，必须质疑将古腾堡奉为神明、视为造成欧洲现代性的技术要素的叙述，而质询的途径之一就是研究证明中华帝国时期雕版印刷的影响。这里可以从两个方面来说明：第一，我们要理解16、17世纪雕版印刷和活字印刷方法在复制和传播信息过程中差异的复杂性；第二，在中国前近代，印刷对社会各个层面所产生的影响也是有差异的。这样做是为了强调研究印刷（包括雕版印刷和活字印刷）所处的特定历史背景的必要性，说明印刷在中国和欧洲的习业中带来的变化。

建构中国前近代社会"习业"概念

学者若为了避开偏汉学历史书写模式的陷阱，即刻便会面对一个与殖民地和后殖民地研究相类似的问题——我们如何来书写历史？更精确地说，在研究中国前近代时用什么概念来表述社会习业，而不使用那些意识形态浓厚的术语，诸如"资产阶级""资本主义""阶级斗争""现代化"和"个人主义"。把这些概念当

---

① 阿德里安·约翰斯曾质疑过关于古腾堡活字印刷发明的论述，这已经成为"印刷革命"这一元叙事的奠基石。正如他提出的观点："我们现在所知道的印刷'革命'是之后政治革命的产物。" Johns, *The Nature of the Book: Print and Knowledge in the Making*, ch. 5, esp. pp. 374-379.

作社会学分析的普遍范畴来研究中国历史，便模糊了断裂的变化，抹去了习业的历史特殊性，复制了中国 16、17 世纪的"失败的记录"和缺失。的确，正如近期一部关于中国国家与文化关系著作的编辑精确指出的，当论及历史"普世的和一般性的进程"时，

> 西方的理论集中于那些存在于国家和公民社会之间，国家权力和个人自主之间的尖锐分裂上……这限制了我们对中华帝国晚期国家和各种社群之间的关系所赖以建立的政治和文化状况概念化的能力。①

我们需要新的方法来绘制中国前近代的文化地图，这种方法不仅能够使我们看到它的历史特殊性，而且还能揭示出现代欧洲兴起论述的特异性。一个真正的文化比较研究必须是一种关于异质性的研究，它必须允许相互间的质疑，而不赋予任何一种文化在认识论上高人一等。

场域、文化生产和科举考试

为了研究晚明时期商业出版的影响，笔者从很多学科和研究领域，特别是从文学研究和文化研究中，借用了分析工具。皮埃尔·布尔迪厄（Pierre Bourdieu）、热拉尔·热奈特（Gérard

---

① Wong Bin, Theodore Huters, and Pauline Yu, *Culture and State in Chinese History: Conventions, Accommodations, and Critiques*, 1997, p.5.

Genette）、罗杰·夏蒂埃和米歇尔·德·塞尔托的研究为笔者的论述提供了绝大多数的分析概念。除了布尔迪厄的"场域"（field）和热奈特的"超附文本"（paratext）之外，其他的概念将会在后面的章节中解说。然而，笔者没有把这些学者的理论整套借用过来，更没有把它们视为研究习业的普世范式。

皮埃尔·布尔迪厄的场域概念在分析社会群体作为习业场所及其象征解释方面产生的功效最大。尽管美国学术界对布尔迪厄文化理论的兴趣日益加深，场域的概念却少受重视。[①] 场域是指：

> 一种网络，或者位置（positions）之间客观关系的结构。这些位置的存在及其施加于其占位者、中介者或者制度上的限制都是由两方面的客观条件来定义的：第一方面是这些位置在权力（或资本）分配结构中的现实与可能所在的地点（situs），拥有这些权力便可以得到这个场域中的特殊利益；第二方面是这些位置与其他位置之间的关系（支配、附属、异体同形等关系）。[②]

场域的概念强调了社会现实就是习业相互关系的建构。"根据场域来思考即是思考关系性。"[③] 个人在社会行为的各种场域中占有位

[①] "场域"概念的形成是为了替换产生于主观主义和客观主义的多种多样的范畴。见 Swartz, *Culture and Power: The Sociology of Pierre Bourdieu*, pp. 118-119.

[②] Bourdieu and Wacquant, *An Invitation to Reflexive Sociology*, p. 97.

[③] Bourdieu and Wacquant, *An Invitation to Reflexive Sociology*, p. 96.

置，如权力场域、文化生产场域、文学场域及经济场域。场域是"斗争的场域"，个人通过竞争在场域中获得不同类型的资本——经济的、文化的、语言的。在高级社会中，得到"文化资本"这种非经济产品和服务对于获得经济资本是重要的。① 在新的力量创造新的习业构造时，场域可以相应增加（比如教育场域、艺术场域和文学生产场域）。② 把习业分为各种场域具有让它们之间的结构关系保持开放的状态的优点。

就是在这些场域里占取不同位置的过程中，个人创造了他的社会事业轨迹，而这些轨迹穿越多个场域。③ 晚明时商业发展的深化导致士商阶层的膨胀，他们同时占取了在政治和经济场域中的位置，深刻改变了这两个场域之间的关系。较为明显的现象是，在经济场域中占取位置的个人也开始占取文化场域内的位置。不得志的科举考生成了专业作家、批评家、编者和评注者，出卖他们的艺文劳动，从出版商和不断增加的公共赞助人那里得到报酬。文化生产场域中的位置增加导致了一批专业作家和批评家的权威的提升，凭借这种权威，他们在解释儒家经典和品评文学的标准上，开始与官方竞争并挑战官方的权威，成为文化生产场域里的鉴赏裁判人。这个文化生产场域与另一个主要的场域——考试场域——是相互交叠的。

---

① Swartz, *Culture and Power: The Sociology of Pierre Bourdieu*, pp. 73-82.
② . Swartz, *Culture and Power: The Sociology of Pierre Bourdieu*, pp. 118-121.
③ Bourdieu, *The Field of Culture Production: Essays on Art and Literature*, ch. I.

考试场域在 16、17 世纪的中国是绝无仅有的。科举考试本身就是这一考试场域的中心所在，它涵盖了礼部等机构、三个级别的定期考试、官学系统、学正、教谕和所有的考生。科举考试是分配政治资本的主要制度，是争取政治权力的竞技场。社会各个阶层的人们——官员、文人、商人、工匠和农民——不断地努力希望能进入和控制这个场域并获取界定场域边界的特权。考试场域是一个涉及士人和皇权政府之间抵抗与支配关系的场所。它还与其他习业场域交叠，比如教育场域、文学场域、政治场域和经济场域。考试场域是这一时期受商业出版扩大影响的众多场域中的一个。

超附文本、话语空间与士商之轨迹

本书对文化生产研究中应用的另一个关键概念就是由热拉尔·热奈特所阐述的"超附文本"。这一概念帮助我们发现由士商新艺文文化开辟的主要公共话语空间。

因为文本策略往往会干预阅读，所以，为了引起对文本策略的重视，热奈特提出了要对"超附文本"进行分析的建议。超附文本指的是文本作为物质媒介的一些组成部分——书名页、序、跋、字体、空间结构、评论和评注内提到的文本。对文本的常规性研究往往把这些多余的文本贬低为边缘性的部分。但是，正如热奈特所说，这些次要的东西正是"阐释的门槛"（Threshold of Interpretation）。

热奈特将超附文本分为"附书文本"(peritexts,指书籍之中)和"超书文本"(epitexts,指书籍之外)。它涵盖了"出版商的附书文本",包括格式、丛书、封面、附录、书名页、排字、刷印、纸张和装订。其他的超附文本因素包括作者姓名、题名、副题、序、跋、书前引语、插图、题献和评注等。

超附文本是阅读的程序规则,其中很多都不是由作者本人创造出来的。为了最大限度地增加销量,出版商们可能会使用各式各样的文本和非文本的手段来吸引购买者。因为对于阅读过程的理论研究牵涉出版,我们便有理由去研究编辑者、评注者和出版者如何为了向读者传递信息而创造出各种不同的超附文本。所以,对于文学文本的生产、流通和消费的研究便需要对出版在这些活动中的作用进行调研。① 这正是因为文本作为书籍形式的生产需要多个参与工作者,如作者或编者、出版者或评论者、校对者、抄写者。因此,作为掌控"阐释的门槛"的超附文本,"从根本上说是不自主的、附属的,服务的对象不是它们本身且提供服务正是其存在的理由"②。

超附文本的概念对于克服研究晚明中国习业中的障碍是有帮助的,即那些受教育的精英士人会压抑和抹去习业表现中的改

---

① 约翰·萨瑟兰(John Sutherland)把出版史当中存在的这种文学批评家的兴趣缺失称为"文学社会学中心的空洞"。见 John Sutherland, "Publishing History: A Hole at the Centre of Literary Sociology", in Philippe Desan Priscilla Parkurst Ferguson, and Wendy Griswold, eds., *Literature and Social Practice*, pp. 267-282。

② Genette, *Paratexts: Thresholds of Interpretation*, p. 12.

变。它也使追踪那些参与商业出版的士商们的职业轨迹成为可能。明清士人的文集作品，一向是通过系统性的"诗意的约化主义"（poetic reductionism）来抑制和抹除含有明确提及经济活动的信息。所谓"诗意的约化主义"，笔者是指诸如用隐喻和暗示来迂回谈及其经济活动的一种美化的表达方式。比如，"卖文"就是一个普遍使用的暗示性词语，表示一个人出卖自己的艺文劳动。除那些已经明确选择在经济场域占住位置的文人之外，每当一个士人要提到自己在经济场域的活动时，经常会表现出一种自怜。但多数士人对自己的这些活动不会留下一丝痕迹。这种自愿把经济活动"遗忘"的做法，使我们在理解士人阶层与出版商之间的交易互动的具体情况、校对过程、私人书坊的组织与书籍的发行、运输和价格等问题时格外困难。

尽管存在这个问题，但我们仍然能够通过超附文本中的种种证据，诸如序、跋、评注、参与者头衔和其他文体作品等，来证明很多士人曾经参与商业出版这一事实。士人参与商业出版的总体情况可以从其生平信息、士人的写作、传记中的零碎信息中搜索获得，还有一个更重要的来源就是现存明版书的超附文本。在很多士人的选集作品中，一些作为商业刊本的超附文本由于其文学价值而被保存。可是，这些超附文本却与原来的书籍分割开来，导致了它们写作的经济背景的消失。有了对超附文本理论的理解，我们便需要注意那些抹去有关从事出版的信息的做法。

使用超附文本的概念也有助于建构16、17世纪印刷对阅读公众形成和对政治习业之影响的概念。商业出版的繁荣增加了超附文本和新文体书籍的产生，这促进了书籍话语空间的扩大。随着小说与戏曲文体地位的提升，从事这方面的创作活动变得更有价值，超附文本便为作者和出版者提供了一个评论、反对甚至颠覆皇权意识形态和政府政策的巨大话语空间。① 这个新的话语空间为士商和阅读群体提供了一个"公共"（公）领域。读者、作者、出版者和批评者通过印刷相互连接，构成一个公共的社会群体。

士商文化和"公"领域的扩张

中国是否在 19 世纪之前就发展出了一个相当于出现在现代欧洲社会的"公共领域"？学者们就这个问题进行了辩论。这已经成为尤尔根·哈贝马斯"公共领域"理论适用性的激烈辩论中的一个主题。争论中的双方都花费了大量笔墨，却只回归于一个问题——在界定"公共领域"这个术语时，应该有多大的弹性？为了绕过这场争论，我们需要使用中国固有的观念——"公"，它的含义反映了与"公共领域"的差异，同时也体现出与"公众"（比如"阅读公众"）这个词的相同点。

---

① 热奈特没有强调超附文本的颠覆性潜力。然而，在他的超附文本理论中已经暗示了超附文本是阐释的门槛。

公与公论：艺文公共领域与舆论

与普遍的观点相反，除了"公务、官方"，"公"这个词被赋予了多种意义。① "公"的意义与笔者这里的研究相关的有两个：第一，"公"表示通过印刷文本和图画"使之公之于众"；第二，"公"指明了在家庭之外的空间，与私人或个人空间相对。

书籍已经被看作属于"公"（或者"公众"）领域的"器具"。正如万士和评论道："书籍天下公器也。"② 在晚明时期，使一些东西成为"公"就是把它们印出来给公众阅读。晚明时期印刷的书籍中，序和出版印记常常有"公"这个字以示此书是为公众所印。在一本有关经世的论文集的序中，编辑者就指出这部书"付木以公于人"③。在另一本由魏晋时期（220—420）"名公"所写文章汇集成的文选中，编纂者在序中解释道"愿公同好"④。另一位"名公"陈继儒也通过收集出版个人散文"以公欣赏"⑤。1600 年，在为陈继儒的《读书镜》作的序中，沈士昌说他出版自己的作品是为了"刻而公之"⑥。在范明泰写的另一篇序中，他赞扬出版商为自己的作品公之于众所做出的努力为"公而布之"⑦。在由三台馆（一家 1607 年创办于建阳的书坊）出版的理解"四书"入门指南中，

---

① 现在从"公务、官方"的角度解释"公"仍然很普遍。见嘉吉，第 8—9 页。
② 又见万士和：《分诸子书目》，见《明文海》，第 479 卷，第 5158 页。
③ 张文炎：《国朝名公经济文钞》，序。
④ 引自《美国哈佛大学哈佛燕京图书馆中文善本书志》，第 520 页。
⑤ 引自《美国哈佛大学哈佛燕京图书馆中文善本书志》，第 768 页。
⑥ 陈继儒：《眉公杂著》，第 4 卷，第 1947 页。
⑦ 陈继儒：《眉公杂著》，第 4 卷，第 1967 页。

出版者阐明出版这本书的目的是"梓以公之，令天下知"。另一本"四书"评注选辑中也曾提到该书是为了"公之海内"而出版的（见图 3.1）。①

以上的这些例子说明，到了晚明时期，"公"已经被赋予"使之公开化"的意义，并且是通过印刷的方式。它包括印刷文本和图画两方面。笔者提出的"公"这个词表示的是识字人群共享的一个公共空间，并未采用哈贝马斯"公共领域"（public sphere）这个术语，而是依照夏蒂埃所使用的术语"艺文公共领域"（literary public sphere）。这样处理，首先是为了区别于哈贝马斯的观点；其次是为了强调出版在构建公众过程中的中心作用——一个分散于中国广阔的地理区域中的读者群却是通过他们阅读和获得印刷文本的能力而连接起来的。② 我们可以毫无疑问地说，晚明时期的确存在一个由文人和（那些）有机会阅读印刷书籍的读者所组成的艺文公众（literary public），而且这个群体虽然主要是男性读者，但也有女性读者存在。

随着"公"的重要性在习业中的变化，"公论"这个词也在

---

① 在由另一位建阳出版商出版的一部流行的举业用书的序中，作者赞扬这部书的出版是"公之天下"，又在凡例中称"公之海内"。同样的，汤宾尹把一部时文集的出版称为"公诸天下"。陈继儒在为一部类书写的序中称出版者的努力为"梓以公示"。1636 年出版的一部书当中把对书籍的重印解释为出版者"梓以公之海内"的计划。袁黄：《四书训儿俗说》，序；汤宾尹：《睡庵稿》，第 5 卷，18a-b。沈津：《明代坊刻图书之流通与价格》。另见于《美国哈佛大学哈佛燕京图书馆中文善本书志》，第 589、786 页。

② Chartier, *The Cultural Origins of French Revolution*, pp.154-155.

晚明商业出版的发展中经历着微妙的变化。海瑞曾言"公论出于学校"①，这个说法中的"公论"并不需要印刷的存在，而且这种"公论"产生的基础是一个群体，它的成员相互认识且有直接交往。但因为"公"越来越多地被用作"公之于众"的意思，"公论"这个词的意义也被延伸，用来表示通过印刷表达的观点。通过印刷传播的"公论"或者"公议"这个概念可以完全被翻译成英文的"舆论"（public opinion），而且意思在中文和英文中都相当一致。

"公论"不仅产生在印刷中，也发端于公共组织和公众地点。16世纪开始的商业出版和部分政府出版的扩大推动了"艺文公共领域"的扩张，这些"艺文公共领域"由不同的机构或惯例来支持，包括文社、超附文本、小说理论和邸报。所有这些惯习要么本身就是印刷物（如超附文本、诗论、邸报），要么其运作高度依赖于出版物（如文社）。

本书的第一章讨论了书籍生产的各方面，主要涉及了纸张成本、雕版和刻工，当中提出了对现存书价数据进行评估和其与晚明收入层次相关联的经济意义，还论证了当时书籍生产成本低且售价便宜的观点。

第二章讨论了出版商的运作方式——获得手稿的方式、对其刻书的广告策略、保证稿件供应的方法、加速刻板的手段以及

---

① 海瑞：《海瑞集》，第21页。

书籍的发行。商业出版的重要性从几方面来凸显：使用活字印刷的增加、苏州上升为出版和文化一大中心，以及徽州出版商业化等问题。这一章的一个潜在主题便是要解释，为什么尽管活字印刷的使用在这个时期有所增长，雕版印刷在所有的印刷方法中仍然是最吸引出版商们的方法——雕版印刷的简易性和操作上的灵活性。

第三章探讨了商业出版的扩张如何为科举士子提供大量艺文劳动机会这一论题。笔者论证了，虽然通过会试的机会极为渺茫，但是科举考试仍然给予渴望进入官场的士子一线希望。他们每年前往乡试和会试的旅途需要花费大量的金钱，因而促使一些优秀的士子向赞助人出卖他们的艺文劳动，他们的赞助人中有大部分是出版商。

第四章考察了商业性的"四书"论集如何挑战官方解释，以及评注选本如何推动了士子对儒家经典作独立的、"多元化的"解读，并在评注中质疑皇权意识形态，批评皇帝滥用权力。

第五章追踪了艺文权威由政治中心（朝廷）逐渐向由职业批评家构成的商业市场转移的过程，并论证了出版、批评和选辑的活动在产生艺文权威的过程中的重要性的不断增加，这些权威已经成为对抗科举考试考官的一种力量。在这新的视野之下，复社其实就是一个职业批评家的大联盟。八股文选评家先已在出版市场中确立了他们评鉴文章高下的公共批评家的地位，继而寻求通过组织的力量对考官施加影响。

在结语部分，除了简要复述商业出版影响考试场域和文化生产场域这一论题的主要论点，笔者还详细讨论了中国和欧洲出版商运作的不同社会环境。

第一章
书籍生产成本和书价

中国刻书的简易正是这里书籍流通急速增长和售价出奇之低的原因所在。

——利玛窦①

书籍生产是如此之廉价,以至于即便是穷人也能买得起书。

——卫三畏②

---

① Trigault, Nicola, and Matteo Ricci, *China in the Sixteenth Century: The Journals of Matthew Ricci, 1583-1610*, p.21.

② S. Wells Williams, p. 477. 卫三畏关于中国的论述对19世纪美国对于中国的认识产生了巨大的影响。理雅各(James Legge)与他有着相似的观点,认为印刷书籍在中华帝国晚期的辐射力达到了社会最底层。1849年理雅各在香港写的一封信中说道:"没有哪个国家的书价比中国更低了,但是我们能够使它比以往任何时候还要便宜。"同卫三畏一样,理雅各说的书价低,是指对于中国人来说的,而不是对于像他一样的外国人。Legge, *James Legge: Missionary and Scholar*, p.75; S. Wells Williams, *The Middle Kingdom: A Survey of the Geography, Government, Education, Social Life, Arts, Religion, etc., of the Chinese Empire and Its Inhabitants*, p.477.

尽管相隔两百多年，16世纪的耶稣会传教士利玛窦和19世纪中期新教传教士卫三畏都为中国书籍的低价感到不可思议。很显然，他们是将中国的书价与他们同时期欧洲市场的书价做了比较而得出以上结论的。然而，今天的学术界却没有认真看待他们的话，或者说并未理解他们的意思。基于晚明时期关于中国书价极其有限的信息，学者们认为当时书价非常昂贵，是一种"高价财产"，按亚瑟·史密斯（Arthur Smith）的话来说，甚至在19世纪晚期，书籍还是一种"富人们的奢侈品"①。那么我们如何理解和解释这些关于明清时期中国书籍价格明显矛盾的观点呢？如果书籍果真昂贵的话，要想解释晚明时期商业出版繁荣这个流行观点是很困难的。谈及商业出版的覆盖面也好，本质也好，书籍的高价无论如何会大大限制其发行和对于社会的影响。

这一矛盾产生了很多问题：晚明时期书籍价格昂贵吗？书籍的价格妨碍了官员、商人和科举考试应试者建立私人藏书楼吗？织工、刻工、海员或者优伶这些有固定收入的劳动者能够买得起书吗？回答这些问题不仅对于理解16、17世纪中国商业出版扩张的实质和范围相当重要，对于解释以下这一难题的意义更为重大——即使在活字印刷方法更加实用，而且在这一时期的使用不

---

① 基于诸如亚瑟·史密斯整理出的有限的书价信息，伊维德（Wilt L. Idema）总结到，文艺小说的价格较高，并猜测这些小说和短篇故事的发行量很小。见 Idema, *Chinese Vernacular Fiction: The Formative Period*, pp. lviii-lix；又见 Dorothy Ko, *Teachers of the Inner Chamber: Women and Culture in Seventeenth Century China*, pp.36-37；沈津：《明代坊刻图书之流通与价格》。

断增长的情况下,为何中国书商仍然优先使用雕版印刷,雕版印刷为何没有被取代?①

明代之前的印刷

尽管雕版印刷在唐代(618—907)就已经发明,但直至宋代(960—1279)初期,印刷文本还尚未得以普及。② 当时大多数学生和学者们不得不采取手工抄写的办法获得文本。直到994年,国子监才准许书商重印官版的经史著作,官府也出版一些律令典章和一大批佛教和道教经文。这些官府刊本都在首都和各省的刻书处印刷生产。另外,地方官学和首都的国子监也为学生们出版书籍。在建立初期的几十年里,国子监只有4000块雕版。然而,到了1004年,这一数字已经增长到了100000块。③ 在宋代,政府曾将大量书籍作为赠品赐给大臣、地方官学、私塾和寺庙,包括经史著作、佛道经文和医书。④

---

① 张秀民、韩琦:《中国活字印刷史》,第2章。
② 有关中国最早的印刷品的时间,有以下几种说法。一些学者认为印刷术的发明是在隋代(581—617)之前。多数学者追溯到唐代,但是他们并不同意唐早期和中期的说法。李致忠指出,在636年,印刷术就已经发明了。另外一些只基于现存证据判断的学者分别认为印刷起源于770年和868年。李致忠:《唐代刻书述略》,第22—31页;Carter, *The Invention of Printing in China and Its Spread Westward*, p. 41; Twitchett, *Printing and Publishing in Medieval China*, pp.13-16. 关于对不同观点的引用,见曹之:《中国印刷术的起源》,第12—32页;史金波、雅森·吾守尔:《中国活字印刷术的发明和早期传播》,第3—6页;张秀民:《中国印刷史》,第20—22页。关于中国印刷概述,见钱存训:《造纸及印刷》。
③ 见李致忠:《宋代刻书述略》。
④ 曹之:《中国印刷术的起源》,第413—420页。

11世纪中期之后，购买印刷书籍变得更加容易。① 全国各地都开设了印刷作坊，特别是在浙江、四川、福建、湖北和安徽，数量很多。② 禁止擅刻书籍的律令在神宗年间（1068—1077）被取消之后，由福建、浙江和四川商业出版机构印刷的书籍行销全国。③ 在北宋时期（960—1126），印刷作坊的数量有限，不超过30家，但在南宋时期（1127—1279）就增加到200多家。④ 从宋代开始，印刷书籍就成为皇权政府和艺文文化中不可或缺的组成部分。从宋至明初，由中央和各省地方政府刊印的书籍刊本超过2482种⑤，其中中央和各省地方政府刻书所占的比例分别是18%和82%。与其说这个比例说明了地方政府印书的积极性，不如说这个比例说明的是传到各省的雕版印刷技术的便利性。

16世纪50年代至17世纪30年代间存留至今的宋版书和元版书（960—1368）数量也不少。具体而言，这次始于16世纪的出版繁荣可以通过鉴别新趋势、新文体和出版商、出版中心数量的增加得以确立。强化的商业与宽松的政策都为这次繁荣提供了动力。

---

① 宋敏求（1019—1079年）的例子说明，对于非印刷或者少量印刷的书籍的获得是有限的。宋的私人藏书使得学者们纷纷把家建在他的藏书楼边，以便能看到他的书。朱弁：《曲洧旧闻》，转引自 Thomas H. C. Lee, *Education in Traditional China: A History*, p. 415。
② 李致忠：《宋代刻书述略》，第69—70页。
③ 张秀民：《中国印刷史》，第57—58页。
④ 张秀民：《中国印刷史》，第59页。
⑤ 这个数字基于周弘祖的《古今书刻》。肖东发：《建阳余氏刻书考略》，第139—149页；Ze, "Printing as an Agent of Social Stability: The Social Organization of Book Production in China during the Song Dynasty", p. 131。

明代出版业的扩张

宋元时期，政府对个人作品的印刷采取出版前审查制度。直到 1068 年，书籍在出版前仍然要被送往国子监加以审查许可。不过，这一政策在宋神宗一朝并未强力执行。① 元朝廷要求手稿呈送中枢省加以检查，只有得到了允许才可以出版。② 但之后，这一要求未为明朝廷所承袭。与 16、17 世纪法国和英国不同，明朝廷并没有一个负责实施审查制度的专门机构，也没有一套具体的成文法来监管私人出版活动③，同时也不存在一种要求印刷者向政府注册的许可证系统。任何人只要有足够的资源，就能成为一个出版者，自由出版几乎任何文本，包括新闻、手稿和政府刊本等。只有很少几类出版物由政府独家享有出版特权，具体而言包括日历和星相占卜类书籍。但是，从嘉靖（1522—1566）中期开始，即使是这类书籍也被抄写、刻印，并广泛传播，而且到了万历年间（1573—1620），这些都已经成为普遍的家庭读物了。④

---

① 曹之：《中国印刷术的起源》，第 365 页。
② 陆容：《菽园杂记》，第 129 页。
③ 法国审查制度最早始于 1547 年亨利二世颁布的《枫丹白露敕令》(*Édit de Fontainebleau*)。路易十四延续了政府的控制，使审查的方法成为调控异议的一种尝试。见 Hugh Gough, *The Newspaper Press in the French Revolution*, p.5. 当印刷术 16 世纪传入英格兰时，都铎王朝统治者采用了一些方法控制印刷的使用。印刷出版同业公会（Stationers Company）是这些组织之一。Johns, *The Nature of the Book: Print and Knowledge in the Making*, pp.189-190; Patterson, *Censorship and Interpretation: The Conditions of Writing and Reading in Early Modern England*, pp.32-34.
④ 徐学谟：《世庙识余录》，2.9b-10a。关于标题，见沈津：《明代坊刻图书之流通与价格》，第 341—342 页。

在明初，书籍同时在地方和中央政府的机构里印刷①，诸如都察院、布政司、按察司和杭州府等，都是印刷书籍的积极参与者。杭州在南宋时期就已经是一大出版中心，在明代早期依然是政府出版的一大重镇，这里的很多官刻本得以保留至今。②分封在各地的藩王们在出版活动中也表现得非常积极，甚至连北京、南京两大国子监这样的主要教育机构所出版的书的数量，都不及藩王。③

在明代的前100年内，商业出版在几个书籍生产和流通中心并未显示出显著的变化。根据陆容这位生活于1360—1450年间繁华苏州的本地人士描述，那里的书籍大多数都是由国子监印刷的。商业出版者并没有大量出版或者广泛发行。④然而，由于15世纪后半期商业化和城市化的加速，使得商业出版作坊开始激增，出版了大量的书籍，涉及的领域也相当广泛。⑤除这些出版商之外，私人出版，如家庭、宗族和宗教团体都为晚明印刷的繁荣做出了贡献。⑥

---

① 当时政府的出版机构，诸如礼部和南北国子监，比起私人印刷出版量要少一些。北京最为重要的官书处隶属于由太监控制的司礼监。张秀民：《中国印刷史》，第340—342、353—364、390—402页。

② 丁申，《武林藏书录》，第733页；Soren Edgren, "Southern Song Printing at Hangzhou"。

③ 由43个藩王印刷的书籍总数超过430种。叶德辉：《书林清话》，第5卷，第116—120页。张秀民：《中国印刷史》，第337、402—445页。

④ 陆容：《菽园杂记》，第128—129页。

⑤ 张秀民：《中国印刷史》，第337页。

⑥ 关于家谱，见多贺秋五郎（Taga Akigoro）：《宗谱的研究》，第58—60页；Ted Telford, *Chinese Genealogies at the Genealogical Society of Utah: An Annotated Bibliogra-phy*, pp. 41-43；关于民间宗教印刷，见欧大年（Daniel Overmeyer），第220页；Susan Naquin, "The Transmission of White Lotus Sectarianism in Late Imperial China", *Popular Culture in Late Imperial China*, pp. 256n2, 259。

周绍明（Joseph McDermott）依据对北京图书馆（现中国国家图书馆）和台北"中央"图书馆现存明版书的分析，认为在 15 世纪晚期，刻本逐渐开始取代抄本，16 世纪时印刷文化的规模已经超过了抄本文化。①商业出版从 15 世纪的最后 25 年开始扩大规模，但是直至 16 世纪，特别是万历年间才真正繁荣起来。根据数量有限的现存版本，从 1368 年到 1521 年共 153 年期间，书籍生产的年增长率为 8.1%。在接下来的 50 年间，也就是嘉靖和隆庆年间（1522—1571），增长率为 14.0%。紧接着的万历年间直至明末（1573—1644）共 69 年的时间里，增长率则上升至 19.1%。②

　　作为商业扩张的一个组成部分，出版业的繁荣也刺激了对纸、墨、木板和其他装印材料的需求。到 16 世纪时，所有主要的印刷方法——雕版和活字——都在使用③，明代由活字印刷术出版的书籍逐渐增加。④但除木刻、彩印和纸张生产的进步之外，

---

　　①　McDermott, "The Ascendance of the Imprint in Late Imperial Chinese Culture", *Print and Book Culture in Late Imperial China*.

　　②　几乎所有的学者都认可商业出版在嘉靖和隆庆年间得以繁荣这一观点。叶德辉：《书林清话》，1.3。K. T. Wu, "Ming Printing and Printers", p. 203. Oki, *Ming matsu no hagu ne chishikini*, pp. 185-86. 作为文中数据来源的现存明版书，总数只有 2452 种。清代的一种目录上列有由明代作者撰写的书籍共 15725 种。张秀民：《中国印刷史》，第 336 页。家谱不包含在这个目录上。

　　关于出版中心和出版业的具体情况，见张秀民：《中国印刷史》，第 334—543 页。徽州画派的兴起也与 16 世纪印刷术的发展密切相关。Hiromitsu and Sabin, "The Great Age of Anhui Painting", *Chinese Painting and Printing of the Anhui School*, pp. 25-26。

　　③　欧洲学术界普遍认为，中国活字印刷术在发明之后没有太大的发展，到 19 世纪时欧洲人把他们的活字印刷术传到中国之后，在本土就退出历史舞台了。见 Arthur M. Hind, *A History of Woodcut with a Detailed Survey of Work Done in the Fifteenth Century*, p. 66。

　　④　K. T. Wu, "Ming Printing and Printers", pp. 212-220. 可特别参照张秀民和韩琦的著作《中国活字印刷史》。

技术上则没有重大的突破。①商业出版扩大的一个主要因素就在于一直下降的书籍生产成本，而这一成本的下降又是由纸张生产成本的下降和人口增长导致的劳动力过剩所共同引起的。

17世纪中期以前英国上层社会的作家"极少用印刷的方式来出版他们的作品"②，而中国的情况与此不同。从宋代或者更早的时期开始，中国的文人长久以来已经把印刷看作保存和传播自己作品的一种正当的、可靠的方式。到了明末，印刷成本已经降至很低，所以文人们更加热衷于刻印自己的作品了，书籍也成为一种可大量获得并负担得起的商品，甚至那时连一个穷书生也会抱怨自己坐拥一辈子都读不完的书。③由于书籍十分普遍和廉价，一些书商开设了一些旧书店，并把使用过的纸作为包装用纸来出售。④另一个书生还夸张地说，如果把印刷用的木板当作柴火来卖，那么木柴和木炭的价格一定会暴跌。⑤

藏品、新体裁与藏书

书籍生产扩大的另一个表现就是藏书者和藏书量的增加。从1475年后开始，在长江下游地区最为商业化和城市化的江苏和浙

---

① K. T. Wu, "Ming Printing and Printers", p. 203; John Lust, *Chinese Popular Prints*, p. 41.
② Davis, *Factual Fictions: The Origins of English Novel*, pp. 139-141.
③ 朱国桢：《涌幢小品》，17.7a。
④ 王春瑜：《明代商业文化初探》，《中国史研究》1992年第4期，第148页。
⑤ 柴萼：《梵天庐丛录》，卷18。

江，藏书者的人数显著增多①，收书3万卷者根本不足道。② 著名的学者和藏书家胡应麟（1551—1602年）只是区区一个举人而已，但是在他去世前20多年的时间里，他收集了总共42384卷藏书。③ 胡去世那年，另一个学者徐㷿完成了自己的藏书目录，其中一共包含了53000卷。④ 浙江浦江的富户程氏的藏书超过了80000卷。而享有盛誉的出版家毛晋（1599—1659年）在自己的汲古阁里存放了84000卷之多的藏书。绍兴祁承㸁（1565—1628年）所设立的租借图书馆的收藏则超过了十万卷。⑤ 另一位藏书家吴德的收藏量与之旗鼓相当。⑥

商业出版在范围和卷册数目上的增长促使了劳动力的分工和印刷工艺的精细化。⑦ 晚明时期刻印增长的一个因素就是学者所称的"通俗出版的成功"⑧。大众需求的大量单幅印品的出现大大促

---

① 袁同礼：《明代私家藏书概略》，第1页；张秀民：《中国印刷史》，第527页。
② 张岱（1591—1689年）的藏书楼藏有3万卷书，但是极少人认为他是晚明时期的著名藏书家。见张岱：《陶庵梦忆》，2.27。
③ 林庆彰：《明代考据学研究》，第195页。
④ 徐㷿：《徐氏家藏书目》，第1625页。
⑤ 张秀民：《中国印刷史》，第527页。
⑥ 《明文海》，卷3，第2355页。关于16世纪意大利、法国和英国的图书馆规模，见Richardson, *Printing, Writers, and Readers in Renaissance Italy*, pp. 118-121; Febvre and Martin, *The Coming of the Book*, pp. 263-264; Bühler, *The Fifteenth Century Book: The Scribes, the Printers, the Decorations*, p. 19.
⑦ 徽州画派的兴起与16世纪插图出版物的增长密切相关。见Kobayashi and Sabin, "The Great Age of Anhui Painting", pp. 25-26. 又见Hegel, *Reading Illustrated Fiction in Late Imperial China*; Dorothy Ko, *Teachers of the Inner Chamber: Women and Culture in Seventeenth Century China*, ch. I.
⑧ Lust, *Chinese Popular Prints*, p. 37.

进了出版文化市场的繁荣。单幅印品还成为室内装饰的常用物品。出于宗教和审美的目的，人们纷纷在家里挂起佛教菩萨和道教天神的画像，还有门神和福禄寿的画。① 一些出自戏曲小说名篇的单幅印品也成为常用的装饰品。②

这个时期多样化的士商精英群体和不断增长的城市人口也给书籍出版带来了更多的需求。③ 参加三个等级科举考试的考生们需要阅读大量不同种类的书籍来备考。万历中期之后，举业用书这种新体裁的出现也印证了商业出版的扩张，这当中包括艺文团体成员编写的八股文写作练习，以及含有职业批评家评注的考试文集。晚明的写作体裁如此繁多，使得藏书家茅元仪（1594—1640年）不得不开始使用一个单独的类别——"世学"来为这类刊本归类。④ 举业用书当中大量序文的出现也促使黄宗羲开创了"时文"这个子目录来指认卷帙浩繁的明文集。其实，在他自己的文集中，序文就有8卷之多。⑤

除了举业用书，出版者和刻印者还推出了诸如山志⑥、历书、

---

① Lust, *Chinese Popnlar Prints*, pp.40-46. 满族统治的短暂破坏之后，单幅印品便复兴了，并发展为一种地方性的印刷风格，一直到18世纪晚期。苏州和南京都有印刷作坊，山东、河北和四川也出现了新的出版中心。见 Lust, *Chinese Popular Prints*, ch.2。

② 关于一幅《西厢记》1640年版雕版插画的重印，见 Clunas, *Picture and Visuality in Early Modern China*, p.70。

③ 姜士彬曾经提醒学界，不能把"明清时期受过传统教育的人看作一个同质的群体"。Johnson, "Communication, Class, and Consciousness in Late Imperial China", pp.61-62。

④ 李瑞良：《中国目录学史》，第218页。

⑤ 黄宗羲：《明文海》，卷307—314。关于这两种举业用书，见本书第四章和第五章。

⑥ 关于山志与方志，见 Brook, *Geographical Sources of Ming-Qing History*, pp.3-19, 49-66. 关于山志，见 Cahill, "Huang Shan Paintings as Pilgrimage Pictures", p.272。

百科全书、善书①、历算手册②、医学手册③和地图④之类的读物。各种各样的指南性读物随处可买，包括如何写信、进行仪式和为庆典、活动、娱乐项目择日等⑤，还有为游人、商人⑥、鉴赏家⑦所准备的指南，甚至还有教人辨别奸商恶人诈骗手段的书⑧。即使是那些在大城市逛青楼的游人都能够在诸如《嫖经》或者《闲情女肆》之类的手册上得到信息。⑨ 这一时期春宫图集和黄色小说也很普遍，彩印精细程度的提高使春宫图集更加流行。16世纪70、80年代印制的图集是四色的，而很多在1606年至1624年间出版的则变成了五色。⑩ 如何增加私闺或妓院中的性快感这样的话题在诸如《万宝全书》之类的民间历书当中都能找到。⑪

25

---

① Cynthia Brokaw, *The Ledgers of Merit and Demerit: Social Change and Moral Order in Late Imperial China*.
② 李俨:《中国数学大纲》，第361页。
③ Ellen Widmer, "The Huanduzhai of Hangzhou and Suzhou: A Study in Seventeenth-Century Publishing".
④ 1555年印制的一幅手工上色明代中国地图现藏于塞维利亚的西印度群岛综合档案馆（Archivo General de Indias, Seville），重印于 Clunas, *Picture and Visuality in Early Modern China*, p.80。另一张由南京曹君义于1644年绘制和刻印的地图，见 Philip Hu, *Visible Traces: Rare Books and Special Collection from the National Library of China*, p.186。
⑤ 关于仪式指南，比如朱熹的《朱子家礼》，见 Patricia Ebrey, *Confucianism and Family Rituals in Imperial China*, pp.176-183。
⑥ 陈学文:《明清社会经济史研究》；关于旅行路线指南，见 Brook, *Geographical Sources of Ming-Qing History*, pp.3-19。
⑦ Clunas, *Superfluous Things: Material Culture and Social Status in Early Modern China*.
⑧ 有关这些诈骗手段，见张应俞:《杜骗新书》。
⑨ 《中国善本书目提要》，第351页。
⑩ Van Gulik, *Sexual Life in Ancient China*, pp.306-317, 324.
⑪ 王尔敏:《明清时代庶民文化生活》，第199—203页。

这些源于商业出版的新体裁当中，最引人注目的就是娱乐文学。士商精英和城市人口数量不断增长，而且他们都拥有闲暇时间和供个人自由支配的资源，于是娱乐文学也就应运而生了。在晚明时期，戏剧与小说的出版并非新潮之事，但是在新趋势和习业发展的推动下，这种繁荣也成了时代的要求。由江南地区的书坊和个人作家及家族所出版的戏剧与万历之前建阳的主要商业印本有所不同，那里有一些专长于戏剧出版的专门出版机构。① 与元杂剧四幕形式相异，南方戏剧（或称"传奇"）的折数更多。士商们对戏剧艺术和音乐表演的兴趣大大提高，这成为剧作家、批评家与新问世作品数量增长的有力的推动因素。

到晚明时期，小说和戏剧中插图的发展也呈现出新的趋势。② 建阳出版的很多宋版、元版书的插图占据书页的上方，即上图下文格式。这些插图的质量大多比较粗糙，这说明艺术家们在出版过程中的参与是不足的。这种情况在万历年间有所变化，整页插图大量运用于小说和戏剧中，这充分体现了插图书籍的市场需求的增加。③ 细节清晰且表达方式艺术化的图像成为文字的重要补充④，同时这些精美的图画也反映了雕版工艺的提高。不过雕刻技巧的进

---

① Hegel, *Reading Illustrated Fiction in Late Imperial China*, pp. 140-146; Carlitz, "Printing as Performance: Literati Playwright-Publishers of the Late Ming".

② 元代刻印的平话是一种带有插图的书籍。Victor Mair, *Painting and Performance: Chinese Picture Recitation and Its Indiana Genesis*, pp. 3-4.

③ 见 Hegel, *Reading Illustrated Fiction in Late Imperial China*; Carlitz, "Printing as Performance: Literati Playwright-Publishers of the Late Ming"。

④ Hegel, *Reading Illustrated Fiction in Late Imperial China*.

步也许是由更发达的雕刻工具设计和制造所促成的。一位研究通俗印刷品的学者注意到:"到 16 世纪 90 年代为止,那些反映内景、外景、幻想和实景的板刻插图已经成为绘画技艺的试金石。"①

这一时期兴起的另一类新体裁是小品,其中包含各种散文写作形式,却不包括韵文。其实,小品指的就是一个作家各种散文的汇集,涵盖甚广,但主要的内容大概就是序、旅行日志、生平概略、个人书信、座右铭、传记文章和一些短小论文。② 小品的出现可以被看作一种关注人生多样性的表现,这种看待人生的角度脱开了艺文生产中惯有的以科举考试为纲的模式,而体现了士商亲自体验生活所得的新见解。

不断增多的新体裁使得当时已有的四部分类法捉襟见肘。对此,藏书家祁承㸁在原有基础上增加了"丛书"这一类别,因为这一时期已出现了大量丛书,它们包含了诸如经、史类等不同的体裁中的条目。③ 这些丛书使体裁之间相互融合,以至于个中界限已很不明显。

书目中的另一大发展就是收录了娱乐性的白话文学。1602 年由徐𤊹编订的书目中就包含了置于传奇这一类别下的杂剧。④ 戏剧新作品的大量创作加速了这种特殊目录的编纂。戏剧中的唱段

---

① Lust, *Chinese Popular Prints*, p. 41.
② Ye Yang(叶扬), *Vignettes from the Late Ming: A Hsiao-p'in Anthology*, pp. XXIII-XXVII. 关于所有归于小品的类别,见陆云龙:《皇明十六家小品》。
③ 李瑞良:《中国目录学史》,第 215—216 页。
④ 徐𤊹:《徐氏家藏书目》,第 1731—1734 页。

也在单独的目录中得到重视,其中最著名的当属吕天成(1580—1618年)和祁彪佳(1603—1645年)所编的书目。① 对于印行唱词的兴趣也促成了冯梦龙编纂并出版一种苏州方言民间歌集。②

《文渊阁书目》也单独建立了一个子目收录白话文学。③ 这里需要提到的是,"小说"这一目录其实并未包含所有的小说。大多数目录编纂者仍然只在小说目录下列出了那些猎奇罗异的常见书籍。④ 取而代之的是,很多小说被收录在史部的子目中。高儒的《百川书志》便是一例,他把志怪访轶的书籍收归小说目录下,而现行分类法所定义的"小说"却在史部之下。在他的野史目录中,则收录了诸如《水浒》和《三国》之类的作品。他还在外史目录中放入了《西厢记》和《琵琶记》等杂剧。⑤

标准化与差异化

16世纪商业出版的繁荣为超附文本带来了两大截然相反的发展趋势:标准化(standardization)与差异化(differentiation)。标准化的趋势在书籍生产的技术层面表现得十分突出,包括书籍尺寸、字体风格和纸张类型。何谷理(Robert Hegel)曾经指出,表

---

① 吕天成:《曲品》;祁彪佳:《曲品剧品》。
② 见 Oki, "Women"。
③ 李瑞良:《中国目录学史》,第 218—219 页。
④ 例如,高儒:《百川书志》,第 1273—1279 页;《玄览斋书目》,第 1533—1537 页;徐㶇:《徐氏家藏书目》,第 1714—1731 页。
⑤ 高儒:《百川书志》,第 1264—1266 页。

现形式的一致性在书页尺寸、每页的字数和小说章节的标题字数等方面都能明显看出来。同时，商业和私人出版的戏剧作品也与阅读、演唱和表演有着相同的标记符号系统。[1] 自万历年间以来，匠体字迅速流行开来，成为大多数刊本的标准字体，这可以从它们整齐划一的笔画来辨别。这种字体的设计能够使阅读变得更为容易，同时也提高了刻工的雕刻速度，降低了书法体所带来的字符长与宽的无规律性。这期间，匠体字和竹纸的使用是最普遍的，从书籍生产的角度来说，它们促进了标准化的进程，这也归功于出版商降低生产成本的尝试。

然而，在关于刻印的各种策略中也能看出一些差异化的趋势。为了弥补个人风格与书法美感的损失，在采用匠体字刊刻正文之后，序和评注往往使用草书来描摹书写的手迹（见图1.1）。[2] 这种视觉差异能够让读者更好地欣赏作者的个人魅力[3]，同时也赋予书法体序言和评注以一种"逼真"感。[4] 它的作用就如同作者的亲笔签名或者优质认证标志一样。此外，书法体部分也表现为一种阅读的程序规则，因为它从视觉上和空间上将超附文本从文本本身分离开来，其美感和个体的存在感使序的作用大为提高，读者因此可以特别注意到作者观点的存在。作为一种超附文本，序在

---

[1] Carlitz, "Printing as Performance: Literati Playwright-Publishers of the Late Ming".
[2] Frederick W. Mote and Hung-lam Chu, *Calligraphy and the East Asian Book*, p. 48.
[3] Frederick W. Mote and Hung-lam Chu, *Calligraphy and the East Asian Book*, p. 169.
[4] Dorothy Ko, *Teachers of the Inner Chamber: Women and Culture in Seventeenth Century China*, p. 49.

空间组织上处于文本之前，并在重要性上超越了一般文本。由于作者的声望和更精湛的雕工，序的制作成本比其他部分要高。但
28 是这对于总成本来说则并没有多少实质性的影响，因为印刷中最主要的材料——纸——的价格仍然很低。

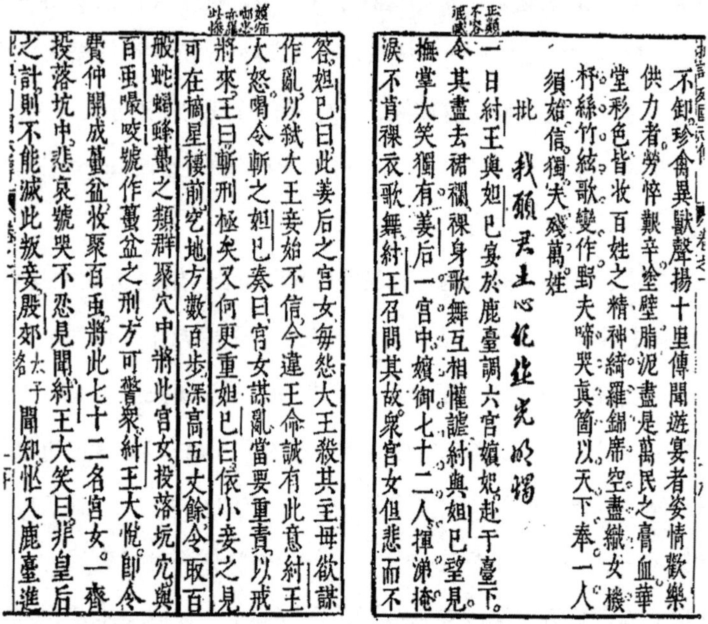
不御。珍禽異獸聲揚十里傳聞遊宴者姿情歡樂
供力者勞悴艱辛。塗壁脂泥盡是萬民之膏血華
堂彩色皆妝百姓之精神綺羅錦席空盡織女機
杼絲竹絃歌變作野夫啼哭眞箇以天下奉一人
須始信獨夫殘萬姓
批
一日紂王與妲己宴於鹿臺調六宮嬪妃赴于臺下
令其盡去裙襦裸身歌舞互相懽謔紂與妲己望見
撫掌大笑獨有姜后一宮中嬪御七十二人揮涕掩
淚不肯裸衣歌舞紂王召問其故衆宮女但悲而不
答妲己曰此姜后之宮女每怨大王殺其主母欲謀
作亂以弒大王妾始不信今違王命誠有此意紂王
大怒喝令斬之妲己奏曰宮女謀亂當要重責以戒
將來王曰斬刑極矣又何更重妲己曰依小妾之見
可在摘星樓前空地方數百步深高五丈餘令取百
般蛇蝎蜂蠆之類群聚穴中將此宮女投落坑穴與
百虫嚙咬號作蠆盆之刑方可警衆紂王大悅即令
費仲開成蠆盆收聚百虫將此七十二名宮女一齊
投落坑中悲哀號哭不忍見聞紂王大笑曰非皇后
之計則不能滅此叛妾殷郊太子聞知忙入鹿臺進

图 1.1 《陈批列国志传》中的一页

从图中可以看出以下几点：（1）匠体字的印刷；（2）段尾评注临摹评注者的手迹；（3）不同形式的评注：天头、段末和行间；（4）不同种类的标点法。由日本国立公文书馆许可复制。

纸在明代社会中的使用

在 16 世纪和 17 世纪，纸张的成本比雕版和劳动力要低得多。中国书商比他们的欧洲同行支付的购纸费用要少得多。安特卫普是当时向欧洲很多国家出口书籍的一个繁荣城市。16 世纪时，安特卫普的纸张价格是 20—25 斯泰弗 1 令（500 张）①，而画工和制卡工人的收入是 3 斯泰弗/天，那么购买 1 令印刷用纸的花费就需要其工作 7 到 8 天才能赚回。相比之下，中国印刷用的竹纸每百张只需 0.02 两银，那么 1 令纸的价格只是 0.1 两银而已，而一个中国刻工工作 2 到 3 天就能买 1 令纸。假设纸张尺寸相对可比，欧洲的同工种工人工作 6 到 8 天才能得到同等数量的纸张。那么薪资与纸张成本的比率就在 1∶2.5—1∶3 之间。

从 15 世纪直至 18 世纪，大多数欧洲印刷者都依赖进口纸张。15 世纪中期，只有意大利和法国可以生产足够国内和出口需求的纸张。意大利是英格兰、低地国家（指比利时、荷兰、卢森堡）、奥地利和德国的主要纸张供应国。② 德国直到 16 世纪中期才能在纸张生产上自给自足。③ 在 1713 年，英格兰三分之一的印刷用纸

---

① Van Der Stock, *Printing Images in Antwerp: The Introduction of Printmaking in a City Fifteenth Century to 1585*, p.60. 16、17 世纪欧洲生产的纸张尺寸大小不等，但都比中国纸要小。潘吉星：《中国、韩国与欧洲早期印刷术的比较》，第 152—155 页。

② Febvre and Martin, *The Coming of the Book*, p.32.

③ Febvre and Martin, *The Coming of the Book*, p.42.

都是进口纸①，而在此之前，大多数纸张都是进口的②。纸张的价格居高不下是因为其原材料是碎布，原料的短缺抑制了产量，这种情形在19世纪60年代用稻草生产纸张之后才有所改观。③

纸的世界

与欧洲相比，中国晚明时期的纸张是一种低廉而且应用广泛的工业产品，也是市民日常生活中不可或缺的用品。④利玛窦曾经记录道："中国对纸张的使用比任何地方都要普遍，而且生产方法更加多样化。"⑤事实上，16世纪时不同纸张的质量和用途有更大的区别；⑥这时有超过100种的纸，它们在社会生活中随处可见。⑦

不过在明初，书写纸的价格却并不低，所以人们总是节约书写用纸以备二次使用。比如，国子监的书写和书法练习用过的纸总是被再次使用——它们被发送到礼部用来起草文书，光禄寺还用它们来包面条，还有的地方把这些纸当燃料用。但是，到15世纪末期，这些用过的纸就不再被循环使用了。⑧据陆容的回忆，15世纪50年代江西官办工厂生产的纸张被宦官们用作墙纸，而这么

---

① Alvin Kernan, *Samuel Johnson and the Impact of Printing*, p. 59.
② Alvin Kernan, *Samuel Johnson and the Impact of Printing*, p. 59.
③ Febvre and Martin, *The Coming of the Book*, p. 36.
④ 在15世纪上半叶时，纸张才开始取代牛皮成为手抄本的制作材料。Bühler, *The Fifteenth Century Book: The Scribes, the Printers, the Decorations*, p. 41.
⑤ Trigault, *China in the Sixteenth Century: The Journals of Matthew Ricci, 1583-1610*, p. 16.
⑥ 关于明之前纸制品的研究，见潘吉星：《中国造纸技术史稿》，第94—103、110页。
⑦ 张秀民：《中国印刷史》，第538—539页。
⑧ 陆容：《菽园杂记》，第153页。

做在那时看来是很浪费的。甚至在万历年间，学者们还使用市肆账簿和讼状纸作为誊写之用。当毛晋等出版家们开始使用上等纸印制书籍的时候，其他人也纷纷效仿，再也不用质量一般的纸张来印书了。① 这可能是模仿毛晋的结果，也可能是明代最后几十年纸张成本进一步下降的表现。临近 16 世纪末期，当纸张产量大幅提高而成本大幅下降的时候，对浪费书写纸的关注也渐渐消失了。

如同其他商品一样，纸张有着各种消费用途：书籍、书法、绘画、通信、诰令、折扇、窗纸、请柬、契约和灯笼等。仪式上用来焚烧的各种印品的需求量也相当大。② 苏州和杭州等江南城市普遍使用厕纸③，而且杭州生产的厕纸以其柔软而闻名④。同时，鞭炮的生产也需要使用大量的纸张。⑤

在江南地区地方志之中，对大量不同种类纸张需求的记载也是很多的。《吴县志》中罗列了各种纸制品的名目，包括纸盒、纸帐、画卷、门神、信纸和彩纸。⑥ 一些特殊种类纸张，如信封、信纸等的生产特别体现了上等阶层和商人的审美趣味。据记载，一个上海商人生产一种印有诗句的信纸，这些信纸的需求量大到他

---

① 叶德辉：《书林清话》，第 10 卷，第 284 页。
② 仪式用纸也是杭州一种特别的纸制品。沈榜：《宛署杂记》，第 192、283 页。这种纸张的生产在明晚期急剧增加。宋应星：《天工开物》，第 327—328 页。
③ 厕纸的广泛使用在晚明白话故事中很常见。比如冯梦龙：《笑府》，第 80 页。纸作如厕之用可以追溯至 6 世纪。钱存训：《造纸及印刷》，第 159—160 页。
④ 杭州产的厕纸在明宫廷内十分流行。见蒋兆成：《明清杭嘉湖社会经济史研究》，第 335—336 页。
⑤ 谢国桢编：《明代社会经济史料选编》，第 203 页。
⑥ 《吴县志》，29.37b, 39a-b。关于纸帐的描述，见屠隆：《考槃余事》，卷 4，第 73 页。

的全部20多个家童一起工作都不能完全满足所有的订单。①李渔（1610—1680年）也在自己开的书店里出售经过设计的信纸。

在从挂画到纸花的各种室内装饰用纸中，印画和绘画是为居家、饭庄和茶社所普遍使用的装饰品。②福建出产一种用纸条编织成的花、鸟和风景等各种主题的图画。③纸花也成为室内装饰的流行用品。④在苏州，几乎家家户户都常备纸花，⑤还有床上用的纸帐⑥。福建地区还生产一种用纸做成的毯子。⑦到17世纪中期时，墙纸的应用已经很普遍，在江南城市中已普及千家万户。⑧这时，城市居民在很多重要的社交场合都会依赖于纸张来交往，比如书写的请柬、邀请函和雇用家教的广告，涉及货币的交易也需要用纸张进行记录。⑨

纸张有时也有非常特殊的用途——"纸甲"。1645年，当满族军队横扫南方时，陈士业的几万卷藏书全部被收缴并被撕成碎片用以制造几千件盔甲。⑩

皇权政府本身也是纸张产品的一大消费群体。早在永乐年间

---

① 《南吴旧话录》，21.5b-6a。
② 谢国桢编：《明代社会经济史料选编》，卷2，第299页。
③ 王士祯：《分甘余话》，第566页。
④ 归有光：《震川文集》，卷7，第3页。
⑤ 李渔：《李渔全集》，卷5，第2258页。
⑥ 《姑妄言》，卷2，4.462；屠隆：《考槃余事》。
⑦ 张秀民：《中国印刷史》，第538页。
⑧ 李渔：《笠翁偶集》，《李渔全集》，卷6，第2401—2405页。
⑨ 关于信件写作的内容，见冯梦龙：《折梅笺》，第1—12页；李廷机：《李文节集》，卷4，27.12b。
⑩ 叶昌炽：《藏书纪事诗》，4.199。

（1403—1424），明政府就在江西建立了造纸工厂，为政府生产各种特殊用途的纸张，包括御览纸、表纸（奏本纸）、榜纸等。[1] 乡试、会试和殿试的考题都印在"刷卷纸"上。[2] 国子监的学生都能领取到呈文纸，在上面写考试的答案并呈交给礼部。[3] 因为呈文纸的尺寸很大，有时候就被用来糊国子监的窗户。这种纸主要产于湖广地区。[4] 政府用纸还包括造册纸，这也是需求量最大的几种纸张之一。[5]

纸张的生产

16世纪时的造纸大省有江西、福建、安徽、浙江[6]、广东和四川[7]。从唐代开始，安徽南部的丘陵地区开始生产宣纸，这一地区在宋明时期一直是重要的纸张生产地。[8] 福建有名的是竹纸（或称扣纸），整个省都出产这种纸。[9] 因为价格相对比较低，江苏和浙

---

[1] 潘吉星：《中国造纸技术史稿》，第110—111页。
[2] 田生金：《徽州府赋役全书》，学生书局，1970年，第88、95、210、215、269、319、320、361页。
[3] 李廷机：《李文节集》，卷4，27.12a-13b。
[4] 其他种类的纸包括白连和黄连。李廷机：《李文节集》，卷4，27.12b-13b。
[5] 田生金：《徽州府赋役全书》，学生书局，1970年，第68、83、94、210、264、315、357、396页。
[6] 潘吉星：《中国造纸技术史稿》，第110—111页；徐建青：《清代的造纸业》，见《中国史研究》，第135—137页。关于杭州、嘉兴和湖州的纸制品生产，见蒋兆成：《明清杭嘉湖社会经济史研究》，第335—337页。
[7] 徐建青：《清代的造纸业》，《中国史研究》1997年第3期，第137—138页。
[8] 潘吉星：《中国造纸史话》，第169页；叶显恩：《明清徽州农村社会与佃仆制》，第101页。
[9] 宋应星：《天工开物》，第325页；徐建青：《清代的造纸业》，《中国史研究》1997年第3期，第135页。

江的出版商们对顺昌地区生产的印刷用纸需求量很大，大量的顺昌纸还出口外销。①

16世纪晚期，江西生产超过20种不同的纸张。②江西的铅山是纸张生产的重要地区，那里有30多家造纸作坊，每个作坊雇工多达1000—2000人。③每一个造纸用槽由4个工人共同操作④，而最小的作坊也有超过250个槽，最大的则有500个。1600年时，仅仅在石塘一个镇上，就已经有40000—55000人在造纸作坊工作，这些数量的工人能够操作10000—12500个槽，而一个槽一天能够生产出8把纸。⑤这就意味着，仅江西一个省的一个工业集镇就能产出80000—96400把纸。

位于浙江西部、铅山东北方向的龙游也是一个产纸地区，那里的造纸作坊工人来自铅山，纸商有的甚至从福建远道而来。⑥纸张生产在16世纪已经成为一种跨地区作业。纸张生产者要从其他的省份采购竹材，比如福建的造纸商就要长途跋涉到江西以确保

---

① 张秀民：《中国印刷史》，第540页。
② 潘吉星：《中国造纸技术史稿》，第111页。
③ 韩大成：《明代城市研究》，第331页。
④ 造纸作坊的规模各不相同。与铅山相比，陕西南部的造纸作坊规模要小一些。那里每个作坊的工人数量从40—50人到120—150人不等，每4个工人一起操作一个槽，这就意味着每个作坊平均有10—35个槽。这个数字是基于19世纪早期的参考资料得到的。有的资料说陕西南部的小造纸作坊雇工40—50人，大一点的超过100人。笔者估计40—50人是最小的可操作规模，如果规模为2倍或3倍，那么人数就为120—150人。见潘吉星：《中国造纸技术史稿》，第109页。关于用相似造纸方法生产插图和图画的描述，见Dard Hunter, *Papermaking: The History and Technique of an Ancient Art*, pp.84-94。
⑤ 潘吉星：《中国造纸技术史稿》，第109页。
⑥ 陈学文：《明清社会经济史研究》，第174页。

得到足够的竹材供应，他们还要雇用山区或者当地的农民来种植竹子。①

造纸技术的进步也使纸张变得更薄、更大。② 大规模的造纸作坊在生产中更广泛地使用水力和风力。③ 比如，江西和福建顺昌的造纸作坊就使用水力技术造纸。④

谢肇淛（1567—1624年）曾对不同种类的纸进行过点评。他说，白棉纸的优点在于持久性，但是其表面不太适合书写。华亭出产的纸不能承墨，所以字迹会模糊难认。四川的纸太贵，因此不常买到。高丽的蚕茧纸比四川纸要普遍一些，但是问题却是一样：时间长了就会有蠹鱼。但是著名画家董其昌（1555—1636年）却对高丽纸雪白的色泽和镜子般光滑的表面情有独钟。⑤ 最差的纸当属福建和江西产的竹纸（连七纸和毛边纸）。⑥ 毛边纸是一种日常生活中的普通用纸⑦，遇水很快就会破裂，而且很容易被虫蛀。竹纸价格是很便宜，质量却不高。但是，它还是为毛笔写画提供了光滑的表面。所以，竹纸既在政府部门和印刷作坊中被广

---

① 这一信息来源于18世纪晚期发生的一件事。见李文治、魏金玉、经君健：《明清时代的农业资本主义萌芽问题》，第158—159页。陈学文：《明清社会经济史研究》，第174页。
② 刘仁庆、胡玉熹：《我国古纸的初步研究》，《文物》1976年第5期，第78页。
③ 用水车制造纸浆可以追溯至宋代。见潘吉星：《中国造纸技术史稿》，第103—104页。
④ 王世懋：《闽部疏》，第2295页。
⑤ 沈德符：《万历野获编》，第6卷，第26页。
⑥ 潘吉星：《中国造纸技术史稿》，第110页。
⑦ 1657年，徽州祁门的程氏家族的管理手册中附有一份开支记录，当中提到使用多种多样的纸张。毛边纸在那时已经是一种普遍的日常用纸。见周绍泉、赵亚光：《窦山公家议校注》，第100、107、114、115、121页。

泛使用，也被用来做纪念文书、请柬和纸牌。①

在不同的印刷用纸中，江西永丰出产的棉纸最好也最贵，接下来就是常山柬纸，福建的顺昌纸价格更低一些。同是福建出产的竹纸，价格最低，质量也比较低劣。然而到了万历中期，福建的竹纸制造商对纸的持久性进行了很大的改良，出版商最终还是选择用竹纸，而并非是相对质量更好一些的顺昌纸。②这时的竹纸已经很适应印刷了，苏州商人甚至还通过预付款的方式来控制竹纸的供应③，福建商人也发现在苏州销售自家产的纸确实有利可图④。万历中期之后印刷的书籍更多是用价廉物美的竹纸了。尽管胡应麟对福建竹纸的质量多有贬斥，但在他所有的2万卷藏书中，也有九成是用这种纸印的。⑤17世纪20年代之后，几乎已经没有人用白棉纸来印书了。⑥著名出版家毛晋刻印的书绝大部分用的是竹纸。⑦

书籍生产的成本

晚明时期江南城市商品和服务的价格参差不齐。书籍并不像柴米油盐、肉蛋蔬果那样是每日生活必需品，而是和现在的情形

---

① 谢肇淛:《五杂俎》，12.14b-15b（第998—990页）。
② 胡应麟:《少室山房笔丛》，第57页。
③ 徐建青:《清代的造纸业》，《中国史研究》1997年第3期，第140页。要运到北京的苏州优质纸张存放在禅寺中。见祁彪佳:《按吴檄稿》，第534页。
④ 张应俞:《杜骗新书》，1.36a-b。
⑤ 胡应麟:《少室山房笔丛》，第57页。
⑥ 这个趋势基于参考书目所含信息，见李清志:《古书版本鉴定研究》，第129页。
⑦ 张秀民:《中国印刷史》，第540页。

差不多，是一种非生活必需的消费品。书籍价格的巨大差异是因为图书市场和出版业已经发展起来了一套复杂的以迎合不同收入层次消费者的策略。新印的书籍价格主要由纸张成本、雕版费用和刻工工钱决定。为了估量晚明时期书籍的相对价格，我们先来看其中各种开支的比例。

雕版印刷中最重要的材料就是厚木板。在不同的木材中，最常用的是枣木和梨木。尽管我们现在并没有明代中国书籍生产成本的分项记录，但是仍然可以建立一个各种雕版的价格表。表1.1列出的是16世纪70年代到80年代的雕版价格，所有的数据都来源于沈榜在他担任宛平县令期间的记录，所以，以此估计的不同尺寸和种类木材之间的价格差异，得出的结论是可信的。每版价格0.1—0.4两银的枣木无疑是价格最高的优质木材。相比之下，梨木版的价格就低得多，每版只需0.03两银。

表1.1 雕版价格（约16世纪70年代—80年代）

版的数量	总成本（以银两计）	每块板的价格（以银两计）
3丈5尺	3	0.085/尺
3块	1.2	0.4
3块	0.9	0.3
10块	1	0.1
1块	0.1	0.1
1块（梨木）	0.03	0.03

资料来源：沈榜：《宛署杂记》，第138—142页；海瑞：《海瑞集》，第41—42页；张秀民：《中国印刷史》，第534页。

出版商们往往以厚木板的形式购买板材以降低成本。然而，梨木版在大约超过两万次刷印之后就印不清晰了。① 但是对于大多数的书籍来说，两万册已经是销量的极限了。所以这样一来，使用梨木版就已经足够了。福建印的书的价格相比较而言会更低一些，就是因为他们用梨木版印书。福建书商同时也开始使用更低价的木材来印书，比如白杨木。之后，杭州书商也纷纷效仿，其他地区的书商也采用其他种类的软木来降低刻板成本。②

与书价相比，这一时期关于纸张价格的数据更多。在表 1.2 中，纸张价格差异更大。最便宜的是包面纸，每百张只需 0.045 两银；其次是政府用的奏册纸，每百张 0.08—0.18 两银；奏疏用纸或上书皇帝的本纸（奏本纸）每百张 0.35—0.8 两银。这些纸和表 1.2 中列出的纸张都是由政府采购的，所以可以推测出它们的质量更好，并且比商业出版用的印刷纸要贵一些。改良后的竹纸为出版商纷纷采用，在 17 世纪中期时价格为每百张 0.026 两银。③

---

① 张秀民：《中国印刷史》，第 534 页。19 世纪早期英国传教士在广州和马六甲的经历也证实了这样的事实——一块雕版在修补或需要新刻之前可以印 15000 次到 20000 次。见《伦敦传道会/世界传道会档案》（LMS/CWM，即 London Missionary Society/Council for World Mission），中国南方，收到来信，1810 年 12 月 28 日（BI/FI/JD）；Cecil Byrd, *Early Printing in the Straits Settlements 1806-1858*, p.40。

② 胡应麟：《少室山房笔丛》，第 59 页。

③ 竹纸的价格来源于叶梦珠《阅世编》。上海地区的价格要高一些，因为那里的总体价格水平更高。

表 1.2　16 世纪 50 年代—17 世纪 50 年代纸张价格

纸张类别		每百张价格（以银两计）
榜纸	常规	0.5—1.5
呈文纸	大	0.25—0.4
	中	0.2—0.4
	常规	0.4—0.66
本纸（奏本纸）	大，红	3.0
	常规	0.35—0.8
奏册纸		0.08—0.18[a]
印刷用纸	棉纸	0.2
	竹纸 毛边纸	0.3—0.7
	竹纸 连七纸	0.065—0.14
	竹纸 台连纸	0.09—0.1
	竹纸（17 世纪 40 年代—50 年代）	0.026[b]
包面纸		0.045

资料来源：a 沈榜：《宛署杂记》，第 138、141、145—146 页；袁黄：《宝坻政书》，14.79a—80b；b 叶梦珠：《阅世编》，卷 7。

决定采用刻印还是誊抄的方式复制一个文本取决于对其副本的需求量和两种方法的相对成本。根据翁同文的研究，一部手抄本与一部印书的成本比率是 10∶1。[①] 晚明时期"书手"明显增加，这也成为印本需求量较小之时不用印刷方法复制的一个主要考虑因素。我们应该注意到，晚明的地方衙门的胥吏人数激增，地方

[①] 翁同文：《印刷术对于书籍成本的影响》，第 35—39 页。

政府的书手数量到17世纪20年代时翻了十倍。① 这种增长使雇用书手的花费变得很低廉。书手的薪酬根据工种和地点有所不同，南京国子监书手的年收入有1.2—6两银。② 当然这个数字和现代的薪酬概念不可同日而语。除金钱的报酬之外，书手们的酒食茶水都由雇主提供，有时连住房和穿衣也包括在内了，不过后一种情况取决于做工的种类。

抄写20—30页的文章的成本是2—3文钱，大约是0.02—0.03两银。③ 假设每页200个字，共20页，那么就有4000字，薪水率就是每抄百字付酬0.005两银④，熟悉多种字体的熟练书手的工钱更高一些。刊字匠（也就是刻工）和刷印匠都是188种特别熟练工种之一。⑤ 一个普通刻工一天能刻100字，而一个熟练的刻工能刻150字。⑥ 每刻100字，一些印刷作坊付给刻工0.03两银，

---

① 吴应箕：《楼山堂集》，12.10b-11b。

② 黄儒炳：《续南雍志》，14.43a，14.44b-45a，14.45b。

③ 李诩：《戒庵老人漫笔》，引自尹韵公：《中国明代新闻传播史》，第267页。铜钱（文）和银两的兑换比率从1两银兑换700文到1000文不等。

④ 这里为了简单起见，取1两银兑换1000文的比率。

译者注：作者此处计算偶误。取1000文=1两银，则2—3文=0.002—0.003两银，而不是0.02—0.03两银。假设20页文章有4000字，总成本是0.002两银，则每抄百字的薪水率当是0.002÷4000×100=0.00005两银。这一抄写成本似乎过低；其实，作者在这里对材料的理解不太准确。因为明代八股文每篇仅五六百字（"五经"文的字数或更少），所以一篇窗课绝无可能长达20—30页。《戒庵老人漫笔》所云书贾"每篇誊写二三十纸"，必包括多个副本，"每篇酬钱或二文或三文"是其中每份的单价，而不是"二三十纸"的总价。本书第五章的"商业出版的科举时文选集"一节理解是正确的。

⑤ 蒋兆成：《明清杭嘉湖社会经济史研究》，第203、205—206页。

⑥ 刻字的速度取决于刻工的技艺程度。一般来说，一个刻工刻佛经一天能刻约100字。《历代刻书概况》，第558—559页。根据从苏格兰前往马六甲的传教士米怜（William Milne）的记录，他曾经监管过一个印刷工坊，那里一个好的刻工每天能刻150字。Cecil Byrd, *Early Printing in the Straits Settlements 1806-1858*, p.10.

还有一些会付 20 文，相当于或接近 0.02 两银。① 但是，有一些刻工的工钱更高，达到每百字 0.05 两银。②

我们可以得知，明末清初长江下游地区的刻工成本是每百字 0.02—0.05 两银，这也取决于熟练程度和字体字号。一个刻工 30 个工作日大概能得到 0.6—1.5 两银。这差不多就是毛晋付给他雇用的刻工的工钱，每百字 0.03 两银，这已经算是刻工的最高工价了。③ 中国刻工的收入与近现代欧洲的同行相比来说是很低的，在欧洲，刻字匠往往是顶级的熟练工种，也是工资最高的行业之一。不过和欧洲不同，中国刻工往往是没有自己的组织的，这也是前近代中国书价低廉的一个重要因素。

工人的工资同价格一样因地而异。黄河流域地区的雇工费用比江南地区要低，福建出版商的刻工工资比南京、苏州和杭州要低。嘉靖年间，福建地区刊刻一本 161 页的书的刻字成本是 24 两银，平均每一页的成本就是 0.15 两银。假设每页有 400 字，那么刊刻 100 字就是 0.037 两银。④

三一教创始人林兆恩的著作（17 世纪 20 年代）中也有关于刊刻成本的相似信息。从 1628 年到 1630 年，林在南京中一堂的追随者雇用刻工刊刻了 1500 多块板（正反两面），即 3000 多整页的

---

① 杨绳信：《历代刻工工价初探》，见《历代刻书概况》，第 558 页。
② 比如，在万历晚期雕刻一部佛经的成本大约是每百字 0.05 两银。杨绳信：《历代刻工工价初探》，《历代刻书概况》，第 565—566、558—559 页。
③ 叶德辉：《书林清话》，第 186 页。当时 1 两银能兑换 700 文钱。
④ 叶德辉：《书林清话》，第 186 页。笔者怀疑这里的 24 两银包括了木板的成本，如果猜测属实，刊刻 100 字的成本就是 0.03 两银。

内容，最终形成了40卷的《林子全书》。刊刻的全部成本是300两银。① 以1500块板正反两面雕刻的总共3000整页计，每一页包括用工和木材费用在内约是0.1两银，比上面提到的嘉靖年间的刻书成本要稍低一些。书页行款是9栏19字，字体采用匠体字。假设整个页面没有空格的话，一页一共是171个字。如果每百字0.02两银，一整版342个字就耗费0.068两银。考虑到雕版本身的成本，假设梨木每块0.03两银，那么一块版的材料和劳动成本也还是低于0.1两银。平均下来，刊刻100字实际上是低于0.02两银的，因为很显然出版商和南京的这些林氏信徒们在谈如此大的一笔生意时是有一些折扣的。

所以，生产一整版（400字）的平均成本在0.1—0.15两银之间。那么，10两银就足以制作一本66—100整页的书了。这个估价与《林子全书》300两银的成本是十分接近的。而且，这本书虽非商业出版，但是（这低成本）很显然也得益于生产规模，因而有一些成本费用上的优势。这每版0.01两银的成本已经接近商业出版者的最低成本了②，所以我们能够推测出，17世纪的前几十年，商业出版中的制版单面成本（包括板材和人力）不会超过0.1两银。

也有其他一些因素能够使得成本降至0.1两银以下。小说会使用简体字，而且很少使用难字，这在建阳的低成本刻书中可见。以上种种可以看出，书籍生产的一大特征就是迅速而且廉价。

---

① 林兆恩:《林子全书》，第1240—1241页。这一版本中只用了1266块木板，剩下的木板可能被用来刻了小册子或者功德簿。

② 译者注：据上下文，此处"0.01两银"或为"0.1两银"之误。

书价

虽然有关晚明书价的资料奇缺，但是我们仍然可以推论书籍在众多商品中的价格和推断士绅、商人和普通百姓能否买得起书。通过晚明商品经济的状况来评估书籍的相对价格也许是最可行的办法。毋庸置疑，书籍是隶属于消费产品的一类商品，并且并非是一种必需品。但是，问题是书籍在消费产品当中是否算高价。对于相对稀缺的信息的理解需要找到一个合理的角度。比如，在17世纪福州的一个书铺，一个从琉球来的学生花了2—3两银子买了8种书籍（均为多册），其中包括一套注释本的"四书五经"、一部文集和一部诗集。[①] 这个信息清晰地表明一些常用的书籍（比如科举考试需要参考的"四书五经"）的价格都是在1两银以下。但是，这究竟算不算得上便宜呢？

作为收藏品的书籍

大多数关于书价的数据都是来源于收藏家的藏品信息。它们要么是稀见的版本，要么是善本，都是收藏家和目录学家的至爱。王世贞以一庄田产的高价买回了宋版《两汉书》。后来这部书由钱谦益从徽州一富户处以1200两银的价格获得。[②] 谢肇淛在购买

[①] 17、18世纪一些琉球的学生到中国来学习语言，这些信息就包含在集中为这些学生编辑的语言学习资料中。书籍是他们到中国来最常买的物品之一。Raitoguchi Ritsuko, *Study of the Official Language*, pp. 97-98, 130.

[②] 钱谦益：《牧斋有学集》，46.12a。

早期明版的郑樵《通志》和"二十一史"时认为这些书价格不高，但是一场席卷福建建宁的大洪水毁损了富家大户的大量藏书，之后这两部书变得极其稀有，价格超过了100两银。① 像这样昂贵的书基本上都是稀见版本，只有富有的徽商或像王世贞、钱谦益这样的高官才有如此的财力购买。这些书一定不是普通读者读的那些书肆上新出版的书，所以本书并不涉及对这类书价的研究。然而，对于这类信息的讨论是必要的，因为从中可以看到这样一个事实——和晚明高度商品化经济中纳入商品交换范围的所有物品一样，书籍是一种在鉴赏收藏领域吸纳剩余财富的产品，通常这是士商投资的一个重点。

如果我们把书价置于晚明商品经济的背景中来考虑，一本定价1200两银的书其实也不能算真正的昂贵。苏州著名工匠制造的茶壶和杯子有时要花到2000—3000两银才能买到。② 当然，这些天价确实是比较罕见的，甚至超过了一般富人能够承受的范围。那些卖100—200两银的书也是这样，它们并非为了供人阅读，而只是被放在收藏家的书架上或者是古玩商和艺术品商人借以牟利的收藏品。

以上的讨论为解读书籍的相对市场价格和关于书价的有限数据提供了一个历史性的角度。在评估书价时，区别不同种类的书籍往往是很重要的。可惜的是，现有的那些本来就稀缺的晚明书价资料大多是关于纳入收藏领域的书籍的。所以，这些书价不能

---

① 谢肇淛:《五杂俎》,13.20a。
② 袁宏道:《瓶花斋杂录》,10a-b。

代表一般大众读物的平均价格,而应该被看作高端消费群书籍,或是在晚明时期远远超出新出版书籍普遍价格的书籍。

表 1.3 列出了在附录 1—3 基础上得出的一组书价数据。这些从 16 世纪中期到 17 世纪中期的价格资料为我们提供了一组比较数据,这是将普通书籍与当时中国经济中其他商品进行比较所得出的,并且特别关注了江南地区。

表 1.3 明末清初的书价范围

价格范围 (以银两计)	书籍数量(册)			
	汲古阁	潘允端	沈津	总和
低于 1	29	4	11	44
1—3.9	45	8	15	68
4—6.9	17	4	1	22
7—10	8	2	0	10
高于 10	11	3	0	14
全部	110	21	27	158

资料来源:毛扆:《汲古阁珍藏秘本书目》,见本书附录 1;潘允端所购图书,见本书附录 2;沈津列出的书籍价格,见本书附录 3。

当著名出版家毛晋之子毛扆(1640—1713 年)计划把自己所藏的一部分罕有古籍出售给潘耒(1646—1708 年)时,他准备了一份价目表。① 这份价目表保留了下来,成为《汲古阁珍藏秘本书目》。② 其中包括手抄本和印刷本,但是表 1.3 只列出了印刷本(见

---

① 叶德辉:《书林清话》,第 196 页。
② K. T. Wu, "Ming Printing and Printers", p.244.

"汲古阁"一栏)。毛扆所列出的究竟是折扣价格还是当时的市场价格,我们不得而知。但是有一点很清楚,就是列入价目表的都是珍本和善本的价格。其实这些书是其父作为一个出版商的部分藏书,毋庸置疑,它们比新出版的书的平均价格要高。潘耒自己也是一个藏书家。所有的宋版书才属于珍本的类别,那些刻印于明代的书也许不是珍本,只是刻、印、墨、纸的质量均臻上乘而已。我们可以这样说,毛扆价目表上的书价,不论是购买时的价格或者是当时的价格,都是市场价格,因为他把低于市场价格的书都一一标出了。① 所以我们有理由推断,其他的价格也能够反映出购书时间,或至少能反映出毛晋和毛扆所付的金额。

毛扆的目录中还有很多手抄本的宋版书和元版书,很多都是低于 1 两银的,其中有一种甚至只需 0.05 两银。在 17 种手抄的明版书中,没有一种单册书超过 0.4 两银。只有 4 种超过了 1 两银,但是每种都是 3 册以上的。最贵的两种(一种是 8 卷本,一种是 10 卷本)分别只需 2.4 两银和 2 两银。②

我们观察毛扆的手抄本目录可以得出几点结论。大致的规律是,手抄本的价格随着页数和册数的增加而提高。对于单册的手抄本来说,其价格比印刷本要贵,但不超过 0.4 两银。所以我们可以判断,单册的印刷本一般来说是低于 0.4 两银的。晚清书籍鉴赏家叶德辉认为毛扆的宋元版书价格是比较低的。他将这些价

---

① 比如,毛扆花了 3 两银买了一部手抄本的《野记》,他告诉潘耒说他愿意以 2 两银的价格出售。毛扆:《汲古阁珍藏秘本书目》,第 17 页。

② 毛扆:《汲古阁珍藏秘本书目》,第 16—17 页。

格与他自己所处的晚清时期的价格进行对比，那个时期的宋元修订本比明版书价格要高，而且明版书已经因为质量低劣而不为藏书家所看好。① 尽管不如晚清的那么昂贵，毛扆的版本在晚明时期仍然是藏书家喜欢的品种。我们有理由相信这些书的价格比晚明时期新出版的书籍价格要高。

从上海潘允端（1526—1601 年）的账簿中可以整理出一个书目（见表 1.3"潘允端"一栏）。② 潘与其父都是朝廷官员。1576 年，他解职返乡至上海经营自己著名的豫园和其他产业。③ 在他的账册中列出了一些他自己拥有的书，都是作为贷款的抵押物的。其中 21 种列有价格，另外 5 种以其他收藏品（如玉器、绘画和藏书）的价格做担保。除了 4 种书，其他的价值都超过 1 两银。最便宜的是 3 种科举考生的墨卷，总价 0.6 两银，平均每本 0.2 两银。其次是一种 0.25 两银的文集。很显然，单册书要便宜得多。

我们需要把这些价格置于当时的背景中来考虑。这些明显是属于比较昂贵的书籍，因为潘允端这个人是绝对不会在低价和劣质的书籍上花钱的。所以一本 0.2 两银的书和其他的书比较而言，是比较贵的。因此，毛扆和潘允端书目上的书籍属于同一类，多数都是相对高质量的或者其价值能够吸引收藏者和投资者眼光的。

---

① 叶德辉：《书林清话》，6.166-171。
② 作为按察使，潘协助刻印了图集《帝鉴图说》（1573），这部书被张居正用作教导年幼的万历皇帝的教材。见 Julia K. Murray, "Didactic Illustrations in Printed Books: Choice and Consequence", *Printing and Book Culture in Late Imperial China*。
③ 张慧剑：《明清江苏文人年表》，第 309 页。

这些书都比较昂贵，而且藏书家、出版家和富甲一方的士商们都愿意出高价甚至天价来购买，或者接受以此为贷款抵押。

沈津是当代的目录学家。多年来，他在研究中发现一些明版珍本上盖有价格数字的印记，我们可以推测这些是书店的销售价。在比较沈津的目录和以上两个书价表时（见表1.3"沈津"一栏），有几点值得注意。

沈的目录中最高的价格是4.9两银，这是超过3两银的唯一价格，与有大量插图的李时珍《本草纲目》的价格相仿。[①]价格较低的是一本0.12两银的歌集。有8种书的价格在1—1.5两银之间。比如《宋文文山先生全集》是一部21卷本的文天祥作品全集[②]，在杭州刻印，行款为10栏21字，纸张尺寸为21.3厘米×14.4厘米，比多数建阳书和商业出版的举业用书都要大一些，但仅售1两银。

沈的目录中有两种建阳书的价格都是3两银，一种是90卷本的《大明一统志》，另一种是170卷共37册本的《新编古今事文类聚》。这两种都是多卷册本配插图的书。建阳书质次价低，众人皆知，所以这两种书实际上都不能代表建阳廉价书的平均价格。

沈津目录中超过一半的书售价都低于1两银。所以我们能够得出结论，多数大众化的书籍（不包括多卷册）价格都低于1两

[①] 《明代版刻综录》，4.8b，4.13a，4.62b。

[②] 这部书被装订成8册或者16册。普林斯顿大学葛斯德（Gest）东亚图书馆的藏本是16册，哈佛燕京图书馆的是8册。见《美国哈佛大学哈佛燕京图书馆中文善本书志》，第654—655页；《中文善本书志》，第438—439页。

银。比如，一部在杭州出版的抒情小调集《月露音》的价格很有意思。这部书共 4 卷，行款为 10 栏 22 字，71 页全插图，刻印共用 386 块版。① 不过其价格竟然低至 0.8 两银！这个价格在白话戏剧和小说类出版物中也只是中等偏下而已。

有一些印刷品纸质优良，画面设计精致，行距适中。苏州、南京和杭州出版的很多戏剧和小说就属于这一类。这些书的目标顾客群是富商、官员和收藏家，所以价格往往很高，大约要 1—3 两银。比如，由苏州书商龚绍山刻印的历史小说《陈批列国志传》定价就是 1 两银。这部书共有 12 卷，序作于 1615 年，由著名学者陈继儒点评。文中共配 120 张插图，但是却不如其他书精美。② 行款是 10 栏 20 字，字的尺寸较大，均匀分布在书页之中，并且有句读标识，方便阅读。人名右侧均有直线标明，陈继儒撰写的行间评注用草书印出。这部小说很显然是以高端书籍购买者为目标顾客的，而且售价仅为 1 两银。沈津目录中另一个相似的例子是一部苏州刻书《新刻钟伯敬先生批评封神演义》，这部小说共 20 卷 20 册，售价 2 两银。

由于材质高、美感强，苏州、杭州和南京出版的小说价格都偏高。对于普通读者来说，0.8 两银的书已经不算便宜了，但是这些大多数都是插图书，而且还需要支付著名批评家点评的费用，因此制作成本比较高。一般篇幅且没有插图的非娱乐性书籍的价

---

① 《月露音》，《明代版画丛刊》，卷 6。
② 《陈批列国志传》，第 1 卷，第 3、121 页。

格大都低于1两银,许多举业用书就属于这一类。

当然,市场上也有很多质次价低的书,谢肇淛称此为"坊间俗板"和"滥恶文集"。对于收藏家来说,这些都是没有价值的"垃圾书"。① 举业用书就不属于收藏范畴,特别是科举时文选本。这些书实在太平常,因此很少被收录在收藏家的书目中②,而且它们的价格大都低于1两银。

1615年,南京出版的一部"四书"因注解质量很差,只售0.5两银。③ 书页行款为9栏20字,却字大易读。另一部崇祯年间(1628—1644)出版的"四书"评注本价格仅为0.3两银④,由长庚馆刻印,这家书商也出版过不止一种的评注本。⑤ 从黄宗羲根本不买这些书的做法和一个书商在1666年收购藏书的记载看来,举业用书的市场转售或转卖价格非常低。上述两书价格分别是0.5两银和0.3两银,可能是书店标在这类书上的平均价格。如果书店存货过多或者这类注疏无人问津的话,售价很可能会再打折扣。折价促销往往是商家通用的策略,晚明书商也不例外。⑥

然而,0.3两银显然不是刊本的最低售价。1628年福建刻印

---

① 谢肇淛:《五杂俎》,13.23b。
② 当1666年黄宗羲去调查祁家藏书时,他甚至都没有去注意放满两大书架的举业用书和地方志。黄宗羲:《南雷文定》,前集,2.19。
③ 王宇:《四书也是园初告》。
④ 李廷机:《四书大注参考》。
⑤ 《明代版刻综录》,3.9b。
⑥ 《金瓶梅》中有一个情节是徽州丝绸商人给了西门庆一成的折扣。见第33回。

的一部 37 卷的历书售价仅为 0.1 两银。① 在低端市场中，书商为读者提供的主要是戏剧剧本和唱词。② 根据沈德符的记载，通俗小曲的销售遍布整个明帝国。③ 不过这些文本更像是小册子，而并不是真正的书。它们的销售渠道畅通，而且价格低廉，不像那些全本插图的小说和戏剧。如果一般读者觉得用 1 两银购买新刻书籍算高价的话，那么这些只有几页的小册子的价格就很难高过 0.1 两银了，往往用几十文钱就能买到。

事实上，建阳出版的歌集《新调万曲长春》标价 0.12 两银。④ 南剧"传奇"一般比四幕元杂剧更长。在实际的表演中，通常只会选取其中几个唱段。观众们也很想知道戏剧的剧本和唱词，刻印的唱词和一幕剧本在饭馆、青楼和私人府院中都能看到。所以，我们也可以由此推断戏剧唱本，特别是一出或几出的剧本，价格一般也低于 0.1 两银。⑤

晚明时期单册书相对来说制作成本比较低，而且售价低于 0.1 两银。一部专为保存记录而出版的书可以进一步印证这个结论。1608 年，杭州的名门望族为了对当地地方官的贡献表示感激，为其修建了一座生祠。记录所有捐献、花费和功名册的文书后来出

---

① Dorothy Ko, *Teachers of the Inner Chamber: Women and Culture in Seventeenth Century China*, p. 36.
② 元杂剧在 1411 年之前就已经被刻印并出售给读者。王利器：《元明清三代禁毁小说戏曲史料》，第 24 页。
③ 沈德符：《万历野获编》，第 647 页。
④ 沈津：《明代坊刻图书之流通与价格》。
⑤ 晚明时期的娱乐场所为顾客提供戏剧目录和唱词。见《醋葫芦》，第 524 页。

版了。印对联和堂内匾额碑铭，加上580份文书的总开销是6.72两银。这是一本单册书，共24整页。① 如果一共印制580份的话，每一份的成本仅仅是0.011两银而已。这里的成本包括纸张（20本是棉纸，其余560本是竹纸）、刻字（含工资和伙食）、12块雕版、墨，以及刊刻、印刷和装订的劳动力。这份记录将所有花费逐项列出：刻工（含工资和伙食）和木板2两银，印装20份棉纸本0.24两银，印装560份竹纸本4.48两银。其中第一项的2两银被进一步分成木板和刻工工资：0.36两银（每块0.03两银，共12块）和1.64两银（两面雕刻12块板，每块付费0.14两银）。那么每刻一面的平均成本就是0.07两银。1608年，杭州雕版的平均成本仍然比上述嘉靖年间的福建雕版0.15两银的成本要低。

根据这些有限的信息，我们能够计算出制作印版和纸墨装订成本之比。刻字和木板的平均成本是0.003两银（580本共2两银）。每本竹纸本是0.008两银（560份共4.48两银）。所以这一比例大约是1∶3。

如果在建阳、苏州和南京印制同样单册24页的书的话，每一本的成本甚至会比0.011两银还要低，因为商业出版能够发挥规模效应。如果用于商业销售并且假设获利100%的话，售价也只是0.022两银而已。然而，这个价格没有包含运输费用，而这一费用通常是在书店销售的时候才被包含在最终售价中。即便是加

---

① 所以，12版的书是一部小书。《李公生祠纪义实录》，6a—18b。

上运费，一本 50 整页的单册书仍然只售不到 0.1 两银，却还能保持 100% 的获利（24 整页的售价 0.022 两银乘以 2）。我们说出版商从中一定能获得 100% 的利润的理由，是基于汤复在刻印精美的《离骚图》的出版者印记。他列出了刻字、纸张和刻印用工费共 0.5 两银，而一部未装订的《离骚图》售价是 1 两银。①

书籍的制作成本只是售价的 50%，这说明商业出版是十分有利可图的。即便出版商以 0.1—0.5 两银的价格出售他们的书，仍然可以获得可观的利润。

其他售价低于 0.022 两银的小册子主要是大众化的初级读本，比如《三字经》《千字文》和《百家姓》等。这些文本都只有 1—3 页。尽管没有现存的关于这类出版物价格的信息，但是有一点可以肯定，即便是最贫穷的家庭也能买得起这些书。它们不会比一本日历更贵，而日历在 1588 年的售价约是 0.032 两银。② 这三种蒙学书籍大约有 2000 字，都是孩童们进入学堂准备科举考试之前所应掌握的基本汉字。③ 江南地区几乎所有的家庭，不管是贫是富，都能买得起这些启蒙读物，那里也有充足的、低廉的家庭教师资源。④ 广泛流通的蒙学读本和举业用书使更多的人具备读写能力，

---

① 沈津：《明代坊刻图书之流通与价格》。
② 张安奇：《明稿本〈玉华堂日记〉中的经济史资料研究》,《明史研究论丛》1991 年第 5 辑。
③ Evelyn Rawski, *Education and Popular Literacy in Ch'ing China*, pp. 47-48.
④ 著名的科举时文评论家陈际泰从 13 岁时就开始做学塾先生。陈际泰：《已吾集》，8.3a。关于考生和职业写手的其他教书事例，见本书第三章。

并且扩大了晚明时期的阅读人群。

　　书籍是印刷文本可以采用的一种方式。单篇的文章，甚至书信也能独立刻印和出售。如张居正死后，万历皇帝下令抄家，当时邱橓被任命监管这一诏令的实施。官员于慎行（1545—1607年）便写了一封信给邱橓，建议邱要仁慈对待张居正全家，后来这封信就被出版商们刻印发售了。①八股文选家吴应箕曾任复社文集《国表四集》的编辑者。当他还在船上写作文章时，杭州的科举考生就争相盛赞，书商们马上就制作了手抄本并在第二天就投入销售。由于需求量太大，后来只好转为印刷方式以满足众多购买者。②在晚明时期，这种刻印的小册子无所不在，而且刻工在书肆或刻字店中就能做出，一般几枚铜钱就能买到一本。

　　以上的讨论从总体上考察了中国 16 世纪和 17 世纪的书价。由于阅读公众成倍增长，并且原有的读者群也在延伸扩展，导致书籍的价格各异。可以说，出版商都会把自己的书的定价压到 1 两银以下，除非是锁定高端读者的精美插图书或者是册数多的套书。因此，当时大多数种类的书的定价都是低于 1 两银的。总的来说，标在书上的价格包含了出版商 100% 的利润，尽管实际价格可能因为打折销售而更低。书籍不仅仅只有绅士、商人和官员才能买得起，普通的市民也有能力购买。

---

① 李诩：《戒庵老人漫笔》，第 325—327 页。
② 黄宗羲：《黄宗羲全集》，第 357 页。

晚明的商品价格

晚明时期书籍的相对价值究竟如何？1 两银、0.12 两银或是 0.5 两银在 16 世纪究竟价值几何？本书附录 4 提供了一个 16、17 世纪许多商品的价格表。在那时，0.12 两银可以买到 6 斤猪肉，或 8 斤牛/羊肉，或 5 斤鲤鱼，或 3 斤桃子/李子。不过这些钱不够买 1 斤菠菜（每斤 0.15 两银），或者一只大鹅（每只 0.2 两银）。家具和家用品更贵一些。这些钱还能够买到 6 把刀，或 6 个普通瓷汤碗，或 2 个瓷盘。如果有 0.5 两银的话，就能买一条毛毯，或一张桌子，或 3 把普通座椅。在长江下游地区，0.5 两银甚或 1 两银都不算是一大笔钱。在苏州，一株茉莉花就有可能要 10 两银才能买到，这个价格是山东的 3 倍。①

有一点很重要，就是晚明时期商品价格的变动范围是很大的。在南京，0.1 两银或许能买到最便宜的上等折扇②，而名人字画折扇则要 1—5 两银。③ 一把好的折扇在典当行能值 0.2—0.3 两银。④ 晚明时期伞的种类繁多，有各式设计和材质，从"多用"伞到晴雨单用伞应有尽有，这些伞的价格为 0.13—1.5 两银不等。附录 4 的价格表包括的货品范围十分广泛。比如在家奴市场上，一个十

---

① 谢肇淛：《五杂俎》，10.32b。
② 辞去官职之后，何良俊居住在南京。他曾经抱怨过中央和地方政府官员滥用权力巧取豪夺。一把 0.2 两银的折扇，他们只要付一半的价格。何良俊：《四友斋丛说》，12.3b。
③ 在李渔所作的戏剧《意中缘》中，一个年轻妇人假冒董其昌和陈继儒之名作画题字。一把写有董其昌伪诗的折扇可以卖到 1 两银。李渔：《意中缘》，1.14a, 18b。
④ 《金瓶梅》，第 51 回。

几岁的女孩比同龄的男孩要值钱。杭州西湖边的青楼老鸨买一个十几岁的女孩往往就要花上 50 两银。① 一个女仆值 6 两银②，买一个十几岁的男孩做家童只要花上 3 两银。③ 嫖妓的价格差异也很大。在杭州，与一位名妓度过一夜可能要花费六七两银，甚至 10 两银④，而与一般妓女玩乐，通常来说只要花 0.3—0.5 两银。⑤ 然而，这个价格有时可能会更低。比如，乞丐妓女为京城劳工甚至乞丐提供性服务只要 0.07 两银。⑥

收入与书价

价格必须与收入水平相结合来考虑。学者们有的说书价很高，有的说即使是县令也不一定能买得起书。的确，清代学者曾经评论过明代官员低得可笑的俸禄，但是我们不应该把俸禄看作明代官员收入的实际水平。七品的行省官员名义上的月俸只有 100 两银，四品的为 200 两银⑦，但是他们事实上的收入远远超过这些数字。海瑞的淳安县革新提案中提到了一个县令的主要收入来源。

---

① 冯梦龙：《醒世恒言》，第 181 页。
② 《金瓶梅》，第 9 回，第 148 页。
③ 冯梦龙：《醒世通言》，第 451 页。
④ 张应俞：《杜骗新书》，第 1282 页。
⑤ 比如，《型世言》中有官员将自己一个女儿卖到青楼的故事。陆人龙：《型世言》，第 7 回，第 353 页。
⑥ 冯梦龙：《醒世恒言》，第 214 页；《玉闺红》，第 333—335 页。
⑦ 谢肇淛：《五杂俎》，15.30b。

淳安县令可以拿到 90 两银的俸禄①，政府提供住宅。除此之外，还能得到各种津贴，包括 40—50 两银购置日用必需品。② 通过正常税收之外的附加税，还可以得到超过 200 两银。每月从过往的盐和本县销售盐税中还可得超过 120 两银，加上其他各种零星收入，淳安县令在万历年间的实际月收入起码有 500 两银。③ 这些还不包括利用其特权收受的贿赂。而这些被认可的额外收入只是县令腰包中正当收入的一个组成部分。尽管有些并不真正合法，却都被认为是县令任上的收入。当官员保持廉洁，拒绝通过额外收入提高自己的生活消费，他们就会被人称赞。④

县令 500 两银的月收入绝不是离谱的。雍正乾隆年间的官俸改革决定为官员们提供额外的养廉银。那么官员就可以不通过挪用公款或者索贿手段来满足个人消费了。养廉银限额的改革表明明清时期县令 500 两银的月收入实在不高。福建的县令的月俸是 800—1600 两银，安徽是 600—1000 两银，江西是 800—1600 两银，贵州的养廉银份额较低——400—700 两银，最低的是四川——400—600 两银。⑤

---

① 尽管银和米的市场交换比率会有变化，淳安县却总是稳定在 1 两银换 1 石米。根据《新锲华夷一统大明官制》，一个县令的俸禄是 90 石米。引自沈津：《明代坊刻图书之流通与价格》。

② 这是淳安县的津贴。海瑞：《海瑞集》，第 128 页。

③ 海瑞：《海瑞集》，第 48—49 页。

④ 比如，见叶梦珠对彭长宜的赞美之辞，彭于 1644 年成为上海县令。叶梦珠：《阅世编》，第 371—372 页。

⑤ Madeleine Zelin, *The Magistrate's Tael: Rationalizing Fiscal Reform in Eighteenth Century Ch'ing China*, pp. 137, 157, 159, 164.

在这里，我们并不是完全不可能得到官员额外收入的信息，但是的确相对比较困难。我们可以看到一些有关公务之外的活动补偿金的只言片语和逸闻趣事。官员可以免费使用驿站交通①，在非公务的旅途中，很多时候官员会坐私人船只，因为商人为他们提供"坐仓钱"。作为报答，当航船通关时，官员就会为这艘船免除好几十两②的关税。③

"卖文"是官绅的另一种增加收入的方式。生平传记、墓碑碑文或者知名作家任何一类作品，甚至由朋友撰写的，都要付"润笔"费。还有一些非公务收入来自于官员收到其他官员送来的礼物。最常见的见面礼叫"书帕"，在17世纪初期涨到了30—40两银。④

这里很可能还有一些其他的额外收入并未登记入册。不过，有了几百两银的净收入，以及公家提供的房屋和日用花销，一个县令绝对买得起价格1—3两银的书籍。

准备参加所有级别科举考试的学生构成了16、17世纪最大的阅读群体之一。⑤他们需要购买各种各样的考试辅导资料。对殿试

---

① 作为吏部右侍郎，海瑞尝试限制使用应天府驿站的官员数量。海瑞：《海瑞集》，第266—268页。
② 魏林：《明关钞》，第38—39页。
③ 黄仁宇：《从〈三言〉看晚明商人》，见《明史研究论丛》第一辑，台北大立出版社1982年，第503页。
④ 吴晗：《明代的新仕宦阶级，社会的政治的文化的关系及其生活》，第23页。
⑤ 张秀民：《中国印刷史》，第337页。商业出版在南宋时就已经生产出大量的举业用书了。Susan Cherniak, "Book Culture and Textual Transmission in Sung China", pp. 80-82；刘祥光：《印刷与考试：宋代考试用参考书初探》，见《转变与定型：宋代社会文化史学术研讨会论文集》，第113—118页。

金榜题名的追求过程中需要花费大量的金钱,而且在心理上也极其痛苦(见本书第二章),因此他们必须保持一定的收入水平以购买书籍。

一位仅得过生员的私塾先生的年收入是 40 多两银,其中包括其他的一些报酬,如伙食和节庆礼物。① 然而,在 1598 年,一个 20 多岁的年轻人魏大中给一些官学学生教书,最后只赚回十几两银,但他仍然能够省下 3—4 两银来买书。② 这样的话,他能买得起至少 8—12 本定价 0.3—0.5 两银的书。大多数得到更高学历的教书先生和考生能够通过撰写信件、书法作品、纪念文章和墓志铭等各种艺文服务来挣得额外收入。对那些学位更高的人,写作的收入从不到 1 两银到几百两银不等,一个书肆雇用的职业选评家则能赚 100 两银。③

文人和官员通过撰写诗文和书法作品而得到报酬是一种非常普遍的行为。④ 根据叶盛(1420—1474 年)的记载,在 15 世纪 60 年代,国子监的官员写一篇短文就能拿到 0.5—1 两银。⑤ 大多数官员会花一大笔钱为他们去世的家庭成员求一篇墓志铭、一组碑

---

① 张应俞:《杜骗新书》,第 1271 页。罗友枝指出,清代的私塾先生的月薪为 5—80 两银不等,一般是在 20—30 两银之间。Evelyn Rawski, *Education and Popular Literacy in Ch'ing China*, pp. 54-61. 艾伦·巴尔(Alan Barr)从资料中找到了新的例子,证实了罗的观点。Barr, "Four Schoolmasters: Educational Issues in Li Hai-kuan's Lamp at the Crossroads", p. 66.

② 魏大中:《藏密斋集》,第 14 页。

③ 尽管这个数字是从 18 世纪的作品《儒林外史》中得来的,但是马二先生的收入是合理的,因为他是受雇选批科举时文的"名公"。吴敬梓:《儒林外史》,第 142 页。

④ 李诩:《戒庵老人漫笔》,第 16 页。

⑤ 叶盛:《水东日记》,1.3b。

文或者一首悼诗。① 著名作家钟惺（1574—1625年）去世时，他的儿子请父亲的好友——湖北文人谭元春（1585—1637年）撰写一篇传记文章。他在自己的请求信中夹上了"润笔"。谭同意撰文，但却把钱退回了，并非因为他的写作服务不收费，而是他想要对自己最好的朋友表示敬意。② 当然，他为其他人写作的时候肯定是要收取报酬的。

然而，并不仅仅是官员及其后裔才向"名公"寻求写作服务。富商在花钱为父母、祖父母树碑立传上也毫不吝啬。徽商往往以他们对传记墓志铭写作慷慨的回馈而出名。李维桢（1547—1626年）公开接受写作服务获得报酬。③ 那些知名的文人官员（如王世贞和汪道昆）一般不会不加考虑地提供写作服务，但也不会认为自己应邀写作而获得酬劳的行为会有违礼仪。

也有一些职业写手完全依赖自己的笔墨和艺文技艺而谋生。从16世纪80年代开始，著名的戏剧作家张凤翼（1527—1613年）在自家大门上贴出写作服务的价目表。在折扇上书写楷体诗词或韵文，收费0.1两银，行书体的诗词收费0.03两银。④ 一位职业写手经常去苏州为人撰写墓志铭、生辰帖和悼诗，每天可以写好

---

① 陆容：《菽园杂记》，第189页。
② 钟惺：《翠娱阁评选钟伯敬先生合集》，1b-2b。
③ 余英时：《士商互动与儒学转向：明清社会史与思想史之一面相》，《近世中国之传统与蜕变：刘广京院士七十五岁祝寿论文集》，第11—13页。
④ 沈瓒：《近事丛残》，引自徐朔方：《晚明曲家年谱》，第1卷，第211页。

几个，每个能挣 0.1—1 两银不等。① 名人陈继儒的家门口总是挤满了来求各种文章的人，有求序言的、传记的、书法的、诗词的，也有求纪念文章的。② 他曾经开价 10 两银为王世贞的著作写序。③

这种以写作技能赚得额外收入的情况在文学作品里多有记载。在《金瓶梅》中，西门庆付给一个举人 0.5 两银，请他在一对手帕上题字。④ 一个自命为"名士"的人拿了 8 两银为人写墓志铭。⑤ 著名剧作家和文人徐渭（1521—1593 年）写了一篇纪念文章，竟然得到了 220 两银的酬劳。不过这无疑是一个很罕见的例子。⑥

在明末清初，职业写手和画家完全可以通过自己的文学和艺术技艺养家糊口。著名画家陈洪绶（1599—1652 年）家境贫寒，但是通过卖画，他也能供得起全家 20 口人的生活。他印关公画像，并且制作《水浒》108 将和其他历史人物的纸牌⑦，可能还会收集和出售其他画家的作品。20—30 两银也许正是他从事生意的

---

① 杨循吉:《苏谈》，见《纪录汇编》，200.14a-b。
② 章台鼎作的序，见陈继儒:《白石樵真稿》。另外见 1.2a, 1.33a-b, 1.37b。
③ 陈继儒:《白石樵真稿》，1.37b。
④ Clunas, *Superfluous Things: Material Culture and Social Status in Early Modern China*, p.131.
⑤ 《照世杯》，第 34 页。根据胡适的研究，这部书作于康熙（1662—1722）早期。8 两银确实是比较高的价格，但是对于一篇墓志铭来说，这还是符合 17 世纪的工资水平的。
⑥ 徐渭:《徐文长三集》，第 611—612 页。郑板桥（1693—1765 年）一幅 6 尺长的竹图要价 3000 两银。各种文学服务也公开地付给代劳者费用——大幅书法作品 6 两银，中等长度的 4 两银，小幅的 2 两银，对联 1 两银，折扇 0.5 两银。见叶廷琯:《鸥陂渔话》，引自徐建融:《明代书画鉴定与艺术市场》，第 136 页。
⑦ 陈洪绶:《陈洪绶集》，第 122、406—407、409—418、552 页。

额度。① 他经常与他的朋友们交换画作作为礼钱②，基本上都是1两银。他有一次花了1两银买了一幅画送给他的朋友茂齐。③ 他的画作需求量很大，以至于数不清的职业画家为了与他的风格竞争，不惜冒用他的名字来卖自己的画。④

一位职业写手（"山人"）在苏州专门为家庭提供写作服务，他受雇撰写墓碑碑文，并在纪念日、生辰日和黄道吉日作纪念文章，大多收费0.1—0.2两银。⑤ 著名出版家兼作家李渔曾把自己的一个朋友推荐给一个居住在苏州的吴地"山人"，这个"山人"以卖自己的画谋生养家。⑥ 职业写手和画家一定不会买不起1两银或低于1两银的书籍，收入更高的士商更会认为寻常册数与质量的书是能买得起的，或者说很便宜。对于受过教育的士人来说，1两银以下的书简直是太廉价了。但是，书籍对于大多数低收入的城镇居民来说仍然很廉价吗？

工资水平和书价

我们现在并没有足够的信息完全重新来构建一个工种、技艺

---

① 陈洪绶：《陈洪绶集》，第553页。
② 陈洪绶：《陈洪绶集》，第58、554页。
③ 几天之后，陈另一个朋友的儿子需要钱来买药。陈从茂齐处借了1两银，后来他画了一个卷轴还给茂齐。陈洪绶：《陈洪绶集》，第554页。
④ 根据毛奇龄的记载，整个帝国有好几千画家都是冒用陈的名来卖画的。这也许有所夸大，但是事实上陈的画作由于极受欢迎而被大量复制。陈洪绶：《陈洪绶集》，第590页。
⑤ 杨循吉：《苏谈》，《纪录汇编》，200.14a-b。
⑥ 李渔：《笠翁文集》，《李渔全集》，卷2，5.60b-61a。

水平与对应工资的比照表。但是，一些概括性的结论还是可以得出的。首先，晚明时期刻工的工资水平证明了刻板成本之低不会使书籍价格昂贵；其次，多数工人的工资足够买得起便宜的书。

表 1.4 列出了当时不同工种的工资水平。1597 年，镇江地区的海员每月能拿到 1.6 两银，船工的工资低一些，每月 1.2—1.3 两银。[①] 尽管这三个工种都需要掌握特殊技术的熟练工，海员和船工的工作风险比刻工要大得多。

万历年间，一个织工每天能挣 0.04 两银。[②] 万历中期，私人雇用的建筑工每天能挣 0.033 两银，比工部付的工钱多 0.003 两银。[③] 那么，织工的月工资就是 1.2 两银，建筑工是 0.99 两银。我们要记住的一点是，这里说的"工资"并非工人的全部劳动所得。如果把其他的职业中补偿工人劳动的行为看作一个标准的话，那么"工资"其实包括了伙食和住宿等一些边缘福利。有时雇主甚至还会提供穿着，并在节庆时分发礼物。[④] 但是，这里的"工资"是指最终以金钱形式发给工人的报酬数额，所以，它只是所有酬劳中的一部分。通常来说，其他一些特殊的津贴也包含在内，比如旅费、酒和工具。[⑤] 我们能够看出，在这里刻工的工资范围被纳

[①] 陈子龙：《明经世文编》，第 6 卷，第 4667 页。
[②] 韩大成：《明代城市研究》，第 332 页。
[③] 李廷机：《李文节集》，27.22b。
[④] 居蜜（Mi Chu Wiens）指出，16 世纪地主和农民关系的密切程度降低。这一关系由于市场的扩大而从家长式转变为商业性。地主给农民的利益越来越少。Wiens, "Lords and Peasants: The Sixteenth to the Eighteenth Century", pp. 8-9。
[⑤] 傅衣凌：《明代江南市民经济试探》，第 83 页。

入其他熟练工种中加以比照，但是他们并未因为自己的技艺而额外得到更高报酬。所以，他们的技能也不比其他消费商品（如丝绸）的单位劳动价值高。

表 1.4　晚明时期的月工资

工种	工资（以银两计）
驿站信差	7.5
海员	1.6
戏剧演员	1.5—15
雇工（江南地区）	1.5[a]
建筑工（北京）	1.5[a]
办事员	1.2—7.5[a]
船工	1.2—1.3
织工	1.2
瓷器匠	1.05[a]
建筑工	0.99
雇工（黄河流域）	0.9[a]
刻工	0.9—1.5
雇工	0.8
雇用的车夫轿夫（河南）	0.6[a]

资料来源：a 黄冕堂：《明史管见》，第 369 页。所有的工资（不包括黄河流域雇工工资）都是万历年间的数据。

对于那些无风险、无技术要求的劳工来说，报酬就更低了。1597 年，一个为国子监供水的水夫每月挣 0.8 两银。[①] 海瑞曾建议

---

① 李廷机：《李文节集》，27.13a。

驿站的信差每日领到 0.25 两银，办事员每日 0.05 两银，有了足够的收入才能使他们断了索贿的念头。① 这样的话，信差的月收入就是 7.5 两银，办事员是 1.5 两银，其年收入分别是 90 两银和 18 两银。但是，这些建议中的更高薪水事实上并没有反映办事员和信差的实际收入水平。通过欺诈和巧取豪夺，他们能够把自己实际弄到手的钱增加很多。衙吏的腐败常常是老百姓经济负担的罪魁，也是地方政府开支过度增长的祸首。②

戏剧表演行业的收入往往更高。有些演员即使只是候场，每天也能赚得 0.5 两银。③ 如果雇用期是 30 天的话，就能挣 15 两银，而事实上，很多演员肯定都有空闲的日子。那些提供各种服务的人还经常能赚到小费。在小说《金瓶梅》中，西门庆给戏子、仆人和信使小费，动辄就是 0.3—0.5 两银，1—5 两银也属寻常。④

晚明时期士商家庭的妇女是一定能买得起书的，甚至女工和女伶也能买得起不贵的书。富户家的妇女为了追求美，常常会雇用"美容顾问"插带婆来帮助穿衣打扮，这些插带婆们工作 1—2 小时就能挣 0.2—0.3 两银。⑤ 说书人和戏子都是得益于城镇社会消费主义和日益增长的娱乐需求的人。在南京，著名说书人柳敬

---

① 海瑞：《海瑞集》，第 27—35 页。
② 关于通州办事员各种欺诈行为的详细介绍，见赵世瑜：《明代府县吏典社会危害初探》，第 56—57 页。
③ 何良俊：《四友斋丛说》，13.8a-b。
④ 蔡国梁：《金瓶梅考证与研究》，第 259 页。
⑤ 田艺蘅：《留青日札摘抄》，188.19a。

亭说《水浒传》中的一章就收费 1 两银。① 著名伶人彭天锡表演一场就能赚许多银两，他还游历到绍兴、杭州和山阴，一趟下来就能将数千银两收入囊中。② 这个收入无疑属于最高的一级了。技艺差一些的戏子则只能看各自的市场需求情况赚得酬劳了。

一个刻工一天刻 100 字挣 0.05 两银，如果要买一部建阳刻印的《新编事文类聚翰墨大全》，要 20 天不吃不喝才能攒到 1 两银。这里要说明的是，这部书共 120 卷，册数较多。但是只要工作 1 天，挣到的钱就足以买上两本潘允端书目上列出的小书，还是罕见的宋版书。

对于最低收入的劳工和最高收入的信差来说，1 两银的书都是非常昂贵的。信差、海员、船工、织工、办事员和刻工一个月存下的钱才可以买到一本定价 1 两银的书。但是，如果要为自己的儿子买一本 0.3 两银的"四书"注疏，他们只需工作 10 天，甚至不到 10 天。要建立一个略具规模的藏书室，则肯定是超出他们能承受的范围的。不过如果他们只买 0.5 两银以下且质量不太高的书，还是有可能在 5—6 年内达到这个目标的。如果再加上妻儿的收入，从"低阶层"家庭角度来说，购置书籍并不是遥不可及的。③

---

① 张岱：《陶庵梦忆》，5.67。
② 张岱：《陶庵梦忆》，5.77。
③ 在长江下游地区，妇女织布以补贴家用是很常见的事。潘铭德（Pan Ming-te）和彭慕兰（Kenneth Pomeranz）估计一个比较贫穷的农民家庭中的成年妇女和她 9 岁的女儿每年能赚来家用钱 11.73 两银。Pan Ming-te, "Rural Credit in Ming-Qing Jiangnan and the Concept of Peasant Petty Commodity Production"; Pomeranz, *The Great Divergence: China, Europe, and the Making of the Modern World Economy*, p.100.

在《金瓶梅》中，正常剂量的药价格是 0.3 两银，大夫的出诊费是 3 两银。①苏州最好的大夫开的药方值 5 两银。②当然，也有些大夫收费远不止这些钱。但是，我们可以由此看出，对于普通大夫这样的需要学识的从业者，一本价值 1 两银的书可能比较贵，但还不至于买不起。

1 两银在晚明时期商品经济中的价值并不高，同样，我们从宗教领域也能看出 1 两银是无足轻重的。在晚明时期的宗教活动中，"善书"将金钱的价值转化为宗教上的美德。为了鼓励人们行善积德，吕坤将超度的宗教方式转化为提升善道的行事方式。吕坤将善行分为众所周知的三个等级：捐 2—3 两银帮助穷人办婚丧的，算行"大善"；1—2 两银的算行"中善"；低于 0.5 两银的算行"小善"。③这样看来，1 两银只能行两次小善或一次中善，还不足以行大善！很显然，标价 1 两银的商品不便宜，但是对于低收入家庭来说也肯定不算很贵，不会超出财力能及的范围。

我们可以得出结论，明代的书价和其他商品价格相比，并不算高。同时，书籍还是免除商业税的两类商品之一。④不过，书免税，纸还是有税的。⑤在 16、17 世纪的中国，多数人还是能够买得起那些为不同层次收入的人群生产的书籍的。书对于最贫穷

---

① 《金瓶梅》，第 12 回，第 195 页。
② 杨循吉：《苏谈》，见《纪录汇编》，200.3a。
③ 吕坤：《实政录》，第 173 页。
④ 另一类是农用工具。唐文基：《明朝对行商的管理和征税》，第 23 页。
⑤ 《大明会典》，9.30b。

的人来说也许仍然非常昂贵,但是拥有书籍肯定不是富人的特权。欧洲的情形与此相似,但是当16世纪实际工资普遍下降的时候,书籍对于欧洲城市中的穷人来说是昂贵多了。① 我们可以看出,众多种类的书籍有着最大范围的读者群,这些书的价格基本上都很低,这是因为生产的成本本身就不高。如果一个没有经济能力的人想要买一本定价0.2两银的书,则只需要用一把新椅子、一只鹅或者一把折扇的价钱就能得到了。以上关于书价的讨论证实了利玛窦对16世纪晚期中国书价"出奇之低"的评论。

---

① 比如,17世纪时,对于安特卫普非常富有的人来说,书籍是非常廉价的,但是对于同城的穷人来说,仍然是很昂贵的。见与约翰·汉塞拉尔(Johann Hanselaer)的通信,"De prijs van antieke teksten, gedrukt door Plantijn"。关于实际工资水平的下降,见Allen。

第二章
中国书籍与晚明出版

印刷技术的经济学分析

关于中国古代的印刷术,一直有一个不解之谜。中国尽管发明了活字技术,却没能够完全从雕版印刷过渡到活字印刷。按照西方学界的说法,活字印刷术是驱使欧洲进入现代的一个重要原动力(agent),所以,相比之下,中国就缺乏这种进入现代的原动力。[①]与活字印刷相比较而言,雕版印刷一方面有它的短处,但是另一方面,它又具有诸多经济上和生产上的优势。不过,无论是雕版印刷还是活字印刷,印刷作为一种复制文本的技术,在中国的商业化程度不亚于欧洲。

西方书籍史领域中有一种被广泛接受的观点,就是雕版印刷

[①] 令人震惊的是,很多广为学界所知的关于印刷的著作仍然沿用了错误的观点,认为雕版印刷是中国唯一的印刷方式。比如,见 Steinberg, *Five Hundred Years of Printing*, p.70。这本书出版于 1955 年,修订于 1996 年。

和活字印刷是两种迥异的技术。而这种看法却常常表现为一种历史主义式的叙述，认为这两种技术存在于同种技术在演进中前后相继的阶段。在费弗贺与马尔坦所著的印刷史中对于中国印刷术有一些极其简要的讨论，而这些论点值得商榷。

在《印刷书的诞生》这部欧洲书籍史的经典著作中，雕版印刷被称为是活字印刷的"先例"或"萌芽期"，最终发展成为仅有的"正常"或"标准"的印刷方式——活字印刷。这本书里中国印刷部分的作者 M. R. 谷因玛德（M. R. Guignmard）试图从文化和语言学术语的角度来解释活字印刷在中国失败的原因。他强调了制造汉字活字所需的高额成本和所要求的技术难度。首先，中国汉字数量庞大，需要投入的成本大大超出个人力所能及的范围。书中唯一给出的例子就是由康熙皇帝 1720 年钦定编纂的百科全书式的《古今图书集成》。① 谷因玛德花了很大工夫证明这部书是用一万个铜"刻"（而不是"铸"）字印制而成的。② 这些数量巨大的汉字的确导致一些印刷过程中的困难，但是通过发明使用 214 个转轮排字盘对汉字进行排序和组合，问题就都解决了。不过，成本过高这一大弊端仍然难以克服。作者在书中指出：

> 单凭个人的力量根本无法投资这项工程，无法召集如此多

---

① 张秀民：《中国印刷史》，第 717—718 页。
② 与这一观点相反，铜活字是铸成的，而不是刻成的。关于此问题最近的讨论，见潘吉星：《中国、韩国与欧洲早期印刷术的比较》，第 92—95 页。

的劳力，也无法按照使用顺序保存如此繁多的字符。此外，中国的流质墨也很难用于金属活字的印刷上。最后，活字书在**审美和感官**（本书作者强调）上并不美观，因为读者无法从中欣赏到书法之美和书法与文字相映成趣的**和谐**（本书作者强调）。与此相反，雕版印刷就能忠实反映书法者的风格。活字印刷也仅仅是在20世纪的报纸和通俗书籍印刷中才再次使用……那时的印刷往往受到私人的资助，而他们**坚持**（本书作者强调）采用雕版的方法。①

作者从经济、语言文字、技术和文化角度解释了活字在中国的发展为何受阻，和中国印刷者为何对雕版印刷情有独钟。这些原因并非没有道理，但却是夸大其词了。跟活字印刷比较，这里说的多数原因是可以成立的，但是谷因玛德只从活字印刷的角度考虑雕版印刷的短处。其实，活字印刷与雕版印刷相比，也有它的短处。另外，作者对中国的印刷技术史并不知晓，特别是由各种材质（包括铜、锡、铅、瓷和木）制作的活字。活字印刷之所以未取代雕版印刷而成为主要印刷技术，一是因为雕版印刷的优势；二是因为中华帝国晚期的特殊情况。这些可以从明清中国印刷术的经济学角度来解释。

---

① Febvre and Martin, *The Coming of the Book*, p.75.

雕版印刷的优势

自毕昇11世纪40年代中期发明了活字印刷开始，印刷工匠们又陆续试验了木活字、陶活字、铜活字和锡活字。① 活字即便没有成为普遍的复制方式，但也一直被使用，并不断被改进。到了明代，雕版和活字两种印刷技术并存，出版商对印刷技术的选择乃是基于自己的资金状况和经营计划，而并不是基于文化或者纯粹审美的考虑。

对出版商来说，雕版印刷在超附文本、技术和经济上有很大的优势：书页版式布局设计灵活、生产弹性、投入低、技术要求不高、流动性强。对于活字印刷在中国未得到发展这一问题，一般的解释都夸大了审美的重要性。木版印刷能够将图和文的印刷一次印成，而不需要复杂的多次处理。从技术角度来说，刻工和刷印工并不需要分别刻印文字和图案。出版商可以在书页中加入插图、标点和着重记号，或者选择单栏、双栏甚至如建阳流行的三栏版面设计。评注也有不同的插入方法：行间、版页顶部或者兼用不同的书法风格表现出来。② 然而，对于商业出版者来说，雕版印刷最大的优势仍然是技术的简便性和投资的灵活性。例如，在图1.1《陈批列国志传》的一页中，评注就有三种模式：版框的

---

① 现存最早的铜活字印本的时间大约是1341—1345年。见潘吉星：《中国、韩国与欧洲早期印刷术的比较》，第86—88页。

② 关于对德川时代日本雕版印刷的相同优势的讨论，见 Kornicki, *The Book in Japan: A Cultural History from the Beginnings to the Nineteenth Century*, p.138。

上端、行间和段末。其他的标志包括标点符号（中空圆圈）、着重符号（连续的中空圆圈）和人名的右侧画线标记。

与"有机体式"的活字印刷相比，中国雕版印刷的组织特征可以说是"原子式"的。雕版印刷的组织结构以刻工为中心，而且每个刻工就是一个独立的印刷单位。

中国书籍生产中最重要的技术就是刻板。用木版进行印刷相对比较简单，刻工只需要一套刀具即可，而且熟练掌握刷印和装订书页对于刻工来说并不太难。① 如果刻工受过教育，他自己就能书写并制定书籍的印刷格式。这样的话，一本书的生产过程从刻板到印刷，直至最后的装订缝制，只需要一个人。

从技术上来说，一个学者个人出版和一个出版商出版的书籍没有任何区别。唯一不同的就是刊刻和印刷所需的时间，以及成品的数量。出版商、学者、书肆店主和私塾共同面对的主要任务都是寻找刻工和必需的材料（木板、纸张和墨）。

雕版印刷的简便性基于刻工的"自足性"，因此具有极大的经济优势。首先，与16、17世纪欧洲的出版相比较，中国使用雕版的出版商根本不需要投资另建一间印刷所，也不需要准备一系列的金属活字。最初的投资额不等，基本上由财力和经营计划来决定。比如在18世纪中期的英国，建立一间印刷所需要好几百英

---

① 传教士米怜（William Milne）1815年在马六甲看到，一个中国刷印工能够掌握与雕版印刷有关的所有的专业技能。Byrd, *Early Printing in the Straits Settlements 1806-1858*, pp. 9-10.

镑，这些资本往往来源于家庭成员和亲朋好友。① 在印刷作坊中进行活字印刷，需要十分集中的劳动力。在投资程度和运营成本方面，活字印刷的短处比木刻印刷要大得多。

在欧洲书籍生产中，纸张是最昂贵的生产材料，所以大量的复制就需要更多的资本投资。同时，排字的成本也迫使欧洲的出版商加大印量借以降低单位成本。在书籍出售前，投资不可能得到回报。由于纸张是图书出版最昂贵的生产资料，大量滞销的图书便会冻结出版商的资金。② 为了保证书籍能够顺利出售，欧洲的出版商创造出预订的方式。③

欧洲印刷作坊的生产过程具有更明显的结构性，比中国的刻工独立工作形式来得僵固。从一定程度上来说，欧洲印刷的单位组成"密集"且"有机"，以印刷机为中心，四个具有不同专业技能的工人分工合作，各司其职。一个典型的欧洲印刷作坊包括

---

① 这种现象在 19 世纪早期并没有变化。伦敦的一家享有盛誉的出版社当初开办的时候需要多达 200—500 英镑的创业资金。Bernard Warrington, *The Bankruptcy of William Pickering in 1853: The Hazards of Publishing and Bookselling in the First Half of the Nineteenth Century*, p.7; Alvin Kernan, *Samuel Johnson and the Impact of Printing*, pp.55-56.

② 对于欧洲的活字印书作坊来说，情况是一样的。1528 年，一个巴黎书商有库存 101860 本书，而 1545 年时，另一个书商的库存竟达到 263696 本之多。Roger Chartier, *The Cultural Uses of Print in Early Modern France*, p.150. 16 世纪西班牙布尔果斯（Burgos）印书商胡安·德·汉塔（Juan de Junta）的书店有库存 15827 册。其他同时期的西班牙书店也都有大量的滞销刊本。William Pettas, "A Sixteenth-Century Spanish Bookstore: The Inventory of Juan de Junta", *Transactions of the American Philosophical Society*, vol. 85, pp.9-14. 在 16 世纪的意大利，书商的库存量也很大。米兰的书商兼出版商尼克洛·戈贡佐拉（Niccolò Gorgonzola）存有 212 部作品的 80450 本印本。Brian Richardson, *Printing, Writers, and Readers in Renaissance Italy*, p.117.

③ 关于这个问题，详见本书的"结论"部分。

铸字工一名、刻工（雕刻木版插图和其他的图案标志）一名、装订工一名和刷印工一名。这里特别要提到与传统观点不同的一点，即便在 1450 年前后古腾堡发明印刷机之后，木版印刷也未被完全取代，而是纳入了书籍制作过程之中。16、17 世纪时，欧洲印刷作坊一直雇用刻工制作书籍插图，比如法兰克福和安特卫普的出版商就大量使用木刻插图。①

中国的出版商最大的投资则在于雕版。如果没有足够的资金购买纸张，或短期内的预计销售量不大的话，出版商完全可以只印少量。下文中将会提到，中国出版商在没有足够资金的情况下，甚至可以通过分期投资的方式来刻板印刷卷帙浩繁的作品。利用出售前一部分书籍所获得的利润，就可以继续支付同书后一部分的生产了。与欧洲的出版商相比，中国出版商由于卖不出去的书而遭受资金冻结的风险要小得多。② 这种灵活性不仅能让出版商只需要用有限资金便可开始运营，而且也能使出版成为一个低风险的行业。

刻工、书肆店主和任何手中资源有限的士商如果决心进入出

---

① 即便铜版雕刻已经被使用，木版插图仍然保持着优势。这是有原因的。铜版雕刻的成本更高，所需时间更长。而刷印工们对木刻的偏爱是出于简单的经济上的原因——成本低且速度快。Steinberg, *Five Hundred Years of Printing*, p. 16; Van Der Stock, *Printing Images in Antwerp: The Introduction of Printmaking in a City Fifteenth Century to 1585*, passim. 关于 16 世纪木版刻印图书的目录，见 *A Library of Woodcut Books of the Sixteenth Century*。

② 在这里仅举一例，1583 年 4 月，英国书商兼印刷商亨利·拜恩曼（Henry Bynneman）去世，他的总库存有 19125 本书，这占他的总资产（共 791 英镑 12 先令 9 便士）的 76%。Barnard and Bell, "The Inventory of Henry Bynneman (1583): A Preliminary Survey", p. 8.

版业的话，都会认为雕版印刷很有吸引力。城市中到处可见的刻字店和书肆总是那些四处流动的刻工的好选择。在北京、南京、杭州和苏州，刻工总能在刻字店和书肆找到活儿做。①刻字店老板和书肆店主如果有足够资本的话，自己也能出版书籍，同时他们也招揽专业选家帮助制作手稿用来出版。②

在孔尚任的著名戏剧《桃花扇》中，书商蔡益所雇用著名作家陈贞慧和吴应箕编纂科举考试时文集③，陈、吴二人都是有名的八股文选家。④正如孔尚任自己所说，这些人物都是在历史上真实存在的。蔡益所的确是一个南京书肆店主，他的书店就在南京水西门，他也确实雇用像陈和吴这样的科举考生来编辑和评注时文。吴应箕本人也是复社的成员。⑤批评家通过雇用刻工刊刻自己的作品，也能成为出版商。《儒林外史》中就有一个讲述三个批评家出

---

① 南京、杭州和苏州是16、17世纪的出版中心。北京更大程度上是书籍贸易中心。然而，这并不等于那里的刻工比南方要少。相反，北京聚集了大量的刻工。当温体仁为对他刻印书籍的指控进行辩护时，他提到了很多北京的刻工。金日升：《颂天胪笔》，第445页。

② 一个人带着几百两银子去一个刻字店雇用一个职业选家编辑一部科举考试时文集。吴敬梓：《儒林外史》，第279—280页。

③ 根据孔尚任的说法，这部戏剧是基于"实录"的。书商蔡益所的名字实际上和建阳的一个书商一模一样。现存有一部文翔凤的文集，文在1610年获得进士，这部书就是建阳的蔡益所出版的。复社成立于1629年。很显然，蔡益所在建阳和南京两地都进行出版活动。这部书列在《明代版刻综录》中，6.24a。关于书店主雇用选家编纂时文集这方面相类似的事例，见吴敬梓：《儒林外史》，第133—134页。

④ 吴和陈都受雇于书商。陈自己可能也参与出版活动。见吴敬梓：《儒林外史》，15.8a-b。

⑤ 现实中的蔡益所和他雇用吴应箕编辑评论举业用书的事实在另一部历史小说《樵史通俗演义》中也被提到。这部书出版于17世纪40年代晚期和50年代早期。《樵史通俗演义》，第626页。

版批评文集的故事。在完成了遴选和评点的工作之后，他们雇用了七八个刻工，花了近5个月完成了刻印。①

中国的书商和出版商这两种职业并不是截然区分的，这与17世纪欧洲的书商与出版商相似，通常"他们绝大多数人都是身兼二职"②。但是在欧洲，木刻工匠同时也印书、售书的情况就非常少见了。③由于雕版印刷的简易性，这种"身兼二职"的现象在晚明时期很常见。

私刻和坊刻之间的界限

在雕版印刷中，私刻和坊刻的界限并不分明。如果一个人有足够的钱，那么就可以雇用刻工把自己的作品刻印出来。至少从宋代开始，木版刻工就成为一种流动性的工种。④晚明时期，大量的刻工受雇于士人、出版商和刊字店店主，独立进行印刷活动。唐顺之（1507—1560年）的出版经营模式就是雕版印刷如何模糊了私刻与坊刻之间的界限的一个很好例证。

唐顺之出生于江苏武进的一个显赫家庭，1529年才二十几岁

---

① 我们并不知道文集中究竟有多少篇文章。但是对于每场考试来说，大约有200—300篇。吴敬梓：《儒林外史》，29.287。

② Febvre and Martin, *The Coming of the Book*, pp. 136-138; Kernan, *Samuel Johnson and the Impact of Printing*, pp. 62-66.

③ 安特卫普的阿德里安·肯佩（Adrian Kempe）和赫伯特·德·克鲁克（Herbert de Croock）不仅刻板，也参与印刷和销售书籍及其他印品。见 Van Der Stock, *Printing Images in Antwerp: The Introduction of Printmaking in a City Fifteenth Century to 1585*, pp. 366-367.

④ Soren Edgren, "Southern Song Printing at Hangzhou", p. 49.

时便进士及第，才华横溢并深谙经世之学，并且是16世纪中期唐宋散文的领军人物①，还编纂并点评了许多散文文集。②

唐的出版活动更多是出于他对艺文成就的追求，商业利益是摆在第二位的。他雇用了一些独立刻工，比如胡贸，这些刻工受雇于不同的出版商，并且也为出版商和士商（如胡本人）做中间人。胡贸来自一个以书商和刻字闻名的地区——浙江龙游，他的父亲和叔父都从事出版经营和书籍销售。唐顺之是胡的资助人之一，他曾与胡联系密切，一同编辑了一些用于出版的手稿。③胡在文字的版面设计（与欧洲书籍的书页排字设计相仿）方面极有天赋，唐十分赞赏胡在编辑和编排书页格式（断句或并句以及段落章节的划分）方面的才华。④的确，各种空间的设计是手稿转为印版稿的一个重要问题。

唐顺之和刻工、出版商之间的关系是多重的。有时，唐自己就是出版商，他负责所有的费用。⑤有时，他只是作者或编者，出版的费用则来自于某个官员或者像胡贸那样的刻工兼出版商。当时，想要找到一个达官贵人把出版费用都包下来，并不罕见。唐

---

① 关于唐顺之的经世之学，见 Benjamin Elman, *Classicism, Politics, and Kinship: The Ch'ang-chou School of New Text Confucianism in Late Imperial China*, pp.76-83。
② 关于唐顺之的传记，见《明代传记词典》（*Dictionary of Ming Biography*），第1252—1256页。
③ 唐顺之：《荆川集》，13.23b-24b。
④ 唐顺之：《荆川集》，13.2b-24a。
⑤ 其中一例就是《唐荆川先生编纂左氏始末》，于1562年由唐的家学出版。见《美国哈佛大学哈佛燕京图书馆中文善本书志》，第39—40页。

于 1556 年编辑《文编》的费用就是由一个县令提供的。^①他编辑的另一部有关历史的多卷本作品是由都御史胡宗宪（1511—1565年）出版的^②，而由他编纂的一部点评政府政策的文集则是由南京的一个书肆店主出版的，这个人可能是胡贸的亲戚。^③

雕版印刷的灵活性

雕版印刷的生产过程尤其灵活。剧作家梅鼎祚（1549—1615年）曾雇用刻工为他的著作刻板，其中一部书由于缺乏资金而推迟。还有一次，刻工告假，直到第二年返回之后才继续刻完。^④梅似乎是自费刻印其作品的。^⑤他是一个典型的文人出版商——士商中从事两种职业的独特结合。

臧懋循（1550—1620年）也有同样的经历。他曾经出版了很多书，遇到资金短缺的时候，他的对策与上面的例子相似。他出版了一部分之后，就用出售那部分赚得的钱雇工继续制作未刻部分的印版。^⑥臧本人对元杂剧很感兴趣，并决心出版一个系列共 100 种元杂剧。由于资金不足，他先只出版 50 种，很显然首次付

---

① 唐顺之：《荆川集》，11.11b-12a；《中文善本书志》，第 510—511 页。
② 《中文善本书志》，第 167 页。
③ 《唐会元精选批点唐宋名贤策论文萃》这部文集印于 1549 年。《中文善本书志》，第 511 页。
④ 徐朔方：《晚明曲家年谱》，第 3 卷，第 193 页。
⑤ 现存署名梅鼎祚的书籍皆无出版商的信息。见《中文善本书志》，第 520 页。
⑥ 臧懋循出版了一部综合的诗集，涵盖从上古至唐代的诗人所作诗篇。他最先出版的是《古诗所》。靠销售这部书所得的利润，他出版了第二部分《唐诗所》。臧懋循：《负苞堂集》，第 88 页。

印时印本数量有限。他在给黄汝亨（1558—1626年）的信中就对自己未在前封信中附寄赠印本表示了歉意。后来他才将新出版的几种付印，并寄了印本给黄，请他推介给朋友。不过，由于没有足够的钱支付刻板费用，臧最终也未能把这100种出齐。为了扩大销量，他还派自己的仆人去北京推销他的著作。他决心"以书养书"，用已销售著作所得的利润来继续出版未刊的著作。①

一部书籍的出版可以由连续刊印其中的部分而成，先出部分、章节，甚至单独的文章或诗词，最后一起重新完整地刻印。文人写的文章、诗歌、传记、庆生帖、挽文等所刻的板都可以由他的家人收藏起来②，这样的话，出版个人的全集就变得相对容易了。他的家人或后裔可以很快将所有的板集合起来，并把还没有印的文章刊刻成版。

出版的规模和商业出版的扩大

由于每一个刻工都能成为一个独立的生产单位，雕版印刷的运作规模可大可小，小到单人，大到无数工人一起工作的团队。无锡顾起纶（1515—1587年）的奇字斋是一家中型的印书坊，1574年时出版了一部20卷的书，一共雇用了10个刻工和6个刷印工。③

雕版印刷的"原子"性特质使其生产规模很容易扩大。生产

---

① 臧懋循：《负苞堂集》，第84—85页。
② 黄宗羲：《黄宗羲全集》，第384页。
③ 张慧剑：《明清江苏文人年表》，第303页；《美国哈佛大学哈佛燕京图书馆中文善本书志》，第583页。

的速度可以随着雇用刻工和刷印工人数的增加（资源允许的情况下）而提高。刻工可以受雇于坊刻或者私人作坊①，而坊刻和私刻的大规模增长相对容易，只需要更多的刻工参与雕版印刷流程，以及一些分工上的协调。

与欧洲那种以印刷机为中心的活字印刷相比，雕版印刷显得更加灵活，而且普及性强，刻工既可以独立工作，又能游走四处，还能加入大型的印书坊。②如果某个地区刻工短缺，可以从其他城市征募刻工参与印书。这样一来，一部书的雕版就可以由分散于不同城市的各个刻字店的多名刻工共同完成。例如，崇祯四年由福建巡抚集资刊印的《闽书》，调动了福建各府的118或119个刻工，每府负责提供11—23个刻工不等。该书是相当于官方刊印的地方志，每府的部分都由该府的刻工负责，因此，我们有理由相信书版是分别在各府刻成，甚至刷印好之后，再运到一个作坊装订成书。这样比把这一大群刻工从各府聚集在一起节省经费，否则这些刻工的路费以及在刊刻过程中的住宿的费用都会增加该书的成本。③不过，为了保证刊刻的质量和准确性，就需要一名总负

---

① 李渔是一个出版商，他雇用刻工在他的作坊里工作，其中一个刻工后来到北京寻找工作。李渔就把他推荐给一个大官做私人刻工。李渔：《笠翁文集》，《李渔全集》，卷1，3.14a-b。

② 近现代欧洲的出版商们为了加快速度，也会把工作分为排字和印刷两部分。为了完成这种分工，需要首先计算出每页的确切字数。

③ 见侯真平：《明末福建版刻书籍刻工拾零》，《出版史研究》第四辑，第220—232页。欧洲出版商也会在不止一家印刷作坊中制作同一本书。但是他们需要更仔细地计算和计划，协调的工作比较复杂。

责人或称"督刊"对各组刻工或刻字店的工作进度进行协调和监督（参见本书第三章）。

自命为"山人"的无锡人顾起经（1515—1569 年）于 1556 年出版了一部诗集①，共 19 卷，在 11 处名曰"亭""阁""馆"或"室"的地方刊刻完成。②顾完成这项工作有两种可能的模式。他可以在自己从一处迁往另一处时把同一组刻工都带过去，也可以让不同地方的刻工同时刊刻雕版。事实上，刻制一本书的印版可以由分散异地的刻工来完成。

由于生产速度很大程度上取决于刻工的数量，如果工匠加倍，那么时间就可以减半。顾起经出版的诗集包括了很多十分罕见的信息，包括刷印工、刻工、校对等的人数和姓名，还有生产耗时。其中，刷印工、刻工和装订工分别为 3 名、24 名和 3 名③，比例为 1∶8∶1，而且每一卷都包含校对者的姓名。④但我们不能根据这个比例来推算每种工匠人数增减的数量。这部诗集所有的刊刻和印刷工作花了 6 个月完成，如果劳动力数量相同的话，一部约 6 册 10 卷的书 3 个月可以完成，一部 2 册 3 卷的书只要 1 个月就可以完成。顾的这种做法反映了书籍生产中的商业操作。除非出版业在某一时期某个城市迅猛发展，导致了普遍的刻工短缺，否则

---

① 张慧剑：《明清江苏文人年表》，第 160、249、289 页。
② 《明代版刻综录》，卷首，4a。
③ 见 Denis Twitchett, *Printing and Publishing in Medieval China*, p.69。《美国哈佛大学哈佛燕京图书馆中文善本书志》，第 609—610 页。
④ 《美国哈佛大学哈佛燕京图书馆中文善本书志》，第 610 页。

在一般的情况下，出版商需要提高生产的速度是相当容易的。雕版印刷的速度取决于刻工和资金的供应量。

由于坊刻和官刻雇用的刻工和其他工人数量相对比私刻多，书籍生产需要的时间一般来说会更短一些。表2.1列出了16世纪出版的几本书籍。1584年刻印70卷的《皇明疏钞》由一名督刊总负责，一群政府官员分工合作，雇用的刻工达101名之多，创下了当时的纪录。四年之后，书商汪少泉出版61卷《皇明奏疏类钞》时雇用了66名刻工，生产时间应该比《皇明疏钞》加长了三四成。《道宗六书》1576年由政府官方出版，共雇用刻工45名，与《皇明疏钞》的用工规模相比来说实在不算大。但是，有些官刻其实并不需要庞大的刻工群来完成，比如1552年和1558年出版的两部书分别只雇用了9名和8名刻工。

尽管操作相对简便，投资成本相对较低，出版大部头的多卷本作品所需的各种资源仍然不是个人能够轻易承担的。想要刻印多卷作品而又不愿分期出版的士人、学者往往会在需要的时候尽可能地恳求朋友们的支援。太仓的吴震元编了一部200卷的书，他自己财力不够，便向董其昌、陈继儒、姚希孟和其他一些朋友借钱出版。① 至于这部书最后是属于合作出版还是仅仅在朋友帮助下完成刻印，就不得而知了。

总的来说，在中华帝国晚期，雕版印刷可以说具有很多得

---

① 大概由于资金短缺，这个项目最终未见天日。张慧剑：《明清江苏文人年表》，第501页。

天独厚的优势。无处不在的刻字店和灵活机动的刻印方式使得出版技术变得更简捷价廉。在16、17世纪商业出版这一高度繁荣却也竞争极为激烈的行业里，与活字印刷相比，雕版印刷确实赋予个人较为迅速入行、转行的可能性。即便雕版印刷有各种明显的优势，活字印刷在这个时候还是得到了史无前例的关注和重视，晚明时期有很多出版商都在试验和开发由不同材料制成的活字。

表2.1 官刻与坊刻雇用刻工数量表

书名	出版时间	卷数	刻工数量	出版类型
皇明疏议辑略	1552	37	9	官刻
秦汉书疏	1558	18	8	官刻
十三经注疏	1568	335	202	官刻
道宗六书	1576	36	45	官刻
皇明疏钞	1584	70	101	官刻
皇明奏疏类钞	1588	61	66	坊刻
国语	1573	21	10	坊刻
史记评林	1576	131	41	坊刻
皇明经世文编	1638	504	?	坊刻

资料来源：沈津：《美国哈佛大学哈佛燕京图书馆中文善本书志》，第2、161、156、583、100、162、161页（按引用顺序）；陈子龙，《明经世文编》。

中华帝国晚期活字印刷方式应用的增长

中国文字和雕版印刷的特性促使晚明时期书籍生产得以扩大，而且没有产生完全采用活字印刷的巨大压力。多种多样的字体使那些资源有限的出版商们不愿采用活字印刷的方式。然而，活字印刷的长处却吸引了一些财力雄厚的商业出版家的注意力。

从15世纪中期开始，无锡、苏州、南京和福建的很多大规模印书坊开始用各种字体的活字来印刷卷帙浩繁的作品。早在1465年时，无锡的华氏家族便开始铸造铜锡活字用来印书。16世纪中期时，安氏家族也效仿这种做法。①无锡、苏州、常州、南京、浙江、建宁和福建建阳都有出版商用铜锡合金活字印刷书籍②，常州的出版商还试制过铅活字。③不过制作金属活字的成本较高，这促使一些出版商使用木活字。到万历年间，使用木活字的出版商越来越多④，特别是在杭州、苏州、南京、福州，甚至四川和云南等地区都有。现存的明版书中，至少有100种是万历年间的木活字本。⑤万历年间木活字的增长反映了商业出版的扩张导致的对于生产速度提高的需要。

在清代，木活字的使用范围继续扩大。乾隆年间（1736—1795），周永年上书建议用木活字印刷"儒藏"。乾隆皇帝采纳了这一建议，后来武英殿有134种书是用这种方法刻成的，印本数为5—300部不等。⑥武英殿刻书的印量较小，若是商业出版则不

---

① 张秀民：《中国印刷史》，第683—686页。根据钱存训的研究，华家的金属活字是一种铜和锡的合金。钱存训：《中国书籍、纸墨及印刷史论文集》，第178页。
② 张秀民：《中国印刷史》，第686—691页。
③ 张秀民：《中国印刷史》，第695页。
④ 张秀民：《中国印刷史》，第678—682页。
⑤ 肖东发：《中国编辑出版史》，第343—344页；张秀民、韩琦：《中国活字印刷史》，第2章。
⑥ 张秀民：《中国印刷史》，第701—702页。

会仅印区区 5 部，因为不划算。

  在印量不大的情况下，木活字常被优先采用，特别是在家谱的印刷上，因为家谱一般只限于家族成员之间的流通。在清代，江苏和浙江的家谱就更多的是用木活字方式印刷而成的，而不是雕版方式。① 那时候，一批游走于十村八店的工匠，专门替人印家谱。他们大多都随身携带 20000 个梨木活字，如果需要的话，他们也可以现刻现用。② 由于家谱的印刷不是为了牟利，而且内容主要是人名和血缘关系，所以印刷的质量就尤其重要，一般都需要用大字来刻。这些原因使得木活字成为家谱印刷的首选方式。毋庸置疑，用木活字来印制数量小的家谱比刻制雕版要经济得多，而且家谱需要经常更新内容，这就更凸显了活字价廉的优势。③ 一些常州的出版商还为印刷家谱而特意制作更大一些的木活字。这些活字质量上乘，以至于连其他省份的名门望族也愿意把他们的家谱拿到常州来印制。④ 清代活字大规模使用的事实可以从现存的大量清版书中得到证明，其中有超过 2500 种图书是用不同种类的

---

  ① Xu Xiaoman, "A Study of Printing Genealogies in Shanghai and Jiangsu-Zhejiang Area in the Qing Dynasty", *Printing and Book Culture in Late Imperial China*, table 3.
  ② 张秀民：《中国印刷史》，第 710—714 页。
  ③ 在 17、18 世纪的中国和日本，如果需要对一个文本进行少量的翻印，木活字的方法可能用得更多一些。木活字印刷的复本通常是 100 本或更少，最多不超过 300 本。见 Kornicki, *The Book in Japan: A Cultural History from the Beginnings to the Nineteenth Century*, pp. 158-162。
  ④ Xu Xiaoman, "A Study of Printing Genealogies in Shanghai and Jiangsu-Zhejiang Area in the Qing Dynasty", *Printing and Book Culture in Late Imperial China*.

活字进行印刷的，木活字占大部分。①

印刷速度

书籍和印刷学者常常认为印刷机的发明属于一种现代技术，原因是其排字简便且比雕版印刷在印量上有高度优势。②然而，当利玛窦于16世纪晚期到达中国时，他被中国刻工雕刻木版的速度所震惊——"中国刷印工雕刻木版的技艺是如此娴熟，刻一块木版所需要的时间比我们的活字印刷的排字和校对一面印版还少"③。利玛窦的这个判断是基于对活字印刷和雕版印刷各自优势的比较上的。

利玛窦可能夸大了中国刻工的工作速度。毕竟，排列一块整版的活字和刻一块木版的速度不能相比。如果是口语化的并包含简体字，一个技艺娴熟的刻工一天可以刻150字。这和利玛窦说的速度相近。通常来说，一块木版（行款18行21字）可容纳378个字，这起码需要刻两天才能完成。一般情况下，刻板要比排字花的时间更长一些。

然而，排字在活字印刷中是一项非常耗时的工作。④罗马或法

---

① 这个数字基于张秀民的研究。他认为，现存的书中有超过2000种是用活字印刷而成的。这个数字没有包括活字印成的家谱。见张秀民、韩琦：《中国活字印刷史》，第106页；张秀民：《中国印刷史》，第307页。

② Arthur M. Hind, *A History of Woodcut with a Detailed Survey of Work Done in the Fifteenth Century*, p.66.

③ Ricci, *China in the Sixteenth Century: The Journal of Matthew Ricci*, p.21.

④ 关于排字过程的描述，见 George Williams, *The Craft of Printing and the Publication of Shakespeare's Works*, pp.54-57.

兰克福的排字工人往往一天要排 1 到 3 块整版①，一个整版最少包含 4 页文字。在送印前这些版仍然要进行校对和改错。②

雕版印刷中最耗时的程序是刻板，印刷过程相对来说还是比较迅速的。根据利玛窦的记载，一个熟练刷印工一天能印 1500 张之多。③16 世纪中期的欧洲印刷作坊的生产效率各不相同。在法兰克福，每天正反印刷可以印一令纸，大约为 960—1000 印次。④16 世纪晚期，里昂、巴黎、罗马、法兰克福和伦敦的印刷工人每人每天可压印 2650—3350 次不等。但是，我们要注意，这些数字可能并不是真正的生产速度。1700 年，剑桥大学的一位印刷工匠罗伯特·庞德（Robert Ponder）一周能印 6100 张，被誉为"非凡"速度。这样算下来，即便是这样的速度，实际上每天只能印 1000 张左右。而法兰克福的工匠们和庞德一样，需要保持最佳状态才能达到 1000 张的水平。⑤

---

① Richardson, *Printing, Writers, and Readers in Renaissance Italy*, p. 22; Febvre and Martin, *The Coming of the Book*, p. 131.

② 在雕版印刷中，一般是先校对，再刻板。

③ Ricci, *China in the Sixteenth Century: The Journal of Matthew Ricci*, p. 21.

④ Owen Gingerich, "Copernicus's De Revolutionus: An Example of Renaissance Scientific Printing", p. 58.

⑤ George Williams, *The Craft of Printing and the Publications of Shakespeare's Works*, p. 59. 但是根据费弗贺和马尔坦所言，里昂的工人每天要印 3350 张纸，巴黎为 2650 张，法兰克福是 3050—3373 张。这些数据只可能是在单面印刷的情况下才比较真实。然而，印刷工每天工作 14 小时，通常从早上 5 点到晚上 8 点、9 点，只有 1 小时的吃饭时间。所以这个数字显然指的是单面印刷。Febvre and Martin, *The Coming of the Book*, p. 131; Richardson, *Printing, Writers, and Readers in Renaissance Italy*, p. 24; McKenzie, *The Cambridge University Press, 1696-1712: A Bibliographical Study*, vol. I, p. 134.

与中国的雕版印刷方式相比，欧洲的印刷机确实也有它的优势。但是，欧洲的印刷机直到 18 世纪中期仍然和印《古腾堡圣经》时用的手动印刷机大致相同。① 印刷机的速度优势是否能发挥到极致取决于很多因素：首先是书的需求量，而这又取决于制造成本和欧洲出版商所处的社会政治环境。在 19 世纪之前，从一定程度上来说，印刷机所体现的速度优势被欧洲纸张的相对高价与各种宗教和政治局限削弱了。

如上所言，欧洲发明印刷机之后，雕版印刷便并入了活字印刷并成为其十分重要的一部分。② 事实上，为了增加美观而采用的超附文本要素（比如首字母、页边和插图）极可能降低了欧洲活字印刷相对于雕版印刷所有的优势。如果没有木版刻工雕刻出的首字母、页边和插图的话，排字工人根本不可能排成一个整版。对于那些用铜版印插图的书来说，生产很可能会受到延误，因为雕制铜版十分费时，而且印刷过程需要特殊处理。铜版插图的一个极大的劣势就是不能与活字同时刷印③，而且铜版成本很高，这就迫使出版商继续使用木刻来印插图，以便降低成本从而提高书

---

① Steinberg, *Five Hundred Years of Printing*, p.137; Kernan, *Samuel Johnson and the Impact of Printing*, p.55.

② Van Der Stock, *Printing Images in Antwerp: The Introduction of Printmaking in a City Fifteenth Century to 1585*；见一个伦敦书商的目录，*Manuscripts, Incunables, Woodcut Books and Books from Early Presses*。

③ 19 世纪时，在托马斯·毕维克（Thomas Bewick）改进了木版雕刻技艺之后，出版商们才得以同时用活字压印的方法印字符并用木版雕刻的方式印图像。从那之后，"图像和文字才能够在书页上显得生动且相互关联"。见 Michael Hancher, "Gazing at the Imperial Dictionary", p.156。

价的竞争力。① 从 16 世纪到 18 世纪，欧洲的出版商一直都在用木刻印首字母、页边和插图。②

以上的讨论是为了说明 16、17 世纪印刷的大致情况，用来解释为何在中国雕版印刷未被活字印刷取代这一问题。首先，在中国，雕版和活字这两种印刷方法从 16 世纪开始就都被广泛运用，它们促使并且印证了商业出版的兴盛。其次，金属活字和木活字印刷不断提高的使用率没有导致雕版印刷的衰落。由于其经济性（源于其简便性和灵活性），雕版一直都是主流印刷技术。靠投资雕版印刷进入商业出版领域的风险并不是很大，因为其并不需要像制造金属活字那么大的成本。最后，尽管主流是雕版印刷，但越来越多的出版商也一边试用着各种材质的活字。虽然铸造金属活字的投资较多，但对于实力雄厚的出版商来说也不成问题，而谷因玛德却认为只有靠政府的资源才能制造铜活字。那么，他的看法是不当的。不过，金属活字的昂贵却是不争的事实，所以，在万历年间，木活字成为最流行的替代品。刻整块木版的技能也可用于刻单个的木活字，并且铸造金属活字的技术对于出版商来说并不太容易获得，比雇用刻工困难得多。

---

① 关于铜版价格的例子，见 Van Der Stock, *Printing Images in Antwerp: The Introduction of Printmaking in a City Fifteenth Century to 1585*, pp. 154-157。

② 事实上，在英国和法国，横切面木版雕刻（end-grain）成为最普及的方式。在 18、19 世纪的欧洲，雕版印刷是印插图的主要方式，直到 19 世纪末期才被取代。Jacob Kainen, "Why Bewick Succeeded: A Note in the History of Wood Engraving", pp. 188, 192。

出版业的商业运作

虽然雕版印刷在运作规模上有分散与集中的灵活性，集中刻工在一个作坊进行大规模的刻印也有相对的优势，有足够资金的中国出版商可以充分利用规模效应。一本书当然可以只由一名识字的刻工操作，不过多人分工仍然有好处。商业出版需要雇用抄字工、编辑、校对、刻工和刷印工在各自的"作坊"里工作。然而，关于如何组织和运营商业书坊的资料十分稀缺。不过，明末的商业出版家毛晋留下的记录仍为我们揭示了这方面的情况。

毛晋的汲古阁

毛晋是江苏常熟人，早年拥有多家当铺、千顷良田和两千奴仆。后来可能因为当铺生意利润下降，加上各种名目的附加税和征税中的欺诈浮收，地主的压力越来越大，他便出让了自己所有的当铺，又变卖了所有的地产，转而投资一大笔钱建了一个很大的书坊。很显然，毛晋这么做，有一部分原因是刻印书籍的获利比做当铺和土地生意要高。毛晋投身出版业反映了晚明时期士商不仅从事资本生意（如当铺和土地），而且也投资于商业出版。

毛晋为他雇用的文人和工人购建了好几栋楼做生产和住宿之用。抄字工、编辑和校对一起工作的主楼就是汲古阁，后面的9栋是藏书楼，存放了毛晋收藏的超过84000卷的书籍。刻工和刷印工则在另外的楼里工作。

汲古阁出版书籍涵盖广泛，包括经、史、诗集、散文、戏曲和小说。毛晋还参与刻印了佛教《径山藏》中的部分卷册。① 他雇用了总共30位"名士"分别进行"十三经"和"十七史"的编修工作，还有20名刷印工和许多名（数量未知）刻工协助他出版自己所作的书。② 基于《大明会典》中官书处刻工和刷印工的人数比例为2∶1—2.6∶1来推算③，毛晋至少雇用了40—50名刻工，书坊的工人数则超过100人。

从明晚期到清初的40多年经营中，根据存世的刊本，汲古阁一共出版了600多部书。平均可能不到一个月便出版一本书，但实际的产量应该比这个高得多④。毛晋苦心孤诣收集宋元善本和抄本，他在宋版书和元版书的保存与刻印方面的地位无人能及。同时，他还出版了大量的新刻书。如同其他出版商一样，毛晋也购买未完成刊印的木版，并且雕制新版以完成一系列新刻版本的出版。⑤

书籍广告和包装

如何推销书籍一直是出版商们最关注的事。书肆自然是发售

---

① 瞿冕良：《中国古籍版刻辞典》，第180页。
② 《明清社会经济形态的研究》，第81—84页。
③ 《大明会典》，189.3b-5a。
④ 瞿冕良：《中国古籍版刻辞典》，第180页。这个产量当然不能确定是汲古阁的实际数字，我们没有具体的总产量的资料来估计。但一个月出版一本书算是非常少的。建阳出版家余象斗只在万历十九年一年便出版了十几种书。《历代刻书概况》，第125页。虽然汲古阁的书在校对以及一般质量上都比建阳的刊本高。
⑤ 《美国哈佛大学哈佛燕京图书馆中文善本书志》，第821页。

和宣传即将出版的书籍的最佳场所。① 但是，仅仅在书肆内张贴新书目录的方式，对于向目标读者群提供所需信息来说并无太大的直接效果。明代的出版商们通常采取的办法是在书籍的超附文本中刊登将出书籍的目录。1591 年，著名的印书之乡福建建阳的一位多产出版商余象斗出版了一部包含广告的书，广告中列有一个已出和即出书籍的清单，并说明有"凡讲说、文筌之裨业举者，悉付之梓"。② 南京刻书坊聚奎楼出版了由福建评注名家郭伟点评的《四书》，在引征书目的结尾处列出了郭氏所著的《四书》评注共 55 种（见图 2.1）。③ 评注家张自烈在他所著的《四书诸家辩》凡例后列出了自己写作的其他 16 部即将付梓的新书，包括诗、史、"四书"和其他文人的作品集。他还在行文中告知读者他的另两部著作《诗归辩》和《字汇辩》都很受欢迎。④ 1644 年吴当所著的"四书"点评的评注者前言中附上了一份"嗣出书目"⑤。17 世纪 50 年代，著名戏曲评论家沈璟（1553—1610 年）编纂出版了一部收录广泛的戏曲集，在书名页上一共列出了 5 部待出书目。⑥

① 这里我们没有历史上的证据，但是孔尚任的《桃花扇》提到新书目录会张贴在书肆中。孔尚任：《桃花扇》，第 184—185 页。同样地，在《儒林外史》中，我们能发现相似的场景，新出版的举业用书的书名也会张贴在书肆中。吴敬梓：《儒林外史》，第 325 页。
② 肖东发：《建阳余氏刻书考略》，第 123—125 页。
③ 郭伟：《皇明百方家问答》。
④ 张自烈：《四书诸家辩》，凡例。
⑤ 吴当：《合参四书蒙引存疑定解》，序。
⑥ 沈自晋：《重定南九宫词谱》，第 4 页。

除了这些传统的宣传方法，出版商和作者还开始尝试新的广告方式。一些作者甚至在待出书籍的其他部分刻板完成前就把序和
74 书名页印出来发售。评论家方应祥雇用另一位评论家来编辑点评科举时文，有一次方写信给他，说书名页和序已经在两京地区刻印发售了。而事实上，正文却还没有开始刻板，方这时担忧的是读者和潜在购买者实在等不及，而把这种广告当成一个骗局了。①

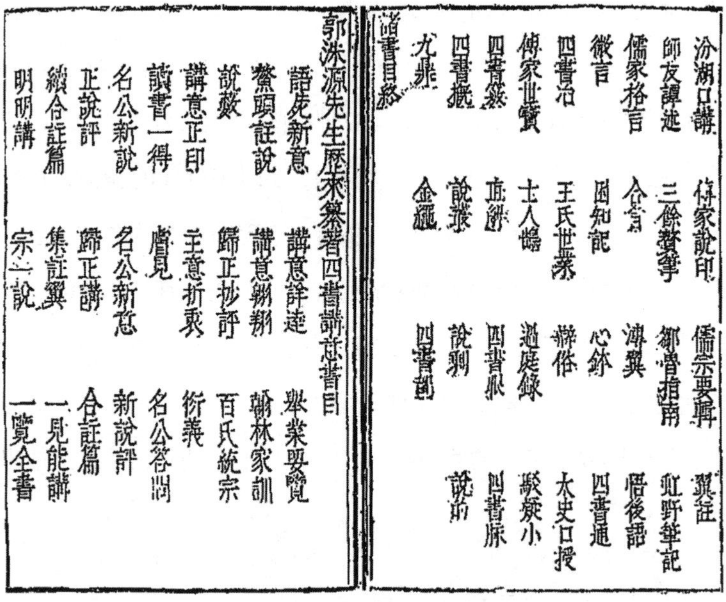
汾湖口講　侍家說印　儒宗要輯　翼註
師友譚述　三餘贅筆　鄒督指南　虹野筆記
儒家格言　合言　淵翼　稽後語
微言　困知記　心鉢　四書通
四書冶　王氏世業　辨俗　太史口授
侍家世寶　士人鵠　過庭錄　駁疑小
四書燚　直解　四書脈　四書脉
四書概　說叢　說翼　說苑
尤非　金繩　四書翻
諸書目終

郭洙源先生歷來纂著四書講意書目
語兒新意　講意詳述　舉業要覽
鰲頭註說　講意翱翔　翰林家訓
說藪　歸正抄評　百氏統宗
講意正印　主意折衷　衍義
讀書一得　膚見　名公答問
名公新說　名公新意　新說評
正說評　歸正講　合註篇
續合註篇　集註翼　一見能講
明明講　宗二說　一覽全書

图 2.1　郭洙源《皇明百方家问答》书目的最后一页

在郭氏出版的其他举业用书的书目中，有三部的书名中含有“名公”字样。由日本国立公文书馆许可复制。

① 方应祥:《青来阁初集》，6.2a-3b。

商业出版的繁盛也促使书籍"包装"产生新的形式。这时候一些书籍以新面目面世，其中一个重大变化就是插图重要性的提高。上图下文版式的书籍可追溯到宋代，全页插图出现于元版书，但这些在 16 世纪之前并不普遍，之后才开始流行，特别是在小说和戏曲的刊本里。①

作为一种商品，书籍用各种各样的包装吸引不同的目标顾客群。对此，何谷理已经充分论证，他指出晚明出版业已经形成了十分成熟的区分目标顾客的策略。② 福建的书价低，不仅是因为书商用低廉的纸张或者经验不足的刻工和抄工，而且还因为他们很少用函套或者绫、巾、绢之类的昂贵丝质材料做封套。建版书的包装针对的是一般和低端读者，而不是为了收藏的目的，所以基本上没有封套。苏州出版的书用纸质量上乘，很多都是连同装饰性或保护性的封套一起出售的。③ 总之，在晚明时期，多种多样的装帧方式是书籍定价档次不同的一个原因。

手稿的获得

出版商可通过很多常规途径获得文稿，其中最容易也是最经济的方式之一便是根据已出版的作品来刻印新版。购买已刻版也

---

① Victor Mair, *Painting and Performance: Chinese Picture Recitation and Its Indiana Genesis*, p.4.
② Hegel, *Reading Illustrated Fiction in Late Imperial China*.
③ 胡应麟：《少室山房笔丛》，第 58 页。

是一种常见的方式。出版一部新书耗资最多的是刻制一套新版。出版新书需要书稿,不是所有的书商都能有途径获得"名公"的著作,因为这在很大程度上取决于书商的人脉。不过,书商也常常会盗印已出的书籍。①

但是,由于出版"名公"的作品利润颇丰,书商们便开始利用他们出版的书籍来征集手稿。②《明文奇赏》就是一个例证。这部书由陈仁锡于1623年前后编纂完成,校对此书的是苏州书商沈国元。沈特意在书中加入了"征书法",其中说明了提交书稿的报酬:

> 名公文集,虽经刻板,刷印未广,地里遥隔,未能流传此处。接武明贤,不忍先泽之落落,或邮传,或特令信鸿赍至,选定发抄,不动笔,亦不沾污。完日仍以原帙缴还,决不浪失万一。愿以本集易他书者,一一唯命。
>
> 名公著作虽富,或屈于力而未梓。后贤珍藏,慨以原稿来成胜举者,本家计其道里之费,缮写之劳,一一报之,所不吝焉。
>
> 名公文集,勿论已刻、未刻、成卷、不成卷,不拘多寡,有特赏高贤、好事良贾多方觅来,共成不朽,本家重酬,无敢匪薄。

---

① 李渔:《笠翁偶集》,《李渔全集》,卷6,4.90b。
② 最早的征集手稿的广告出现在1336年出版的一部诗集中。见张秀民:《中国印刷史》,第325页。

愿与征者，或封寄，或面授，须至苏州阊门问的书坊酉酉堂陈龙山，当面交付。①

另一位杭州的多产书商陆云龙也采用类似的做法。他在17世纪30年代出版的一部诗集中加入了一则从读者中征集作品的广告，征集的文稿内容包括诰敕、奏疏、名士书信作品、名人传记和奇闻逸事等。投稿者需把文稿寄给杭州书肆陆本人收。② 扬州的书商邓汉仪（1617—1689年）出版了一部全部由女性作家撰写的文集，他在书中宣布了自己出版续集的计划，并列出了投稿的5个地址，同时还提醒读者，邮寄是最方便的方式。③

其他形式的手稿征集和签约方式各有不同。许多书商会用更具竞争性的手段来获取科举考试八股文评注文稿。每当三年一次的会试在春季结束的时候，书商们都竞相出版这些选集，他们在考试期间奔赴北京、南京和其他城市寻觅合适的"考生兼批评家"来遴选并评论科举文章。徐奋鹏就是"考生兼批评家"的一个例子，他已经有了很高的文坛声誉，但是依旧在为考取举人而努力。不过即便这样，出版商还是要找他，但是都失败了。最后有一个出版商在徐参加乡试的时候找到了他，成功地邀约他评选八股文。④ 存世的明

---

① 陈仁锡：《明文奇赏》。
② 陆云龙：《翠娱阁评选诗最》。
③ Dorothy Ko, *Teachers of the Inner Chamber: Women and Culture in Seventeenth Century China*, p. 63.
④ 徐奋鹏：《续刻笔峒先生后悟》。见王旦中的序。

77 刊本证明徐奋鹏当时作为作者、编者和评注者出版过大量的书籍（见本书第三章）。

在17世纪20年代，即便艾南英还没有通过会试，就已经在评注时文方面赢得了举国赞誉，苏州书商非常渴望雇请他评选八股文（见本书第三章）。出版商争求书稿的行为也反映了艺文声誉的市场价值。1634年，一位苏州书商去北京找另一位八股文的评选者吴应箕，他自此便开始了评论家的职业生涯。① 小说《儒林外史》中的马二原本是杭州的一个评论家，后被南京的书商雇用编选八股文集。② 虽然这部小说写于18世纪40年代，但当中叙述的很多事实都是17世纪的延续。

书籍贸易和销售

虽然出版商所在的城市有相关资料可资证明，但是有关书籍的地理分布的数据信息却几乎不存在。我们现在所能查找到的仅仅是有关晚明书籍销售流通与地理分布的只言片语。③ 书籍的流通渠道和一般的商品差不多，大概就是通过普通的商业路线和政府

---

① 吴应箕：《楼山堂集》，17.9a。
② 吴敬梓：《儒林外史》，第144页。
③ 包筠雅（Cynthia Brokaw）的研究提供了有关清代建阳四堡地区书籍发行和书商的地区目标市场的珍贵信息。见她的文章《中华帝国晚期的商业出版：四堡邹氏和马氏家族的刻印活动》("The Commercial Publishing in Late Imperial China: The Zou and Ma Family Businesses of Sibao")和《阅读19世纪的畅销书：四堡的商业出版》("Reading the Bestsellers of the Nineteenth Century: Commercial Publishing in Sibao")。

的驿站系统。我们可以从以下一些例子中看出，在晚明时期，书贩和商人也参与远距离的图书贸易。

《皇明经世文编》的刻印和发行就是一个很好的例证。这部卷帙浩繁的书的组织和计划由三个松江本地人——陈子龙（1608—1647年）、宋徵璧和徐孚远（1599—1665年）来负责。1638年，首版共刻印了504卷，包括429名作者的文章和有关经世的奏疏，由陈子龙的平露堂（并非商业书坊）出版。①

根据陈氏的记载，编纂和抄写定版的工作一共花了9个月的时间，刻板则花费一年多一点，即使以13个月算，平均每个月最少完成38卷刻板。②整个出版工程从1638年春开始，刻板在年底完成。尽管这部书是由平露堂出版的，但是发售和推销则是由一名从事远距离销售的书贩完成的。关于这个项目如何在陈、宋和徐一方与书贩一方之间商谈决定的，几乎没有留下任何信息。但是，很显然，陈子龙自己说得很清楚，有关成书交付书贩的期限，是签有正式的协定的，因为那个书贩启程到北京的时间早已安排好，不能延误。③

那时有很多从事远程贸易的书贩。东林书院的一个名录在南方出版了之后，有书商将一些印本带到北京出售。④在《儒林外

---

① 平露堂也出版了其他一些书籍，一种为陈的老师徐光启所作，一种为陈的朋友宋徵璧所作，另六种的目标读者群似乎不是很大。《明代版刻综录》，1.36a；《中国古籍善本书目》，第88页。

② 朱希祖：《明季史料题跋》，第120页。

③ 陈子龙：《明经世文编》，宋徵璧所作的凡例，第57页。

④ 见蔡士顺所写的行间评论，《同时赏论录》，1.1a。

史》中，一位杭州的书商雇用匡超人点评时文。匡必须在20天之内完成，因为书贩要将这些书按时运到山东和河南。① 时文集是很有市场的，在苏州和南京这样的江南城市中都有销售。同时，杭州、苏州和南京的书商也将他们所出的书销往那些书商不多的边远地区。

在两京和苏州、杭州这样的大城市，以及省府所在，一般都是书肆林立的。而沿街贩书的小商贩比书肆还要多。书贩们按照科举考试的日期，赶到北京、南京以及省府等科场前摆卖应举的书。② 另外，他们还把书放在商店、饭馆或者其他观光客比较多的地方吸引顾客。在主要的节庆日、市集、巡游和宗教典礼仪式举行的地方，也都会有书籍销售。博学家杨慎（1488—1559年）有一次就在元宵灯会上买到两部质量上乘的书，著名画家陈洪绶也曾在春节灯会上看到他想要买的书籍。③

长江下游和两京都是文人墨客集中的地区，因此书籍在这里所在多有。但是，在广东和贵州这样偏远的省份，文化和经济相对不太发达，书籍的需求量自然没有长江下游和两京地区那么多。比如，经籍在贵州就很难买得到。④ 当祝允明到广东某县任县令时，他发现即便是一整套《十三经注疏》也难觅踪影。⑤ 但是，在云南

---

① 吴敬梓：《儒林外史》，第18回，第178页。
② 胡应麟：《少室山房笔丛》，第56页。
③ 胡应麟：《少室山房笔丛》，116.9b；陈洪绶：《陈洪绶集》，第32—33页。
④ 陈际泰：《已吾集》，1.1b。
⑤ 简锦松：《明代文学批评研究》，第144页。

榆城，其他省区的商人们会定期到那里赶集。当徐宏祖（即徐霞客，1586—1641年）1638年到那里的时候，竟然在集市上找到了他的家乡江阴刻印的科举考试范文和童蒙读课本。所以，很显然，即便在云南这样的边远地区，也有对像八股文范文这样的书的需要，这些都是书贩长途跋涉运去的。①

有时出版商可能无法实际控制书籍分销，但他们一般都会对大致的流通方式和覆盖地区有决定权。17世纪50年代，张自烈到建阳的时候，发现书中数不清的"四书"评注都造假，讹称是著名学者所作的。②张本人活跃于南京，他在南京出版举业用书。他注意到，自己在建阳看到的那些造假的"四书"评注并没有销售到那些被署名的著名学者所居住的江南城市。所以，这一定是福建书商所采用的销售策略，他们为避免吃官司而把南京和其他一些江南城市排除在销售网络之外了。

商业中的家族血缘关系是书籍生产销售的一个重要网络。③在一些地方，整个村子都从事贩书业。④在长江下游地区，书籍常常在被称作"书船"的流动书店里销售，湖州书商的"书船"尤其出名。这些"书船"可能早在宋代就已经有了⑤，书商们把他们的

---

① 徐宏祖：《徐霞客游记》，第932页。
② 张自烈：《四书诸家辩》，凡例。
③ Brokaw, "Reading the Bestsellers of the Nineteenth Century: Commercial Publishing in Sibao".
④ 方行：《明清出版业的资本主义萌芽浅谈》，《平准学刊》1985年第1期，第161页。
⑤ 米芾带着自己的书和画上船云游，这些船都被称作"书画船"。毛晋：《海岳志林》，第162页。

船装满书然后沿水路前行，时常出入于松江、杭州和丹徒买卖新旧书籍。① 他们往来于各条水路，哪怕是最偏远的乡村也能到达，与那里的村民进行书籍买卖。② 这些流动书店还能行驶到水路两旁的富家大户。③ 一些经营"书船"的商人甚至还让顾客租书。④

苏州由河道连接其他江南城市，也是一大书业中心⑤，许多浙江书商乘船来到苏州。⑥ 嘉兴人李日华以其品位高雅的绘画、书法和书籍收藏而闻名于世。一个经常驾船售书的苏州书商成了李府的常客，这个商人不仅买卖书籍，也做书画生意。⑦ 由于毛晋愿意出高价收购善本、珍本，"书船"商人也常常光顾他的汲古阁⑧，他们同时也是毛晋自己出的书的主要销售渠道。

由于官员和文人的高度集中，北京成为当时最大的书籍销售中心之一。根据学者兼藏书家杨慎的记载，北京的书肆鳞次栉比。⑨ 王士祯经常去逛慈仁寺租给小书商的大堂。⑩ 书贩携带的书新旧都有，在慈仁寺的书肆里还常常能看到善本、珍本。⑪ 北

---

① 陈学文：《明清社会经济史研究》，第379页。
② 《清代文字狱档》，第2卷，第476页。
③ 庄廷龙的居所在湖州南浔镇，常有"书船"光顾。范韩魏：《范氏记私史事》，第333页。
④ 李渔曾提到，自己的一个朋友可以从书商经营的"书船"那里借到李的新书来看。《李渔全集》，卷1，3.55b-56a。
⑤ 杨慎：《少室山房类稿》，90.1a-b。
⑥ 例子见归有光：《震川文集》，第1卷，9.13a-b。
⑦ 李日华：《味水轩日记》，第58页。
⑧ 毛晋：《汲古阁校刻书目》，第867页。
⑨ 杨慎：《少室山房类稿》，90.1a-b。
⑩ 王士祯：《古夫于亭杂录》，3.12a-b。
⑪ 叶昌炽：《藏书纪事诗》，2.113。

京的巨大书籍市场吸引了全国各地的书商,剧作家兼出版家臧懋循出版了一部自己的著作,就让自己的仆人长途跋涉带到北京去推销。①

那些出版了自己著作的士人往往会通过个人的关系网和自己的仆人来推销这些书。虽然臧懋循最少可以算半个商业出版家,但是他的例子跟士人出版销售自己的著作的情况相差不大。另外,他还曾让仆人把自己出版的《元曲选》带到南京出售。② 这些仆人如何推销这些书不得而知,不过他们很可能是拜访了南京的一些书肆店主,并且以批发价出售给书肆。士人自资出版的书也可以托书肆寄卖。

出版中心

明代至少有六大出版中心:建阳、苏州、南京、徽州、湖州和杭州。③ 这些地方的出版商们出版的书籍无所不包:经、史、子、集、举业用书等。他们还针对不同种类的书采用不同的生产策略。

在数量和种类上,建阳无疑是几大出版中心之冠,从经、史、小说、戏剧举业用书到医学手册和历书,样样俱全。建阳一共有100多个出版商。④ 总的来说,建版书价格低廉的原因在于纸张和

---

① 臧懋循:《负苞堂集》,90.1a-b。
② 臧懋循:《负苞堂集》,第84—85页。
③ 张秀民:《明代南京的刻书》,第78页。
④ 张秀民:《中国印刷史》,第378—383页;见贾晋珠(Lucille Chia)关于建阳出版的多项研究。

印刷的质量低。① 建阳印书商似乎是童蒙读物的主要出版者，那些价格不高的蒙学经典书籍销售至全国各地，即便是生活在图书贸易中心城市的孩子们也用建阳版的书。②

作为晚明时期的一种主要商品，书籍的生产也有各自不同的目标顾客群。建阳出版的举业用书价格极低，而插图精美的小说和戏剧的价格则要高出很多。由于低劣的质量和比比皆是的印刷错误，建阳和福建其他地区刻印的书籍名声并不太好，这是文人和藏书家所公认的。③ 周亮工形容杨慎作品《丹铅总录》建阳版中的错误是"讹字如落叶"④。但是，建阳版书低廉的价格也从一定程度上抵消了其低劣的质量。

从南宋开始，建阳出版商能够专心出版一些不用顾虑激烈竞争的特别门类书籍，16世纪中期之前，很多出版商似乎就能够开始不依赖出版市场最大的举业用书了。早在15世纪30年代，建阳存德堂就开始专门出版医书，特别是1511年之前，刻的全部是医书，但是在万历年间已经很明显地转向举业用书。⑤ 这种出版门类上的变化源于举业用书不断增长的需求，或者是医书出版的竞争加剧。

建阳安正堂是一家老字号的书坊，从1503年开始刻书活动，

---

① 胡应麟：《少室山房笔丛》，第57页。
② 周亮工：《书影》，第8页。
③ 胡应麟：《少室山房笔丛》，第59页。
④ 周亮工：《书影》，第43—44页。
⑤ 《明代版刻综录》，2.9a-b。

直至 1611 年，刻印的书有 48 种列于《明代版刻综录》，包括经、史、医学手册、日历、诗集和作品集。①建阳明德书堂从 1500 年前后开始涉足出版，直到 1532 年为止，总共出版的 6 部书中，有 3 部和医学有关，他们还出版有《史记》和《国语》。②

相比较而言，另一家建阳书坊自新斋由几名同家族的书商共同经营，于嘉靖晚期开始刻印活动。在 1551 年至 1627 年之间，他们主要刻印的是有关"四书"、史和集类作品的举业用书。③建阳的双峰堂活跃于 16 世纪 90 年代到 17 世纪 30 年代之间，《明代版刻综录》中有 20 种书出自其中，刻印范围很广，包括各种指南、医学手册、文学论集、小说、历书和史语方面的举业用书。④尽管自新斋和双峰堂都刻印过举业用书，不过它们连一本带评注的八股文选集都没有出过。而从 16 世纪 90 年代开始，这种书已经成为举业用书中非常有利可图的一类。

建阳的一些出版商还开始刻印戏剧。萧腾鸿的师俭堂至少出版过 6 部戏剧，其中 2 部带有"名公"陈继儒的评注。萧的儿子少衢把师俭堂的出版范围扩大至举业用书和流行的生活指南。但是在萧少衢刻印的 11 部书之中，只有 2 部戏剧。⑤

---

① 《明代版刻综录》，2.4a-6a。
② 《明代版刻综录》，3.10b-11a。
③ 《明代版刻综录》，2.18a-b。两部关于《庄子》的书也被认为是举业用书，因为从 16 世纪 90 年代开始就有了用"百家"思想解读"四书"的趋势。见本书第四章。
④ 《明代版刻综录》，7.20a-21a。
⑤ 《明代版刻综录》，7.13a-14b。

在宋代，杭州就已经是一个举足轻重的出版中心了。①但在明代，建阳和南京则超过了杭州。胡应麟认为，最好的书一般是在苏州出版的，其次是南京，最后才是杭州。②即便在宋代，杭州就以出版高质量的书籍而闻名，不过，到了晚明时期，这种声誉已经不复存在。③浙江和江苏其他城市的出版商们刻印的书籍在质量上都可与杭州印书相匹敌。在浙江湖州府吴兴县，凌氏和闵氏出版的书籍种类非常多，其中凌氏刻印的小说（如《水浒传》）和戏剧（如《琵琶记》）最负盛名。但是，他们也因其他种类书籍编辑质量较低而受到批评。④

晚明时期，南京成为仅次于建阳的第二大印书坊集中地。到16世纪晚期，作为两京之一的南京成为南部政治、经济和商业中心，人口数接近一百万。⑤明初，南京的官道已能通过9架并行的马车，但是人口和商业的增长还是使道路的宽度捉襟见肘。走在路上，往往只有路边鳞次栉比的商铺最引人注意。⑥大量的科举考生在考试期间涌入南京，因为南国子监就设在南京。一直以来，那些没有通过会试的举人们都去北京国子监，但在16世纪时，越来越多的举人选择去南京国子监。只是，一直待在南京国子监的

---

① Soren Edgren, "Southern Song Printing at Hangzhou", pp. 16-22.
② 胡应麟：《少室山房笔丛》，第59页。
③ 谢肇淛：《五杂俎》，13.21a。
④ 谢肇淛：《五杂俎》，13.21b。
⑤ 《明清社会经济形态的研究》，第211页。
⑥ 《明清社会经济形态的研究》，3.33a-b。

考生却越来越少，很多人都是住3个月就回家，在考试日期临近时，再回到南京赶考。文人的高度集中刺激了对书籍的需求，也使南京成为一大出版和书籍流通中心。

当时很多职业作家选择南京作为常居地。① 著名作家钟惺1616年告老还乡之后，离开自己的家乡——湖北竟陵，来到南京，他在那里提供各种艺文服务以赚得全家的生计。② 那时，另一个文人梅鼎祚正在思考，自己作为一个职业作家，去哪里才能维持生活。他想搬去南京，不过也考虑到南京的艺文服务报酬比北京要低得多。③ 作家兼出版商李渔把自己的书坊从杭州迁到了南京，一个非常明显的原因就是南京作为主要出版中心，这里高度集中的文人既是书籍的生产者，同时也是消费者。

到16世纪晚期，南京涌现了很多著名的书坊，书籍贸易也很发达。④ 三山街的承恩寺是图书买卖的中心。南京以外地区出版的书籍总是先运到外省书商云集的承恩寺。⑤ 建阳刻印的廉价书籍行销全国，然而那些版本更为精美的书总在南京和苏州才买得到。⑥《桃花扇》中提到的书商蔡益所夸他的书店是南京规模最大的一间，全国各地刻印的书籍都可以在店里找到。⑦ 事实上，蔡益所确

---

① 汤宾尹：《睡庵稿》，4.22b。
② 钟惺：《隐秀轩集》，第485、619页。
③ 梅鼎祚：《鹿裘石室集》，10.19a-b。
④ 谢肇淛：《五杂俎》，13.21a。
⑤ 吕留良：《吕晚村先生文集》，2.30a-b。
⑥ 周亮工：《书影》，第8页。
⑦ 孔尚任：《桃花扇》，第183页。

有其人，他本人就是南京三山街上的书店店主。以南京当时作为书业中心的市场规模来看，蔡氏所说的并不夸大。

南京并不仅仅是书籍贸易中心。由于技术操作简便、投资成本低，书店店主们也能很容易地从事出版刻印活动。同时，大量从事出版业的工人也云集南京，这是南京在晚明时期成为出版中心的一个重要因素。

南京在晚明时期可能超过建阳成为中国最大的出版中心，并不在于书籍的销售量，而在于出版商的数量。最近的一项研究整理出了南京超过180家书坊的情况，其中大部分在晚明时期十分活跃。① 南京作为书业中心的崛起也刺激了其他重要书业城市（比如建阳）的书商，他们纷纷在南京开设分店，或与南京书商合作经营。在建阳和南京有相似的版本出版②，这些南京书坊可能是福建书商在南京设立的分店。

南京是科举考生定期赴考的两京之一，那里是最大的举业用书市场之一。考生通常是出版商们最主要的目标读者群，像南京光裕堂之类的专业刻书坊专门出版举业用书。③ 还有很多书商替少数购买力很强的老主顾们刻印书籍。1627年到1644年之间，胡

---

① 贾晋珠（Lucille Chia）认为，南京的出版商数量比张秀民所说的93家要多1倍。见 Lucille Chia, "Of Three Mountains Street: The Commercial Publishers of Ming Nanjing"；张秀民：《中国印刷史》，第343—348页。

② Lucille Chia, "Of Three Mountains Street: The Commercial Publishers of Ming Nanjing".

③ 《明代版刻综录》列出了光裕堂出版的六种书，其中四种是关于"四书五经"的。另两种有关"百家"的书也可以被归为举业用书。从万历中期开始，有一种以"百家"思想解读经书的趋势。《明代版刻综录》，2.10a。

正言在南京开设的十竹斋出版了至少 20 种书,其中最独特的是质量精良的画册和书笺。十竹斋连一种时文集或举业用书都没有出过①,胡正言的书坊很显然针对的是购买高档书籍的文人。

万历年间,南京书商出版了数量庞大的剧本,甚至超过了建阳。② 从 16 世纪 80 年代到 17 世纪 20 年代之间,唐鲤耀的文林阁出版的几乎都是戏剧,《明代版刻综录》收录他出版的 30 种书中有 22 种是戏剧。文林阁不印行经史类书籍和举业用书。③ 唐富春的世德堂也专于戏剧和小说,《明代版刻综录》中的 16 种世德堂刻书中,有 11 种是戏剧,只有 1 种是举业用书。④ 但是,有些书商还是倾向于迎合最大数量的读者群——考生。比如,李潮的聚奎楼连一部戏剧都没有出过,可是却为考生出过 3 种书。⑤

李渔著名的芥子园坐落于"书街"的右侧。李渔不仅出版戏剧和小说,还印行一些信笺和信封,受到广泛好评的芥子园信笺就是他的印品。⑥ 他出版了一些讲述如何享受物质生活的指南,深得士商群体的喜爱。他的《笠翁偶记》包含了家居环境各个方面的内容,从内部结构到建筑,还有庭院,无所不包,设计、建议和指导样样俱全。所有的主题都反映出"市隐"的新理想,这也就是士商身份的一种文学表述。

---

① 《明代版刻综录》,1.2b-3a。
② 张秀民:《明代南京的刻书》,第 82 页。
③ 《明代版刻综录》,1.11a-b。
④ 《明代版刻综录》,1.38b-39a。
⑤ 《明代版刻综录》,2.30a。
⑥ 李渔:《笠翁偶记》,《李渔全集》,卷 6,4.89b-90b。

李渔的经历体现了出版商迁移的大致趋势。李渔在杭州开始自己的出版活动，之后搬到南京。杭州曾傲视书业界，但是新出版中心（如苏州、南京）的崛起导致了杭州的相对没落，出版商们纷纷离开杭州，留下的则在更兴旺的市镇开设分店。比如，在《儒林外史》中，杭州书商文翰楼就在嘉兴开了分店。[①] 嘉兴在晚明时期的确是一个新兴的出版中心。

苏州——文化和出版中心

苏州在晚明时期发展为一个重要的文化中心，它成为一大出版中心也是这个过程的一部分。苏州的文学和艺术作品成为全国竞相效仿的典范。在 16 世纪中期或更早的时期，苏州就已经成为大明帝国最重要的商业城市。苏州没有像南京那么多的政府机构，它的繁荣源于其地处明帝国经济中商业地区的中心位置。苏州是所有主要的贸易货品的集散地，包括米、丝绸、棉布和木材，还有纸张、书本、茶叶和陶瓷等[②]，同时又是金融、制造业、分销以及营销消费品和奢侈品的市场的中心。这里汇集了四海客商——徽州、山东、山西、陕西、河南、广东、江西、湖南、湖北和浙江[③]，他们在苏州城内建起自己的会馆。[④]

[①] 吴敬梓：《儒林外史》，第 144 页。
[②] 范金民：《明清时期活跃于苏州的外地商人》，第 39—40 页。
[③] 范金民：《明清时期活跃于苏州的外地商人》，第 39—42 页。
[④] 吕作燮：《明清时期苏州的会馆和公所》，《中国社会经济史研究》，第 10—13 页；Paolo Santangelo, "Urban Society in Late Imperial Suzhou", *Cities of Jiangnan in Late Imperial China*, pp. 90-95.

晚明时期，苏州人口主要是移民和旅客，不管穷人还是富人都被这座城市所吸引。比如，大量的徽商就居住在苏州。苏州人逐渐形成了一种优越感，他们为这座城市的魅力感到自豪，同时认为外地人都是粗鲁的乡下人。① 1510年前后，服饰的流行仍是以北京为标准②，但到了万历年间引领时装潮流的中心便转移到了南方，特别是苏州。苏州的服装设计者以其优雅和有品位的特色享誉全国，苏州的产品也被认为是时髦的。比如苏州折扇、鞋帽和服装都十分流行③。苏州发型和衣着也很流行，特别是在北京的皇室成员之间。④ 苏州折扇因扇面上印的书画而闻名于世。⑤ 苏州的室内装饰成为被竞相模仿的对象，壁挂画是常用的装饰物，花束是家居不可缺少的陈设物品。⑥ 甚至其他地区的产品也会模仿苏州商品的样式。比如，广州以锡铁产品而闻名，但是工匠们都纷纷学习苏州的样式，即便他们是最好的锡匠。⑦ 在北京，苏州厨师是宴会的首选。⑧

"苏意"和"苏样"都是说明某件物品带有苏州味。这些词的来源有不同的掌故，不过后来它们都成为任何不寻常的、新颖的、

---

① 谢肇淛：《五杂俎》，15。
② 王春瑜：《明代商业文化初探》，《中国史研究》1992年第4期，第151页。
③ 王春瑜：《明代商业文化初探》，《中国史研究》1992年第4期，第151页。
④ 史玄：《旧京遗事》，12b；王春瑜：《明代商业文化初探》，《中国史研究》1992年第4期，第151页。
⑤ 谢肇淛：《五杂俎》，12.994-995。
⑥ 《欢喜冤家》，《思无邪汇宝》，卷11，23.771。
⑦ 屈大均：《广东新语》，16。
⑧ 史玄：《旧京遗事》，14b。

时髦的物品的代名词。有一种新的座位方式被称为"苏坐",指宾主东西相向而坐。① 还有一种特别的发结被称为"苏髻"。② "苏意"这个词甚至成为皇室成员之间的口头禅。③ 北方人尤其热衷于效仿苏州的生活方式。④

有些物品虽然并不是来自苏州,却因在苏州地区的流行而在全国范围内流行。一种叫作"叶子"的纸牌游戏在苏州很风靡,从上层社会到妇孺都很喜欢玩。后来,全国都流行这个游戏了。⑤ 很多印"叶子"纸牌的书商雇用画家在牌面上画水浒英雄,著名画家陈洪绶就曾在纸牌上画了一系列的英雄人物,行销广泛。⑥

这时候,苏州是文化中心,尤其是权衡品位的中心所在,而北京是政治中心。定义优秀艺文的权威渐渐从政治领域转到了文化生产的中心地区——南直隶地区,如苏州和南京。苏州还居住了大量的评论家,他们都参与评选科举八股文的出版活动(参见本书第五章)。

苏州书商在与其他地区的出版商竞争时显得非常果敢。这种强势和高效从小说《金瓶梅》的出版中就可见一斑。《金瓶梅》的手稿在出版之前(1600年前后)就在文人圈子里广泛流传了一段

---

① 钱希言:《戏瑕》,3.21a。这个词也被用在白话小说中。见《醒世姻缘》,第83页。
② 《宜春香质》,第116页。
③ 钱希言:《戏瑕》,3.20b-21a。
④ 薛冈:《天爵堂笔余》,第326页。
⑤ 王春瑜:《明代商业文化初探》,《中国史研究》1992年第4期,第147—148页。
⑥ 王春瑜:《明代商业文化初探》,《中国史研究》1992年第4期,第147页。

时间。1606 年，当沈德符写信给袁宏道询问手稿事宜的时候，袁氏只有其中的几章，不过他告诉沈说麻城的刘延白有全部的手稿。3 年后他们在北京会面，沈得以从袁的手中抄写到所有的手稿，并交给著名编辑兼出版家冯梦龙过目。冯敦促一个书商不惜高价购买这些手稿，而沈虽然也与一些书商有接触，但他却拒绝出售手稿，因为他害怕这部小说和其中的色情片段会对公众道德产生负面影响。即便如此，《金瓶梅》还是于 1613 年在苏州面世。[①] 这个例子反映了苏州书商的普遍意愿，他们宁愿承担风险而出版那些被士商精英们所喜爱的新文学（小说和戏剧）。有关苏州出版的内容在下面的章节中有进一步讨论。

徽州出版的商业化

徽州向来以文房四宝，特别是徽墨和徽砚而闻名。自宋代以来，徽州开始印书，但是直到 16 世纪中期以后才成为主要出版中心。万历以前，徽州出版仍旧主要是私刻。与建阳和南京书商不同，徽州书商中几乎没有人盯着全国市场。[②] 深厚的道学传统和家族观念帮助徽州人一直保持着全国的商业、贸易上的主导地位。依靠商业和生产创造的财富，徽州家族资助教育，并有很多人通过科举考试而走上仕途。

---

① 徐朔方：《晚明曲家年谱》，第 1 卷，第 414—415 页。沈德符：《万历野获编》，25.652。

② 周启荣：《明末印刷与徽州地方文化》，第 299—300 页。

88   有意思的是,万历中期以前,徽州印书的本地倾向很重,出版并非面对全国的书籍市场,对娱乐文学也没有什么兴趣。在现存的万历之前的明版小说和戏剧中,由徽州书商印行的几乎不见踪影,有一些出版商从来不出戏剧。相比之下,17世纪以前,徽州大量的家谱出版倒是十分有名。① 众所周知,徽州士商家庭有着很深的"士"(政治)"商"(经济)相结合的传统。尽管徽州人活跃于全国范围内的商业和贸易,徽州书商的经营却更注重满足私人的、学术的、社群的需要,他们刻印经史、学者的作品集、医书、地方志、家谱、奏疏和家训。② 徽州人吴勉学(他的书坊在苏州)在万历年间经营一家书坊,他刻印了至少6部医书,但是只有《性理大全》,还有司马迁的《史记》,是为科举考生而出版的。③ 作为一个书商,吴勉学继承了徽州多为普遍读者印书的传统,他几乎没有印行过小说、戏剧,或者任何消闲的大众图书。但是到了万历年间,很多徽州书商也开始转型。徽州在生产高质量图书方面名声渐大,特别是在其广为人知的插图小说和戏剧出版方面。④

晚明时期,徽州成为一大重要的出版中心。徽州的崛起与商业出版的两个趋势有关:一是娱乐文学(诸如小说和戏曲)的需

---

① 周启荣:《明末印刷与徽州地方文化》,第301页;翟屯建:《明清时期徽州刻书简述》,第242—245页。

② 周启荣:《明末印刷与徽州地方文化》,第301—302页;Catherine Carlitz, "The Social Uses of Female Virtue in Late Ming Edition of Lienü Zhuan".

③ 这27种书除1种之外,其余都列在《明代版刻综录》中,它们出版于万历年间。《明代版刻综录》,2.45a-46b。

④ 胡应麟:《少室山房笔丛》,第59页。

求增长；二是文本中的插图评注越来越多。万历年间，全页插图在小说和戏剧中的运用不断增多。艺术家参与故事情节插图的设计，这需要熟练刻工的精湛技术来雕刻。在这方面，徽州制墨工匠有得天独厚的优势，因为他们本来就能在墨锭上雕刻巧夺天工的图案。雕版印刷中对制墨技术和美术刻工的结合将版刻插图的艺术水平提升到了新的水平。①

与很多徽商一样，徽州刻工开始移居到苏州、南京和杭州这样的大城市。徽州的黄氏家族开始进行小说和戏曲中插图的刊刻工作。著名的出版小说和戏剧的徽州书坊有汪廷纳的环翠堂和汪光华的玩虎轩。②小说和戏剧的出版为徽州书商和刻工拓宽了印书种类。刻工们从徽州移居至长江下游地区显示了从事商业印刷的刻工人数的增加，就是熟练刻工由为私人、宗族和地方官府出版转移至为既兴旺又多样化的阅读公众的商业出版。

晚明时期商业出版扩大的先决条件是与其相对应的艺文劳工数量的增长，包括写工、抄工、编纂者、编辑者和校对者。这个对艺文劳工的新需求正好由人数过剩的科举考生来满足。

---

① Sewall Oertling, "Patronage in Anhui During the Wan-Li Period", *Artists and Patrons: Some Social and Economic Aspects of Chinese Painting*, p.168; Hegel, *Reading Illustrated Fiction in Late Imperial China*, ch. 4.

② 由黄氏刻工雕版的213种书全部是万历之后出版的。周启荣：《明末印刷与徽州地方文化》，第302—303页。

第三章
写作、科举和出版的商品化

明代的科举考试和文化生产

科举考试在构建前近代中国政治、经济、文化场域的过程中起到了举足轻重的作用。关于明代中国社会结构的研究必须关注那些掌控政治资本获得和分配的主要制度和结构。本杰明·艾尔曼（Benjamin Elman）曾经强调，科举考试对于社会、政治和文化秩序的再生产来说，是一个关键的制度。① 但是，这个说法却掩盖了科举考试在经济场域中的重大变化，而文化生产的实际过程正是被这些重大变化所改变了。商业出版的繁荣为经济场域创造了能够重构文化生产场域的位置（positions）。

明政府采用前朝的科举考试系统，延续了政治资本生产和分配的模式。地方的精英们可以在"考试场域"中相互竞争以进入

---

① Elman, "Social, Political, and Cultural Reproduction in Civil Service Examination".

仕途。教育习业、一般课程设置、官办学校之类的机构和数量可观的私学,使学生们能够应对不同级别的科举考试。从宋朝以来,地方的精英家族就开始大力投资教育事业以获得具体的象征性资本(symbolic capital)——阅读和写作技巧,这些技巧且不说能提高他们的身份,至少能保持住他们现有的社会地位。联姻关系使政治精英们能够维持其在考试场域中的有利形势。① 简而言之,在明代的社会等级中,考试场域是学生们正当并且正式为权势而奋斗的主要的竞技场。政治资本以所获考试名次等级和之后被任命的官职为表现形式,而这些都取决于一个人在考试场域的成功。

因此,科举考试是明清时期(直至 1905 年)构筑文化生产的最重要制度,它是贯穿"考试场域""教育场域""语言场域"和"艺文场域"的轴线。一个人,必须先获得一些初步的资格才可以参加科举考试。孩童时期的启蒙教育就是为将来在考试场域角逐而设计的。地方的精英家庭不遗余力地进行教育资源上的投资,比如教材、书籍和教导孩童读写古文的先生。由于学生的终极目标是进入仕途,学生们便需要同时掌握官话的书面用语和口语。

科举考试不仅构建了教育习业,而且也构建了语言沟通的系统。通过赋予"官话"(布尔迪厄将其称作 legitimate language,

---

① 关于宋代的家族策略,见韩明士(Robert Hymes)的研究,"Marriage, Descent Groups, and the Localist Strategy in Sung and Yüan Fu-chou";关于桐城的家族,见白蒂(Hilary Beattie)的研究;周启荣:《话语、考试和地方精英:清代中国桐城派的创造》("Discourse, Examinations, and Local Elites: The Invention of the T'ung-ch'eng School in Ch'ing China")。

即"合法语言")以特权,科举同时复制了语言系统使用者之间的权力关系,并使方言的地位降为"非合法语言"(illegitimate language)。① 考试场域中的成功取决于对"语言资本"——古文和官话——的成功获得。科举将获取复制合法语言与写作的能力跟取得政治资本连在一起,并复制了文学和音韵系统的使用者之间的权力关系。同时,方言被贬为二流地位。在以后的章节中,笔者会进一步分析,方言小说和戏剧市场的扩大如何开始挑战和商议合法语言的定义,虽然有功名的考生和官员都会使用两种语言,但和官话与古语相比,他们的母音显得"低等"且"非合法"。

通过复制合法语言的竞争力,考生们也能复制语言"习心"(habitus),并通过这种习心使古语胜过方言。② 但是,大量的考生即便有了语言上和文化上的竞争力,却还是不能从政为官。由于出现这种失败的可能性极大,很多人通过向出版商和读者出售艺文技艺将自己的语言资本转换为经济资本。扩大的商业出版市场便开始吸收过剩的语言资本,使那些想促成转换(向经济资本而非政治资本)的文人们获得回馈。然而,商业出版市场的构建仍然围绕着科举考试,因为考生构成了最大的阅读公众。不过,新的阅读公众并不直接与科举考试相互联系,反而促成了新文体

---

① Bourdieu, "The Production", *Language and Symbolic Power*.
② Bourdieu, "The Production", *Language and Symbolic Power*, pp. 46-48.
　　译者注:habitus 翻译为"习心"是根据布尔迪厄的理论,habitus 是个人通过活动,即习业,接受并复制社会的一些客观规则。这种心理习惯,既是个人的主观意识的要求,又是社会客观规则所建构形成的。"习心"因此既是主观的,又是客观的一种心理习惯。

（如小说和戏剧）需求的大幅增长。这些新文体并不受制于那些用来规范合法语言和文学形式的条条框框，随之而来的是它们在文体等级中的权势。通过将俗语和方言风格融入官话，新文体的地位重新界定了艺文品位。科举考生们考试作文之外的创作活动渐渐占据了重要的地位，正因如此，他们掌握了为这些新文体和语言形式正名的权柄。通过向非考试相关的市场出售他们的文化资本，文人们就能够创造新的艺文品位和另类的优秀艺文的标准。当有关使新文体和新文学形式合法化的话语出现时，向出版商出售文化资本以换取经济补偿的行为仍然被两个因素所制约：一是对进入官场成为终极社会阶层一员的欲望；二是否认在政治场域未能得到位置的焦虑。士子们对经济场域内位置的否认也成为研究他们参与商业出版的一大难题。

昂贵的付出和屈辱的折磨

晚明士人如何参与出版活动这个问题还没有人写过专著。要写这个"非历史"（或者说是"另类"历史），就不能不关注他们"记录下来的"（或"客观化了的"）历史——他们漫长而又痛苦的入仕过程。关于这种"另类"历史的记忆，士人自己并无兴趣保存下来，不过在这种"客观化了的"历史中，却依然能看到他们的欲望和焦虑的心态。他们那种对没有取得的功名的认同是那么强烈，以至于往往对历经的种种艰辛只字不提，将他们在艺文市场中的生涯也埋葬了。这个艺文市场是一个"另类世界"（other land），在那里很多人能寻得精神食粮，或养家糊口。可是他们希望尽快离开这个另类世界，没有想把这个另类世界的样貌描绘记录下来。艺文市场是一个他们的"习心"还没有准备好去辨认的世界。简而言之，这些"次要"的经历还未被叙述为历史。重绘晚明士人的"另类"历史对于理解16、17世纪商业出版对艺文生产的深刻影响这一问题来说，是非常关键的。这些关于晚明文人"另类"历史的重新构建也揭示了商业出版的历史和文人参与出版的模式。

科举考试一向被认为是皇权政府进行社会、文化和政治秩序再生产的一大主要制度。① 毫无疑问，这一帝国制度在塑造知识精英的过程中起到极其重要的作用，他们通过自己参加考试的方式参与帝国政权政治和意识形态秩序的生产过程。② 然而，单从政治目的来看科举制度很难彻底厘清明清时期政府招纳官员过程的复杂性。很多精英家族都知道，考试系统是政治象征和权力分配的主要途径，因而也需要认识到考试系统同时也是知识精英们对抗皇朝政治权力分配权威地位的角斗场。进一步而言，这同时也是种下对于政权产生不满种子的地方。③ 绝大多数的考生不得不花费

---

① Elman, "Social, Political, and Cultural Reproduction in Civil Service Examination".

② 尽管很多人只是为了躲避徭役而去追求通过最低等级的考试，然而效果都是差不多的。关于江西的这方面问题，见 John Dardess, *A Ming Society: T'aiho County, Kiangsi, in the Fourteenth to Seventeenth Centuries*, pp. 151-152.

③ 对于这一系统的批评早已有之，认为在选拔官员方面是一种靠不住的方法。见倪德卫（David Nivison）的研究，"Protest against Conventions and Conventions of Protest", *The Confucian Persuasion*。

几十年的时间，为取得凤毛麟角的名额而奋斗。①

1450 年之后，会试的录取率在 7.5%—10% 之间。16 世纪后半叶，这一比例不断下降，从 1549 年的 7.1% 跌至 1601 年的 6.4%。② 极低的录取率和更加激烈的竞争使得大多数考生的会试中榜遥不可及③，而长时间的考试准备也让他们背上了沉重的经济负担。商业出版的繁荣为很多有天赋的文人在经济场域创造了新的位置，包括编辑者、编纂者、作者和校对者。这些出版市场中的位置能让文人们赚得一些收入，以支持他们对浮云般的会试成功的不懈追求。通过在写作市场出售他们的艺文才华，文人们也能够继续改进写作技巧，同时追求金榜题名的梦想。

科举考试的过程对考生和他们的家庭来说都是一个漫长的煎熬过程，大多数会试中榜的考生往往要苦苦等待十年甚至三十年才能进士及第，而能考到生员以上功名的人就少之又少了。考试过程为全国范围内所有的考生提供了一个公共的竞技场，而经历这种竞技的人几乎不可能有令人愉悦的记忆。著名画家陈洪绶的经历就让他沮丧，甚至暴怒，他承认自己在每次考试后都控制不住要破口大骂。④ 这种情绪反应在考生中再寻常不过了。

---

① 这种历史被记载下来的有很多。见 John Chaffee, *The Thorny Gate of Learning in Sung China*; Ho Ping-ti, *The Ladder of Social Success in Imperial China*; Elman, *A Cultural History of Civil Examinations in Late Imperial China*; Peter Bol, *"This Culture of Ours": Intellectual Transitions in T'ang and Sung China*。

② Elman, *A Cultural History of Civil Examinations in Late Imperial China*, table 2.2, p. 653.

③ Elman, *A Cultural History of Civil Examinations in Late Imperial China*, pp. 157-158.

④ 陈洪绶：《陈洪绶集》，第 6 页。

江西著名的评注家艾南英真实地记录了考场中考生受到的屈辱待遇。在他自己的时文集序中,艾南英的口气显然十分不满。考生们在进入号舍前要被守卫从头到脚搜身,在等待喊到名字进入考场时,他们要解开衣服,露出大腿接受检查。考生们要忍耐三九严寒和三伏酷暑,特别是在夏天,连扇子都不能用。一旦被允许入场,考生根本不敢伸展肢体或交头接耳,否则马上就会受处罚——他们的考卷会被标上朱签,分数等级直接降一级。守卫在考场东西两端的监视处监察考试情况。尽管考场会提供茶水,不过没有人敢开口索要,因为怕被标上朱签。考生们连上厕所都被限制。① 考试期间若是下雨的话,情况会更糟。考生们不仅自己被雨淋,还常常要忍受积水。② 艾南英的序中句句饱含了所有考生都能体会到的沮丧、身心痛苦、焦虑、屈辱和不满。这篇文章非常动人,触及心灵,因而在考生中广为流传。③

通往仕途的道路是用金钱铺出来的。家境一般的考生只能通过做教书先生或者其他的边缘职业来赚得准备考试的费用。④ 即使一个考生通过了最低级的考试而成为县学或府学的学生,他也只能从学校得到少得可怜的廪饩。到了万历中期,由于管理不善和欺诈行为,开办官学的投资大量减少,这对官学学生显然是非常

---

① 艾南英:《天傭子集》,2.4a-8a。
② 黄煜:《碧血录》,第97—98页。这是魏大中的经历。
③ 艾南英:《天傭子集》,2.8a;关于相类似的抱怨,见杨士聪:《玉堂荟记》,第93页。
④ 何炳棣:《明清社会史论》(*The Ladder of Success in Imperial China*),第36—37页。

不利的。另外，地方官和学监们普遍的腐败行为也使学生们深受其害。学生常常被官学里当差的人敲诈勒索。从15世纪50年代开始，官学学监基本上从年纪较大的贡生当中选拔出来。他们在学术界的地位本来就不高，很难赢得学生们的尊重。① 其中一些腐败的教谕经常编造出一些子虚乌有的费用和打点上级官员的礼物来骗取学生的钱。②

很多考生由于不懈追求这一最高的目标——参加会试——而向商人、放贷者和书商借钱，欠下一大笔债。③ 考试过程中花费最高的当属去省府赶考和去京城参加三年一次的会试的旅费。在去考场的途中，考生们要支付昂贵的车马费和住宿费。除了那些住的离县城、府城和两京考场较近的考生，其他人都需要依照距离长短和考试种类特地安排好十分耗时的旅程。比如，15天的旅费就要5两银子。④ 在考试期间，考生们还要花钱租住房屋。⑤

乡试和会试地点的日常生活开销相对来说都比较高，特别是北京和南京。因而，在考试的城市出租房屋给考生是一笔赚钱的生意。比如，北京的一些官员购置房屋专门出租给进京赶考的考

---

① 吴智和：《明代的儒学教官》，第28—30页。见 Ma Tai-loi, "The Local Officials of Ming China, 1368-1644"。

② 郭子章：《青螺公遗书》，24.5b-6a。

③ 吴应箕：《楼山堂集》，9.24b-25a。

④ 福建学生的这次旅程是清代早期出版的一部小说中提到的。他们从一个县城出发去漳州府参加学正监临的考试。尽管这部小说的背景是在清早期，旅行的费用可能与晚明时期相似。见《终须梦》，第42页。

⑤ 张应俞：《杜骗新书》，第2卷，第1230—1234页。

生。①万历年间在杭州举行的乡试中,有几个考生花20两银子合租了一栋房子。如果考生家境比较富裕的话,便可以花15两银子单独租一栋。②不过,更多人的经济状况只够在寺庙里租住一间房而已。

除了那些富商大户子弟,几乎没有人不向放贷者借钱而能独立负担所有的旅费。贫寒人家的学生常常要向当铺借贷才行。学生们对降低利息的要求是导致地方官员、商人和士绅之间产生矛盾的原因之一。③如果考试时间推迟的话,考生们就会受更多的折磨。1616年时,皇帝御批开考的文书没有按时到达,使得300多名考生不得不返乡,这便导致了更大的花销,甚至有的人没能按时赶回来考试。④

即使是那些幸运通过乡试和会试的人,也往往会背上一大笔债。沈守正(1572—1623年)写了很多畅销的商业性的注释,不过尽管他在1603年就成了举人,之后很长时间仍然负债累累。他只能依靠为书商编辑举业用书来养家糊口。⑤甚至在通过会试之后,考生们的经济状况也没有好转。新科进士们往往开销无数,比如在发榜之日,要为报人准备额外的报酬。万历年间这一报酬出人

---

① 关于杨新芳和郭勋的例子,见韩大成:《明代城市研究》,第564—565页。
② 张应俞:《杜骗新书》,第2卷,第1230—1234页。
③ 《花村看行侍者》,23a-b。
④ 周晖:《续金陵琐事》,2.81a-b。
⑤ 沈守正:《沈无回先生传》,《雪堂集》,2b-3b, 5a。黄汝亨的序,见《寓林集》,7.32b-33a。另见本书第四章。

意料的高，因此有人认为这是造成官员腐败的一个原因。吴应箕曾主张：由于考试结果是在邸报上刊登出来的，禁止商业的报人传报乡试和会试的结果，可以为考生节省好几百两银子。①

王世贞曾回忆到，1548年当他通过会试时，用来向同学和考官送礼和请客的花费从100—300两银不等，这还不包括购置衣物的钱和旅费。到16世纪80年代，这些花费竟涨到了600—700两银，所有人无一例外都要去借贷。②江西著名评注家陈际泰于1634年在北京通过会试，但是他根本没有钱去宴请考官和同窗学友。他不得不写信回家，催促家人借400—500两银应急。③

刚通过会试的考生通常要等待很长一段时间之后才会被任命。在等待的过程中，为了得到更好的官位，他们不得不大把花钱送礼贿赂，以至于向当铺典当已经成了很普遍的得钱渠道。④一些没有立即为官的进士们在等待任命的过程中，只能再去当教书先生。⑤像沈守正和陈际泰这样的新科进士通过继续为书商写评注或编书来还债的，也不在少数。

这些简略的叙述记录了在乡试和会试过程中的花销，从中我们能够理解为什么很多考生在准备下一次考试的几年里要一直为书商和资助人干活。许多出现在商业书籍上的"名公"的名字，

---

① 吴应箕：《楼山堂集》，9.25b-26b。
② 王世贞：《觚不觚录》，22a-b。
③ 陈际泰：《已吾集》，13.19a-b。
④ 韩大成：《明代高利贷资本的特点及其作用》，第530—551页。
⑤ 杨士聪：《玉堂荟记》，第8页。

其实并不完全是书商们吸引顾客眼球的招数。实际上，确实有很多"名公"是为了还债而为书商写作的。在现存的晚明刊本中，有很多都列有在新科进士中拔得头筹的人的名字，他们有的是作者，有的是编者，也有批评者。

出版与文人的象征资本

晚明时期商业出版的繁荣与士人的参与增加的事实密不可分。① 这种繁荣的出现正好是士人阶层扩大的时候，也是从院试直到最后殿试的成功平均所需时间不断加长的时候。② 很多文人在继续准备下一次考试的过程中，常常会从事写作、编辑甚至出版活动以养活自己。无法进入仕途的文人人数甚众，他们能在经济场域中找到活计。

商业出版的扩大为许多有才华但考试失败的考生创造了新的机会。其中，出版能让他们把自己的艺文技艺转化为市场价值。尽管他们的最终目的还是做官，这些"文人参与官府统治非常有限，甚至根本没有，而文学艺术对他们来说并不只是一种消遣和娱乐"③。换句话来说，他们亦士亦商，既欲进仕途，又作为艺文

---

① 关于对官员和考生参与评点《三国演义》的分析，见 Anne McLaren, "Ming Audiences and Vernacular Hermeneutics: The Uses of the Romance of the Three Kingdoms"。

② 明政府并没有提高中进士的比率，官僚政治也没有能通过扩大规模来吸收数量过剩的考生。从 1451 年到 1505 年，平均每次殿试有 290 名考生能通过。而从 1508 年到 1643 年，这个数字也仅仅是略微增长到 330。见何炳棣：《明清社会史论》(*The Ladder of Success in Imperial China*)，第 189 页。

③ Willard Peterson, *Bitter Gourd: Fang I-chih and the Impetus for Intellectual Change*, p. 32.

生产者或者商人在经济场域中占据位置。这两条职业轨迹组成了知识和写作商品化的一种独特的模式。它使作家的艺文生产成为一种活动模式，而不是经济场域中一种清晰可辨和角色鲜明的职业。所以，艺文职业者在晚明时期是一种进退自如的行为模式，而并不是士人在追求仕途之外追求的另一种"专业"（professional career）。因此，艺文生产中专业和业余的界线是很模糊的，而且是无关紧要的，因为缺乏制度和话语的明确区分。这种模糊性和灵活性内在于士商新成形的职业轨迹之中。

在"商"所涵盖的诸多职业中，出版、写作和编辑与其他行业相比较而言有明显的优势。本杰明·艾尔曼曾经强调，接受经典的教育需要特殊的艺文和语言技巧。[①] 科举考试考生们接受的书法、经学、历史知识和诗词散文技巧的训练使出版成为做官和做私塾先生之外最可行和适宜的行业。同时，出版还有另一个优势。通过写作，士人能够继续保持状态为参加考试做准备，而不需要重新学习一种新的技能。这种专门的知识一方面在出版市场中本身就是一种商品；另一方面也是继续追求仕途的一种资本。

对很多考生来说，写作和编辑关于经、史、散文和诗歌方面的书籍正好也是一种备考的功夫。比如，戏剧作家张凤翼（1527—1613年）就出版了自己写的举业用书[②]，其他著名的例子

---

① Elman, "Social, Political, and Cultural Reproduction in Civil Service Examination".
② 张凤翼只中过举人。他出版过一些举业用书，并委托给商人进行销售。徐朔方：《晚明曲家年谱》，第1卷，第171页。

还包括出版商余象斗和闵齐伋。① 著名出版家兼作家冯梦龙连乡试都没有通过,在 57 岁时也只有个贡生头衔而已。他选择《春秋》作为"五经"中的必考科目,他专门为考生写了两本关于《春秋》的参考书。这些书毋庸置疑是他为准备自己的考试所做的功课。

另一个值得一提的人物是复社著名领袖张溥,他的专长是《易经》。除了一般的"四书"文集,他还为书商编纂了一部有关《易经》的时文集。他写信向他的朋友们索要有关研习经书的文章。② 张溥和冯梦龙的例子清楚地表明出版业对于考生的吸引力③,另一个明显的优势就是能够借此进入出版商的藏书楼。

然而,这一新的职业选择对考生来说也是喜忧参半。出版业史无前例的扩大对于他们的职业来说既有益处,也有弊端。一方面,商业出版创造了新的就业机会;另一方面,教育机会的增多和各种价格低廉书籍的广泛发行使科举考试的竞争变得更为激烈。④

出版商不仅从考生中吸纳文学写手,还从已告老还乡或已退出仕途(多数是辞职或者由于政治斗争而被革职)的官员那里寻求帮助。江苏青浦人屠隆在 1589 年中了进士,9 年后被革职。他

---

① 肖东发:《建阳余氏刻书考略》,第 125 页。有关清代的例子,见包筠雅(Cynthia Brokaw)关于马氏家族从事出版的经历的讨论。Cynthia Brokaw, "Reading the Best-sellers from the Nineteenth Century: The Publications of Sibao".

② 张溥:《七录斋论略》,2.24a-25a。

③ 徐朔方:《晚明曲家年谱》,第 1 卷,第 394—395 页。

④ 学者们已经注意到晚明时期教育机会的增加和读写能力的提高。Evelyn Rawski, *Education and Popular Literacy in Ch'ing China*, pp. 11-15; 梁其姿(Angela Ki Che Leung),"Elementary Education in the Lower Yangtze Region in the Seventeenth and Eighteenth Centuries", pp. 381-384.

靠"卖文"为生度过了20多年。① 屠隆很多时候依赖的是一小部分富有的资助人。他出版了一些书，其中至少有一种是由他的一个朋友赞助的。② 这一经历和张凤翼非常类似。

然而，和大多数同时代的人不同，张凤翼对于透露自己艺文工作的商业本质没有任何不安。从1580年开始，张便列出了各种不同种类文字服务的酬金③，并用朋友资助的钱出版了对萧统作品的评注。④ 上文所说的屠隆的作品并不是纯粹的商业化运作，而张的评注却纯粹是牟利的。在这两个例子中，书籍生产资本都是由朋友提供的，但是张凤翼打算把卖书的钱作为自己收入的一个来源。

浙江长兴人臧懋循对戏剧十分感兴趣。他在1580年通过了会试，1583年被任命为国子监博士。⑤ 但是，两年后，他被指公共行为不端，并与一个学生有关系。⑥ 被革职之后，臧懋循回到太湖边的家乡。从那时起，他全家的生活来源就是他妻子和女仆靠织布换来的钱。⑦ 于是，他便开始出售自己的艺文技艺，为资助人撰写文稿，并出版书籍。⑧

---

① 《明史》，288.7588；徐朔方：《晚明曲家年谱》，第2卷，第309页。
② 《明代版刻综录》，4.52a。
③ 沈瓒：《近事从残》，引用于徐朔方：《晚明曲家年谱》，第1卷，第211页。
④ 张凤翼：《处实堂集》，5.33a-34b；《中文善本书志》，第486页。
⑤ 徐朔方：《晚明曲家年谱》，第3卷，第276页。
⑥ 徐朔方：《晚明曲家年谱》，第2卷，第456页。
⑦ 徐朔方：《晚明曲家年谱》，第2卷，第458页。
⑧ 臧懋循：《负苞堂集》，第88页。

16世纪和17世纪的中国文人与同时期的法国文人差不多，都竭力寻找谋生的方法。在这两个世纪中，欧洲大多数文人的生活来源依赖两种方式的结合——资助人的赞助和"出售序言和题献"。很多欧洲作者也会寻求从事出版的机会，不过能够从中获利颇丰的仍然是极少数，只是在17世纪末期才出现了一些巨额报酬的情况。① 商业出版对于中国文人经济状况的影响和法国与英国的状况十分相似。欧洲的学者们也是依靠资助和出售文稿（包括序言、信件和纪念文章）获得报酬。② 总的来说，英国和法国艺文领域的旧秩序在18世纪仍然存在，就如同16、17世纪的中国一样。

经济场域中的自我表述与"忘却"

文人和商人在习业中职业轨迹的融合，并没有伴随着相应的话语来阐明和确定一种"士商"的身份。这种身份的缺失，首先是由于这些士商本身更希望被定义成"士"而非"商"；其次，他们自愿压抑或"忘却"他们在经济场域中已经取得的地位。

布尔迪厄在他关于文化生产习业的理论分析中区分了两种历史："为了理解作家和艺术家的位置（而不仅仅是他们的作品），我们需要知道他们是两种历史相会合的产物——他们所占位置的历史和他们'习心'的历史。"③ 晚明时期的文人们留下了关于习心

---

① Febrve and Martin, *The Coming of the Book*, pp.159-163.

② Kernan, *Samuel Johnson and the Impact of Printing*, pp.28-35.

③ Bourdieu, *The Field of Cultural Production: Essays on Art and Literature*, p.61.

和社会抱负的大量证据，他们十分重视把那些有关自己希望在政治场域获得位置的文字保存下来。这些文人尤其以抨击腐朽官场、阉党政治以及反满而闻名。然而，有关他们在经济场域占有的位置的相关记录却极少。即使有的话，也只是一些极其简略的、暗喻性的、间接的和带有愧疚感的文字。这些文字当中几乎没有十分明晰、准确、细致的记录，所有的人都渴望一朝走运中了，便可以结束这不愉快的"旅程"。

无数曾经依赖出版谋生的文人一旦进入官场之后，便选择"忘却"自己过去在经济场域的职业轨迹。关于这种"忘却"，有几种方式：在一个人的文集中剔除序、附言和与出版商之间的通信部分。几乎没有任何个人文集（由作者自己编纂或由其后人编纂）是收录全部作品的。我们通常能够发现，在解释收录范围的序中往往有只收"重要"作品的字样，很显然"重要"的意思就是值得被"记忆"的。①

在个人和家庭记忆的文字描述中，有关参与商业出版的部分（如果被保存下来的话）也十分罕见，即便有，也常常是轻描淡写的。但是，我们仍然需要对这些信息进行认真仔细地阅读。通过编纂这种方式，作家的作品被带出了商品化的背景，他们的文集作为艺文成就被赋予了新的重要性。序言中有关他们从事商业的部分被去除，这样，有关经济场域的"记忆"也被抹去了。

---

① 例见沈守正《雪堂集》的凡例部分。

这种"忘却"自己参与商业出版的主观倾向使得商业出版对士人影响的记录变得十分困难。对于艺文活动的经济方面系统性的压制和"歪曲"反映了士人一种有偏见的表述，而士人对追求卓越艺文、官运仕途和道德教化的承诺却一点都没有变。想要揭开艺文和道德语言的面纱，需要将书目和对现存明版书的研究结合起来。这项工作是令人望而生畏的，因为明代出版的书数量太多，并且现存的明版书也很多。书商们将出版的书籍署名为著名作家的行为十分普遍，但是却使研究明版书的学者产生了疑问，究竟这些列在书中的著名作家的名字是否可信？① 尽管这种怀疑是有道理的，而且提醒了那些不辨青红皂白将一部书上署名的人视为该书的作者的情况。不过，对于研究无数晚明士人在经济场域的职业轨迹来说，却是一种障碍。本书对于作者的真实性问题的处理，每一个案例都求互证于其他文献。

在16世纪晚期和17世纪早期的长江下游地区，陈继儒也许是艺文场域里名声最盛的一个，没有人创作的序文在数量上能与他旗鼓相当。现存晚明书的序中常常能见到他的名字，从举业用书到哲学书，涵盖面十分广泛。② 即使陈的个人文集中收录的序比现存的晚明校订本中的要少得多，我们也不能错误地认为陈的个

---

① 比如屈万里所作的书目笔记。《中文善本书志》，第511、523、531、532、536、541、544页。

② 比如，《美国哈佛大学哈佛燕京图书馆中文善本书志》，第510、520、590页；《中文善本书志》，第351页。

人文集中所没有包含的序就是伪作。要证实所有序的出处，工作量太大。我们需要知道，一位作者以及他的朋友和后代都不一定能出版他所有的作品。当作者的名字要被列在出版的书中时，他们会在书出版之前区分一下自己的文章，有时候会觉得自己有些文字质量低劣、文笔轻浮，不值一提，甚至还会招惹麻烦，那么这些文字就不能被放到书里去。然而，作者的朋友和后代很可能不会这样来挑选。当沈守正的后代出版他的作品集的时候，他们公开征集沈所有没有被收录在较早印本中的作品，那些印本中包含的序跋不超过沈全部作品的10%—20%。① 当书商和作者的亲眷征集一些作品的时候，甚至会有更多的作品从文集中删去。我们要注意的是，不能因为个人文集中没有序而怀疑现存的晚明商业出版的书籍中所能看到的序。

毕竟，为书商写作序是出版市场上最正常的一种卖文方式。我们从文献中可以看到，陈继儒确实因为写了很多序而得到书商的适当润笔。② 他本人是一个职业作家，生活完全依靠自己为人提供艺文服务而获得的酬劳。③ 从很大程度上来说，他对艺文服务的依赖可以与18世纪的英国作家萨缪尔·约翰逊（Samuel Johnson, 1709—1784年）相提并论，约翰逊是第一个完全靠笔杆子生活的

---

① 见沈守正《雪堂集》的凡例部分。
② 他用"鸡肋"来比喻自己的职业活动，表示他向顾客收取的少量费用。陈继儒：《陈眉公全集》，6.5。
③ 陈继儒：《白石樵真稿》，3.39b；陈梦莲：《眉公府君年谱》，第495页。

英国人。①

职业作家（比如陈继儒与他的好友董其昌）的名声常常能吸引买家前来求文。在李渔写的一部剧本中，他提到了陈和董碰到的难题，他们的声望往往使得一些顾客从很远的地方慕名而来，求字求画的人实在太多了，两人不能如约按时完成的时候，就不得不雇其他文人来代他们做。②事实上，陈继儒召集了一群朋友用他的署名来写作生平传记和墓志铭。当这些人把他们的作品交给陈时，陈就加以修改润色。这些代笔的人不能按时交稿的时候，陈便自己动手写。③李渔在剧本中虚构了董和陈之间的一段对话。陈解释道，他的情况和董不一样，因为在为谁写的问题上，他根本没有选择。他是一个职业作家，靠卖文为生。因此，他的文章不是作为礼物赠送的，而是作为商品出售。如果能有书商出个好价钱买他的文章的话，他当然是不会拒绝的。

著名剧作家汤显祖1598年退出官场，那年他48岁，也只是个知县而已。自此之后，他便开始靠写作和教书赚钱。④尽管他对平淡无奇的文体十分恼火，但还是要靠写那些文字来换得资助人的报偿。他的顾客找他写村夫与小儒的传记，还有时文的序。⑤这里有

---

① 萨缪尔·约翰逊从来没有通过自己的写作赚到什么钱。根据科尔南（Kernan）的研究，"他对别的作家、数不清的贫困友人和其他亲眷的慷慨资助常常使他自己囊中空空"。Kernan, *Samuel Johnson and the Impact of Printing*, pp. 102-106.
② 李渔：《意中缘》，2a-4a。
③ 《南吴旧话录》，21.7a。
④ 丘兆麟：《玉书庭全集》，11.46b-47b。
⑤ 汤显祖：《汤显祖集》，第2卷，第1365页。

一点很重要，汤显祖十分强调时文的序，认为这是顾客找他写作的主要文体。① 这就证明了很多由诸如汤显祖和陈继儒这样的"名公"所作的序的真实性，这些序多半出现在时文集或者其他文体中。

"山人"与文化生产

虽然文人们在个人作品中抵制有关作者参与文化市场的信息，不过他们用语言资本交换货币形式报酬的方式却并没有影响其对于重建文化生产场域的深刻作用。尽管他们尽可能地忘却或故意错误表述他们和书商与资助人之间的交易，有关这些事情的只言片语还是有所记录的。关于"山人"这个词的讨论能够帮助我们理解以下几个话语张力（discursive tension）：一是存在于士人的抱负和其对于金钱的实际需要之间的，二是存在于很多士商作家在习业中对艺文和经济事务的融合当中的。

商业出版的扩张与受教育的精英分子们参与书籍制作过程这一现象的增多是分不开的。他们的语言资本能够在文化产品市场上通过向顾客或书商提供艺文服务的方式出售。

中文有着悠久的历史，汉字的书写早已发展成为一门艺术。书法作品在社会中十分普及，对于上层社会来说，就是一种不可或缺的装饰。书法可以出现在对联、折扇、绘画的题诗上，商人们也需要用醒目的书法来制作店铺招幌和招牌。画轴上的书法作

---

① 汤显祖：《汤显祖集》，第2卷，第1074—1082页。他的个人文集中仅收录了几篇科举时文集序，不过和汤显祖实际上为书商写了很多序这个事实并不冲突。

品已经成为士商家庭里典型的装饰品。16世纪中期时，撰写墓志铭的做法也扩大至下层社会。根据唐顺之的记载，不论门第出身，哪怕像屠夫和小贩这样贫贱身份的人，都有自己的墓碑铭文。①这样的工作就需要文人写手，而当时已经有大量的考生和职业作家在做这一行了。请人写墓志铭，无论是著名的文人还是默默无闻的写手，都是要付些银两的。②

不管制度上的定义多么模糊，一个新的职业还是在16世纪出现了。这是一种专长于艺文作品生产（特别是诗词、散文、书法、绘画、小说和戏剧）的熟练劳动力。当然，这些专长也包括政府事务和诉讼。我们可以看到有几个不同的表示作者的词语，不过这种不同只是态度上的，而并非指写作内容的不同。指职业作家的词语中，最理想的是"名公"，最次的是"山人"，介于两者之间的是"作家"。

在晚明时期，"山人"这个词在表示社会身份时是很模糊的。对于文人来说，这个称谓的含义褒贬兼有。一方面，"山人"可以是文坛人物带有谐趣的自封。王世贞是著名作家，也是个大官，他就自称"渔洋山人"③。另一方面，"山人"也可以是一种职业，指靠自己的艺文技艺生活的人。山人在艺文技艺方面往往是多才多艺的，他们用自己的技巧来取悦资助人。④尽管很多职业作家喜欢被称作

---

① 唐顺之：《荆川集》，7.6a-b。
② 例见汤显祖：《汤显祖集》，第1539页。
③ 译者注：明江苏人王世贞乃"弇州山人"，清山东人王士祯乃"渔洋山人"。原文将Yuyang shanren译为Mountain man of Suzhou，似当指明王世贞，称"渔洋"似偶误。
④ 徐渭：《徐文长三集》，26.17a-20a。

"山人"，但这个词也具有一定的负面含义，多指粗鄙的品位。① 对于一般的文人来说，"山人"也可以特指那些停止参加科举考试，并完全依赖卖文为生的人。这种与仕途彻底决裂和艺文技艺的商业化使这个词一直以来都具有负面含义。作为一个职业文人，如果称"山人"的话，则是众人奚落的对象。有一首民间歌谣唱道："问山人，并不在山中住，止无过老着脸，写几句歪诗，带方巾，称治民，到处去投刺。京中某老先，近有书到治民处；乡中某老先，他与治民最相知；临别有舍亲一事干求也，只说为公道没银子。"② 才华更逊的山人便待在土地庙里，因为那里经常有人光顾买文买信买诗。这样的山人便可以被称作"艺文无产阶级"，贫贱的生活使他们不得不靠教书、行医和算卦为生。③

然而，很重要的一点是，"山人"不再指那些隐居山林和退出官场的人了，而是指那些能够写诗撰文、泼墨作画的人。正是这种艺文抱负与金钱的驱使相结合所产生的不确定性使得"山人"这个说法在这个时期十分流行。"山人"已经成为一种值得尊敬的新职业，也很有市场前景。"山人"的称号根本没有反映出他们工作的真正地点，而反映了那些从田园山林走向城市的职业作家们对于其工作纯粹经济本质的否认。在书名页的作者栏中，一些书商们就直接用"山人"取代了作者的名字。④ 这个头衔得到了人们

---

① 例见汤显祖：《汤显祖集》，第1230页。
② 冯梦龙：《挂枝儿》，第258页。
③ 冯梦龙：《山歌》，第225—227页。
④ 例见《明代版刻综录》，第8卷，5a-6a。

的认可,以至于职业作家们在自己的书名上也会用上"山人"两个字。① 在一部由名士撰写的文章编纂而成的文集当中,共有327位作者,其中的18位有"山人"头衔。② 盲人作家唐汝询为自己的作品起名《酉阳山人编篷集》。③

唐汝询是江苏松江人,他作为"山人"的经历很有意思。他5岁失明,不过在写作方面,特别是作诗上有特殊的天赋。和其他很多人一样,他参加了科举考试,不过没有通过最后的会试。尽管是个盲人,而且会试屡次失败,不过唐仍然被誉为考试辅导专家,在诗评方面也颇有见地。④1600年,他完成了一部诗史,将手稿以30两银的价格卖给了顾正谊。接着,顾用自己的名字出版了这部《顾氏诗史》。不过遗憾的是,唐原作的价格显然是太低了。⑤唐汝询出卖手稿这一行为的意义在于:一,他的艺文创作被定了价格,而且被顾客购买;二,他把所有权和作者权一并出售了,而不仅仅是手稿本身。

到了1609年,唐汝询出版的文章已经在考生中享有盛誉。⑥作为一个评注家,他编辑和评注了好几部唐诗文集。1615年,他编纂了15卷的《唐诗解》,可能是由地方官员资助的。⑦1623

---

① 其中有一部书叫《陈山人集》,见祁承㸁:《澹生堂藏书目》,第1042页。
② 凌迪知:《国朝明公翰藻》。
③ 《中文善本书志》,第474页。
④ 谈迁:《枣林杂俎》,46b。
⑤ 钱希言:《戏瑕》,3.23b-24a。张慧剑:《明清江苏文人年表》,第377页。
⑥ 钟惺:《翠娱阁评选钟伯敬先生合集》,3.35a-b。
⑦ 《中文善本书志》,第545页。

年，他完成了另一部唐诗论集，事实上这是一部其他作者文集的重印本的合集。① 这部书显然是应书商之约而做的。后来他觉得中进士无望，便决定参与一部国子监史的编纂工作以报答对他的委任——担任凤阳的县丞。②

作为一个追求仕途的士人，唐汝询发觉，将自己的艺文技艺和出版相结合，是十分有利可图的。他参与出版既有经济原因，也有职业原因。毋庸置疑，卖文的收入为他不懈追求仕途的愿望提供了经济上的保证。"山人"的职业模式对他来说只是暂时的，但是"山人"的身份却占据了他职业生涯中最久的一段经历。

除了生产艺文作品，一些山人同时也是艺术品鉴赏专家。他们所掌握的知识使他们在对古玩和艺术品进行估价时不容易被蒙骗。③ 李日华是书籍、书法和绘画的鉴赏家，来找他鉴赏古董的人络绎不绝，他鉴赏的作品包括绘画、书法、酒杯、砚台、青铜器和乐器等。④ 尽管送来的赝品很多，不过因为李自己懂得鉴赏，所以一下就能识别其中的赝品。⑤ 然而，对于那些不太懂古董鉴赏的人来说，就要依赖山人们的火眼金睛了。

---

① 《中文善本书志》，第 545 页。
② 钟惺：《翠娱阁评选钟伯敬先生合集》，3.35a-b。
③ 例见《三社记》中的一幕，《全明传奇》，1.7b。《三社记》中的人物形象是基于真实历史人物的。
④ 李日华没有依赖自己的收藏技能为生。但是，他的知识面却被那些为富商显贵服务的职业山人们所分享。关于艺术品商人进行交易的藏品范围，见李日华：《味水轩日记》，第 27、42—43、46—47、57、60—62、64—67、74—75 页。关于通过物质文化消费而产生社会差别这一话语中鉴赏收藏所起到的作用，见 Craig Clunas, *Superfluous Things: Material Culture and Social Status in Early Modern China*。
⑤ 李日华：《味水轩日记》，第 21—22、24—25、35 页。

山人的资助人多是富商和高官，他们正是看上了山人们特殊的知识、艺文技艺和智慧。比如那时最负盛名的山人王穉登（1535—1612年）就是一些官员的师爷。还有一些山人甚至还参与法律诉讼。① 宦官们也因为山人的艺文技艺而雇用他们，北京的一个宦官还曾经委托一个山人替他打官司。②

山人并不是指专门擅长写作某一类文章的职业文人，而是对那些"卖文为生"（write in order to live）的文人的总称。他们都是职业的文人，无异于18世纪法国的知识分子。③ 有一些剧作家也被认为是山人，他们写作，也评注。祁彪佳评注的许多戏剧都是山人写的。④ "名公"徐渭就自称为山人⑤，并与其他山人们交好。⑥ 徐和另一个山人王寅是好朋友，当时二人都是浙江著名抗倭统领胡宗宪的师爷⑦，徐为胡和其他的官员们写奏文。⑧ 除了为官员做师爷，徐还写书、习字、作画出售给广大的顾客群体。⑨ 但是，当不急需用钱的时候，他并不是所有的求字求画要求都会答应的。

---

① 谢肇淛：《五杂俎》，13.3a-b。
② 孙承泽：《春明梦余录》，48.48b。
③ "卖文为生"这个说法是伏尔泰对于他所处时代作家的描述。引自 Roger Chartier, *The Cultural Origins of the French Revolution*, p.58。
④ 祁彪佳：《曲品剧品》，第40—41、45、53页。
⑤ 徐朔方：《晚明曲家年谱》，第2卷，第166页。
⑥ 徐渭：《徐文长三集》，第573、640、856、1046、1099页。
⑦ 徐朔方：《晚明曲家年谱》，第2卷，第110、120页。关于胡的传记，见《明代传记词典》（*Dictionary of Ming Biography*），第631—638页。
⑧ 徐渭：《徐文长三集》，第430—437、443—444、449、451—452、522—528、654—657、881—885页。
⑨ 徐渭：《徐渭集》，第284—285页。

徐渭的经历反映出山人的资助人可以是一群人，可以是一个人，而有些时候也可以是公众。万历年间，江苏松江的著名山人陆应阳（1542—1627年）以写诗卖字为生，他的诗很受欢迎。①苏州人陈继儒才高八斗，1586年，他才不到30岁，便焚弃了自己的儒士方帽长袍②，以在供奉陆士衡和陆士龙的庙里教书为生。他重建了这座庙，并在那里修了一座园林。王锡爵赠送给陈很多花苗，他后来便以养花卖花而出名了。③他基本上靠教书为生，同时也出售自己的字画并写书④，也经常有慕名而来的远近客人向他求碑文。⑤他的绘画经常被作为饭庄和茶楼的装饰，甚至在偏僻城镇也有售卖，在边境地区的当地头领中尤其出名。⑥除了艺文上的造诣，陈继儒还以苏州地区民间领袖的身份广为人知。他积极参与地方政治，并常常被请求撰写有关地方事务的重要文件⑦，还被任命为松江地方志的主编。⑧

一些专业的画家也为书商设计插图。徽州人丁云鹏（1547—

---

① 沈德符：《万历野获编》，23.586-87。
② 陈继儒：《陈眉公全集》，15.1。
③ 陈继儒：《陈眉公全集》，15.1；宋起凤：《稗说》，第37页。
④ 陈继儒：《陈眉公全集》，12.11，12.17；张慧剑：《明清江苏文人年表》，第361、375、387、432、438页。
⑤ 陈继儒：《陈眉公全集》，12.9。
⑥ 钱谦益：《列朝诗集小传》，丁部二。引自陈万益：《晚明小品与明季文人生活》，第101页。
⑦ 比如，在1613年，陈继儒写了一篇关于向松江府学资助土地的文章。《松江府志》，23.56b-59a。
⑧ 陈梦莲：《北京图书馆藏珍本年谱丛刊》，第53卷，第462—464页。

1628年）就是这样一个职业画家。① 很明显，丁受过很好的教育，只是科举考试失利，成为生员之后就没有再成功过。② 他与其他一些艺术家合作制作过非常精美的插图书籍，包括1600年前后由南京书商出版的《博古图录》。丁同时也是一位制墨大家，他为两位徽州制墨师方于鲁（活跃于约1580—1620年）和程大约（1541—1616年）出版的两部墨谱贡献了很多内容。③

著名画家陈洪绶只在国子监做过学生。平时除教书之外，他主要是一个职业书画家④，从十几岁时就开始卖自己的画了。⑤ 他生活贫困，所以一直卖力地写文作画⑥，其中有一些还被大量印制。他曾经印过晚明时期非常流行的"武圣"关羽像。⑦ 他还印过至少两种纸牌，一种是《水浒叶子》，一种是《博古叶子》。⑧ 陈洪绶和

---

① 沈德符：《万历野获编》，25.636。
② Sewall Oertling, "Patronage in Anhui During The Wan-Li Period", *Artists and Patrons: Some Social and Economic Aspects of Chinese Painting*, pp.168-169.
③ Kuo, "Hui-chou Merchants as Art Patrons in the Late Sixteenth and Early Seventeenth Century", In Chu-tsing Li, ed., *Artists and Patrons: Some Social and Economic Aspects of Chinese Painting*, pp.182-183; Oertling, "Patronage in Anhui During The Wan-Li Period", *Artists and Patrons: Some Social and Economic Aspects of Chinese Painting*, pp.168-170.
④ 见他所作的诗。陈洪绶：《陈洪绶集》，第62、84、122页。濮安（Anne Burkus-Chasson）质疑现代意义上"职业"和"业余"的区分在像陈洪绶这样的画家的身上是否也成立。的确，到17世纪40年代的时候，并没有一种社会身份或角色被清晰地定义为"职业"的。那些行为的纯粹经济本质常常是被暗示出来的，这种隐喻性的表达方式使经济本质变得模糊。见Burkus-Chasson, "Elegant or Common? Chen Hongshou's Birthday Presentation Pictures and his Professional Status"。
⑤ 毛奇龄写的传记文章。见陈洪绶：《陈洪绶集》，第590页。
⑥ 陈洪绶：《陈洪绶集》，第67—68页。
⑦ 陈洪绶：《陈洪绶集》，第552页。
⑧ 陈洪绶：《陈洪绶集》，第409、397—407页。

丁云鹏一样，都受雇为《西厢记》创作插图。[1] 陈的画作相当受欢迎，以至于伪造他的画成了无数专业画家的一种特殊职业。[2] 他的画甚至还被朝鲜和日本的统治者收藏。[3] 陈的朋友当中有很多是靠编辑、出版和销售书画为生的，比如黄汝亨就是杭州另一个著名的大师。[4]

这些作家、画家和书商并不介意自称为山人。他们的经历让我们窥知士人在经济场域中的职业轨迹。这种职业被越来越多的如张凤翼、陈继儒和陈洪绶这样的士人所接受，但是这种接受却不能掩盖士子选择忘却他们的第二职业的事实，他们中的大多数长时间辛苦劳作于文化市场，要么不保存自己的艺文作品，要么把这些作品解释为纯文学成就。尽管商业化对艺文生产场域产生了深刻的影响，但由于科举考试承载着士人进入官场的梦想，这一场域仍然与政治场域的中心紧密联系着。而且，士人在表述学者轨迹的经历和表现时所体现的惯习掩盖了他们在经济场域更为长久的职业。我们需要重新观察士人作为山人的轨迹，特别是他们在习业中拥有的写作、编辑和出版职业。

---

[1] Oertling, "Patronage in Anhui During The Wan-Li Period", *Artists and Patrons: Some Social and Economic Aspects of Chinese Painting*, pp. 168-170.
[2] 陈洪绶：《陈洪绶集》，第590页。
[3] 陈洪绶：《陈洪绶集》，第590页。
[4] 陈洪绶：《陈洪绶集》，第215页。

超附文本与可信性、公众性和人际网络的生产

为了恢复商业出版中被人遗忘的位置，我们一定要考察16、17世纪新习业中被使用的超附文本。热拉尔·热奈特在他的著作中分析了超附文本与文本和其解读之间的关系。但是，他并没有提到超附文本是如何在各种社会关系的背景中起作用的，特别是在欧洲之外的社会经济背景中。

超附文本，特别是序、跋和评注，在中国16、17世纪的书籍出版中已广为运用，书商常常在书籍中加上著名作家写的序以增加书籍内容的可靠性。写作序言也成了参与文化生产的士商们的一个重要收入来源。序言写作需要通过邮寄方式交流原稿，不断增加士商（作家）之间人际网络的相互沟通。序言的作者同时也会为自己的同行审稿。总之，序言写作是一项经济的、市场的、公共的和职业的行为。

出售序言

序言写作在晚明时期并不是件新鲜事。但是，新文体的不断出现和文本数量的不断增加意味着序言写作重要性的不断提升，它成为一种收入的来源，一种建立社交圈子的方式，同时也为作者创造公众声名并招徕资助人。通过人际关系网络产生的资助关系固然重要，不过作者也可以依赖由扩大的商业出版市场驱使而不断飙升的声誉来获得资助。

序言写作是士商们用来赚得生计的最可接受的方法之一。序言数目的不断增加也证明了士人对书商作为他们资助人的依赖程度的不断提高。作序所获得的金钱报酬常称为"贶"。比如，陈继儒应邀作序时经常会得到"贶"。① 在个人文集中仍然能找到"代"做的文章，这也是一种商业行为的证据。私刻本和坊刻本中序言数目的增长意味着对艺文服务的更大需求，这也使得更多的写手能依赖自己的艺文技艺来生活。陈和本书中讨论的其他人只是这个时期广大士人群体中最有名的一群而已。序言是一种交换，也是晚明时期艺文生产市场的一种商品形式。

"名公"与书籍的可信性

名声是一种能转换为经济资本的象征资本。正如热奈特在他的书中说到，把一个名字列为一本书的作者名，并不是一件无足轻重的小事。② 在乱花渐欲迷人眼的书籍市场中，向读者进行推销需要策略，其中最重要的一条就是通过"作者""编者"或"点评者"的名号来区分一本书。在书上写明作者名不再仅仅是一种识别文本创造者的办法，而是一种帮助读者认识书籍价值的非常有用的手段。一本书的作者、编辑、点评者和编纂者如果是一个"名公"的话，就相当于保证了这本书的质量。

作者的正式头衔一直被用来推销书籍。书商把"名公"或

---

① 陈继儒：《白石樵真稿》，3.43b。
② Genette, *Paratexts: Thresholds of Interpretation*, pp. 37-42.

"名家"写的序看作吸引读者的更有效的方式。① 由高产作家郭伟编纂的三部"四书"评注在做广告宣传的时候都是称作者为"名公"（见图2.1），"名公"或"名家"就是指有名气的写手。把一个作者看作"名公"就等于是给这个作者增添了可信度，这个过程往往在超附文本中体现出来，比如在书籍标题、作者头衔或凡例中（见图3.1）。② 在过去，没有固定的论坛或步骤进行书评活动，对书籍的评价和认可在书商和买家看来都是一个问题。正如阿德里安·约翰斯（Adrian Johns）精当地评论道："印书者和书商是可信度的真正制造者。"③ 一本印刷书的可信度是可以由作者的名声产生出来的。由名士的名声赋予的可信度可以用很多种方式表现出来，比如名士可以被列作校对者、编纂者和编辑者。

在书中加上超附文本的作用还体现在定位文本和其作者的艺文、社会地位上。作序者的姓名能即刻帮助读者在进入正文之前评估文本的相对价值。如果没有特别的方式能看到书评的话，可信度和序言的广告效力往往更加重要。

序言为作者带来了报酬、人脉和公众名声。考虑到在书中加上"名公"序言的重要性，找到一个适合的人作序便成为书籍生产中不可或缺的一个步骤。因而，附上序言之类的超附文本不管对于作者还是书商而言，都是很重要的。

---

① 在元版书中，"名公"这个词就已经出现了。张秀民：《中国印刷史》，第325页。

② 《明代版刻综录》，1.25a、3.18b、4.74a、6.35a、7.13b、7.15a；《中文善本书志》，第544、546—547页。

③ Adrian Johns, *The Nature of the Book: Print and Knowledge in the Making*, p.33.

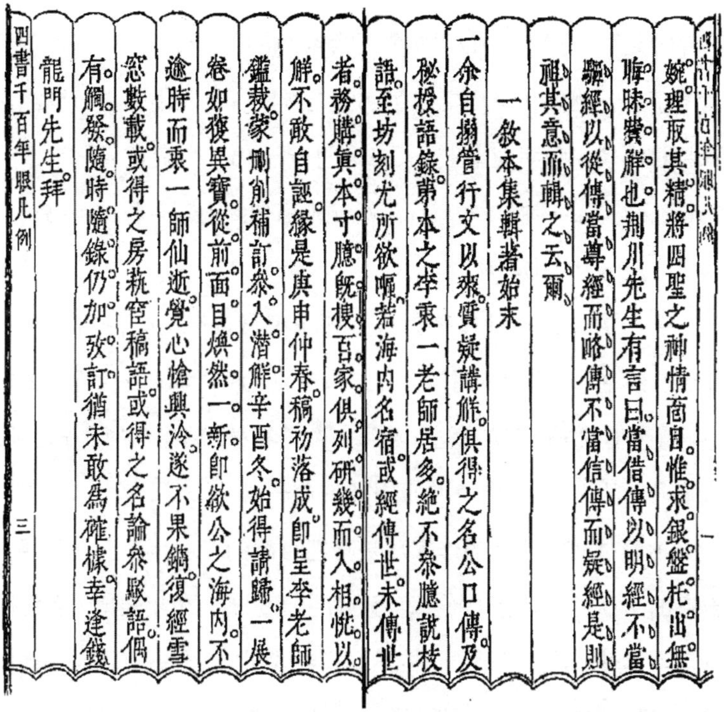

第三章 写作、科举和出版的商品化

[图像：《四书千百年眼》之凡例部分书影，竖排繁体中文]

图 3.1　一部"四书"评注——《四书千百年眼》之凡例部分

其中就有"公之海内"这个说法。这本书的编纂者向读者保证，书中包含的各种各样的注解都源自"名公"。由日本国立公文书馆许可复制。

序言和作者的关系网

名公们自己也常常向朋友和其他知名作家们求序。当陈继儒出版自己的作品时，就是请自己的朋友来作序的。李日华就为陈的《广祕笈》写过一篇序。①1603 年，陈继儒的好友王衡（王锡爵

---

① 李日华：《味水轩日记》，第 4 页。

之子）为他的《逸民传》作序。① 陈自己也为其至交董其昌所作的一部时文集写了序。② 汤显祖常常为自己的朋友撰写序言，谭元春、黄汝亨、丘兆麟和李廷机的名字作为作序者、文集著者和评注作者频繁出现在晚明刊本上。③ 当梅鼎祚于1611年完成卷帙浩繁的《历代文纪》的时候，便写信给汤显祖请他到南京来看这部书，这样就能让汤为此书写序了。④

著名的评论家钟惺曾为杭州评论家黄汝亨的作品写过一篇序。⑤ 当钟惺在南京的时候，被众多考生竞相请求来评价他们的文章。⑥ 钟惺的一个朋友通过了乡试，在翌年春天进京参加会试之前，就把自己的文章寄给钟惺审阅并索取序一篇。⑦

不管是初露头角的作家还是身经百战的考生，都十分重视在自己的文章之前加上"名公"写的序。苏州的一位年轻诗人曾经向钟惺索要过一篇序。他知道陈继儒是钟的朋友，便在拜访钟之前向陈取得了一封推荐信。在看了陈的信之后，钟便很乐意帮这个忙。⑧ 这个苏州诗人向钟惺求序，就是因为钟是著名的诗人和诗评家。写序的人也不一定非得是名人，不过他们必须在某一文学体裁领域内

---

① 陈继儒：《逸民传》。
② 陈继儒：《陈眉公全集》，6.5。
③ 汤显祖：《汤显祖集》，第2卷，第1080—1081、1500—1501页。
④ 徐朔方：《晚明曲家年谱》，第3卷，第444页。这部作品超过100卷，按照朝代分册。关于先有版本，见《台湾公藏善本书目人名索引》，第630—631页。
⑤ 钟惺：《翠娱阁评选钟伯敬先生合集》，1.43a-44a。
⑥ 钟惺：《隐秀轩集》，第286—287页。
⑦ 钟惺：《隐秀轩集》，第283—284页。
⑧ 钟惺：《隐秀轩集》，第265—267页。

享有权威。毕竟，来自专家的评价和赞誉才能让人信服。

除诗词作品之外，这种情况在"四书"评注这类书中也存在。已树立自己权威的批评家们的名声成为那些文学新手和无名作家成名的敲门砖和他们所作文集的一大卖点。顾梦麟所作的《四书说约》是一部十分流行的评注集，其中就包含有张溥和杨彝的序，张、杨二人都是复社的成员。1638年，顾将自己的手稿寄给杨彝，杨读后便写了一篇序。这部书的刻板在两年后完成。① 在批评家的作品集中，常常可以看到大量为朋友和学生的时文集写的序。在17世纪20年代至30年代之间，张溥、陈际泰、艾南英和钟惺是序言写作方面的代表人物。②

邮驿服务推动了序言数量的增加。手稿经常通过邮递的方式送到序言作者处审阅。1608年，沈璟完成了对王骥德编的新版《西厢记》的阅读和评注，之后便把手稿寄回给他。③ 现存的王骥德《新校注古本西厢记》当中把沈璟列为评注者，并有一篇标明时间为1614年的序。④

在晚明出版中，序言不断提升的作用是单部书中序言数量不断增加的一个重要动因。嘉靖年间刻印的书中包含两到三篇序的情况非常普遍。在万历晚期和崇祯年间，序言的数量则增加到

---

① 顾梦麟：《四书说约》。
② 艾南英：《天傭子集》，第2—4卷；钟惺：《隐秀轩集》，第280—287页；张溥：《七录斋论略》，第1—4卷；陈际泰：《已吾集》，第2—3卷。
③ 徐朔方：《晚明曲家年谱》，第3卷，第437页。
④ 《中国善本书目提要》，第688页。

每部三篇或更多。① 其中，有一部"四书"评注就有八篇序言之多。② 1606年，程大约出版了他的墨谱《程氏墨苑》，并向众多名人索序，诸如王锡爵、申时行、董其昌、焦竑、屠隆、管志道等，甚至还有西士利玛窦。最后，这部墨谱竟然包含了18篇序言之多！③ 这种纳入大量序言的趋势一直持续到明末。比如，17世纪20年代出版的一部小说就有15篇序。④

不过，也有人很反感这种做法。徐奋鹏是江西的一位多产作家，在建阳和南京出版了多部书籍。他就决定不去向那些"名公"们索序，而是坚持自己为自己的书作序。⑤ 只是，徐奋鹏也只是规矩之外的特例而已，如果想要自己的书销路好的话，大多数作者和编者还是会选择请相对知名的作家来撰写序言的。著名时文评论家艾南英就为超过100部时文集作过序，这证明了一个评论家的名声的"市场号召力"和他的序给书籍带来的可信度，同时也证明了他作为一个士商作家在艺文生产市场中的位置。⑥

"名公"主要是那些以出版作品和在艺文文化市场进行劳动产品交换中获得名声的人。李渔在提到文人们最典型的工作——撰写评注文章——时，将其与妇女的织工进行比较。"代人作书，

---

① 余应虬：《四书翼经图解》；张溥：《四书印》与《四书考备》；冯梦祯：《快雪堂集》；唐汝询：《酉阳山人编篷集》，见《中文善本书志》，第474、479页。

② 姚光祚：《四书吾学望洋编》。

③ 《中国善本书目提要》，第305页。

④ 肖东发：《中国编辑出版史》，第354页。

⑤ 徐奋鹏：《徐笔峒先生十二部文集》，80a-85a。

⑥ 艾南英：《天佣子集》，2.4a。

书成以后,与织就之回文无异。"① 作序、编辑、点评和编纂是一个"职业"文人最正当的劳动方式。

作者的头衔和与其相当的艺文名声

作者和撰稿者的头衔有助于推销书籍。在书籍标题中加上作者的官职是一种常见的做法,还有很多标题带有会试及第者的实际排名,比如"状元"(第一名),有时也能见到"太史"的字样。这种策略被出版商广为沿用,特别是在刻印举业用书时。② 毕竟,考生的终极目的只有一个:通过会试。不过,出版商逐渐开始采用不同的策略来推销他们的书。

晚明的出版商们更多地使用"父"或"先生"作为作者的头衔,或者有些时候就简单列出撰稿者的名字,而不加任何称号和头衔(如图3.2)。头衔一般是加在作者、编辑者和编纂者的名字后的。虽然很多有名气的人都拥有最高的学位或官位,不过他们都被统称为"名公"。这种做法是艺文领域内自治性提高的一个证据。作者政治资本的积累不一定能给他的书带来可信度,政治权威在艺文领域内的衰退的一个明显表征就是在给作者加头衔时并不提到政治场域内的级别。

汤宾尹(出生于1568年)是1595年的进士,后来担任南京国

---

① 李渔:《闲情偶寄》,见《李渔全集》,浙江古籍出版社,2011年,第122页。
② 《明代版刻综录》,1.3b、4.42b、7.7a、7.11a;《中文善本书志》,第130、523、528页;《美国哈佛大学哈佛燕京图书馆中文善本书志》,第65页。

子监祭酒。17世纪10年代，近圣居主人余应虬出版了汤所作的两部书，他在书名页中也仅仅是被称为江西宣城的"汤先生"。①

由陈子龙、徐孚远和宋徵璧编纂的关于经世之道的著名文集《皇明经世文编》是艺文名声胜过官职爵位的另一个典型例子。这

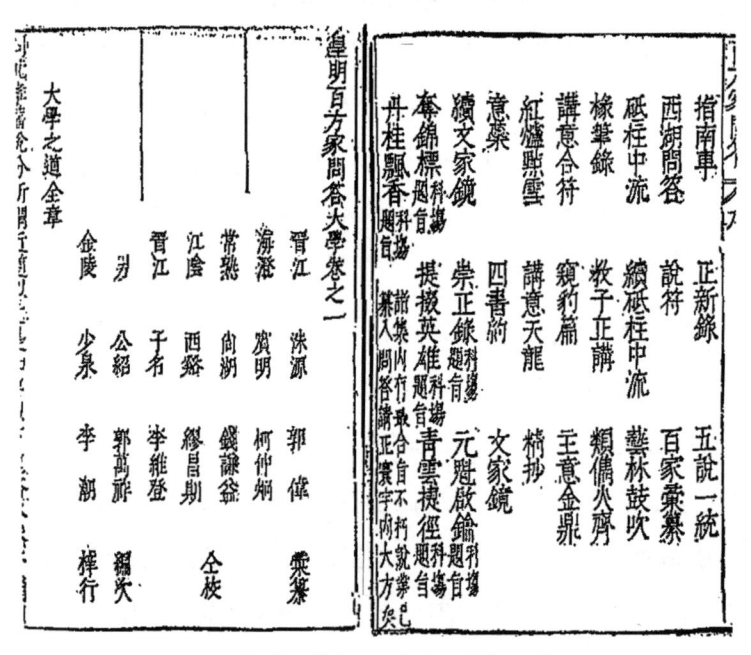

图3.2　郭洙源《皇明百方家问答》中的一页

右边是引征文献的最后一页，其中包含了编者据称引用的书籍文章。左边是评注的第一页，列出了所有的撰稿者。高产的职业评注编纂家郭伟（洙源）被列为主编——"汇纂"；接下来是四位"仝校"，包括名人钱谦益和缪昌期；郭的儿子为"编次"；李潮是此书在南京的出版商——"梓行"。所有列出的信息，只有这些人的名字和各自的籍贯或城市。由日本国立公文书馆许可复制。

---

① 见汤宾尹：《睡庵四书脉》；另见这部书的稍晚版本《四书脉讲义》，由余应虬出版。

部文集刻印于 1638 年,也就是陈子龙成为进士一年之后。但是,封面上也只是列出了他的姓名和评注者、编者的字样。陈是复社的领袖之一,也是著名的时文评注家(详见本书第五章讨论陈参与商业出版的内容)。

在此书的封面上,除了陈子龙的名字,还有另外两人作为校对被列在书页上段的空白处。其中一人就是声名显赫的陈继儒,另一个是方禹修。陈继儒(号眉公)是陈子龙的忘年交[①],在这部书的生产过程中,陈继儒参与了遴选文章的工作,因为他在复社的基地——苏州——的文人圈子里德高望重。

"名公"并不是与之为友、敬之为师的人,而是那些在刻印的书籍中以各种方式参与者的头衔出现的人,是优秀艺文的仲裁人,同时他们自己也代表了优秀艺文的生产者。"名公"是书籍内容的鉴定人,所以被出版商们列为书籍制作的参与者。他们的名字是质量和权威的象征。这一出版策略帮助我们重新定义"名公"的含义。如果一个人有名声,但却没有在出版界抛头露面,那么这种名声仅仅限于他参与的地方社群。而"名公"是行销广泛的书籍的作者,他的名声通过书籍的流通在读者中得到认可。他的名字是书籍这种市场交换商品的一部分。对于晚明时期的阅读公众来说,"名公"之名就像是茫茫书海中的灯塔。

当书商征集手稿和文章时,便把那些有名气的作家称为"名

---

① 陈子龙:《明经世文编》,第 1 卷。

公"。在17世纪20年代早期，苏州书坊酉酉堂出版了一部明代作家的文编——《明文奇赏》，其中刊登了一则广告征集"名公"们未出版的手稿和文集，或者仅在小范围流通的作品。① 另一部17世纪30年代早期出版的明代作家的小品文文集中也有一则广告，公布了即将出版的文编。出版商在广告中诚征"名公"、隐士和女性作家的各类文章、诗、奏疏和戏剧。② 有些出版商在他们的书的标题上就附上了这些词。③

"名公"并不是一种官职爵位，也不是通过明确的制度纽带或者文辞确定性而形成的社会吸引力。由于作家的名声源自其艺文技艺，那么他在其他领域的成就，包括在官场的成功，就并不相干了。这种纯艺文身份的表达方式就是作家和出版商都采用的头衔——"父"。不论在官场上有多么得意，作者、编者或评注者的籍贯地名总是列在他们的官阶头衔之前，这在万历年间商业出版中是很常见的。1590年，南京的一大书坊——周曰校的万卷楼——出版了一部翰林院学士文集，当中有王锡爵和沈一贯的名字。此二人日后都名列内阁学士高位。④ 这部书出版的时候，王已经当大学士好几年了。尽管沈到1594年才成为内阁大学士，但

---

① 这则广告由沈国元撰写，他被列为校阅者。见陈仁锡：《明文奇赏》。
② 这部文集的序标明的时间从1632年到1633年。我们可以很清楚地看出，起先是有单独出版的作品集，后来才有了重新编辑而成的文集。陆云龙：《皇明十六家小品》，第79页。
③ 这样的标题如《国朝名公翰藻》《国朝名公经济文钞》和《国朝名公经济宏辞选》等。《明代版刻综录》，第8卷，26a。
④ 王锡爵：《皇明馆课经世宏辞续集》，第24页。

他已于1584年晋升为吏部侍郎。①而在这部文集中，他们两人都只被称作"父"。很多了解时局的读者肯定知道此二人在皇权政府中身居高位，但是在这部书中，沈和王的头衔却和其他撰稿者是相同的，而这些撰稿者在政治圈子里根本不像他们那样有所建树。这种做法说明了政治地位不再是成为作者或编者最需要的资本。政治上的成功对于定义优秀艺文来说，也只是可有可无而已。而在出版界的成功，则取决于"名公"们的艺文技艺、天赋和评论的撰写。

有很多作者，他们的名字本身就成为文苑精华和珠玑字句的象征。当中很多人并非混迹官场，在他们成名的时候，名声一下就盖过了在政治圈子里的卑微地位。所以，他们所掌握的权威并不是源自他们的政治地位，而是个人在商业出版领域中的成功。比如，李廷机、丘兆麟、陈继儒、张鼐和钟惺的名字就经常作为编纂者、编者和审阅者出现在书中。②

在晚明时期，也许没有任何作家比陈继儒更能吸引公众的注意。他或为作者，或为编者，或为编纂者，或为评注者，或为审阅者，出现在总共50多部书中③，而陈本人就从来没有做过官。不论他们在官场有多么成功，作家的官衔通常都不会被书商用于推

---

① 《明代传记词典》(*Dictionary of Ming Biography*)，第1180、1376—1377页。
② 见《中文善本书志》，第89—90、461—462、463、540页；方应祥：《新镌四书醒人语》；周文德：《删补四书圣贤心诀》；项煜：《四书人物类涵》。
③ 《台湾公藏善本书目人名索引》，第749—752页。这个目录中所列出的头衔并不完整。

销书籍。福建的李廷机在1583年成为进士,进入官场,1607年官至礼部尚书兼大学士。①他以乡试、会试均拔头筹的身份在艺文圈里声名鹊起,很多书籍一直称他为"太史"。②但是,也有很多书籍只是简单地称他为"温陵李先生"。③李廷机曾为建阳书商写了几部书出版,他的籍贯明显体现了他与建阳书商的关系。其中双峰堂刻印的两部书将他列为编纂者,一部称他为"太史",另一部称他为"李先生"。④

李廷机是个正直廉洁的官员,口碑极高。不过,根据汤显祖的记录,李却十分"贫困"。⑤我们可以从中看出,李肯定没有收受过贿赂。在整个官场腐朽不堪的晚明时期,出售艺文作品是官员保持清正的一种重要途径。

校阅者与宣传

另一种提高书籍重要性的超附文本策略就是将大量名作家列为编者和校阅者。在很多情况下,这个名单当中会有超过100个名字。比如,在《四书说剩》这部"四书"评注1615年版的序中,就包含了一个有52名"校阅"及其籍贯的名单。⑥17世纪20

---

① 《明史》,第217卷,第5739—5740页。
② 《明代版刻综录》,7.11a, 21a。
③ 见《中文善本书志》中的多个标题,第77、89—90、531页。
④ 《明代版刻综录》,7.20a-21b。
⑤ 汤显祖:《汤显祖集》,第2卷,第1322页。
⑥ 林散:《四书说剩》。

年代，南京书坊万卷堂出版了一部三色套印的"四书"评注集，当中将艾南英、罗万藻、陈际泰、章世纯和徐奋鹏列为校阅者，所有这些人都是17世纪20年代和30年代著名的科举时文批评家。① 著名出版家、学者、评论家和小说家冯梦龙于1625年出版了一部《春秋》的举业用书，名为《麟经指月》，为科举考生准备经学考题之用。② 在列出的103名校阅者中，有13名是冯的学生，90名可能是他的朋友和与他参与同一文学组织的成员。③ 著名评注家顾梦麟是复社的领导人物之一，他为科举考试撰写的数部作品都广为流传。在1640年出版的《四书说约》中，列出了53名校阅者。顾所作的另一部同样流行的举业用书是《诗经说约》，出版于1642年，当中有一个106人的名单，分为两组：一组是"鉴定"该作品的师友，另一组是负责校阅的弟子。④

校阅者名单的不断增长清楚地表明了利用超附文本空间进行宣传的策略。这个名单上的一些人也许并没有在出版前真正读过手稿，然而，这种做法的竞相使用，并不是书商市场策略的唯一结果。毕竟，在书中连篇累牍地加上对该书根本没有贡献的名字，也许还会增加书籍制作成本。校阅者数量的增加应该是这些人获得公众注意的需要的结果。被列作校阅者其实是一种公共性

---

① 周文德：《删补四书圣贤心诀》。
② 冯梦龙：《麟经指月》，《冯梦龙全集》，第1卷。
③ 冯梦龙：《麟经指月》，《冯梦龙全集》，第1—6页。
④ 顾梦麟：《诗经说约》，第1卷，第25—34页。参见本书第五章对于文学圈和出版之间错综复杂关系的讨论。

的声明,表达了这个人的参与赋予该书较高的质量,同时也宣传了正在形成中的评论家共同体。上文提到的南京书商出版的"四书"评注就是一个典型的例子。如果一个考生的名字经常以校阅者的身份出现在书中,他的知名度就会相应提高。这种知名度同时也会使通过科举考试的把握增大。

出版商与督刻

当很多士人满足于为出版商们作编者、编纂者、校阅者和批评者的同时,另有一群人却在努力成为出版商。出版技术的进步和书业的商业环境为这群人提供了另一种极具诱惑力的职业。臧懋循的经历就体现了技术和商业为一个人进入出版业所提供的便利。在官场仅仅待了四年,臧懋循便因一桩"断袖丑闻"被革职。之后他便开始将他自己对于诗词的兴趣转变成商业行为。他编了多部诗集,1590 年前后出版了 56 卷本的《古诗所》,后来又于 1606 年编纂了另一部《唐诗所》。① 1603 年或 1604 年,臧懋循在南京出版《诗所》②,他聘请徐智做"督刻",负责召集和监督一组刻工。③ 臧出版的主要作品是元曲集。1615 年,他出版了由自己编辑的元曲中的一半,并于次年接着出版了另外一半。④ 臧雇用刻

---

① 臧懋循:《负苞堂集》,第 51—52 页;徐朔方:《晚明曲家年谱》,第 3 卷,第 466 页。
② 《中国善本书目提要》,第 439 页。
③ 《中国善本书目提要》,第 439 页。
④ 徐朔方:《晚明曲家年谱》,第 3 卷,第 462、468 页。

工刻板，之后派自己的佣人去北京销售这部书，因为在北京的售价能比在南京和苏州的要高。①

臧懋循出版自己书的方式在晚明时期是十分常见的。只要想出版手稿，任何人都能雇用刻工来完成刻板。在北京、苏州和南京这样的大城市中，刻工云集。对于一部小书来说，一个刻工就可以完成。如果时间比较紧张的话，可以多雇用几个刻工一起完成。雇用刻工完成大部头作品的时候，需要协调和监督，这点在刻工独立于书坊之外的情况下显得尤为重要。这样的话，"督刻"就能够协调监督所有刻工的工作进度了。臧懋循的刻印作坊可能并没有固定为他刻书的刻工，所以当他刻书时，就需要雇用"督刻"来招徕刻工，并监督刻印的过程。

"督刻"或"督印"的头衔一开始是用在由官员主管的刻印项目中的，如果这个官员也被任命来监督刻书的话，他就被称为"督刻"或"督印"。那么，这个管理的职位其实并不一定需要掌握刻板和印刷的相关知识。②不过，这个人也可以是一组刻工中的主刻工。《王阳明全集》的出版由一位籍贯江西的直隶监察御史负责，他同时兼任隆庆年间（1567—1572）的提督学校巡按。有三位官员任"督印"，分别是应天府推官、上元县知县和江宁县知县。③

---

① 臧懋循：《负苞堂集》，第85、88页。
② 白鹿洞书院的一份新志由江西提学副使印于1510年前后，南康府儒学训导在当中被列为"督刻"。见王重民：《中国善本书提要》，第202页。一部16世纪80年代刻印的县志由县里的典史监督完成，他被列为"督刻"。《中国善本书提要补编》，第82页。
③ 王重民：《中国善本书提要》，第582页。

任命这些官员的原因很简单，因为这部书是在南京刻印的。同样，在天启年间（1621—1627）出版的一部县志中，担任全部监督工作的唐绍尧被列为"督刊"。这是"督刻"的另外一种说法，还有一种说法是"督梓"。① 我们需要注意的是，书中并没有给出唐的官衔，而这部县志是在官员的监督下完成的。在这里，官刻书是由被雇用的商业出版者来进行监督的。

"督刻"可以被认为是出版的代理人，他们的职责就是召集刻工进行书籍刻印。事实上，上面提到的那位曾"督刻"过臧懋循《诗所》的徐智也监督过另一部作品的出版。在徽州书商吴勉学出版的一部书中，籍贯南京的徐智也被列为"督刻"。② 吴勉学所出版的书比臧懋循多得多，很显然是从事商业出版的。③ 尽管吴自己有过很多刻书经验，他仍然雇用徐智来监督刻印。也许因为吴往来于南京和徽州，于是就需要一个人来监管南京的出版项目。④ 从1571年到1603年，徐智曾"督印"过数部书籍。⑤

冯梦龙出版的一部书所列出的"督印"是一位龙游人。⑥ 龙

---

① 《中国善本书提要补编》，第61页。

② 在一部《大学》评注中，吴勉学被列为校阅兼出版者，徐智为"督刻"。不过这本书是"四书"评注的一部分，题为《四书事文实录》，由杨文魁编纂。可能这些书版开始是属于吴勉学的，之后被吴卖给了杨。见杨文魁：《大学》末章，《四书事文实录》。

③ 根据贾晋珠（Lucille Chia）的名单，吴共出版了64部作品。见 Lucille Chia, "Of Three Mountains Street: The Commercial Publishers of Ming Nanjing". 关于吴出版的27部书的清单，见《明代版刻综录》，2.45a-46a。

④ 徽州人吴从善出版了另一部书，他被列为"督刻"，同时还以新都出版商之名出现在《明代版刻综录》中，2.45a。

⑤ 《中国善本书目提要》，第77、393、439页；《明代版刻综录》，4.20b-21a。

⑥ 冯梦龙：《新刻纲鉴统一》，第21页。

游人以参与图书生产和贸易而著称。这位"督印"可能就是他在龙游召集的一群刻工的领头人。他并不是那种有自己的作坊和固定为他服务的刻工的书坊主人，但是他与刻工们有着很深的关系，负责召集和监督刻工们在另一个城市为客户或出版商进行刻印工作。

不过，晚明时期并没有出现出版和印刷成为各自独立的职业的趋势。一些出版商在版刻方面知识渊博，因而就可以成为"督印"。南京知名出版家周曰校在他出版的一些书中把他自己列为"督刊"。在一部翰林院学士文集中，周列出了一大批"名公"，包括王锡爵为"续补"和焦竑为"参订"，并称自己为"督印"。[①] 其中一篇序的作者把周称作"梓人"。[②] 另一位南京出版商唐国达在一部翰林院学士的关于练习作文的文集中被列为"督梓"。[③]

以上的讨论并不是想要说明"督刻""督梓"和"督刊"的头衔反映了商业出版中一种全新的职业，而是强调了晚明时期从事出版的人群是既灵活又复杂的。书籍的出版能够由身处不同地域的人组成一个团队共同完成：原稿由编者收集；序言向知名作家们索取；编者和出版者通过书信讨论对于原稿的修改和订正；原稿的不同部分和全页插图（如果有的话）由来自不同刻字店和不同地区的刻工们雕刻完成；资金不够的话还可以通过分期刻板的

---

① 王锡爵：《皇明馆课经世宏辞续集》，第561页。
② 王锡爵：《皇明馆课经世宏辞续集》，第532页。
③ 《中文善本书志》，第574页。

方法来解决。雕版可以被出售,有些版可以被新刻的版所取代,也可以由版的新主人重新刊刻。① 这种出版操作上的灵活性和简易性使得士人选择进入出版业作为第二职业变得相对方便,并更有吸引力了。

形形色色的士商出版人与士商作家

那些决意在商业出版领域一试运气的士人其实并不需要做出多么困难的抉择。操作的规模、选择和推销的策略、书籍的种类数量的特定组合根据资源情况、个人兴趣和出版商各自的销售选择而各不相同。阅读公众数量惊人的增长和覆盖面的扩大使得出版商们能够选择适合的切入点。对大多数建阳书商来说,他们的目标读者群是科举考试考生和普遍的阅读公众,他们或出版印有大量插图的小说和戏剧,或为高端读者和医家刻印医学书籍。这些士商出版者当中有很多人本身也是作家,有的擅长戏剧,有的精通诗词和"四书"注解。同时作为出版商和作家,大多数人会在一到两个体裁方面有建树,有一小部分人则在很多体裁上都享有声名。

---

① 例如,唐顺之作品集最早是由浙江出版商完成的。仅仅在刻板两年之后,这个出版商就将书版卖给了一位南京出版商。很显然,书版被使用的次数越少,就能卖得越贵。见《中国善本书目提要》,第608页。

士文化的出版商：陈仁锡

尽管存在"士"与"商"职业轨迹的融合，一些士商出版家依然选择只为正统读者出版书籍，而不去触碰白话小说、戏剧和其他与传统意义上的经、史、经世和科举考试无关的体裁。

长洲人陈仁锡（1580—1634年）是士商参与商业出版的一个极佳例证。他的著作代表了士商们抹杀自己参与经济活动（即"商"）的一种倾向，而只揭示他们作为"士"的身份和活动。陈介入商业出版在现存的晚明书中有所体现，因为一些书中将他的名字列为出版者和撰稿者。进一步的确切证据可以在他为其他人所作的序中找到。这些序被保存在他于1633年编辑完成的《无梦园集》中。① 然而，即使是在序中，也没有一星半点的字句揭示他在书籍生产中的角色，更不用说实际制作过程中涉及的时间、地点和细节了。②

在研究晚明阶段的思想家和一般政治史中，陈仁锡并不是什么显眼的人物。像大多数寒窗二十余年最终会试金榜题名的进士们一样，陈在1622年成为进士之前，做了总共25年的举人。③ 但是，1627年，陈仁锡却由于反对魏忠贤称公而被罢官。④

在陈仁锡还是举人的时候，他就已经经常参与出版活动了。

---

① 陈仁锡：《无梦园集》，序，第93页。
② 陈仁锡：《无梦园集》，序，第2—35页。
③ 《明史》，第24卷，第7394—7395页。
④ 张慧剑：《明清江苏文人年表》，第481页；《明史》，第24卷，第7395页。

在19年的时间里,他写作、编辑、点评和出版了至少44种书①,并经营了阅帆堂和奇赏斋。由他出版的书至少有15种,多数都是在1618年到1630年间出版的。②

陈仁锡的书有很多是文编和散文集,质量都很高,他的目标读者是那些受教育程度高的人和自己的老主顾。我们要注意的是,他所有在1628年之前出版的书主要都是古文文选,这些书无疑都是商业性的。

在进入仕途之后,陈仁锡也没有放弃过出版活动。他的出版策略与原先的相同:瞄准那些急于提高自己写作技巧的科举考试考生们。③陈自己对于经世的兴趣促使他出版了一部大部头的文集——《经世八编类纂》。④他可能在被免职前就开始收集资料了,而他关于经世的主要作品都是在1627年革职还乡之后出版的。

陈仁锡不只是一个出版商,他自己出版书的同时也为其他书商编辑书籍。可能是因为自己资金不足,他把一些手稿给了其他书商。他有关政府统治的主要著作之一《资治通鉴大全》(序于1629年)就是由苏州的大欢堂出版的。⑤陈对出版经世书籍的兴

---

① 见本书附录5。
② 他在阅帆堂出版了9种书,在奇赏斋出版了2种。见本书附录5。
③ 例如,陈出版了《古文奇赏》《苏文奇赏》《明文奇赏》和《诸子奇赏》。见《冯梦龙全集》,第6卷,第2页。
④ 序,1628年。《中文善本书志》,第298—299页。
⑤ 《明代版刻综录》,第1卷,1.7a。有关经世之学的另两部著作出版于1628年之后。《大学衍义补》(1632)和《皇明世法录》(1628—1644),《中文善本书志》,第187、22页;《明代版刻综录》,6.27a-28a。

趣可能与他一开始的官场得意和后来的政治失意密切相关。

在至少19年的出版生涯中，陈仁锡从来没有刻印过戏剧和小说，也没有出版过任何实用指南之类的书。从职业轨迹来看，他是一个"士商"，然而从观念和身份上看，他却是一个不折不扣的"士"，这体现出其秉性与其商业作为之间的不协调。不过，作为一个出版商，陈仁锡不能不谋利。1633年，他出版了一部"程文"（科举考试范文）文集，次年又出版了一部"四书"评注《四书备考》。① 他出版李贽的《藏书》及其续集也并不出乎意外，因为刻印像李贽这样的畅销书作者的作品和举业用书，是几乎所有出版商得以生存的基本策略。

娱乐文化的出版商：冯梦龙

与陈仁锡相反，有一群出版商注意到大众对白话小说和戏剧的需求不断增长，因而对这类书籍情有独钟，其中著名的有南京书商唐富春的富春堂和世德堂②、唐鲤耀的文林阁③和陈大来的继志斋④。诸如冯梦龙和凌濛初（1580—1644年）这样的苏州书商也对不断扩大的小说戏剧市场反应热烈。他们两人都是在晚年才进入仕途，不过在出版领域却早就各领风骚。

---

① 陈仁锡：《四书讲义》，《无梦园集》，第710、712、750页；《中文善本书志》，第58—59页。
② 《明代版刻综录》，5.3a-4b；1.38b-39a。
③ 《明代版刻综录》，1.11a-b。
④ 《明代版刻综录》，8.3b-4b。

冯梦龙是陈仁锡的朋友，不过作为一名作家、剧作家和出版商，冯的事业在范围和规模上都比陈要更胜一筹。冯梦龙和凌濛初的出版记录见证了晚明出版中艺文技艺的专门化与多样化。现在，更多人知道的是冯梦龙对通俗小说和戏剧的贡献，然而，他对于评注和编辑短篇小说和戏剧这类文学作品的兴趣实际上与他的出版活动联系更为紧密。①

与所有抱负远大、才高八斗的年轻人一样，冯梦龙一开始也是不懈追求进入官场。他苦读数载，但却一直运交华盖，前后加起来有40多年时间。最后，冯于1630年成为贡生，后被任命为福建寿宁县县令，当时他已经60多岁了。在辞官返乡之前，他只在县令之位上待了4年。尽管他最后短暂为官，但他一生的绝大多数时间都是在做教书先生、职业作家和出版商。

冯梦龙与许多出版商相似，刻印了数部举业用书，其中包括一部《四书》评注和一部通史。②冯曾经为他的评注向陈仁锡索要过序。③在自己准备科举考试的时候，他在湖北麻城的田家做私塾先生，其间他编纂了自己的《春秋》笔记，于1620年出版，5年后又出版了另一个新版本。④

---

① 关于冯梦龙短篇小说集"三言"的讨论，见 Wilt L. Idema, *Chinese Vernacular Fiction: The Formative Period*, pp. 30-56。
② 它们是《四书指月》《麟经指月》《春秋衡库》和《纲鉴统一》。《冯梦龙全集》，第6卷，第8卷。
③ 《冯梦龙全集》，第6卷，第2页；胡万川：《冯梦龙及复社人物》，第98页。
④ 它们是《麟经指月》和《春秋衡库》。《中国善本书目提要》，第30页。

冯梦龙和陈仁锡之间最明显的区别就是他所作与所出的书籍的范围。尽管冯也为考生出过书，但他的出版生涯显得更具有商业精神。冯梦龙是当时新出现的作家书商群体中的一员，他们把小说和戏剧的出版当作一件正经事来做。冯的好几部小说都很流行，比如《警世通言》[1]和《今古奇观》[2]等。除了通俗小说，冯梦龙的墨憨斋还出版了很多传奇。[3]不过，虽然二人的出版策略不同，陈仁锡和冯梦龙在经济和政治领域却有着相似的职业轨迹，他们都长时间从事出版，并都有官场失意的经历。

作为赞助人的士商出版家：许自昌

出版商中有一类是拥有万贯家财的人，他们更多地通过成为艺文文化的赞助人来建立他们在艺文圈子里的地位。他们交际颇广，而且常常慷慨援助著名作家和学者。他们的出版活动十分有针对性，一般是以艺文圈的上层人士为目标顾客的。

许自昌（1578—1623年），南直隶长洲人氏，他是少数几个领域里的专家。许父聚财数万，因此许自昌能有经济基础四次参加会试，只是都失败而归，于是在30岁的时候买了个官做。不过，他在官场只混迹了短短几年便决定隐退。[4]像所有富裕的士商

---

[1] 胡万川：《冯梦龙生平及其对小说的贡献》，第39a页。
[2] 胡万川：《冯梦龙生平及其对小说的贡献》，第41a页。
[3] 《明代版刻综录》，6.27a。
[4] 刘致中：《许自昌家世生平著述刻书考》，第54页。

一样，他大兴土木，建豪宅、修园林，这些地方都成了长洲甫里镇的著名景点。①

许自昌经营霏玉轩，所出的书的目标顾客群是受教育水平较高的人，为此，他聘请很多学者来编纂和编辑书籍。②叶昼是一个靠自己写作技巧为生的职业作家，专门向资助人和出版商卖文。他写的书曾经被书商以李贽的名来出版。许自昌雇用叶昼来编书，出版的时候则用许自己的名字。③

许自昌的朋友大多数系出名门，如陈继儒、董其昌、钟惺、焦竑、屠隆和文征明等④，许的孙女还嫁给了陈继儒的孙子。⑤与他交好的学者和作家们形成了一张人际关系网，为他的出版活动提供了大量的建议和帮助。

陈继儒的文名及其与许自昌的亲密关系使他成为许在出版上的"军师"。陈曾经建议许出版唐代诗人陆龟蒙（江苏人）的作品，他还十分欣赏陆龟蒙和皮日休二人之间的赠诗。⑥于是，许于1608年出版了前一本，1620年出版了后一本。⑦许自昌的儿子许元恭（其女嫁陈继儒之孙）子承父业，他与陈继儒一起编了著名

---

① 刘致中：《许自昌家世生平著述刻书考》，第54—55页。
② 刘致中：《许自昌家世生平著述刻书考》，第55页。
③ 钱希言认为《樗斋漫录》是一部伪作。许从叶昼那里买了这本书，然后以他自己的名字出版。很显然，许购买的手稿是由叶昼编纂并且出版的，他是花了钱购买叶的文学服务的。见刘致中：《许自昌家世生平著述刻书考》，第62页。
④ 刘致中：《许自昌家世生平著述刻书考》，第56—57页。
⑤ 刘致中：《许自昌家世生平著述刻书考》，第50页。
⑥ 刘致中：《许自昌家世生平著述刻书考》，第55页。
⑦ 《明代版刻综录》，4.34b。

作家王世贞的《读书后》。①

　　作为一位出版家，许自昌与那些各种体裁都出版的人不同。他刻印的书很显然反映出他只关注教育程度高的读者。许出版过李白、杜甫这样的文学大家的作品集。他出版多卷本《太平广记》无疑是为了确立他作为文学出版大赞助商的地位。与多数书商不同，他从来不出举业用书，因为他并不需要依赖销售书籍的利润为生，所以，举业用书并不是他的命脉。他出的书反而都是没有什么市场潜力的。

　　许自昌对于写作戏剧剧本和招揽戏剧作家的兴趣反映了他对于戏剧的个人爱好比那些商业策略更为重要。他赞助了一些私人剧团，经常请他们在他名为"梅花墅"的豪宅中表演戏剧来招待亲朋好友。②

　　另一位对出版范围有选择性的出版家是汪廷讷（1569？—1628年），他财比许自昌，而且运营书坊的动机和许差不多。在他们看来，出版是资助的一种方式，也是培养士人圈内私交的方法。汪廷讷因他对戏剧写作和出版的贡献而蜚声文人圈。他是一户徽州富商的养子，继承了所有家产。与很多同时代的富商一样，他不惜掷金修建有湖有园的豪宅庭院"环翠堂"，这也是他经营的书坊的名字。③他一共出版了至少21部书，大半都是戏剧和曲，

---

① 刘致中：《许自昌家世生平著述刻书考》，第50页。
② 刘致中：《许自昌家世生平著述刻书考》，第54—57页。
③ 徐朔方：《晚明曲家年谱》，第3卷，第517—520、524页。

而根本没有为科举考生出版的书。① 他自己还写了至少 8 部戏剧。

批评家、作家兼出版家：孙鑛和钟惺

艺文市场为那些退出官场的人提供了支持。晚明时期，在那些评点各种体裁作品的浙江文人当中，也许没有人能比孙鑛（1543—1612 年）更多产。18 世纪著名博学家钱大昕认为孙鑛和钟惺为晚明时期最负盛名的评论家，同时也批评孙对于经书草就怠慢之言的轻狂行为。② 孙鑛在自己的书信中大量提到自己如何参与评点各种书籍的情况，这是很少见的。在他的文章中，可以看到晚明作家们与合编者和出版商合作、协调写定书稿的过程。

孙鑛，号月峰，他的"号"在文人圈里更出名。他曾在官场上位高权重，在官场上时就已经是一位著名的举业用书和戏剧作品的评论家了。1609 年，40 岁刚出头③的孙鑛便从兵部尚书一职上卸任④，那时他已经评注和编辑过很多书籍了。他与外甥吕天成、吕玉绳（均为著名的戏剧作家和出版家）之间的通信是十分珍贵的资料，透露了晚明时期士人参与、合作出版的方式和细节。

孙鑛是那个年代见多识广的出版家之一。他对于出版新书的

---

① 见《明代版刻综录》，7.11a-b；《台湾公藏善本书目人名索引》，第 194 页。
② 见顾炎武：《日知录》，18.29b-30a。
③ 译者注：据上文孙鑛生卒年为 1543—1612 年，那么 1609 年应为 60 余岁，此处原文似偶误。
④ 译者注：孙鑛从南京兵部尚书卸任，未曾任（北京）兵部尚书。此处原文似偶误。见《（雍正）浙江通志》卷一八〇。

兴趣很显然是受"猎取"商业利润的驱使。他密切关注出版市场的动向以决定出版什么样的书籍，并与吕玉绳频繁往来书信，交流对选题的看法和某些善本书的信息。①吕玉绳在与另外两个学者一起出版新的《周礼》注解时，还征求过孙的意见。吕天成在准备科举考试的时候，也与孙讨论了自己要出版一部关于《金史》的著作的计划。②

不过，孙鑛并不仅仅是一个牟利之人，他对于作品的选择也充分考虑到知识界的一些动向。他对在南京与江西出版汉代的经学注解特别有兴趣③，他后来出版扬雄的《太玄经》就与这个兴趣有关。④孙鑛曾经向吕天成提到自己对出版《十三经》的偏爱，但是吕有自己的想法——出版唐诗全集。⑤这个计划固然雄心勃勃，而且吕在给孙鑛的信中还提到王世贞和其他一些学者都已经答应合作评论并点校杜甫的诗了，然而，他们最终还是没能完成这个计划。⑥由于王世贞对这一项目本来就有兴趣，所以吕就想寻求王的帮助来评点杜甫的诗。但是，孙鑛却认为，期待王同意做这件事是很不实际的，因为王生性不负责任，而且年事已高。⑦

吕天成尝试向文学界大牌人物寻求帮助的做法在那个时代并

---

① 孙鑛：《月峰先生居业编》，3.112a-b，3.117a-b。
② 孙鑛：《月峰先生居业编》，3.61a-b，3.66b。
③ 孙鑛：《月峰先生居业编》，3.109a-b。
④ 孙鑛：《月峰先生居业编》，3.109a，3.112a。
⑤ 孙鑛：《月峰先生居业编》，3.117b，3.119a。
⑥ 孙鑛：《月峰先生居业编》，3.61a-b。
⑦ 孙鑛：《月峰先生居业编》，3.120b。

不罕见。事实上，在晚明时期，学者和作家间的合作越来越普遍。孙鑛曾经编辑了一部明代作家的文集《今文选》，出版于1603年。①出版这本书的过程中最有意思的是孙与另外两位编者唐鹤徵（唐顺之之子）和浙江鄞县人余寅之间的交流。作为主编，孙通过来往信件来讨论文章的遴选并审读评注，他们也相互评注各自遴选的文章。孙承认自己不善于诗评，于是就请余来负责选择和写作评注。②但是，两人在文章遴选方面有分歧③，甚至连收录年限也持不同意见。孙鑛想从弘治年间（1488—1505）之后开始收录，而唐鹤徵和余寅却认为，作为一项大工程，这部文集应该从明初作者开始收录。④

这部文集的出版时间约为1603年，即在孙鑛退出官场6年之前。⑤唐鹤徵（同时也被列为编者）在序中解释道，余和孙共同决定收录的文章都在文集的"正编"中，而那些孙同意选收而余不同意的文章则在"续编"中。正编在续编之前，共7卷，续编共5卷。孙被列为"选"，余和唐则被列为"订"。⑥

我们需要看到，孙鑛和余寅的合作是在艺文生产场域进行的，这两位编者之间的关系是被出版市场的惯例所左右的。尽管孙是

---

① 孙鑛：《月峰先生居业编》，3.14a。孙鑛：《今文选》，序，1603年。《台湾公藏善本书目人名索引》，第490页。

② 孙鑛：《月峰先生居业次编》，3.31b-32b。

③ 孙鑛：《月峰先生居业次编》，3.34a-b。

④ 孙鑛：《月峰先生居业次编》，3.38b。

⑤ 孙鑛：《今文选》，唐序，1603年。

⑥ 孙鑛：《今文选》。

有影响的高官，在他与余打交道的时候，却完全是以一位编者的身份进行交流的。上面提到的"正编""续编"问题也反映了出版商对于编者异议的处理方式，对"正编"文章的遴选是基于专家（编者）的一致意见的，从而有力证明了文集的质量和权威。

唐所作序言的不寻常之处在于：其一，它证明了超附文本空间的作用不断提高，使读者们知道文本如何被写作和印刷出来，去除了文本不变性这一假象；其二，这篇序言也证明了编者在判断优秀作品方面不断提升的地位。将文章分为"正编"和"续编"这种策略向读者传达了这样一种观念：选入"正编"的文章代表了真正优秀的作品，而屈居"续编"的文章则清楚地说明他们的优劣仍有讨论的空间。

那时有很多作家的经历与孙鑛类似，钟惺（1574—1625年）便是其中一位，只是他在政治上的成就远远不如孙鑛。他从来没有做过什么大官，但却是一个畅销诗评家。钟惺热衷于参与出版，不过却不能称其为出版家。他是一个蜚声海内的评论家，尤其精通诗评。晚明时期至少有37种书将钟惺列为作者、编者或编纂。①

由于钟惺的声名，他时常会收到出版商想要刻印他的文章和作品的请求。② 钟惺与其好友谭元春有着良好的工作关系，谭也是湖北人，同时是一位著名评论家。他们两人都是大名鼎鼎的袁宏道的朋友。钟曾经校阅过袁宏道全集的手稿，谭后来将手稿送到

---

① 《台湾公藏善本书目人名索引》，第1081—1082页。
② 钟惺：《翠娱阁评选钟伯敬先生合集》，8.21a-b。

一位杭州出版商那里。① 1614 年，钟惺和谭元春合作编辑了一部诗集②，他们之间的工作关系远远比孙鑛和余寅要融洽得多。这部题为《古诗归》的诗集大约完成于 1617 年，由擅长彩印的无锡出版商闵齐伋用三色套印的方法刻印出版③，钟和谭的评注用不同的颜色区别开。这部书很快便成为畅销书。钟自己也开始进行一些文学书籍的编辑。他十分仰慕苏轼，并在 1620 年编辑完成了一部苏轼文集。④ 他于 1616 年离开北京，定居到南京。在接下来的两年时间里，他潜心于二十一史的阅读并勤于做札记，由此学得更多经世知识。这些笔记后来出版，成为 17 卷本的《史怀》。⑤

士人以自己的名字出版一些书是很寻常的事情。钟惺的很多书都是在出版商那里出版的，其中包括一部佛经和一部司马迁《史记》的评注。⑥ 复社的一些成员通过他们自己的书坊出版书籍。陈子龙是一位评论家兼复社领袖，并不以商业出版而出名，但他也在平露堂出版了一些书，包括一部明代诗集、一部兵书和一部卷轶浩繁的《皇明经世文编》。他同时还出版了徐光启的《农政全书》。⑦ 顾梦麟写作了一些非常流行的经书评注，自己开办了织帘

---

① 这部作品收录的大多是已经出版的作品，不过也收录了袁未付梓的作品。见袁宏道：《袁中郎全集》（明版），杨汝楫序。

② 钟惺：《隐秀轩集》，第 468—469、473、481—486 页；谭元春：《古诗归》，第 92、119—121 页。

③ 《中国善本书目提要》，第 439 页。

④ 钟惺：《隐秀轩集》，第 484 页；《中国善本书目提要》，第 520 页。

⑤ 钟惺：《翠娱阁评选钟伯敬先生合集》，卷 1；《中国善本书目提要》，第 520 页。

⑥ 《明代版刻综录》，7.15b。

⑦ 徐光启：《农政全书校注》，第 6 页。

居，出版了由自己撰写的十分畅销的《四书说约》。①织帘居还重印了陈继儒编纂的一部书。②

受过良好教育的精英们或为官或应考，而他们参与商业出版的行为却十分普遍。此外，广泛采用的通信方式促使了作者之间的合作。晚明书籍超附文本中不断增多的角色（包括编者、编纂者、读者和审阅者）恰恰反映了士人在当时更多地参与了出版，从更大范围来看，也印证了这些人在遴选、评注和出版新书中的合作。

徐奋鹏：一位被遗忘了的畅销书作家

上述的大多数作家在他们所生活的时代已经十分有名，他们早已得到了明代文学、政治与学术界的注意。相比而言，也有很多作家在晚明时期盛名在外，而之后就被湮没在历史中了。我们在这里要说到的，就是后者中的一位，江西临川人氏徐奋鹏。他是一个高产作家兼出版家，作品在晚明时期十分流行，不过在历史记载中却罕有他的身影。然而，在现存的大量明版书中仍然有他的名字，或为作者，或为编者，或为评论者，或为出版者，这让我们能够从那些褪色的明版书页中找回徐的踪影。

根据现存明版书的信息，徐奋鹏是一个畅销书作家，蜚声海内。他是16世纪90年代到17世纪20年代艺文文化的积极创造

---

① 《明代版刻综录》，7.22a。
② 这部题为《福寿全书》的书是从另一本不同的书（郑瑄所作的《昨非庵日纂》）的书重印而成的。这些书版可能是被卖给织帘居的，之后以织帘居的名义重印，陈继儒是编纂者。《中文善本书志》，第302页。

133　者。很显然，徐是用写书来补贴教书收入的。① 他作为作家的名声主要来源于其著作被江西之外的出版商们所出版。他曾经为福建和南京不同的书商编纂、编辑和撰写经籍评注②、戏剧、小说③ 和历书④，也与诸如三台馆这样的福建著名出版商合作过。⑤ 徐奋鹏与那些通过私刻方式出版个人作品集的士人不同，他的个人全集由南京书坊光启堂出版于1608年。而在那之前，他已经出版了至少12种书。⑥

徐奋鹏和其他作家一样，有时会自费出版自己的作品。他的《西厢记》点评以他的名字发行，这就说明了他是自费出版这部作品的，而他其他的作品很明显都是由出版商出版发售的。比如，他就为南京出版商写了一部针对科举考生的《诗经》评注。⑦

徐奋鹏对通过收录"名公"序言来提升书籍价值的普遍做法持批评态度，所以坚持自己为自己的书写序。他问道："独不能自为名公以特出于后世耶。"⑧ 他编辑的大多数书中都没有"名公"序言。⑨

---

① 徐奋鹏：《徐笔峒先生十二部文集》，53a-b。
② 他的三部"四书"评论尚存。《笔峒生新悟》（序，1613年）、《续刻笔峒先生后悟》（序，1613年）和《四书知新》（序，1626年）。
③ 他出版了著名戏剧《西厢记》的点评。《明代版刻综录》，1.26a，5.21b-22a。
④ 《徐笔峒先生精纂万宝全书》，引自陈学文：《明清社会经济史研究》，第241页。
⑤ 徐奋鹏：《续刻笔峒先生后悟》。
⑥ 这家出版商就是光启堂，属南京王凤翔所有。《明代版刻综录》，2.10b，1.25b。
⑦ 《明代版刻综录》，1.26a。
⑧ 徐奋鹏：《杂著诸文》，《徐笔峒先生十二部文集》，29a-b。
⑨ 见其所著《纂定古今四书大全》《四书近见录》，《中国善本书目提要》，第44页。徐对"名公"序言的抵制有一些例外情况。一部清早期重印的《古今治统》中就包含有汤显祖的一篇序，汤和徐是同省人。见《中国善本书目提要》，第329页。在南京奎璧堂出版的《四书古今道脉》这部"四书"评注中，有焦竑的一篇序。

徐采用自己所作的序，无疑是因为其能够最有效地提高作者本身的"能见度"（visibility）。当出版商们出于自己的兴趣而采用列出很多"名公"序言作为营销策略时，作者就会觉得自己的独立性受到了侵犯，而不得不依赖其他作家的权威。不过，徐拒绝在他的书的超附文本中提到其他作家的名字也许是他声名飞逝的原因之一。

当我们看到现存晚明书籍中有那么多部仍然有徐奋鹏的名字时，不由会觉得他湮没于历史中是毫无道理的。互文（intertextual）指涉和不断膨胀的超附文本空间当中极少能看到徐的名字，这使得他在传统的明代艺文文化史领域的"能见度"大大降低。而把他从尘封的遭遇中挽救出来的，是现存明版书。然而，还有无数作家，他们的著作数量根本比不上徐，那么随着他们参与出版的实体证据——书籍——的散佚，便难逃在历史中彻底消失的境遇。

畅销书作家：李贽、焦竑和袁宏道

李贽、焦竑（1540—1620年）和袁宏道（1568—1610年）是晚明时期最优秀的畅销书作家。李贽在晚明参与出版的角色并不太明朗，人们对于他的激进观念关注过多，所以他参与出版这一重要问题就相形见绌了。16世纪晚期和17世纪早期出版的很多书籍中，都有李贽的名字，或为作者，或为点评者。不过，很多人认为他的大部分作品其实是出版商假借他的名字所出版的。那时，李贽和其别号"李卓吾"成了家喻户晓的名字,各地的出版商都发现这个名字对销售书籍十分有利,比如他的书在南京就十分畅销。① 除了《焚书》和《初潭集》,《李卓吾批评忠义水浒传》的真实性在评论界备受质疑。

李贽于1580年辞官返乡,基本上靠少数朋友和资助人的帮助过着隐士般的生活。黄仁宇曾经指出,李贽的生活正是依赖于"他所谴责的士绅阶层"(gentry-official class he condemned)。② 由于他一直对时人的虚伪弊端猛烈抨击,对他而言,投靠那些他所指责的人一定是一种痛苦的两难处境。③ 通过这一背景,我们有理由认为李贽通过点评小说、戏剧和其他艺文文本来参与商业出版的行为更多是出于一种需要,而不是纯粹的求知若渴之心。

1591年时,李贽给焦竑写了一封信,向他索取一部《水浒传》,说他的一位友人——僧人无念——对此很感兴趣④,但是李贽自己拿到焦竑寄来的书后却手不释卷。1592年夏天,袁中道到武昌探望李贽,李贽当时在教他的仆人——僧人常志——誊写《水浒传》评注集的手稿。⑤ 这份写有李贽评注的手稿被他的门徒带给了苏州书商袁无涯。袁和他的朋友冯梦龙都对李的评注欣喜

---

① 孙鑛:《月峰先生居业次编》,3.19a。
② Huang, Ray, *1587: A Year of No Significance*, New Haven: Yale University Press, 1981, p.199.
③ 他在给焦竑的信中对间接依赖权贵精英并要和他们拉关系这些事情表达出了一种无助的心态。李贽:《续焚书》,见《焚书》,第34页。
④ 李贽:《续焚书》,第269页。
⑤ 袁中道:《游居柿录》,第244页。

若狂。尽管现存版本被编者叶昼和袁无涯修改过，但毋庸置疑的是，李贽确实评注过这部小说。在付梓之前，袁无涯雇用叶昼编辑和增加了一些评注内容。①

对于评注的真实性的争论是将现代的文本"作者权"（authorship）概念运用到晚明时期所产生的另一种错误。学者们虽然大体上同意李贽点评了《水浒传》这种说法，但是在李贽对两个主要版本——容与堂版和袁无涯版——的贡献程度和水平的看法却并不一致。②这里，我们需要注意到，不管将手稿给哪个出版商，李贽都会得到报酬。

李贽给他朋友的信件中清楚地提到，他自己并非只是喜欢阅读和评注书籍，他这么做，是为了出版。他阅读、遴选、编纂和评注了多种类型的文本，覆盖面很广，从儒家经典（如《孟子》）、"四书"、《易经》到流行的佛家道德书《感应篇》。③我们可以从中看出，李贽为出版商点评小说和艺文作品，并且在一定程度上赖此生活，一方面是为了偿还资助人和朋友的钱款；另一方面是为了补贴家用。当他在龙潭的时候，曾经点评了《孟子》《琵琶

---

① 崔文印认为袁无涯版中的评注是叶昼所作的，但是他引用的文献中却清楚表明了袁无涯带给叶进行编辑的版本的确包含了李自己的评注。见崔文印的论文《袁无涯刊本水浒李贽评辨伪》。同时，李贽事实上也在他的《续焚书》中提到了自己对小说的评注。李贽:《焚书》，第 269 页；李贽:《续焚书》，第 34 页。

② 关于这个问题的讨论，见 Andrew Plaks, *The Four Masterworks of the Ming Novel*, pp. 513-517; David Rolston, *How to Read the Chinese Novel*, appendix 2。

③ 李贽:《续焚书》，第 33、39、57、59—60、62—63 页。

记》《西厢记》和其他很多艺文作品。① 他甚至还为科举考试出版过"四书"范文。②

李贽是苏轼的崇拜者，但他却不同意苏轼对《老子》的看法。他将自己的理解写下来，寄给焦竑。他原本认为自己的文章肯定少有人问津，而且不该被刻印流传，但是他最终还是遵从了焦竑关于是否刻印的决定。③ 李贽可能并没有在实质上监督其作品的印刷和出版，然而他在写作和评注的过程中却始终是抱着最终一定会付梓的意图和目的。所以，他遵从焦刻印作品的决定，只是一种表示谦逊的方式罢了。于是，焦竑于1599年出版了两部李贽评注的苏轼作品集。④ 李贽对苏轼的兴趣远远不只是对其诗文成就的欣赏。他决定编辑一部苏轼编年传记，并答应将手稿带给南京书商。⑤

尽管不是住在像苏州、南京和杭州这样的大城市，李贽却通过信使和邮件保持和朋友与出版商的密切联系。李贽在他居住的地方过着一种表面上隐居的生活，其实这个地方却是晚明中国复杂却紧密相连的传播网、赞助网中的一个节点。传播系统包括邮驿系统、商业网络和宗教网络。⑥ 事实上，由于宗教需要而产生的

---

① 李贽：《续焚书》，第33—34页。
② 李撰写了一些关于"四书"中引用的文章，寄给袁宏道让他来评注。这些文章中很多都被收录在他的《说书》中。李贽：《焚书》，第47、269—270页；李贽：《续焚书》，第33、46页。
③ 李贽：《续焚书》，第45页。
④ 《明代版刻综录》，5.26b。
⑤ 李贽：《续焚书》，第59—60页。
⑥ 例如，一位晋商带给袁宏道一封信，告诉袁他的兄弟遭遇窃贼。袁宏道：《袁中郎全集》，《尺牍》，第19页。另见徐朔方：《晚明曲家年谱》，第3卷，第539页。

交通为晚明作家提供了一个重要的交流途径。① 佛教僧侣在晚明时期广泛游走，逐渐形成了一种相对定时的传播系统——"僧邮"。② 在不同的地区，一些主要的寺院都有僧人来进行信件投递。苏州的王路庵就是这样一个"传播中心"。③ 李贽和袁宏道就是依赖"僧邮"与朋友和出版商进行联系的。④

除了那些前来拜访的朋友，作为李贽信使的至少还有两位僧人——无念和常觉。与上面提到的他寄给焦竑的那部《老子》评注相似，李贽并不经常明示僧人们哪部作品会出版。因为除了他的朋友焦竑，李贽并不直接与出版商打交道，所以往往做决定的就是这些僧人信使了。一个最明显的例子就是他的笔记集《湖上语录》。无念将其誊抄并带到南京刻印，而并没有得到李贽先前的指示。根据李贽给焦竑的书信，他并没有跟无念说要出版这部书。⑤ 所以，无念为了获得足够的收入来维持李贽和自己的生活而自作主张送稿出版，也并非没有可能。⑥ 这也可能是因为两人之间交流的不畅。不管如何，出版所得似乎是李贽隐居生活的一个重

---

① Brook, "Communications and Commerce", pp. 626-630.
② 袁宏道提到了这样一个由云游僧人组成的传播网络，他们行走于丹阳、吴江和苏州之间。袁宏道：《潇碧堂集》，16.10a-b。
③ 袁宏道：《袁中郎全集》，《文钞》，第 57 页。
④ 李贽：《焚书》，第 268 页；徐奋鹏，第 34 页；袁宏道：《袁中郎全集》，《尺牍》，第 68 页。
⑤ 李贽：《续焚书》，第 45 页。
⑥ 李贽大多依赖朋友和追随者的资助，但是他却没有足够的钱捐给僧人。无念不得不到南京去讲学并建立联系。李贽对这种情况感觉并不太好，但也是无能为力。李贽：《续焚书》，第 34 页。

要来源。李贽不仅仅只是写作和评注书籍，基于经济、思想和个人的原因，他想将自己的书籍刻印出来。①

李贽与焦竑之间的友谊为他带来了与出版商之间必然的联系。焦竑居住在南京，自己出版了至少 10 种书，包括李贽的《藏书》和《续藏书》。② 李经常请求焦帮助自己修改手稿，就好像焦是那些书的编者一样。③

尽管焦竑自己就能出版书籍，但他也把他自己的作品送到其他书商那里。焦似乎和杭州书商徐象枟有着十分紧密的工作关系，他的主要作品都是由徐氏出版的。④ 毫无疑问，当焦竑决定不由自己来出版李贽的书的时候，就要帮助李贽寻找出版商。

就此而言，李贽和 16、17 世纪所有士人的艺文活动，应该放到他们所处的经济背景中来分析。他们作品的意义很容易被出版商所掩盖或错误表达。李贽对他的时代和他阅读的作品无疑是有所评论的。他对假道学的辛辣嘲讽、充满智慧与才华的连珠妙语和标新立异的精神是只要印有"李贽"二字的书籍都畅销这一现象最好的解释。不论李贽被冠以何种殊荣，他都是这些印刷书籍的作者。他在他所处的时代并不以"激进的思想家"或者"反传统主义者"而闻名。他是一位"名公"，同时也是一位被广泛阅读

---

① 蒋进曾有力指出，李贽出版《焚书》是为了表达他对耿定向的不满与愤怒。见 Jiang Jin, "Heresy and Persecution in Late Ming Society: Reinterpreting the Case of Li Zhi", *Late Imperial China* 22, no.2（Dec. 2001）: 1-34。
② 《明代版刻综录》，5.26b-27a。
③ 特别参见李贽：《续焚书》，第 4 页。
④ 《国史经籍志》和《国朝献徵录》。《中国善本书目提要》，第 131、215、245 页。

的畅销书作家。他是享誉海内的作家，只要是书上印有他的名字，那就是质量可靠的标志和内容新颖的承诺。

袁宏道是这里要说到的另一位畅销书作家。① 在李贽的一些朋友当中，袁是笃信佛教的。他也以其不寻常的想法而闻名，特别是在散文写作方面。他是公安派散文写作的领军人物袁氏三兄弟之一。

和大多数人相比，袁的仕途十分得意。1595 年，他被任命为吴县县令。在任县令的第一年中，他不断向自己的朋友抱怨，并且决心来年一定要辞官②，因为他已经迫不及待想回到写作和学习的状态了。

袁宏道似乎与苏州书坊书种堂主人袁无涯保持着很好的工作关系，所以李贽的《李卓吾批评忠义水浒传》由袁无涯来出版并不出乎意外。③ 从 1602 年到 1608 年之间，他还出版了袁宏道所有的文章。④ 像李贽一样，袁宏道也基本上是通过僧邮与袁无涯取得联系的。⑤

作为一位"名公"，袁宏道也与其他出版商合作过。他曾被邀

---

① 关于对袁的文学理论和他在公安派中的领导地位，见 Chou Chih-p'ing, *Yuan Hung-tao and the Kung-an School*。
② 袁宏道：《袁中郎全集》，《尺牍》，第 2—7 页。Chou Chih-p'ing, *Yuan Hung-tao and the Kung-an School*, pp. 93-94.
③ 《明代版刻综录》，4.26a。
④ 袁宏道：《袁中郎全集》，《尺牍》，第 77 页；《明代版刻综录》，4.25b；《中文善本书志》，第 475—477 页。
⑤ 袁宏道：《袁中郎全集》，《尺牍》，第 78 页。

请编纂一部科举考试选集。① 在这个过程中，他写信给杨长安先生，表达了对自己编辑的文章被修改的不满。他请杨先生依照原稿重印这些文章，不要再做更改。他同时还应要求评价和点定了杨先生之子的时文习作。②

袁宏道的声名也促使一个书商在一本名为《狂言》的书上盗用了他的名字，这被袁宏道的弟弟袁中道发现了，于是就写信给袁无涯，当时袁无涯正与中道一起出版宏道的诗。中道向无涯保证说，如果与他通力合作的话，他一定与其一起去苏州处理这件事。中道计划亲自找到那个盗名的出版商，还可能要打官司。③

而具有讽刺意味的是，这本书实际上是由杭州的一个穷文人盛廷彦写的。在盛廷彦卧病时，他记录下了一些自己的想法以消磨时间。后来在他并不知情的情况下，《狂言》这本书就莫名其妙地以袁宏道的名字出版了。做这件事的是一个叫周应麟的书商，他将这本书作为袁宏道文集的一部分。之后，盛廷彦找到周应麟，让他为自己正名，并让他把《狂言》从袁的文集中去掉。然而，其他出版商在重印这本书的时候，并没有改正署名的错误。④

印刷名声与欺诈：伪作、剽窃以及出版权

像孙鑛、钟惺、李贽和袁宏道这样的著名作家、批评家的名

---

① 袁宏道：《袁中郎全集》，《尺牍》，第 16 页。
② 袁宏道：《袁中郎全集》，《尺牍》，第 54 页。
③ 袁中道：《珂雪斋近集》，第 2 卷，第 190—191 页。
④ 陈万益：《晚明小品与明季文人生活》，第 117—128 页。

声就是一种通过刻印表现出来的公众性，这是一种出版商能够轻易盗用的象征资本。盗用有两种常见的方式：伪作和剽窃。为了理解伪作的复杂程度，我们的视线需要超出真实作者的问题，而要考虑到出版商在书籍制作中所扮演的角色。为一本书指定一位作者是作者和出版商将书籍吸引力和销售最大化的一种策略，而书籍署名的方式不止一种。根据热拉尔·热奈特的研究，书籍的不同功用使得作者的姓名可以以三种基本方式出现：具名（onymity）、假名（pseudonym）和匿名（anonymity）。当作者署上自己的真名的时候，就是具名；当作者用一个错误的、虚假的或借来的名字署名时，就是假名；当作者或出版商决定不署名时，就是匿名。①

热奈特认为假名包含借来的和创造的名字。我们可以把假名用来专指虚构的不实际存在的作者名，而另外创造一个不同于假名的新词来表示借别人的名字来署名这种模式。一个已经非常有名的作者的名字并不是虚构的，而是真实存在的，不过书籍有时会对这个名字进行错误地使用。这种作者和文本之间的错误关系可以用另一个词来表示——冒名（misonymity），指名字的错误放置。将冒名和假名区分开来是非常必要的，因为它们体现了出版商在出版过程中的不同作用。

当一个作家有了一定的名气之后，他的名字就会被认为是可

---

① Genette, *Paratexts: Thresholds of Interpretation*, pp.39-40.

信度和优秀艺文的标志。假名和匿名的使用往往能够规避法律责任,而冒名则完全是市场营销策略的结果。一本书实际作者的名字并不能保证一个好的销量,冒名便是出版商对文学艺术名流在出版界的公众名声的一种挪用。

书籍被错误署名的原因有很多。一位研究文艺复兴的学者安东尼·格拉夫顿(Anthony Grafton)曾说过,"伪作和文本署名的历史一样久远"[①]。一些伪作者伪造文本的目的往往是"取得赞助,或者为自己的观点辩护,又或者提出一个新的阐释"[②]。然而,在晚明中国,冒名的欺诈行为经常被出版商用作一种营销策略。

我们需要注意到,当伪作被发现时,有很多可以纠正的途径。冯梦龙在《智囊》卷二十八当中记录下了出版业中极为普遍的盗印现象。在苏州,出版是暴利行业,但是出版商们不得不面对盗版这一严重问题。书商余羡章采用提前警告的方式保护他的书免遭盗版。在出版《唐类函》一书前,他向县衙假报这部书有好几本被盗版了,并贴出悬赏缉拿盗贼的布告,结果无人敢盗印这部书,余氏的书全部售出,获利甚丰。[③]

[①] Grafton, *Forgeries and Critics: Creativity and Duplicity in Western Scholarship*, p. 8. 对伪作产生多种原因的总体论述,见本书第一章。

[②] 一个很有说服力的例子是对于丰坊伪作的石经本《大学》。丰是一位著名藏书家,同时也是一个伪作专家。他曾经篡改了《石经大学》以证明王阳明对于《大学古本》的重新建构是正确的。他的文章作为文集《丘陵学山》的一部分在 1568 年出版。由于一位不善于考证的名学者郑晓(1499—1566 年)的影响,丰的伪作在嘉靖年间开始得到认同。到万历晚期,还被重印成多种形式,甚至被顾完成、管志道和刘宗周这样的学者所接受。见李纪祥:《两宋以来大学改本之研究》,第 134—142 页。

[③] 《中国善本书目提要》,第 384 页。

陈继儒的女婿汤大节出版了陈的一些作品。它们被一名苏州书商盗版，汤便向当地县府和州府都报了案。后来政府成功缉获了这个书商，并惩罚了他，销毁了书版。为了防止盗版并打消书商试图盗版的念头，汤在新版陈继儒文集的凡例中写入了这个事情，以儆效尤。在凡例的最后一条中，汤为陈继儒的书征集跋文和赞辞，那些感兴趣的人需要按照汤的要求把自己的作品直接邮寄到汤在杭州的简绿居。①

尽管晚明时期商业出版中的盗版现象猖獗，那些门路广泛并且坚持与之抗衡的出版商们还是能够预防和阻止书籍被盗版的。三一教创始人林兆恩门徒甚众，三教九流都聚其门下。② 林去世之后，门徒们建立了祭坛纪念他，并通过召开集会和出版作品的方式不遗余力地宣传推广林的教义。1627年，书坊主严九皋雇用潘九华撰写了一部以林兆恩生平为原型的小说，名为《三教开迷演义》，其实这是一部讽刺小说，嘲讽了林及其教义。林的追随者们被这部小说激怒，向地方官府提出诉讼。严恳求他在国子监就学的朋友参与调解，最后以销毁书版而收场。③ 虽然这个案件与书籍盗版并无关联，但仍然说明了一本书在出版之后能够被追踪，甚

---

① 《眉公先生晚香堂小品》，见《美国哈佛大学哈佛燕京图书馆中文善本书志》，第768页。

② 关于林兆恩的教义在晚明宗教背景下更具体的讨论，见 Judith Berling, *The Syncretic Religion of Lin Chao'en*。

③ 林兆恩：《林子全集》，第1238页。

至被毁版。①

著名剧作家和出版商李渔在南京经营书坊的时候也遇到过盗版的问题，他出版的许多书都成了盗版的目标。当李渔得知苏州书商图谋盗版他出版的新书时，便向苏松道衙门告状，请求其签发一道不得盗版的告示。可是，当那些苏州书商们最终放弃盗版计划的同时，李渔从他家人那里得知，杭州书商已经完成盗版，而且已经公开发售了。由于他在苏州事务缠身，就在亲自去杭州处理此事之前先让他的女婿报官。②

我们从以上的案例中可以得出关于伪作问题和晚明出版商处理盗版的能力的几个结论。那时盗版情况屡见不鲜，杭州和苏州的一些出版商寻求盗印诸如陈继儒和李渔这样的畅销作家的书。以上案例的重要性有以下几个方面：陈继儒的名声是具有市场价值的，并且陈和他的女婿可以追踪并惩罚那些盗版书商。盗版盗印是危险性很大的行为，只要做了，就很少有逃脱法网的可能。错误的署名并不是唯一的问题，陈不允许书商在序中署他的名字，因为他的作品和姓名都是一种商品。由于陈是职业作家，书商为了请求陈继儒写文章而支付的费用相当于一个赞助人寻常的报酬。只要书商们为序的写作支付稿费，就不会担心触犯法律的问题。李渔的例子很有意思，因为它表明商业间谍在那时显然是很普遍的。苏州和杭州的书商想方设法获得了一部稿本，并在李渔自己

---

① 关于追踪出版商并由官方销毁书版的另一个例子，见本书第五章。
② 李渔：《李渔全集》，第1卷，3.11a。

的书还在刻印的时候，就开始盗版了。这明确体现了商业出版领域内竞争的激烈程度和书商在书籍生产上的极高效率。林兆恩弟子成功迫使书商销毁小说书版的事例则体现了商业出版不可能在完全保密的情况下进行这一事实。

尽管地方官员对于有关盗版的控诉似乎都会查办，但出版商们常常需要亲自去告发。大革命之前的法国，只有得到许可证的出版商才能出版书籍，而中国晚明时却与此不同。由于书籍在出版前并不需要申请官府的出版许可，地方官吏便很难知晓盗版的情况。只有出版商们自己报案，盗版书籍才能被发现、被追踪、被收缴。①

16、17世纪欧洲和中国的出版商必须保护自己的投资不受侵害，不管他们把这种保障称为"版权"（copyright），还是将其视为文本刻成印版的权利，这种保障刻版权利的观念明确地体现在"翻刻必究"这个出现在无数书籍中的警告里。出版商被认为拥有一种印刷某个文本的"权利"（right），是因为他要付出金钱以获取手稿并刊刻书版。现在所使用的"版权"这两个字就表达了这样的意思，它适当地反映了一种包括刻版权利和用雕版刊印的"印刷权利"（right to print），同时指这种观念与习业。刻版权利表示复制原版文本的权利，原版文本就是出版商从作者、编者或其雇用文人那里购买来的文本。所以，对于盗版的惩罚是毁版，因为

---

① 有关书籍盗版的一份罕见的政府告示在张自烈评论集的超附文本中可以看到。1657年，御史发布了禁止盗版张氏在道济堂所出评论集的告示。《禁翻刻道济堂书籍原示》一文，见张自烈：《四书大全辩》。另见本书第五章对于张的进一步讨论。

盗版书商并没有权利刊刻这些书版，而没有权利刊刻书版又是因为他们没有拥有原版的文本。政府销毁盗版书商的书版，从而保护了原版文本出版者的经济投资，这与欧洲早期版权史是截然不同的。在欧洲，早期的版权史"在成为一部记录拥有自己作品的个体权利的历史之前，是一部关于控制的历史"①。

欧洲关于作者权和版权的概念与君主政体国家努力采用印刷许可证制度来控制印刷在传播言论中的作用是密切相关的。②与当时的法国和英国不同，16、17世纪的中国出版商并不需要申请许可证或向官府付费以出版作品。在为李贽作品撰写的序中，袁宗道详细记述到，李贽入狱之后，他的书被禁了一小段时间，几年后，又重新成为畅销书。③由于没有一个许可证制度或者印刷行会的规范约束，皇权政府无法强制实施对书籍的禁令，也无法控制盗版和伪作。

如果考虑到所有对文本有贡献的人的话，那么晚明时期的伪

---

① Mark Rose, "The Author in Court: Pope v. Curll (1741)", *The Construction of Authorship: Texual Appropriation in Law and Literature*, p.242.

② 在1566年之前的法国，并无要求出版前呈送审查的一种制度化的审查方式。当出版商呈送他们的出版物时，其实是"一种自发的行为，出于自己的利益考虑，而并非源自一种有组织的许可系统"。但是在1566年时，夏尔九世颁布了书籍出版许可法令，从那之后，"作为一种商业特许权，特权的单独身份被融合进了这部印刷许可法令之中"。见 Armstrong, *Before Copyright: The French Book Privilege System*, 1498-1526, p.100. 在英国，版权的早期历史与其说是保护作者的权利，不如说是一部控制的历史，如规范印刷原料贸易行为、政府通过要求作者在书名页上说明身份和约束未经作者许可的出版物这样的方式试图控制匿名或争议性出版物。

③ 袁中道：《珂雪斋近集》，第44页。

作问题就会变得越发复杂。晚明时期书籍出版的一个显著趋势就是书籍上出现了大量为主要撰稿人加上的角色头衔。在超附文本中，新的术语层出不穷，用以区别他们的新角色。编者的特定角色有"纂""定""订"和"删"；编者与编纂者的角色相结合，有"纂辑""纂订"和"辑"；校对者的角色可以有"阅""鉴""参"，"鉴定"，"校""校阅"，"校订""参定""参订"。同时，也有许多变体的术语用来特指编者在标点和标注重要段落方面的角色，如"点""点订"。评注者的角色则包括"辑评""批""评""批评"，若与校对者的角色相结合则是"评阅"。

尽管这些头衔也许不能从实质上区分撰稿者的劳动分工，而头衔数目的增加和参与出版的人数的增多表明了对于刻印公示性的一种态度转变。那些以编者、校对和编纂者的身份从事书籍生产的人也对在书中署上自己的名字很有兴趣。当书商任意地署上"名公"之名时，他们的目的是为了吸引读者，虽然这样做会增加额外的刻板费用或人工成本。

这些角色头衔的大量增加对于读者的影响很难评估。如上述种种的角色头衔可能说明了对导读的需要。或者，起码反映了书商和作者意欲使读者产生一种想法，就是读一个文本的意义时，他们的指导与干预是必需的。这些超附文本为编者和评注家建立了阅读的权威，他们的指导成为理解文本的关键。

至此，笔者想对16、17世纪商业出版的繁盛对明代社会的冲击提出一些观察以作为本章的结语。首先，商业化的影响加速了知识和艺文产品的商品化进程，从而导致了经济和政治场域之间关系的变革。作为经济场域的一个板块，印刷的扩展产生了大量的位置，为士人提供了经济基础，让他们能够同时追求科举的成功与作为士商的作家或者出版家的双重事业。商业出版扩大的程度使得士人能够从依赖狭窄个人资助网络转而依赖更广大的非个人的商业网络。这一网络以位于福建、南京、苏州、杭州以及其他正在兴起的出版中心的书坊为基础而形成。更多的资助人能够提供急需的经济支持，尤其是对于那些已经放弃追逐官僚事业的士人。资助人可以是官员、富商、书商，或者是那些花钱购买艺文劳动产品的普通人。

其次，艺文批评中不断增强的专业化证实了阅读公众的多样化。优秀艺文的重要性不再仅仅限制于诗词和散文门类。一些需要很强艺文技艺的新体类是传统诗词、散文的训练所不能提供的。在艺文生产当中有一些特定的领域，只有那些有多方面天赋的士人才能走红。其中一些人凭借诗词和诗评而出名。钟惺在诗词方面坐得上头把交椅，相比而言，他在"四书"评注方面则并非是权威。像黄汝亨和徐奋鹏这样的作家在经书阐述方面出类拔萃，而在时文评注方面最知名的则是陈际泰和艾南英。汤显祖、沈璟、王骥德和臧懋循虽不长于时文批评，在戏剧方面却是最著名的剧作家和评论家。尽管出版商和作家中有很多都涉足于多个体类，但他们会设想读者在不同体类里看到不同的序言作者或者批评者的名字。像冯梦龙、凌濛初和李渔这样的作家兼出版商型的士人自身对于写作、编辑和出版白话短篇小说和戏剧都有十分强烈的兴趣。

艺文生产场域中的专门化，即使没有在论述里得到表述，在实际的习业里也已经牢固确立。被广泛接受的"当行"和"本色"标准限制了一个人能够在艺文生产场域中生产出什么样的产品。很少有人能够在扩大的艺文体类之间游刃有余，一个作家也不可能在所有的创作类型都具有竞争力。知识和艺文生产的商品化需要对劳动力的分工的专业化。这种分工的推动力来自新作品数量的急剧增加和建立评估这些作品标准的需要。批评家的技艺虽然与创作小说或戏剧的技能密切相关，但是其实两者并不完全相同。然而，尽管艺文生产方面不断提高的专门化程度已经成为一种趋势，仍然有一些职业作家可以从事多种体类的艺文创作。如陈继儒、钟惺、李贽、孙鑛和焦竑等。

再次，商业出版的扩大导致出现了一系列有关生产或非法挪用信用的习业，包括出版宣传、剽窃、作伪、盗版与出版商的"版权"观念。中国的出版商和作者通过多种多样的出版和法律策略毫不含糊地表达了对于保护自己对艺文劳动和投资的拥有权的信念。"版权"的概念在这个时期的中国就体现在"翻刻必究"这个词上。出版商能够把生产伪作者和盗版商人告上公堂，这就说明了在艺文生产者和官员之间存在着一致的意见——任何生产印刷原版需要的知识劳动与资金都要受到法律的保护，禁止非法复制可供刷印的印版。出版界有关禁止与采取诉讼方式来惩治盗版的习业与共识充分显示了对于原创性的承认。无论翻译为"权利"也好,"特权"也好,"翻刻必究"说的是刻印的权利,所以它的含义相当于英文的 copyright。

最后,艺文场域的商业化对这个时期中国作家和欧洲作家的表述策略产生了不同的影响。众多士人的职业轨迹延伸至出版业,只带来了习心再生产方面显著的而非根本的断裂。他们的政治生涯日益受挫,又依赖艺文市场的经济支持来追逐官位,这确实导致了对朝廷敌意的蔓延和与朝廷的完全疏远。然而,开放的官僚制度却仍然让很多士人不愿放弃他们昂贵的追求。尽管在士人的士商事业里,习心与习业之间存在着强度的张力,但这个张力的程度却没有大到产生像 18 世纪以来的欧洲高度自主的艺文场域。

完全脱离官场的职业身份并不明显,这导致了一直以来错误表述个人职业生涯的做法,很多人在经济场域的轨迹仍然十分隐晦,甚或并无记载。"山人"的说法就是体现这种目的的一种身份。但是,中国作家和出版商在称呼头衔上所用语言的语焉不详和模棱两可反倒证明了作为士商的艺文生产者内心的忧虑和不快。蓬勃的商业出版经历对他们来说并没有提升身份的积极意义。他们经验的记录充满了矛盾、迷茫,以及遗忘在商业出版的经验和退回到政治场域的渴望。

所以,商业出版繁荣的影响是隐晦的,也是深刻的。说它隐晦,是因为即便在习业上有变化,在语言上这些变化仍然是以诗意与隐喻的方式来表达。增加了的评论语言继续掩饰已经发生变革的艺文生产。那些对于艺文技艺的赞美与美学的修辞仍然将士人日益依赖的一个已经改变的资助系统（system of patronage）掩盖着。那些终于进入政府当官的士人渴望"忘却"他们在经济场域的位置。即使他们的艺文劳动被收入他们的文集里，但这些作品都会被剥夺它们原来的经济性质，因为它们被表述为个人的艺文成就。

商业出版影响广泛深远，想要完全遗忘或抹去是不可能的。千丝万缕的思想掩埋于被错误表达的艺文习俗中，若仔细挖掘，则会看出其揭示出的经济信息。写作和知识的商品化使资助系统拓宽并转型。很多人便可以找到诸如家教、代笔、编辑、编纂、撰文、售书画、卖诗文这样的职业。尽管他们的目的是进入政治场域，但是他们的位置却是处在经济场域之中，也就是说当官的目标看似是可以实现的，然而实际上对于绝大多数的士子却是遥不可及的。对于那些依然抱着入仕愿望的人来说，经济场域的位置为支撑他们的奋斗起到了关键作用。其中的绝大多数人的生命是在经济场域的位置上终结的，但他们进入官场的夙愿却寄存在他们的艺文产品里被供奉着。

晚明中国政治习业与文化生产之间的相互关系如只根据那些从现代欧洲产生出的概念来研究的话，是远远不够的。在欧洲，专业写作作为一种职业的出现，依靠的是书籍市场，这是由于收入是在一个特殊的社会结构中产生的，在这个结构中，职业作家被排除在政治从业道路之外。像卢梭、伏尔泰、狄德罗这样的职业作家和其他许多法国作家都没有官职,因而他们只能在经济场域中谋求位置。正是由于被排除于政治场域之外,他们就通过印刷文本来表达自己的声音和对政府的批评。他们的艺文技艺被囿限于生产可以用于批评政府的文章。批评与评论君主制度是他们唯一可以发表政见的方式。可以直接转化艺文技艺为象征资本的制度渠道几乎不存在。英国著名作家萨缪尔·约翰逊为他的牧师和律师顾客们做代笔,但是根本就没有一个制度化的途径能让他进入官场。[①] 作家们所占据的位置是在政治场域之外的,并且那些位置几乎都不通往政治地位。这种将作家从政治场域中分离出来的结构性排斥导致了一种意识的萌芽,就是试图辩护和捍卫他们在评论和批判社会政治事务方面所具有的权威和特权。

与此相比,在晚明中国,艺文技艺则是十分关键的象征资本,如果一个人选择参加科举考试并以会试为目标的话,那么,这些象征资本有可能被转化为政治权力,也可透过在艺文市场出卖艺文产品转换为经济利益。晚明士人拥有的艺文技艺让他们可以选择集中追求政治职业,或者全职写作,又或者在很多情况之下,亦士亦商,同时在经济场域与政治场域占有位置。虽然每科中式的进士、举人的限额甚少,但官场的门一直都是敞开的,所以很多士人没有完全放弃中式的希望。从很大程度上来说,我们可以认为晚明时期商业出版的繁荣使得更多的考生即使要承受长久的

[①] Martha Woodmansee, "On the Author Effect: Recovering Collectivity", *The Construction of Authorship: Textual Appropriation in Law and Literature*, pp. 19-23.

折磨、付出金钱的代价，也仍然抱着进入仕途的愿望。正是这种双轨的职业结构缓和了士人和皇权政府之间相互敌对的紧张状态，并吸收了更多追求进入政治圈的士人。

148

当对比欧洲专业作家与中国士人的文字中对出版的表述时，两种习业之间的差异，即中国士人的双轨职业和在双轨职业中表达出的对从政的热衷，是需要重新被考虑的。欧洲作家歌颂出版的作用、言论自由、新闻自由就是要为一个合法但不同于政府的社会空间辩护，这是给他们可以批评政府的空间。

在中世纪，作家自身的价值和其作品的价值在由教会和君主专制所掌控的文化生产中，是得不到任何公正评判的。所以，需要为打开话语空间进行证明和辩护。而与此相对，中国晚明时期则并没这个需要。与18世纪的法国不同，16、17世纪中国商业出版的扩张并没有导致更多抱有不满和敌对性批判情绪的世俗刻印者群体的出现。如果说在中华帝国晚期，印刷没能促成彻底的社会、政治变革的话，那么这并不是因为中国没能发展活字印刷的技术，也不是因为雕版印刷是一种原始的技术。这一时期商业出版的影响是深远的，而且，其影响社会的方式是独特的。

第四章
超附文本：评论、意识形态与政治

科举考试与意识形态

从晚清开始，科举考试遭到了普遍谴责，人们认为这是皇权政府施压建立高度一致意识形态和形式主义标准的一种手段。因而，所有遭受这一考试系统折磨的考生们实际上都是被训练为死记硬背和教条主义的官方意识形态工具了。本杰明·艾尔曼有力地论证了科举考试是一种"社会、政治和文化生产的杰作"（masterpiece of social, political, and cultural production），它将皇权国家、士绅和儒家正统紧密结合起来，这种形态从宋代一直持续到1905年。① 科举考试系统的社会、文化和政治功能不言而喻。艾尔曼甚至称科举考试形成了一种"文化监狱"（cultural prison）。②

---

① Elman, "Social, Political, and Cultural Reproduction in Civil Service Examination".

② Elman, *A Cultural History of Civil Examinations in Late Imperial China*, pp.142, 147, 192-194, 295, 327, 362-363.

这种观点强调了科举考试对中国艺文精英们的驯服,并把他们视为皇权系统柔弱的顺民。①

不过,这种观点有两个问题。其一,它夸大了意识形态的统一性和科举考试在灌输意识形态方面的力量。其二,这样的观点未能认识到士人也能通过多种手段反抗甚至颠覆官方意识形态。艾尔曼反倒与米歇尔·福柯的理论观点十分接近,福柯将霸权归因于主流地位统治集团用以对待被统治阶级的制度和话语,而这种制度和话语只能使统治阶级被看作被动受害者。② 通过强调科举考试系统是皇权政府的一种统治工具,艾尔曼将统治霸权归因于科举考试的效力,但却忽视了皇权政府与各个阶层科举考生之间的相互作用和妥协这样一种动态的存在。③ 这里有很多因素需要考虑,其中一个就是对于诠释儒家经典的控制权,这往往对考生的学习过程有着直接的影响。在皇权政府和考生群体争夺儒家经典解释权的斗争中,出版起到了非常重要的作用。

虽然统治集团掌控了组织与习业,但只有在弱势群体的参与过程中,统治集团的权力才能使用。科举考试如何在现实中成为

---

① 关于乾隆中期皇权国家与官员家庭之间的矛盾对立,见 Iona D. Man-Cheong, "Fair Fraud and Fraudulent Fairness: The 1761 Examination Case"。

② Foucault, *The Archeology of Knowledge*, pp. 21-63. 关于对福柯观点的批评,见 Michel de Certeau, *The Practice of Everyday Life*, pp. 45-49。

③ 艾尔曼指出"科举考试是多种多样的政治及社会利益相互竞争并相互制衡的一个文化竞技场",他将科举考试的特征说成是一种"文化监狱",就是通过将所有人都看作传统中国文化桎梏的牺牲品,从而忽视了知识精英与皇权政府之间斗争与对立的重要性。Elman, *A Cultural History of Civil Examinations in Late Imperial China*, p. xxiv.

一个任何单个群体都无法绝对掌控的角斗场？在探寻这一问题时，我们不能仅仅注意到皇权政府对制度的正式控制权。很多其他因素也在权力斗争的内幕中显现出复杂的作用，如社会因素、经济因素和技术因素等。在晚明时期，一个改变考试场域游戏规则的重要因素就是商业出版。

商业出版改变了考生应付科举考试的习业。在明代晚期，当许多力量（如商业扩张、货币经济、宦官干政等）与程朱正统观念、皇权合法性和士绅专权进行争斗时，科举考试作为控制意识形态的一种手段，其功能被极大削弱了。① 16、17世纪商业出版的繁荣对皇权国家、士绅精英和程朱正统思想三者之间关系的松动起了重要的作用。商业出版的发展催生了一种鼓励科举考生对于儒家经典采用多元阐释的思想风气。

出版、超附文本与阅读作为抵抗方式

米歇尔·德·塞尔托（Michel de Certeau）批判福柯型的分析方法夸大了统治集团将论述霸权强加于被统治者的能力。他认为福柯的分析孤立并选择了有利于统治阶层的论述。但是米歇

---

① 广泛的社会经济变化对于社会产生的总体效果就是笔者所称的"儒家秩序的危机"。周启荣：《清代儒家礼教主义的兴起：以伦理道德、儒学经典和宗族为切入点的考察》（*The Rise of Confucian Ritualism in Late Imperial China: Ethics, Classics, and Lineage Discourse*），第15—21页。关于晚明时期广泛的社会经济变化的总体描述，见 Cynthia Brokaw, *The Ledgers of Merit and Demerit: Social Change and Moral Order in Late Imperial China*, pp. 3-17; Evelyn Rawski, "Economic and Social Foundations of Late Imperial Culture", *Popular Cutlure in Late Imperial China*, pp. 3-16。

尔·德·塞尔托指出："在任何情况下，要把社会的机能简化为一种具有支配地位的过程，都是不可能的。"① 他批评福柯把他选择的习业都视为具有一致性（coherence）。对于米歇尔·德·塞尔托来说，这种"一致性"就是一种先验假设。他认为："有一个问题仍然需要解答，那就是我们应该如何看待其他同样细微的程序，虽然这些程序在历史中被忽略了，它们仍然在确立的技术网络的缺口中以无数的方式发挥积极的作用。"②

商业出版的繁荣为科举考生和士商们提供了更多可以商议、抗议与挑战皇权意识形态的途径。根据米歇尔·德·塞尔托的研究，现代社会中弱势群体所采用的一种战术就是阅读，这是日常生活行为中一种最为有力的操作方式。在提到作为一种"偷阅"（poaching）行为时，米歇尔·德·塞尔托指出了读者的创造性与主流社会制度性控制之间的易变关系："当控制读者的制度衰退的时候，读者的创造性便会增加。"③ 当米歇尔·德·塞尔托正确强调读者的创造性和统治精英制度性控制之间的对立关系时，他的分析却没有顾及阅读规程的约束效果，这种习约嵌入了文本结构之中，作者、编者和出版商都能够利用它使文本通过印刷形态呈现出来。阅读文本时不可能不依赖超附文本、体类、论述以及政治

---

① De Certeau, *The Practice*, pp. 45-49.
② De Certeau, *The Practice*, pp. 48-49.
③ De Certeau, *The Practice*, p. 172.

等语境（contexts）。① 对于阅读的分析若是完全将意义的建构归于读者，而没有考虑到阅读规程在文本物质形式的文本结构安排上的重要作用，那么是难以反映出阅读行为的复杂性和理解文本物质化中媒介所起到的作用的。在构建文本意义的过程中赋予读者以完全的自主权，与赋予文本或者论述以完全的自主权同样是错误的。

论述策略：超附文本、选集和评注

阅读的习业主要是由出版商和批评家通过超附文本所提供的。超附文本的扩大体现在多个方面——序言、凡例、征引书目和评论数量的增加，撰稿者头衔和书名的加长，等等。这些都扩大了书籍的语义场域（semantic field），为阅读过程中的干预阐释创造了更多的机会。晚明时期评注与评注选集的繁荣导致了"四书"语义场域的巨大扩张。那些提出异议的评注者开始挑战官方所确立的注解。

评注无论作为"附书文本"（epitext）还是"超书文本"（peritext），都影响阅读过程。通过特定的话语策略，皇权统治的权威被夺走了。证据可以在对文本的物质形式，以及对干预读者创造意义的

---

① 米歇尔·德·塞尔托甚至说："一个文本只能通过它的读者才能获得意义。"他仅仅关注了政治背景以及读者与文本创造者之间的权力关系，而且对于读者创造性的唯一钳制就在于统治阶级的制度控制。因此，米歇尔·德·塞尔托说："读者的自治权依赖于社会关系的变迁，这种变迁能够使得读者与文本的关系变得多重化。" De Certeau, *The Practice*, pp.170-173.

正式文本结构的分析中找到。这些文本结构一般而言就是作者、编者、插图作者和出版商的策略。换句话说，分析书籍的出版及其文本结构可了解读者在阐释边界之内是如何解读文本的。透过对书的文本结构的设定可以操控论述，借以规范读者目光（gaze）的浏览通道。由于米歇尔·德·塞尔托对于阅读作为一种弱势群体抵抗行为的分析仍然是将文本看作一种非实体形式，那么便自然没有包含对于文本作为一种物质媒介形式的分析。为了更全面检视印刷文本（在这里就是指书籍）物质形式的各种作用，我们需要从文学批评和文本研究（文献学）当中汲取养分。

对于行为和阅读史的任何一项研究都应该以"物质化文本"作为开端，即记录于物质媒介（如纸张、胶卷、缩微胶片或最近出现的网络空间）上的文本。每一种物质都使文本以特定的方式呈现于读者或观者面前。麦肯锡（D. F. McKenzie）认为，理解一个文本不能脱离其物质形态。① 非实体化文本的概念模糊了印刷文本的形态结构在建构意义过程中的重大作用。书籍的格式、页面设计、文本分割和符号惯例都是作者和编者的意图，他们通过这些方式使文本能够导引或因此而控制读者建构意义的方式。

印刷书籍的文本和非文本方面在塑造读者理解文本的方式过程中，起着各自特定的作用。热拉尔·热奈特认为构成书籍文本

---

① 见 McKenzie, *The Cambridge University Press, 1696-1712: A Bibliographical Study*。关于麦肯锡对于我们认识书籍正式结构的作用所做出的贡献，见 Roger Chartier, "Texts, Forms, and Interpretations", *On the Edge of the Cliff: History, Language, and Practices*, pp. 81-89。

的和非文本的正式结构对于解读实体化文本来说，是十分关键的。的确，我们几乎找不到一种不含常见"装饰"（如封面、书名页、作者名、标题、序言、评注和引语）的文本。热奈特认为"没有超附文本的文本现在不存在，过去也不存在"①。用他的话来说："超附文本能够使文本成为一本书，并提供给它的读者，或者更广泛而言，提供给公众。"②文本既能被个人谙熟于心，也能为公众耳熟能详。但是，这个过程是私人的，也是难以捉摸的。一个尚未有物质形态的文本在得到公众性之前，是需要一定的表现形式的，诸如口头或书面形式等。相反，在我们所举的例子中，印刷的书籍作为一种实体化了的文本，它的公众性体现在刻写在一种可携带的物质媒介上，并能够被用于交换。而正是超附文本赋予文本以公众性或客观存在。

超附文本的功能在任何阅读行为中都是十分关键的，因为从这个"门槛"（threshold）中，读者能够寻找到一些信息，为是否继续阅读此书或就此搁置的判断提供依据。③超附文本被看成"阐释的门槛"的主要原因有三：一是超附文本元素能够传递一定的信息；二是能为作者对此书本质的观点提供展示的空间；三是控制读者阅读此书的方式。④简而言之，"所有格式的超附文本都是一种话语，它们从根本上来说是受外界因素支配的、庞杂的、辅

---

① Genette, *Paratexts: Thresholds of Interpretation*, p.3.
② Genette, *Paratexts: Thresholds of Interpretation*, p.1.
③ Genette, *Paratexts: Thresholds of Interpretation*, p.2.
④ Genette, *Paratexts: Thresholds of Interpretation*, pp.10-11.

助性的，并为自身以外的事物提供解释与服务"①。

超附文本作为解释的门槛，是一种新出现的且不断扩大的空间。在这个空间中，"四书"的评注者们为公众带来他们各自不一的理解和政治性的批评。根据米歇尔·德·塞尔托对"习业的策略"（tactics of practice）的分析，超附文本——不同层次的评论（包括注、疏、解）、前言、凡例等——促进了对于儒家经典阐释的开放态度。② 为了理解各种策略如何被使用和使用这些策略的客观条件，我们必须要考察与印刷书籍内容生产相关的诸多问题。

"书籍的语义场域"以及"传播循环"

近来的文学理论、文化研究和书籍史研究领域已经注意到了作者、出版者、印刷者、书商、编目者和读者在意义生产过程中扮演的多种多样的角色。他们与书籍之间不同的关系成为一个组合，在这个系统中，书籍被制作、包装、发行、订购、阅读并使用。

罗伯特·达恩顿（Robert Darnton）认为这些不同的人的组合构成了一种"传播循环"（circuit of communication）。③ 但是，强

---

① Genette, *Paratexts: Thresholds of Interpretation*, p. 12.
② 对于"习业的策略"这个说法，米歇尔·德·塞尔托指的是每天的阅读、行走、谈话、烹饪和起居。他并没有特别提到写作作为策略的一个例子，这是因为他对于写作有个人的偏见，他认为写作是现代时期统治集团用以施政的技术。他提出在西方近代历史中，经文／写作通过"扩散的手法"（the techniques of diffusion）达到"清洗"（clean-up）的效果，从而使"人民的声音"（people's voice）"殖民化与神秘化"（colonized and mythified）。De Certeau, *The Practice*, p. xvii, 132.
③ Darnton, "What Is the History of the Book?" pp. 107-113.

调这一循环的传播性,就等于是在循环的所有同等重要的方面当中片面突出了传播性。虽然突出循环的传播特性没有错,但是若要考虑意义产生的过程,这个观点显然过于狭窄。采用循环的比喻会凸显固定传播路线的意涵。虽然信息可以透过很多路线传播,但路线毕竟是固定的。相较之下,"场域"的概念没有让人把它与规律性和模式联想起来,却能与各种力量、主体、制度以及它们之间的互动相容。"场域"这个概念更适用于表述意义的多样性、模糊性和书籍使用者生产的新意涵。然而,"循环"中每一个节点的功能就像接力赛,一个传一个,信息终于抵达终点。所以,从意义生产的复杂性角度上来说,"循环"的比喻并不能显现出文本和图像信息在意义生产过程中编码和重新编码的众多方式。

笔者在这里提出一个将书籍生产、物质化过程、发行、体类分类和阅读等内容概念化的范畴——"书籍的语义场域"(semantic field of the book)。在书籍的语义场域中,在每一个节点处,意义都能够以接力的方式被无损、无变化地传递至下一节点。但是,意义也能够被抵制、更正、推翻和商议。这个"场域"概念更能表达各种超附文本中所传达的论述的受外界因素支配的特质,这种特质允许矛盾、竞争和异质性意义的出现,并向读者展示建构意义的多样化途径。①

---

① 这种构想向米歇尔·德·塞尔托认为读者才有全部自治权的想法提出异议。米歇尔·德·塞尔托的阅读理论只考虑到两个因素——读者以及控制阅读文本的制度,特别是那些"文化正统"得以栖息的制度。De Certeau, *The Practice*, p.170.

尽管读者就像是旅行者，"在已有所属的领地上穿行，如同游牧民族进入一块未标记的土地中狩猎一般"，却总有一些界标、足迹和建筑物能够促使或是阻碍他们的行动。① 每个节点上都有一些特定的构造能够使意义生产被某个因素所干涉。一个文本的意义不可能完全被封冻，因为我们不可能完全掌控所有节点对意义生产的影响。这些特定的构造可以被用来比较出版在中国历史和欧洲历史中的不同地位，因而也能够从比较研究的角度揭示印刷的不同影响，避免用认为技术是传播知识和思想的第一驱动力这一现代主义视角来研究问题。

意义的生产或者物质化文本的意义能够在作者创作手稿时产生出来，之后通过编者与出版商加入超附文本来修正、改写、整合，最终书商、目录学者、购书者与读者都有机会为文本生产新的意义。在这样的每一个节点上，意义都会发生改变、增加和压制。因而，这不仅仅是关于意义如何传播出去的问题，而是关于如何通过文本方法和超附文本方法将意义固定于书中。所以，这些节点在信息传递的过程中并不是以接力的形式存在，在这些节点中，意义能够被生产、商讨、压制，甚至颠覆。

不过，达恩顿"传播循环"的概念仍然是有价值的，因为它能够指明在"书籍的语义场域"中产生的一种效果。这种效果的产生途径主要是各种控制系统内部和外部的方式——检查制度、

---

① De Certeau, *The Practice*, p.174.

许可证制度、对书籍贸易的控制与各种释义工具（如在序言、评论和体裁等超附文本因素中嵌入的阅读规程）。检查制度、阅读规程与超附文本都是借政府、作者和批评家产生传播循环效果的方式，这样一来，传播的循环就是一种固定路线信号模式，它能够将信息传递至目标接收者——读者。然而，"传播循环"的这种效果并非全盘性的，它的效力取决于它对所有产生干涉的节点的控制程度。但是商业出版中任何简单的动因，包括政府因素，都会使"书籍的语义场域"转变为"传播循环"变得越来越困难。

任何一个通过书籍印刷而散播意识形态的政府都会尽全力把书籍的语义场域转变成一个"交流循环"，这样就能压制和消除与其意识形态相左的读物。正如米歇尔·德·塞尔托精当地指出，"文本循环：政府施加压力（查禁制度）会导致把文本循环变为传播循环，抹去或压制抵抗，并改变了文本意义"①。政府用于固化文本意义的方法可以既是正面的也是负面的。正面的方式包括使用机制来奖励和鼓励忠于官方意识形态的意义复制。竞赛、评奖与授予荣誉都能够对维持意识形态的大一统起到积极的作用。负面的方式通常涉及对书籍的语义场域的各种形式的审查和监管，主要是对出版商、作者、书商与公众阅读形式保持警惕。

在明代中国，皇权国家主要依靠正面的方式来管理官方意识形态（即程朱理学）的复制传播。私学则可以自由采用自己的课

---

① De Certeau, *The Practice*, pp.170-172.

程大纲。① 通过科举考试，明政府向那些有志向抱负的人授予各级功名，但他们必须忠实遵守朱熹对于儒家经典的权威评注。② 就如同政治圈子中的党同伐异一样，对于官方意识形态的异议和挑战也会遭到抑制并被抹去。写作并出版与朱熹评注要旨不符的评论，就是一种公开的表达异议的行为。

作为超附文本的评注与评注选本

评注是文本的一种衍生物，可以是以一本书中一部分的形式存在的"附书文本"，或者是以单独的物质实体化方式存在于其他书中的"超书文本"。作为一种解释的门槛，评注通过多种方式介入意义生产当中，包括在书籍的语义场域中填补文中空白、阐释晦涩文字、调和矛盾意义、强调隐含论点、打开全新视角、提出不同见解等。评注为阅读提供了一整套的规程。为同一个文本所写作的评注越多，就意味着规程越多，这导致了书籍的语义场域的扩大和干涉阅读过程的节点数量的增多。如果未能有效控制评注的出版和流通，这些与正统不相同的声音便会逐渐削弱皇权政府对维持官方意识形态所做的努力。万历年间商业出版的繁盛导致了对"四书""五经"非正统评注的迅速扩散。

---

① Thomas A. Wilson, *Genealogy of the Way: The Construction and Uses of the Confucian Tradition in Late Imperial China*, p. 60.

② Thomas A. Wilson, *Genealogy of the Way: The Construction and Uses of the Confucian Tradition in Late Imperial China*, pp. 51-53.

晚明时期的评注以"附书文本"和"超书文本"两种形式出版。我们可以看到，一些评注随着"四书"文本一同出版，同时也有一种新类型的评注，它们并不与儒家经典文本共同出现在同一本书中，而一般只能从章节的标题中看出与"四书五经"的关系。这一类型的评注相当于选集的形式，评注进一步与注疏和经书上下文分离。作为一种"超书文本"，评注集能够通过将精选的评注编为另外一部书的方式促使经典脱离其一直占据的中心地位。经典文本在实体上与视觉上成为评注的边缘部分，只以骨架的方式出现，而书中真正的血肉部分却是各种评注。这种对中心—边缘关系或文本—超附文本关系的倒置，在评注选集这种刊本中便成为可能。

评注与"四书"文本实体上的分离证明了评注者不断上升的权威，正是他们的评注或者评注选段构成了阐释经典的门槛。那些为金榜题名而奋斗的科举考生们把这些评注视为成功的不二法门。然而，正是这些评注撒下了异议的种子，同时也可以作为研究抵抗官方论述的记录。

如果我们深入研究一下"四书"评注和评注选集，会发现它们揭示了士人和出版商针对皇权政府对艺文生产的控制进行抵抗和颠覆时所采取的"策略"，这个问题至今尚未被探讨过。这些评注大都为书坊刻本，数量巨大，时间大约为明代最后50年。这些图书代表了科举考生和学者们对于"四书"及其他儒家经典多种解读的客观化与实现。我们现在不可能证实这些客观化的解读与读者实际阅读的时候的相似程度，毕竟，已经发生的阅读行为早已消失。理论上来说，我们可以推测在阅读文本新意义时不胜枚举的可能性，但是若没有客观化的解读，就根本不能够知道读者的想法。然而，这也是米歇尔·德·塞尔托研究方法上存在的一个问题，他将读者的地位置于文本之上，正好倒置了结构主义者的一般看法。我们需要考虑超附文本所设定的阅读规程与文本策略，这样才能理解这些由作者和出版商创作并刻进了文本中的规程对于解读空间的种种限制。简言之，我们研究书籍的语义场域必须考虑作者与出版商所占据的产生意义的干涉点，以及他们在超附文本里设下的论述策略。

官学系统的衰落

一种意识形态作为政治工具与话语/知识的生命力取决于制度对其复制与推广的支持。官学系统就是帮助维持程朱理学生命力的一种制度。① 明政府在全国建立了一套学校体系，分为地方的府学、州学、县学和中央的国子监等不同等级，培养那些已经通过科举考试初级阶段的学生们。官学学生们能够领到一些俸禄，必须得到官学教员们的指导，而且要定期参加考核。直到15世纪中期为止，学校系统为巩固和加强程朱理学的地位起到了积极的作用。不过从那以后，官学的教学开始松弛。

---

① 其他制度包括孔庙、道学宗师谱系的建立以及文集的编纂。见 Wilson, *Genealogy of the Way: The Construction and Uses of the Confucian Tradition in Late Imperial China*。

从 15 世纪中期开始，官学学生的质量不断下降，一部分原因是县学与府学的训导水准下滑。明早期时，政府招募县学与府学训导的方式是任命一些有名声的举人，这些举人都是参加了会试但未中进士者。中乙榜者被任命为官学训导（如府学教授、县学教谕、州学学政）已经成了明文规定。但是，在乙榜中选任地方官学比较容易遭受举人的抗拒，因为教学官职的升迁低于进士。15 世纪中期之前，政府一直严格施行这样的政策。尽管这种选择遭到普遍性的反对，一些乙榜考生仍然愿意接受在官学任职，因为如果这样的话，他们依然能够继续参加会试的角逐。① 但在明英宗正统（1436—1449）之后，乙榜举人如果选择了地方官学里的职位便不能参加会试了，这样就关闭了会试中榜者的其他职业通道。

从景泰年间（1450—1456）开始，政府招募的训导绝大多数是贡生，于是府学和县学的教谕学政们便遭遇了威望地位进一步下降的处境。② 政府所选拔出的这些贡生通常比较年长，他们都是官学学生，参加科考已有数次，但并未通过乡试和会试。从那之后，任命贡生为训导已成为习惯。③ 到 1453 年时，做官学训导的贡生低劣的素质就已经鸣响警钟。④ 其素质大不如前，这就导致训

---

① 吴智和：《明代的儒学教官》，第 25—28 页。
② 吴智和：《明代的儒学教官》，第 28—30 页。
③ 吴智和：《明代的儒学教官》，第 29 页。
④ 郑晓：《今言》，3.23a。

导官员得不到公众尊重,腐败横行。一般的政府官员都看不起他们,视其为奴隶。① 王艮(1483—1540年)的门生耿定向(1524—1596年)回忆到,他在官学的十年中,一共看到过六七个新训导,无一例外地向自己的学生索要礼物作为贿赂。他们对来自权贵富户家庭的学生卑躬屈膝,而对贫困的学生恐吓骚扰,这些贫困的学生常常会因为训导的压榨而负债累累。②

官学训导水平和威望的下降也可以从另一个现象中反映出来,那就是1454年之后禁止地方官学训导出任会试主考。③ 这时候官学训导已经成为众矢之的,因此,科考的考官逐渐由京城的进士官员们担任。到嘉靖末年,仍然担任院试考官的官学训导数量已是微不足道了。④

官学的衰落也是政府财政支持不利的后果。官学原先可以得到"学田",为学生提供经济支持。但是,到了嘉靖末年和万历初年,多数官学财务混乱、管理不善,因而导致学田流失至地方豪绅手中。那些想要恢复财政支持质量的官员不得不常常与地方势力斗争,以夺回被侵占的土地。比如,包括杨廷筠和张鼐在内的一些官员就曾经为松江府学收回及重新拨置学田做出许多努力。⑤

明后期讲学盛行与创建书院的风气向来被视为与阳明思想的

---

① 张萱:《西园见闻录》,45.3770。
② 张萱:《西园见闻录》,45.3770-3771,3780-3781。
③ 吴智和:《明代的儒学教官》,第139—140页。
④ 吴智和:《明代的儒学教官》,第140—148页。
⑤ 《松江府志》,23.57b-62a。

影响及其弟子的努力密切相关。但是,导致嘉靖之后对建立书院的重视,也有其他原因:一是官学的衰落;二是教育机会增多。① 除了那些跟随王艮和他的弟子罗汝芳的听众,大多数讲会的听众都是科举的考生。由王阳明(1472—1529年)及其弟子所推动的讲学之所以引起强烈的反响与兴趣的原因是科举考生对于官学教学质量下降、考试日益激烈与科举考试检查不公不满所致。

张居正(1525—1582年)对私立书院与巡回讲学者的反感是16世纪70年代讲学运动呈下滑趋势的一大原因。东林党17世纪早期的政治斗争进一步加速了讲学运动的消亡。② 讲学是新兴的竞技场,它能够改变权力博弈的规则。但是,讲学运动的吸引力逐渐消逝并不能证明政治压制取得了制胜地位。从很大程度上来说,万历中期以后商业出版的进一步兴旺加速了创建书院努力的衰退,正当讲学风气与创建书院的兴趣在减退的时候,商业出版在考生准备科举考试与控制科举成功方面的重要性开始凸显出来。③ 在出版市场没有政府管理政策的情况下,作家与批评家争相发表自己对于儒家经典的解读。士子打进官僚机构的战斗已经在新的战场展开,那就是没有人能够绕过的商业出版。

---

① John Meskill, *Academies in Ming China: A Historical Essay*, pp.24-25. 叶显恩:《明清徽州农村社会与佃仆制》,第136—137页。
② 丘兆麟:《玉书庭全集》,11.80a-b。
③ 新建私学的速度在万历年间有所下降。John Meskill, *Academies in Ming China: A Historical Essay*, p.139.

程朱理学与《四书大全》

尽管早在 1315 年，元代皇帝就已钦定朱熹的《四书集注》为科举的官方读本，但是道学对于儒家经典的阐释要到明朝才成为正统。科举考试在招贤纳士方面所扮演的角色在元代时还是无足轻重的。[①] 程朱道学在永乐年间（1403—1424）成为正统，从那以后，所有想要为官的人都必须学习理解朱熹对经典的注解，才能有通过科举考试的可能。[②] 永乐皇帝下令编纂的《四书大全》和《性理大全》对程朱道学官定正统地位的进一步巩固起到了重要作用。[③] 这些书籍与《五经大全》一起构成了当时儒家经典的核心文本，统一颁发给官学。[④] 在万历之前，科举考试考生都必须依照《四书大全》来准备考试。

让-弗朗索瓦·利奥塔（Jean-Francois Lyotard）在《异教原理》（*Rudiment païens*）中写道："想一劳永逸地俘获字词的意思，是令人讨厌的人才想做的事情。"[⑤] 的确，朱熹注解作为官方指定"四书"文本的颁行，意味着对儒家经典文本意义的固化，强加一种政府认

[①] 托马斯·威尔逊认为道学学派是在明代成为正统，而并非是在元代。Wilson, *Genealogy of the Way: The Construction and Uses of the Confucian Tradition in Late Imperial China*, pp. 47-59.

[②] Wilson, *Genealogy of the Way: The Construction and Uses of the Confucian Tradition in Late Imperial China*, p. 54.

[③] 关于永乐篡位对于建立程朱道学的作用，见 Elman, "The Formation of 'Dao Learning' as Imperial Ideology during the Early Ming Dynasty"。

[④] Timothy Brook, "Edifying Knowledge: The Building of School Libraries in Ming China", pp. 104-108.

[⑤] 引用于 De Certeau, *The Practice*, p. 165。

可的"四书"解读方法,将书籍的语义场域转化为传播循环。这种"被固化了的意义"(frozen meaning),或者用米歇尔·德·塞尔托的话来说就是一种"正统文义"(orthodox literality),取决于制度的支持。① "四书"意义的固化主要是通过对科举考试的管理而达到的。如果考生"发明"的新的解读方式打破了官方文本传播循环的规则的话,他们便不可能通过考试。而想要取得考试的成功,考生需要复制官方的声音。然而,成功固化意义取决于对科举考试的有效管理,以及对那些妨碍考试管理和考生培训的因素的有效控制。

掌握、理解"四书"固然需要寒窗苦读,但这并非是让人畏缩的难事。可是要在考场上写出比别人更佳的阐释,而同时没有露骨地背离皇权政府的立场,则是非常困难的。使自己的文章与众不同,需要用到形式和内容上的艺文技艺。一方面要对"四书"做出新的阐释;另一方面又不能表现出半点离经叛道,这对任何考生来说都是最大的挑战。从万历中期开始,对用"新"理念解释经典的探求激发了对"四书"评注的大量需求。正是因为如此,对于参加乡试和会试的考生来说,在考试中使用"四书"评注就变得十分关键。那些出于商业目的撰写的"四书"学习指南的需求量很大,供货也源源不断。② 甚至有一些还远销海外,包括日

---

① De Certeau, *The Practice*, p.171.
② 宋继澄:《四书正义》,序,引自朱彝尊:《经义考》,259.9b-10a;见《四书千百年眼》,凡例,1a。

本。① 在这个时期，评注前所未有的猛增改变了士人准备科举考试的方式。

商业出版与"四书"评注

在明代早期，考生们阅读的考试指南大多是由元代学者撰写的，诸如《京华日钞》《源流至论》等。② 谢铎（1435—1510 年）曾经建议政府取缔印制这些举业用书的出版商。③ 商业性"四书"评注的撰写与出版主要是为了帮助考生通过考试。由于评注的价格并不高，所有的考生（可能有一些例外）都可能读过这种特殊的考试指南。他们对于这些文本的熟悉程度可能大大超过他们对于诸如王阳明和湛若水（1466—1560 年）这样的著名思想家所写的文章的掌握。进一步来说，由于这些评注的目的是取得科考成功，考生必须与时俱进，了解当下影响考题制定者的思潮。所以，评注可以被用来当作知识界大气候的风向标。

在王阳明之前，朱熹对于儒家经典的阐释一直没有受到过大

---

① 陈际泰的儿子曾提到父亲为考生准备科举考试时所写作的范文流传到海外。虽然这个特别的说明也许是出于孝心，但是许多举业用书确实被传到了日本。大庭修（Oba Osamu）：《〈江户时代〉唐船持渡书的研究》，第 721—728 页。陈际泰的范文在当时属于最流行之列。见陈际泰：《已吾集》。

② 早在 11 世纪，出版的举业用书就在官员当中引起了关注。刘祥光：《印刷与考试：宋代考试用参考书初探》，《转变与定型：宋代社会文化史学术研讨会论文集》，第 116、124—126 页。

③ 张萱：《西园见闻录》，45.3b-4a。

的挑战。①尽管王阳明的显赫声名来自于为官与治学两方面,但他的影响并未在嘉靖年间对科举考试产生重大作用。在万历之前,由明代作者所撰写的"四书"评注只有极少量。书商更感兴趣的是重印官方指定的由胡广编纂的《四书大全》,而并非印行新的评注。除官方版本之外,有至少7个不同的书商重印了《四书大全》。②尽管这部书对官学学生来说是必读文本,但从15世纪晚期开始,一些由学者所著的"四书"评注逐渐成为考生们广泛参引的工具书。16世纪末期之前,蔡清(1453—1508年)的《四书蒙引》、陈琛(1477—1545年)的《四书浅说》和林希元(约1480—约1560年)的《四书存疑》这三部评注在考生中一直十分流行。③虽然其中有少量的不同之处,但是这三部书的主要观点均支持朱熹的阐释。④

而在万历中期,情况开始发生变化,甚至可以说是剧变。从16世纪90年代开始,书商刊印的评注数量大大增加,形式多样。现存大多数明代出版的"四书"评注,其出版时间都在1572年之后。笔者为撰写本章曾经阅读过72部评注,其中9部未刊年代。在63部含有明确年代的序言的评注中,只有两种是在万历之前出

---

① 杜维明,第157—176页。狄培理(William Theodore de Bary)提出王阳明重组"心学"(learning of the mind and heart)的同时,也反对将朱熹与王阳明对立为道学与心学。见 de Bary, *The Message of the Mind in Neo-Confucianism*, pp.79-87。
② 见《中国古籍善本书目》,卷3,47a-48a。
③ 黄宗羲:《明儒学案》,卷9,46.27。
④ 朱彝尊:《经义考》,256.18a。

版的。① "四书"评注数量的急剧增长是晚明时期商业出版总体繁荣的一个组成部分。② 在 72 部评注中，没有一部是胡广《四书大全》的重印本。此外，只有两种现存 16 世纪 80 年代出版的评注，是基于蔡清和林希元的原著的。③ 这些评注中的绝大多数是新编纂的，或者是对 16 世纪 90 年代之后首次出版之评注的选编。另外，一项对于其他"四书"评注目录的研究显示，在 163 种明刻本评注中，有 131 种的出版时间是万历年间或万历之后。④

礼部与评注

新评注的迅速扩散对科举考试考生和他们在考试中的表现起到了明显的影响作用。礼部是负责组织与监督科举考试的政府部门，严格监视考生是否遵从朱熹对于"四书"的注解，并对考生接受非正统观点的情况发出警告。例如，嘉靖元年一名礼部主事就曾经公开谴责对朱熹注解的偏离和批评。⑤ 从那以后，礼部针对

---

① 见本书附录 6 中的书名。
② Lucille Chia, "Of Three Mountains Street: The Commercial Publishers of Ming Nanjing".
③ 这两种评注是《新刊四书两家粹意》(序，1583 年) 和《四书翼传三义》(序，1588 年)。关于前者，见《中文善本书志》，第 54 页。后者包括了陈琛的评注，见本书附录 6。
④ 《中国古籍善本书目》列出了 141 种印刷于明代的"四书"评注，不包括 13 种官方版本和重印本的胡广《四书大全》和 18 种朱熹个人的评注，其中有 5 种出版于嘉靖到隆庆年间。朱熹所著包括《四书集注》和《四书或问》在内，《中国古籍善本书目》，3.42a-56a；《名古屋市篷左汇籍目录》，第 15—21 页。有 22 种时期不同的评注可以加到这个列表中，它们保存于日本名古屋市立图书馆，出版于万历年间或之后。
⑤ 《条例备考》，"礼部"，1.2b-3a。

乡试考生用程朱理学之外的解释来作答的情况发布了一系列的警告。但是，礼部在强制执行政策方面的作用并不明显。

自万历中期之后，情况更加严重。前后好几位礼部尚书试图拨乱反正的努力都失败了。由于受到非正统观点传播扩大化趋势的干扰，礼部尚书沈鲤（1531—1615年）在16世纪80年代中期建议严厉打击文章格式违规与杂引异端思想如佛家、道家与诸子等行为。①沈鲤认为罪魁祸首就是商业出版商出版的举业用书。②其他几位礼部尚书，包括余继登（1544—1600年）在内，都曾经发布过同样的警告。③但是，这些警告却都被置若罔闻。为了执行礼部的权威，1600年会试的所有中榜考生的文章一律不允许出版，只有经过筛选的范文才可以被收录。在序中，礼部尚书冯琦（1559—1603年）批评了广泛流传的违背朱熹注解的言论。④他对引用佛经与道家思想来批评儒家经典的做法特别反感。因此在1602年，他建议焚烧那些"新说"的印版。⑤四年之后，礼部另一位尚书李廷机继续批判那些不断出现的"新说"的风气，还有在考卷中引用佛经与非正统文本的普遍行为。他发誓会严格检查已被地方考试官通过的文章，而且任何违背礼部所立的官方标准

---

① 约在1584年至1586年之间，沈鲤上表了八项关于教育和科举考试的奏章。《明史稿》，96.6a-b。

② 张萱：《西园见闻录》，44.12a-14a；MS, 217.5734。

③ 《明史》，216.5705。

④ 见《明代登科录汇编》，卷21，第11605—11725页。

⑤ 孙承泽：《春明梦余录》，40.3a；顾炎武：《日知录》，18.21b-22a；L. Carrington Goodrich, ed., *Dictionary of Ming Biography, 1368-1644*, New York: Columbia University Press, 1976, p.444。

的人，都会被取消考试资格。① 不过，具有讽刺意味的是，一些评注竟然冒署他的姓名为作者。② 一部由福建出版商刻印的初试指南冒署他为作者，同时把礼部尚书沈鲤列为校对之一。③

我们没法知道读者究竟是如何阅读这些评注而在考卷里写出令礼部责难的解释的，但是这些评注的作者本身也是同类考试指南的读者。毋庸置疑，是大量的批评家和评注家将解读儒家经典的新方法介绍给考生的。

在万历晚期，时文已经很少有遵从官方诠释的了。④ 很多人为了显示自己的与众不同而跟风发展了"新说"形式。⑤ 应试者们在回答中广泛引证了佛典内容。⑥ 复社成员顾梦麟曾感言，自从16世纪90年代开始，参加科举考试的学生们十分偏爱新派诠释与简约风格。《四书大全》便是因为大量的细节和陈词滥调而被考生们摈弃的。⑦ 之前流行的明代学者撰写的评注也失去了吸引力。顾梦麟观察到，到17世纪20年代时，甚至陈琛和林希元的作品和《四书大全》在书肆中也难觅踪影，因为需求短缺，书商已经不再重印了。⑧ 正如上述所言，陈琛和林希元的评注主要追随了朱熹的观

---

① 李廷机：《李文节集》，4.8b-9a，4.11a-b。
② 在此给出两例：李廷机的一部印刷质量很差的评论《四书文林贯旨》（见本书附录6）与他的《四书大注参考》。
③ 李廷机：《四书文林贯旨》。这部书很可能是李廷机所作的。
④ 钱谦益：《牧斋有学集》，19.17a-b。
⑤ 李乐：《见闻杂纪》，5.72a-b。
⑥ 顾炎武：《日知录》，18.29a-b。
⑦ 顾梦麟：《四书说约》，序。
⑧ 顾梦麟：《四书说约》，序。

点，顾梦麟之所以有这个观点是因为他及其友杨彝致力于复兴程朱学派对于"四书"的理解。①

当遵从朱熹注解的评注出版量不断下降的时候，那些提供不同阐释的评注便异军突起了。出版家和职业作家通过其对出版考试指南的控制开始在塑造科举考试方面起到越来越重要的作用。他们决定什么书、谁的阐释注解能够被出版。由于在书籍的生产和发行方面并无垄断，竞争便促成了更多"新说"的涌现。

由于既无对出版商在制度上的控制，也无一套严格的书籍出版前呈送检查的系统，所以仅仅通过礼部发出的警示，是不足以拨乱反正的。②尽管很多出版商继续提供"新说"类刊本，但他们并没有对政府警告完全置之不理。他们使用一系列策略先发制人，提前阻止政府的制裁。

这些策略是以书籍超附文本为主要阵地的。一些出版商在序中说到，为了体现出对政府政策的服从，他们不能选用批判朱熹观点或与之相悖的阐释。但是一些作者也通过另外一种策略让他们既能表达新观念，又免于受到违反政府政策的指控。比如，《四书微言》的作者在序中指出，"新说"之所以被编选是为了举出"错误"的解释。通过刊登"错误"的解释，却可以让读者看到新

---

① 钱谦益：《牧斋有学集》，19.17a。杨彝显然有大量的藏书。杨府是江苏常熟被访问次数最多的地方之一。叶德辉：《书林清话》，第 192 页。

② 与 18 世纪的法国相比，明政府没有发展起来除考试系统之外的任何一种有效的审查制度。出版商和印刷者并不要求在政府处注册，出版的书籍也不需要呈送政府部门审阅。关于 18 世纪法国的审查制度，见 Daniel Roche, "Censorship and the Publishing Industry", *Revolution in Print: The Press in France*, 1775-1800。

的观点。读者自然可以冒险选择忽视作者的告诫去阅读理解那条评注。① 这种策略为作者，或者更准确来说，为出版商、编者、校对者提供保护，以防他们被指控妖言惑众。

另一种策略也证明了出版商与评注编纂者高超的创造力和对政府警告的重视。他们在书中放进了那些已经被先前的主考官所认可的"新说"。比如，《了凡袁先生四书删正兼疏义》就列出了那些与朱熹观点不一致但却被先前主考官所接受的"新说"。这种利用先前范例的策略，优势就在于能够避免引进邪说的谴责。② 然而结果却是相同的：他们鼓励那些与官方解读不协调的声音，推陈出新。这些评注本身证明了不同阐释出现的可能性，紧接着就会逐渐削弱被皇权政府所推崇的程朱正统的权威性。

超附文本空间的扩张：标题、凡例、征引书目与校阅者

商业出版的评注一般采用把页面分成两栏或三栏的版式。两栏版式以"上图下文"为特征，被建阳书商用于多数小说和戏剧中。在商业出版的评注中，通常是将"四书"正文与朱熹评注印在下方。一般来说，上方留作评注家主要观点陈列之用，常被称作"章旨"。③ 有一些商业出版的评注并没有采用分栏版式，但是

---

① 唐汝谔：《四书微言》，序。
② 袁黄：《了凡袁先生四书删正兼疏义》，凡例，1a-5a。
③ 见姚文蔚、李廷机、庄起蒙、杨文魁、余应科、余应蚪与袁黄所作的两栏评注，《四书训儿俗说》；汤宾尹：《四书脉讲义》；徐忭、张明弼与张溥：《四书印》；周德完：《四书讲义存是》。关于三栏评注，见李廷机：《四书文林贯旨》；钱肃乐、汤宾尹、许獬与周文德：《删补四书圣贤心诀》。见本书附录6。

仍然能够通过序、凡例或参考书目中明指或暗指科举考试的文字判断出来（见图3.1）。其中一些文字明确表明，书是为科举考生撰写的。①另一些则含有写作"八股文"的指导。②

出版商在削弱官方言论方面起到了间接的作用。出版商、编者与作者通过各种各样的超附文本策略推陈出新，促成百花齐放的局面。那些曾经与出版商有合作经验的人都明白为一部书最终选择的标题常常是妥协的产物，有时甚至是与出版商的一场较量。对于出版商来说，书籍的标题在吸引购买者注意力方面能够起到极其重要的作用。根据里奥·胡克（Leo Hoek）的解释，标题是"一组语言陈述……它可能列在书本之首，为其命名，总括其内容，并且吸引潜在的读者"③。评注的标题提供了出版商销售策略的重要信息。正如热奈特观察到，命名、描述（主题信息）与对准公众这三种功能一般很难同时顾及。④这对于帮助我们辨识那些意图在科举考生中扩大目标读者群的书籍来说，是很有帮助的。标题中一些短语的选择十分明确地对准购书者，利于招揽客户，由这一点便能够区分商业出版的评注与由学者个人出版的评注。

面对激烈的市场竞争，出版评注的出版商们寻求通过标题在

---

① 见袁黄：《了凡袁先生四书删正兼疏义》；张嵩：《四书说乘》；汤宾尹：《四书衍明集注》（《四书释名集注》）和《天香阁说》；周文德：《删补四书圣贤心诀》；余应科：《镌钱曹两先生四书千百年眼》。

② 例如，李廷机：《四书文林贯旨》。

③ Genette, *Paratexts: Thresholds of Interpretation*, p. 76.

④ 见 Genette, *Paratexts: Thresholds of Interpretation*, pp. 76, 89。

激烈的竞争中胜出。许多标题之前被冠以"新刻"或"鼎镌"的名目。① 不管这本书是不是事实上第一次出版,标题中如果带有上述之词语,就表明书中含有关于"四书"的新信息和新观点。

除了这些词语能反映新版本,还有许多评注带有"新意"或"主意"之称。② 这里仅举简单几例:钱肇阳的《四书会解新意》,董其昌的《四书新意》③,朱长春的《四书主意心得解》,郭伟的《四书主意宝藏》。

出版商们使用的另一个超附文本策略是,在撰稿人头衔中写入反映其资历的信息,包括官方和非官方的头衔。诸如翰林、太史、会元或会魁(会试第一名)这样的头衔都是用来强调撰稿人作为科举考试成功者范例的资质。④ 值得一提的是,那些当官的作者的官衔在每章的第一页都被删除了。他们与其他编纂者一样,一律冠以"先生"或者"父"的称谓。在《鼎镌睡庵汤太史四书脉》中,作者翰林学士汤宾尹的头衔是"太史"。但是在第一页中,他仅被列作籍贯宣城县的"父"。⑤ 许多出版商也很愿意为作者或编者冠以"父"这样简单的名号。⑥

---

① 见本书附录 6 中的书名。
② 在书名中用到"意"的做法可以追溯到北宋时期。叶德辉:《书林清话》,第 148—151 页。
③ 董其昌(思白)的作品被唐汝谔的另一部评论集《四书微言》的序所引用。
④ 见本书附录 6 中的书名。
⑤ 汤宾尹:《鼎镌睡庵汤太史四书脉》,"大学",1a。见本书附录 6。
⑥ 例如,钱继登、曹勋:《四书千百年眼》;袁黄:《了凡袁先生四书删正兼疏义》。见本书附录 6。

对作者官衔的弃之不用表明了一种愈发明显的趋势——知识权威并不是由皇权政府所认可的学者们所垄断的。在1617年为《四书解缚编》所撰写的序中，编纂者钟天元批评了当时礼部强制遵从朱熹评注所发布的命令。钟天元承认当下科举考试应试者抛弃本应作为原则的朱熹评注的做法的确欠考虑，但是有些人为了禁止新解释而只允许对朱熹观点原样复制的办法，同样也是不明智的——"理本天下公也，何分朱不朱哉？"①

当"名公"的地位已经成为艺文水平与思想造诣的评审者的时候，包含"名公议论"的书自然变成一种质量的标记。另一个逐渐流行起来的头衔是"才子"。一部由职业编辑者郭伟编纂的评注，就被命名为《新镌六才子四书醒人语》，这"六才子"指的是葛寅亮、张鼐、邹之麟、赵鸣阳、丘兆麟和周宗建。"才子"这个头衔渐渐为士人所推崇，比如金圣叹就曾经遴选并点评了六部作品——司马迁的《史记》《庄子》、屈原的《离骚》、杜甫的《杜诗》、施耐庵的《水浒传》和王实甫的《西厢记》，合称之为"才子书"。

才子们的阅读从传统的经史子集延伸至诸如小说和戏剧这样的新体裁。评注者和编者选用非官方头衔清晰地反映了学者们艺文权威的生成与他们的官职地位无关。尽管出版商使用官衔的现象仍然十分普遍，但很多人却更愿意使用"先生"或"名公"。这

---

① 钟天元：《四书解缚编》序。见本书附录6。

些选择的决定权很显然掌握在出版商手中。①

出版商还在评注的前面添加了征引书目。有不少评注的征引书目多达几百条。例如，沈守正所编的一部很受欢迎的评注含有226条征引书目②，汤宾尹的评注列有多达214条书目③。17世纪20年代之后，考据开始流行，征引文献书目便越来越长。在《四书考备》中，一部署名为张溥编纂的评注的征引书目长度竟然达到31页之多！④ 这种做法的另一种形式是写出征引书目作者的名字，而去掉书目的标题。比如，《四书微言》就夸张地罗列了236位作者。⑤ 职业作家徐奋鹏的一部评注曾引用了561位学者的观点和作品，其中414位是明代学者，73位是僧侣和道士。⑥ 征引书目为当时作者建立声誉提供了一个新的空间。

由于编者加入不断变长的校阅者名录，许多体类的商业书籍的超附文本呈继续扩大态势。有些书籍甚至还将妇女列为校阅者。17世纪30年代中期在南京出版的卓发之文集中，共列有128位校阅者，其中就包含8位年轻女性（"闺秀"）和18位僧侣。这份名单读起来就像晚明艺文圈的名人录一样。⑦

---

① 其他体裁的书也用"名公"作为头衔，以吸引读者。见《美国哈佛大学哈佛燕京图书馆中文善本书志》中列出的作品，第571、587、592、595、680页。
② 沈守正：《四书说丛》。
③ 汤宾尹：《睡庵四书脉》。
④ 张溥：《四书考备》。
⑤ 唐汝谔：《四书微言》。
⑥ 徐奋鹏：《四书古今道脉》。
⑦ 这些"名公"中有陈继儒、钟惺、黄汝亨、汤宾尹、董其昌、汤显祖、焦竑、陈际泰、艾南英、陈仁锡、谭友夏和闻启祥。卓发之：《漉篱集》，第295—296页。

在评注这一体类的刊本中，这样的做法总体上来说是很明显的。比如，《镌钱曹两先生四书千百年眼》列出了76位"参阅"（校阅者的一种称谓）和13名"辑稿"（编纂者的一种称谓）。[①]另一部书中则列了52名来自江南地区的校阅者。[②]顾梦麟出版了一部名为《四书说约》的评注集，其中将43名校阅者列作他的弟子。[③]在南京出版的一部评注列有96位校阅者，这当中包括有名的八股文选家艾南英、陈际泰和章世纯等。《四书也是园初告》列出的校阅者名单则有108人。[④]苏州的陈组绶在题为《四书副墨》的评注中丝毫不加掩饰地将自己的49位友人和68位弟子列为校阅者。[⑤]冯梦龙在自己编写的有关《左传》的科举指南《麟经指月》中列出了81位校阅者。[⑥]

校阅者名单的增长体现出两个目的。对于出版商来说，长名单是作者学术地位的佐证，因为这些作者既然被宣传为著名学者，自然需要有一批尊崇其声望的弟子和友人。从那些被列于书中却不一定真正参与校阅的人的角度来说，这样的名单则帮助他们提高作为学者的知名度。这些校阅者的声名就在不断扩大的超附文本空间中产生出来，而出版业的发展对此是功不可没的。

[①] 余应科：《镌钱曹两先生四书千百年眼》。
[②] 林散：《四书说剩》。
[③] 顾梦麟：《四书说约》。
[④] 王宇：《四书也是园初告》。
[⑤] 陈组绶：《四书副墨》。
[⑥] 冯梦龙：《麟经指月》。

体现出版商的销售策略的超附文本包括有关阅读和八股文写作的方法。出版商在凡例中提供了如何阅读"四书"的指导意见，并用着重标点来强调。凡例可以从一页里开列几条到罗列好几页长，如1594年出版的一部"四书"评注那样。① 袁黄的《了凡袁先生四书删正兼疏义》为读者提供了超过8页的凡例。徐奋鹏编纂的一部评注汇集是一个比较极端的例子，其中含有一份长达17页的凡例。②

商业出版的评注时常在凡例部分中声明其为学生提供帮助的目的。在《睡庵四书脉》这部由汤宾尹所作的评注中，有一篇6页长的凡例。第一条解释了书名中的"脉"字——"书以脉名，传正谛也。然一章有一章之脉，要看何处发派，何处收缩。一节有一节之脉，要看从何递接，从何转折。一句有一句之脉，要看此句应某句，此句重某字。"③ 毫无疑问，作者是在向科举考生建议如何将"四书"作为一个有着紧密组织的思想整体来阅读理解。这种阅读方法并不仅仅是阅读的普遍方法，而是考生需要掌握的一种具体方法，用以理解文本的结构。

有些评注原来是学者的私人著作，不是为应试而作的，但出版商再版时添加了阅读与写作的方法之后，便变成了商业的举业用书了。僧人憨山德清曾经出版过他对于《大学》和《中庸》的

---

① 朱明良：《皇明百家四书理解集》。
② 徐奋鹏：《四书古今道脉》，凡例，2a。
③ 汤宾尹：《睡庵四书脉》，凡例。

评注。①之后这两部评注由一个出版商重新出版，加上了一个38页长的部分，主要讲写作技巧和如何充分准备科举考试并在考场上发挥出最佳水平。②通过添加超附文本，出版商将憨山德清原本的个人评注重新包装成了有商业价值的图书。一位佛教僧人对于儒家"四书"的评注由此便进入举业用书市场之中。仅仅是在僧人评注中添加一些新的部分，出版商便无声无息地颠覆了朱熹在他的集注阐释中建立的正统意识形态，并进一步撬开了在儒家正统与佛教异端之间本来已经不严密的分界线。

以科举考试入门者为读者对象的评注还会提供写作八股文的方法。署名张溥的一部评注就含有一份回答科举考试问题的标准程序的清单。③其他一些评注则包含写作时文的普遍规则。署名汤宾尹的一部评注有一个单独的部分称为"论文宗旨"，其中一篇建议性文章集中讨论了时文的主要观点和结构问题，而不是仅限于解释一些小问题、小错误。当中还提醒考生在开始回答问题之前

---

① 憨山德清：《大学纲目决疑》和《中庸直指》。
② 例如，有一项建议是考生在完成第一个问题之后，就进入第三个问题。通过颠倒答题顺序，考生能够解决一个普遍的问题：考生在回答第三个问题的时候时间会耗光，如果按照常规顺序的话，给考官留下的印象就是答题的质量越往后越低。不过，调换顺序就能使这样的印象发生改变，因为考官看到第三个问题的答案紧接着第一个问题时会眼睛一亮。即使第二个问题回答得平平，考官仍然会惊喜于第三个问题的答案。"秀才秘籥"，憨山德清：《大学述》，2a-b。虽然这个版本是在清代早期出版的，但是出版商在文本中加入的超附文本所起到的效果与晚明时期是相似的。
③ 张溥：《四书演》。李廷机的《四书文林贯旨》中有一部分是关于八股文书写格式或风格的。

应花一些时间理解问题的要旨。①

商业出版者们苦心孤诣想要将评注打造成问答模式的范例。郭伟《皇明百方家问答》的第一篇凡例即对考生开门见山地说："士之取青紫者，孰不从四籍始。……余不揣乃汇集诸方家讲意，衷而衷之，采其与四籍真旨悬合者，纂成问答一书，为青衿子指南。"②针对考生所出版的评注一般都会含有拟题部分。③

事实上，一些在考试前夕出版的评注会含有对考题的猜测。有一部评注的编纂者就在书中专门写入了一个部分，名为"备拟卯辰急出大题标目"④。这部评注明确针对1615年的乡试和次年北京会试的考生，因此出版时间一定是在1615年之前的短时期内，这样才能使得该书在考生涌入省会及京城应考之前在各书店甚至书贩处广为经销。

超附文本以及对经典的多种阅读阐释

评注者通过许多不同的方式挑战与削弱了朱熹对于"四书"的阐释。出版商们也使用多种多样的标记来标出文本重要的地方。

---

① 汤宾尹：《天香阁说》，3a-4b。
② 郭伟：《皇明百方家问答》，凡例，8a。
③ 见张萧：《四书演》。
④ 其中有丘兆麟的一篇序，他活跃于1610年前后，是一位著名的举业用书作家。"卯辰"年指的是以"卯"和"辰"结尾的年份，有1615年、1616年、1627年、1628年、1639年和1640年。根据丘的序，"卯辰"应该是指1615年和1616年。汤宾尹：《天香阁说》。

为了指明一个段落或章节的主要观点，出版商们采用的标识有"秘旨""题眼"①"标宗"或者"点眼"②。许多评注都是通过这样的标识来展示新的观点。用来吸引读者注意力的新的阐释标识有很多。例如，《四书演》就用了"标新"的记号来突出名师的观点。③在另一部评注中，"参新解"的字样被插入上栏部分中。④许多两栏或三栏格式的评注用上栏部分列出"新意"。⑤一般来说，名师的观点常常与朱熹相左。但是在开始阅读评注之前，读者最先看到的是编者有关编书目的与在凡例和阅读指导中说明的注释视角。

异议评注

如上所述，大部分在17世纪前25年出版的评注已经不再包括朱熹以及其他宋代与明初学者的注释了。它们原来是书本中的附书文本，但后来被独立地刊印成书。之所以这样可以有两种解释：一是，没有朱熹集注的评注意味着这些文本的目标读者是那些程度比较高的学生，因为他们已经能够记诵"四书"与朱熹的评注了；二是，朱熹的《四书集注》是相当普遍的，所以便没有必要再重印了。省略"四书"文本和朱熹评释使那些评注的出版

---

① 见余应科：《镌钱曹两先生四书千百年眼》。
② 见陈组绶：《四书副墨》。
③ 张萧：《四书演》，凡例。
④ 周文德：《删补四书圣贤心诀》。
⑤ 例如见周文德：《删补四书圣贤心诀》和《四书讲义存是》；张萧：《四书演》；黄起有：《四书纲鉴》。

变得更低价、更迅速。

在这类评注中，几乎没有关于读音与字义的信息。编者对于训诂和历史准确性并无太大的兴趣。在这些商业出版的评注中，一种典型的编纂方法就是在每章每节之下列出由其他知名评注家撰写的"大意"。① 蔡清、陈琛和林希元等人的注释大体不背离朱熹的解释。然而这些新的评注却随意提出与朱熹相左的见解。许多评注在凡例里提出解释儒家经典的新阐释方法，如张振渊在《四书说统》的凡例中说："名理日新，不敢偏执一见，以防大观。"② 还有许多人不同意朱熹将"大学"解释为"小学"之后的学习阶段这一观点。③《四书听月》的作者依据王阳明的"良知"来解释"明德"。④

大多数评注家把解读"四书"的观点在超附文本里说明，最明显的例子就是沈守正所著的那部十分流行的《四书说丛》中的序和凡例。在凡例中，沈守正提到了评注的繁荣使对"四书"的阐释百花齐放，并且批判甚至挑战朱熹对于经典文本的理解。他认为"然聪明代起，生生不穷，亦有不可以人废者"。沈守正的新意可以在野史、平话、小说里找到。⑤

---

① 例如见沈幾：《四书体义》；徐奋鹏：《四书古今道脉》；项声国：《四书听月》；王纳谏：《四书翼注》；沈守正：《四书说丛》；唐汝谔：《四书微言》。
② 见张振渊：《四书说统》，凡例，1b。
③ 例如见姚文蔚：《大学》，见《四书闻》，1.4a；郭伟：《大学》，见《四书主意宝藏》，5.1b；见本书附录6。
④ 项声国：《四书听月》，1a。
⑤ 沈守正：《四书说丛》，凡例。见本书附录6。

多种阐释、多元阅读与读者自主权

这些"四书"评注强调"新"或者"主观"解读的风气不能视为王阳明学说广泛影响的证据。其实，它们主要是编纂者与印刷者试图向广大的科举考试考生读者群提供多种理解方式的一个结果，而王阳明只是众多具有知名度的明代学者中的一个而已。在很多评注的超附文本中，编纂者们赞扬明代学者对揭示"四书"真义所做的贡献。明代学者的成就常常被认为比宋代道学学者更高。在一部评注汇集长达17页的凡例里，徐奋鹏解释了为何他在书中选录的明代学者观点要比宋代道学学者的多。这主要是由于明代学者在阐释儒家经典文本方面取得了重大的进步。① 明代学者评注占大多数的事实明确地显示解读儒家经典的观点是从当时出发的。因此，古代学者如朱熹不再被视为具有解读权威性了。

下面将会说明有一些评注为"四书"读者提供了大量的可能解释。这些新评注的征引书目，从本质上看，很少有文献学、历史学方面的，但是从范围上看，却是"百科全书式"的。征引的目的并不在于阐释"四书"的文本意义，而是提供阅读文本的新解释。含有精确训诂学内容的评注和注释对于作者来说也许并无用处，因为他们感兴趣的是尽其所能为学生写出更多标新立异的解读方法。例如，沈守正在《四书说丛》的参考书目中列出了226部

---

① 见徐奋鹏:《四书古今道脉》，凡例，2a。

著作，其中包括了李贽、王艮、王畿（1498—1583 年）、周汝登（1547—1629 年）和杨起元（1547—1599 年）的作品。这就表明他的参考书目涵盖儒家经典之外的许多体例：小说、野史，甚至佛教书籍（诸如《传灯录》和《弘明集》）。

在多数情况下，编纂者并不试图去解释对同一文本的各种评注之间的异同。一位作者解释道，读者能看到反差大的和差异幽微的解释对他们是有帮助的。① 撰写这些评注的许多著名作家被作为权威来引用，例如《新镌六才子四书醒人语》与《郭洙源先生汇辑十太史四书主意宝藏》等。不少享有盛名的评注家在出仕之前已经是具有权威性的职业作家了。在其他不同的评注集里也可以看到对于征引当代名人解说"四书"的日益重视。② 这种博采众说的方法，与其说是源于重视思想多元化的价值，不如说是因为编纂者与出版家为了吸引更多读者的动机。或者实际上有可能的是，许多出版了的评注其实就是编纂者与评注者自己的学习笔记，他们自己还是在努力获取更高级别功名的考生！③ 无论如何，仅仅通过列出不同的阐释以及附加信息这一手段，就能改变考生准备科举考试的方法。在一些评注中，编纂者的确提供了自己对于正

---

① 见周文德：《删补四书圣贤心诀》，凡例，2a。
② 马世奇是一名复社成员，因编纂了三十位著名作家的评注集《鼎镌三十名家汇纂四书纪》而声名鹊起。署名为著名学者焦竑的作品《新锲皇明百家四书理解集》声称吸收了百余位作家的洞见。
③ 张岱的一部"四书"评注手稿被后人发现。这部手稿也许已经准备付梓，但是最终没有刻印出来。其中含有张岱准备科举考试时的笔记。见张岱：《四书遇》，序，第1页。

确释义的观点。比如在《四书纲鉴》中，带有方框的"断"字就被用来强调编者的偏好。①

读者的阅读反应因人而异。有些读者也许会困惑于不同的观点，沮丧于过量的信息，但是也有些读者希望可以选择信息，做读书札记和最终自己做出最合理的解读。这些过程对聪明而勤奋的考生来说是必要的，因为每一步都能让他们不断思考，以达到合理而又可信的解释。

超附文本的变化（这里即指列出对"四书"的不同解读）是如何影响考生阅读与理解"四书"的方式呢？以下笔者将做出几种推断。仅仅是通过列出大量不同的阐释，商业出版者便能够向读者表明，对文本的解读并无绝对的正确与错误之分。如同许多评注家和编纂者在超附文本中解释的那样，文本能够以各自不同的方式被阅读，并从多种多样的角度被看待。呈现在读者面前不同的解读与对于差异阐释的肯定会鼓励读者对儒家经典采取一种开放的态度。然而，如果一个理解能力较强的读者想要得出条理清楚、有说服力的理解方式的话，各种分歧意见反倒能够迫使他做出自己的判断。摆在他面前的可供选择的项目强调了读者在遴选甚至创造自己对经典文本解读方式上的一种自主权，但是，这并不意味着士人中的绝大多数就会因此受到独立思考的训练。即使如同顾炎武和黄宗羲所指责的那样，万历晚期商业出版加强了

---

① 黄起有：《四书纲鉴》。

考生死记硬背的读书方式，但是那些百科全书式的"四书"评注为考生增加了解读儒家经典的可能性。对于一个学者来说，熟悉一个文本的各种解读不仅仅是被接受的，而且被认为是一种正常和健康的态度。

新评注与思想趋势

然而，这些新的评注在确认作者方面事实上是一个问题，因为伪造和虚假署名是很常见的现象。复社领袖张溥曾亲眼见到城市里的书肆中摆满了各种署名著名学者与高官的举业用书，而且当中有超过10种不同的时文选集署名就是张溥本人。① 著名画家董其昌（1555—1636年）发现许多署有他名字的八股文选集在北京各处都有售卖。② 由于很多个人作品很难确定作者，那么想要把这些作品看作署名作者自己的观点，就是不可靠的了。有不少假冒署名的刊本是可以查证的。若把所有署有名人的评注都一律视为出版商的推销策略则是不明智的（参见本书第三章）。虚假署名并不是不普遍，但是知名作家们也确实越来越广泛地参与到评注集的生产中。许多评注都是由"名公"自己撰写的。在这里，作者是谁并不是大问题，而我们可以看到，作为一个整体，这些评注还是提供了有关各类解释的重要信息。

---

① 见张溥：《七录斋诗文合集》，"论语注疏大全合纂序"，6.609。《近稿》，1.117。
② 董其昌：《容台集》，2.11b。

王阳明和他的弟子们

在商业出版的评注中,有几个明显的趋势,其中之一就是王阳明及其弟子(如王畿和王艮)学说的不断普及。王阳明的新观点早在嘉靖年间就在官绅阶层中广为流传。1527年,欧阳德任国子监司业时,曾举办过关于王阳明学说的讲会。① 王阳明的弟子徐阶(1503—1583年)当上大学士之后,在他的努力推广之下,王氏学说便获得了更广泛的传播。1573年,由皇帝御定,王阳明的牌位开始被供奉在孔庙中②,他的思想便开始在时文中出现了。③

即使学生没有兴趣参与传播新学说的讲会,他们仍会通过阅读"四书"评注接触到王阳明的思想。④ 王阳明及其弟子王畿的学说日益流行引起了拥护朱熹正统的学者的批评。16世纪70年代出版的一部评注中针对的就是王阳明认为良知是自发形成的这一观点。⑤ 甚至到16世纪90年代时,一些作者继续力挺朱熹的观点,并批判王阳明"心即理"的思想。⑥ 但是,特别是16世纪90年代之后出版的很多评注,都积极推广王阳明的良知论。⑦ 有一些评注甚至写入了王阳明具有争议性的论点:认为朱熹晚年对自己错误

---

① 林丽月:《明代的国子监生》,第134—135页。
② 朱鸿林,第68页。
③ 艾南英:《天傭子集》,1.28b。
④ 最早引征王阳明"良知"论之一的是徐燉的《四书初问》。见本书附录6。
⑤ 黄光昇,1.28a。见本书附录6。
⑥ 王樵:《大学》,《四书绍闻编》,40b,70b-71a。见本书附录6。
⑦ 沈幾:《四书体义》(1618年),1.5b,1.24b,1.30b-31a;赵维新:《感述录》,2.15b-16a,2.32b。姚文蔚:《大学》,《四书闻》,7a-12b,9a-10a。见本书附录6。

的观点表示后悔，并承认陆九渊观点的正确性。[①] 另一些则继续重申王阳明对朱熹“格物补传”思想的摈弃。[②] 不过，需要强调的是，对众多职业批评家来说，王阳明并不是最受尊崇的。从编纂者和读者的角度来说，他只是众多权威之一而已。图 4.1 列出了很多关于“格物”的观点，其中包括沈演自己的见解，还有管志道、王艮、王畿和姚舜牧（承庵）等其他学者的评注。

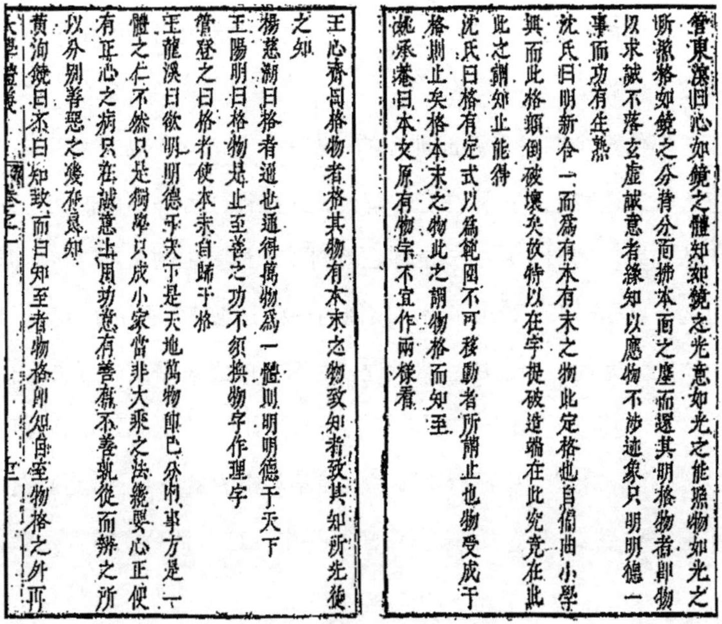
管東溟曰心如鏡之體知如鏡之光意如光之能照物如光之
所照格如鏡之分背分而拂本面之塵而還其明格物者即物
以求誠不落玄虛誠意者緣知以應物不涉迹象只明明德一
事而功有生熟
沈氏曰明新合一而爲有本有末之物此定格也自備曲小學
興而此格頓倒破壞矣故特以在字提破造端在此究竟在此
此之謂知止能得
沈氏曰格有定式以爲範圍不可移動者所謂止也物受成于
格則止矣格本末之物此之謂物格而知至
姚承菴曰本文原有物字不宜作兩樣看

王心齋曰格物者格其物有本末之物致知者致其知所先後
之知
楊慈湖曰格者通也通得萬物爲一體則明明德于天下
王陽明曰格物是止至善之功不須換物字作理字
管登之曰格者使本末自歸于格
王龍溪曰欲明明德乎天下是天地萬物即己分内事方是一
體之仁不然只是獨學只成小家當非大乘之法纔要心正便
有正心之病只在誠意上用功意有善有不善乃從而辨之所
以分別善惡之幾存良知
黄洵饒曰不曰知致而曰知至者物格即知自至物格之外再
大學體義　卷之一　三

图 4.1 《大学体义》中的一页

这是沈演编辑的《四书体义》中的一部分。由日本国立公文书馆许可复制。

① 钱肇阳：《四书会解新意》。这部书出版于 1602 年至 1613 年之间。

② 姚文蔚：《大学》，《四书闻》，11a。

道家、佛教以及三教合一

另一个流行的趋势是以道家和佛教的观念来阐释儒家经典。姚文蔚的《四书闻》中有一篇序的作者说自己直到在佛经与老庄的思想里浸淫以后，才真正了解"四书"的精义。在姚文蔚自己写的序中，他称自己为"居士"①，而事实上姚本人在1592年便通过了会试。②这一信息体现了评注者对佛教的态度，也能通过此信息明确辨别出这部评注对"四书"的见解违背了官方的观点。然而，只要放弃朱熹的解释，不论佛、道，或者王阳明的思想都可以被用来解释"四书"了。③

郭伟至少编纂了五部现存的"四书"评注。④他的《四书主意宝藏》选载了十位评注者的解说，这些评注者并不重视文本的训诂问题。例如，其中一位评注者对《论语》中的名言"学而时习之，不亦乐乎"给出了另辟蹊径的解释。他首先引用了《老子》中"绝学无忧"的说法，然后说"时习"的意思是指"工夫"和"本体"的合一。由于工夫与本体合一，所以一个人当下便会感到"乐"，而"不待习书而后乐"。⑤《论语》中的名言十分浅近直白，并不需要很多解释。但是在评注家手中，这些话会变得很复杂，

---

① 刘一焜的序，作于1620年，见姚文蔚：《四书闻》。
② 《明人传记资料索引》，第379页。
③ 张嵩：《四书说乘》序，1624年。
④ 《四书直解指南》，3.9b；《新刻乙丑科华会元四书主意金玉髓》；《皇明百方家问答》《新锲皇明百大家总意四书正新录》《增补郭洙源先生汇辑十太史四书主意宝藏》，3.51b。
⑤ 郭伟：《论语》，《四书主意宝藏》，1.2a-b。

而且还需套用当时道学中流行的"工夫"和"本体"概念来解读。

引用《老子》的话来解读，《论语》强调学习的重要性不但受到怀疑，并且被颠覆了。老子将学习看作腐蚀人类天性和个性的一大祸首，他的观点明确说明，快乐是从摒弃学习中得来的。这与儒家思想中快乐源于学习的看法是相悖的。

许多评注使用了禅宗术语。1610年出版的《四书说剩》中就充满了佛教思想。① 在另一部评注《四书吾学望洋编》中，佛教中把心看作灯的比喻被用来解释《大学》中的"明德"这个词。② 1620年出版的一部评注在序中明确说明了作者正是通过佛教思想来理解儒家学说的。③ 这便令人联想起王畿的立场"佛祖所教无非吾儒之大道"④。还有大量其他的评注在超附文本里明白告诉读者佛教与儒家以外的文本都会选收在书里。⑤ 许多晚明思想史的研究注意到当时各类的三教合一运动，这与评注里所显示的兼容并收的"相融"（syncretic）的趋势是一致的。⑥ 印刷与商业出版并未创造三教合一运动，但是它们促成并普及了特定形式的宗教

---

① 林散：《四书说剩》，3.18b-19a，3.46b-47a。
② 姚光祚：《四书吾学望洋编》，1.11b。
③ 姚文蔚：《四书闻》，序。
④ 引自 Judith Berling, *The Syncretic Religion of Lin Chao'en*, p. 51。
⑤ 徐奋鹏：《四书古今道脉》，凡例，6b；周文德：《四书讲义圣贤心诀》，凡例，1a。
⑥ 关于晚明时期三教合一中的各种思路，见 Araki Kengo, "Confucianism and Buddhism in the Late Ming"；于君方：《佛教在中国的更新：袾宏和晚明时期的整合》(*The Renewal of Buddhism in China: Chu-hung and the Late Ming Synthesis*)；Edward T. Ch'ien, *Chiao Hung and the Restructuring of Neo-Confucianism in the Late Ming*。

习业，比如用来记录行为善恶的功过格等。① 出版商和作者对推广以兼容的阐释方式来解读儒家经典起了重要的作用。

诸子与汉代学术

许多作家回到古代的文本里寻找阐释的新灵感。很多评注者则乐于从诸子百家的学说里寻找。② 自"前七子"所提倡的古文在嘉靖中期、万历初期流行以来，商业出版商已经大量地印行了诸子百家的作品。"前七子"模仿汉代及汉代之前作品的写作风格，这便推动了诸子作品的再版重印。这些"古文"在文学上的重要作用继续使"后七子"活跃在嘉靖晚期和万历早期，并主导着当时的文学圈。③ 古文作家如李攀龙（1514—1570年）和王世贞（1526—1590年）提倡诸子百家并不是为了要寻找阐释"四书"的新思想。但是，当万历后期"四书"评注家为了寻找新阐释时，这些广泛流传的文本便很容易被收入了他们的刊本之中。

被遗忘的古文很快便成为新观点的一个丰富来源。1595年陈禹谟（1548—1618年）出版了《经言枝指》，其中有24卷与"四书"中的"名物"有关。作为晚明出版的一个惯常做法，这24卷还被抽出单独印行，题为《四书名物备考》，每一个条目下都列有

---

① 见包筠雅对于晚明时期这种宗教习业的研究。Brokaw, *The Ledgers of Merit and Demerit: Social Change and Moral Order in Late Imperial China*.
② 张振渊:《四书说统》，序。
③ 陈建华:《中国江浙地区十四至十七世纪社会意识与文学》，第191—210、266—289页。

很多征引书目。在所有的引证文献中，有一大部分是汉代学者的注释，包括《尔雅》《风俗通》《春秋繁露》《白虎通德论》等。这些引语时常互不相同甚至相互矛盾。比如，在"心"这个条目下，能够找到不同的解释，均出自上述文本中，而且其中都包含"心"这个字。① 书中并没有试图调和不同理解之间的矛盾，也没有确定哪一种理解是正确的。换句话说，书中提供的是训诂学式内容，而并不是学术判断，所以正如书名中的"备考"二字所言，更像是字典中的条目，而不是批评性研究。由于并未努力采用汉代学者的意见，陈禹谟的作品遭到《四库》馆臣的诟病，便并不出人意料了。②

在《四书徵》这部书中，《尔雅》《说文》《白虎通》，甚至今文经《韩诗外传》，以及西汉年间（前206—公元9）的"谶纬"均被大量引用。③ 项煜的《四书人物类编》和徐奋鹏的《纂定四书古今大全》对于汉代注疏也体现了同样浓厚的兴趣。④ 然而，这两部书与陈禹谟的著作一样，并非是致力于准确解释"四书"中的人物、名称以及事物的学术研究。它们既没有显现出对某种解释的特别偏好，也没有在消除异见上做出任何努力。无论是汉代还是宋代的注释，都没有在这些书中获得任何优待。

在这些评注中，汉代训诂并没有像后来乾嘉时期的考据学

---

① 陈禹谟，1.11b-12a。
② 《四库全书总目提要》，"经部"，37.31［765］。
③ 王梦简：《四书徵》。
④ 项煜是江苏吴县人。谈迁：《人祭》，7b。徐奋鹏：《大学》，见《纂定四书》，2.5a-6a，2.64b-66b。

者指出的那样被作为用来攻击宋代学者阐释儒家经典不可靠的武器。① 这些秦汉时期的文本之所以能在评注中大量被比附式地引用，必须归功于出版商的努力刊印与流传。如果不放在时代背景中来看，评注中广泛征引秦汉的文本可以被解释为是18世纪盛行的训诂运动的开端。② 尽管如此，16、17世纪商业出版的扩张无疑对重印汉代古籍与刻印手抄本起到了重要的推动作用。③

评注与万历年间的政治

阅读是一种创造意义的行为，而为一个文本作评注本身就构成一个人特定阅读的实现。这些著作为评注家提供了无限的机会，让他们能够引用文本里的文字来影射时事。的确，这些文本见证了评注家如何透过创意与新颖的阐释记录下他们对于晚明政治的关注。

万历皇帝经常滥用权力，且屡屡失策，这些都是被儒家学说中关于君王统治的思想所责难的，因此臭名昭著。1590—1610年间，宦官被派遣至各地担任矿盐税使，这个决定受到了官僚系统官员的一致反对，因为他们不同于宦官，都经历过科举的严酷考

---

① 周启荣：《清代儒家礼教主义的兴起：以伦理道德、儒学经典和宗族为切入点的考察》，第6、7章。

② 关于晚明与清中期对于汉代学术兴趣的不同点，见周启荣：《为成功而写作：晚明中国的印刷、科举考试与思想变化》（"Writing for Success: Printing, Examinations, and Intellectual Change in Late Ming China"），第146页；周启荣：《清代儒家礼教主义的兴起：以伦理道德、儒学经典和宗族为切入点的考察》，第6、7章。

③ 正如上一章的讨论，当时出版的功能不断增长，对汉代学术作品和评注的关注不断扩大，孙矿对于刻印汉代学术作品的个人兴趣便反映了这些状况。

验。矿盐税使被指责代替皇帝搜刮民脂民膏，以维持皇帝荒淫腐朽的生活。

有关统治者通过赋税来管理财富的合法性问题常常出现在这时期的评注中。在许多评注中，作为"私"的帝国利益和作为"公"的百姓利益之间的区别越来越清晰。传统的帝国为"公"、臣民为"私"的观念是被倒置的。财富分配中的"公平"成为维持秩序的主要因素。《大学》中的最后一部分解释了道德教化如何赋予君主管理政府并最终"平天下"的能力，君主独特的德行在于他应当以获得"絜矩之道"为目标。《大学》中的"絜矩"这个词指的是统治者的行为规范，统治者需要自始至终以同样的态度对待他的大臣们，其中的侧重点在于统治者对人民实施教化的效果。为了阐述这一点，儒家经典一直引用《诗经》，引语强调了君主之"德"是国之根本。只有通过德治，君主才能获得万民景仰。所以，君主应该重视德，而非财。如果君主只看重财富的增长，而不追求美德，那么在人民面前，他只会留下恶名，而且还可能为了敛财而对人民疾苦置之不理。由于君主的贪婪，便会出现人民背井离乡、国家分崩离析的局面。《大学》这段最后的结论就是，任用"聚敛之臣"会招致国难。

在朱熹的评注中，对待财与德的正确态度只是统治者行为规范的其中一种而已。① 许多元代评注把"絜矩"解释为任命有美德

---

① 朱熹：《大学章句》，《四书五经宋元人注》，第6—7页。

的官员，同时避免"小人"，便可确保施政重德轻财。① 这样的阐释在明代仍然流行，不过很多评注已转而强调君王在管理财务中的角色以及政府的公共目标乃维持财富公平。

施凤来（1563—1642年）在1607年春的会试中拔得头筹，那一年稍晚些时候，一部以他为作者的评注在南京出版。② 在评论"平天下"这个部分时，作者指出"用人"与"理财"是"絜矩"的两大基本任务，这对于实现臣民的道德责任（如孝、悌）是十分关键的。但是他认为，当下的评注者们将"用人"与"理财"错误看待为不相干的两个问题。根据他对经典的解读，理财的能力是任命官员的准则。他的解读改变了传统注释强调任用官员以道德操守为标准的一贯做法，转而强调具有公平理财能力为选取官员的标准。③ 施凤来对经济公平的担心在他对于"平天下"的解读中尤为突出。他认为"平天下"就是要达到"各各均足"。需要注意的是，施凤来对"平"的解释并未采用常用的"平定"或重整秩序之意，而是强调了经济的充足和公平。他进一步解释道："《大学》劝君主散财不是要上之人把财与人，只是取其当得而不

---

① 例见程复心在王先善《四书章图通考》中的各种评论，《大学章句》，43b-45a。在台北"中央"图书馆的复印件中，刘剡是作为编纂者被列出的。但是在《大学章句》的第一页上，程复心和王先善被列为作者。王先善的评论是程复心《四书章图纂释》的延伸。见凡例中的标题。

译者注：此注中"王先善"为"王元善"之误，作者未审。今中国国家图书馆亦藏一种有程复心和王元善注释的明初刻本《四书辑释》。

② 施凤来：《新刻施会元真传四书主意随橡觉笔》，序，1607年；《明人传记资料索引》，第341页。

③ 施凤来：《大学》，《新刻施会元真传四书主意随橡觉笔》，26a-b。关于阅读这一段的常规方式，见蔡清：《四书蒙引》，第65页。

为额外之征。"在这里,他将公众的"公平"与帝王的"专利"对立起来。①

在下面的解释中,我们能够感受到字里行间透出的这位评注家对皇帝的不满和愤懑:

> 有一人者欲起而占便宜,知有己不知有人,便不得其平了,而况居天子之位,操威福之权,一狗欲专利于己而可以平天下乎?……故紧说聚散出入之必然而归到天命之得失。天命只在人心……②

这段姚舜牧(1543—1627年)撰写的注释见于朱明良1594年出版的一部评注汇集中。虽说并非有意为之,但是这一评论明显是对万历皇帝的批判,税收公平与统治兴亡之间的联系被作者浓墨重彩地加以明确和强调。这段关于皇帝处理财富的注解也被其他评注编纂者所采用。③

皇帝并不被认为是财富的来源,还被暗中责难攫取过多利益。姚的评注可以跳出上下文而置于任何有关皇权政府与征税的特定社会背景来理解。读了这些评注的考生不会错过评注中对皇帝的批判与万历皇帝任命宦官对百姓史无前例的税款压榨之间惊人的

---

① 施凤来:《大学》,《新刻施会元真传四书主意随橡觉笔》,29a-b,31a-32a。
② 朱明良:《大学》,《皇明百家四书理解集》,39a-b。
③ 例见马世奇:《大学》,《四书鼎脔》,10a-b;施凤来:《大学》,《新刻施会元真传四书主意随橡觉笔》,27a。

相似之处。1597年，刑部的一名官员上奏章批评万历皇帝允许贪婪的"小人"开设"皇店"。他恰恰引用了《大学》中那些反对君主垄断财富以及由于君主聚敛财富而导致百姓离散的严重后果的文字。① 读者根本不需要提示就能看出这一评注与当下万历皇帝理财不当的问题之间的关联性。1606年春，云南人民抵制宦官征税，并杀死了征税官杨荣。② 征税宦官强征额外税款的行为不仅遭到了普遍的抵制，一些地方官员也不承认他们的合法性，并且拒绝合作。一位陕西的县官由于拒绝助纣为虐而被押至北京审讯。③

一部由王纳谏（观涛）所作的评注《四书家训》经常被其他评注家所引用。在名为"生财有大道"的章节中，观涛的一些评注明确指出"理财"是统治者最重要的一项责任。他写道："财不必聚，亦不可聚。……其絜矩之道，不专为理财，而财用关于国家者，尤为要紧。……生财有大道……乃自有个公平正大之道，和上下而共由，亦合上下而咸足也。"④ 传统上皇帝需要教化人民，但这已不再是首要之务了。相反，就如一些评注家所说的，皇帝本身就是道德败坏的根源和祸乱的罪魁。

在《睡庵四书脉》（1615年）中，汤宾尹（睡庵）讨论了统治者对于财富的态度，仔细分析了统治者不能为臣民做出表率

---

① 《万历邸钞》，卷2，第1022—1024页。
② 《万历邸钞》，卷2，第1355页。
③ 《万历邸钞》，卷2，第1357页。
④ 王纳谏：《大学》，31b-32a。

("不能絜矩之失")的后果。"日夕营营，存在心里，外本内末，便要与民争财，故曰'争民'。争财于民，民谁不起而争夺之！是民之争夺，实由在上启之也。"① 政治混乱源于统治者滥用或误用权力这种观点在《水浒传》的评注中也很普遍。② 当万历皇帝派遣宦官至各主要城市设立征税站时，读者便会想起这些评注对于皇帝贪婪的批评。很多有功名的士人都加入到抵抗宦官的行动中。

在阐述反对统治者"专利"的论点时，一位评注家把"君"（统治者）改为"官"——"不专利归于官是上下公私兼利之道"③。这一变化使批判的对象范围超出了皇帝和贪婪的大臣，转而控诉了整个官僚体系，甚至包括文书和差役等下级官吏。苏濬（紫溪）的评注在评注家圈子里很流行，他曾经仔细分析了"生财有大道"这个说法。由于这句话中的"财"并没有一个主语在前，苏濬具体解释说，生财"非生国家之财，生民间之财也"④。

上面的例子明确表明了评注者并不依照原文的意图或"字面含义"来解释《大学》中的字句。没有一个科举考试应试者会把评注误认为仅仅只是学术释义，这些评注实际上重新定义了政府与皇帝的基本责任。政府的首要目的与职责在于合理管理财富的能力。陈天定在评注中坚定地说道："盖平天下只仗个财，如何把

---

① 汤宾尹：《大学》，《睡庵四书脉》，20b-21a。
② 见周启荣：《明清时期中国的印刷与士商文化》（*Printing and Shishang Culture in Early Modern China*）（待出），第 4 章。
③ 朱明良：《大学》，见《皇明百家四书理解集》，40b。
④ 马世奇：《四书鼎脔》，1.10a-b。

作末务轻他？"①确实，这些评注反映了商业财富在经济生活与文化生活中的重要性。徐㣲弦在评注财富在社会中的作用时说："财在天地间犹人血脉周流而不使积于一隅，则无壅滞之病；苟聚而不行，病则不测矣。"②这一评注认为财富需要流动和分配，而不能囤积于皇室或富户的私人金库中，反映了评注者作为读者所具有的创造性，他们跳出皇权政府所认可的"字面"意义的桎梏，赋予一些字词以新的含义。

颠覆并修正官方正统的另一例明显见于一条关于"大学"与"小学"之间区别的评注。《四书主意宝藏》的编者郭伟（郭洙源）指出，"大学"中的"大"是相对于章末提到的"小人"而言的。"大学之大字，正对章末之小人小字。明明德为大人大本领。聚敛为小人小计较。"③他不再将"大学"解释为基础学习（"小学"）完成之后更高级别的学习。顺序上的差别在这里转化成了道德与不道德行为的对立！

批判皇帝暴政与滥用皇权的诸多激进观点通过评注汇集自由传播。出版业印制了大量的举业用书，对动摇官方意识形态，以及创造挑战皇权政府、解读儒家经典权威的新话语空间起到了推进作用。官方意识形态受到挑战的模式是由超附文本（"解释的门槛"）这一新近被利用且大范围扩张的话语空间所创造出来的。评

---

① 陈天定：《慧眼山房说书》卷1，第23页。
② 唐汝谔：《大学》，19a。
③ 郭伟：《四书主意宝藏》，5.1b。

注的"包装"包含了更长的标题、越来越多的凡例和序、更长的征引书目列表以及校阅者名单,这些超附文本为评注家和批评家创造了各种可以挑战儒家经典的权威解释和重新解读经文的干涉点,促进了书籍的语义场域的扩大。罗列不同学者的评注时所采用的纲要格式打乱了读者的视觉流动感,迫使他们暂停下来,思考评注之间的不同之处,最终勉强接受或左右为难。无论如何,意义的生产不再出现在官定版本的《四书大全》中了。取而代之的是一种新的物质化文本,它们被超附文本所包装,所有的超附文本增加了干涉点的数量,使得科举考试不能有效地将"传播循环"强加于儒家经典的语义场域之上。

第五章
公众权威、艺文批评与组织力量

公众权威：从宫廷到阅读公众

商业出版在考试领域的影响是广泛而深刻的。除了挑战了"四书"的官方阐释，商业出版市场的扩大也促进了艺文权威从官方转移到专业作家和批评家手上。这些文人成为文风和优秀作品的评判者。万历年间出版的兴盛，不仅扩张了儒家经典的语义场域，而且促使了艺文批评家数量的增加，他们开始挑战考官的权威。在16世纪和17世纪早期，商业出版逐渐成为生产评价艺文权威的一个重要因素。礼部发现很难控制考试场域，因为考生们被大量传统的、新的"四书"评注和考试范文等举业用书所支配。即使八股文有严格的格式要求，但也无碍选家们竞相推销不同的艺文范式，因为这些"选家"中很多都是科举考生，他们试图通过编辑和选评时文来影响考官的艺文评审标准。自万历中期以来，寻求担任时文批评家的考生们开始认识到组织在界定科举成功标准方面的力量。越来越多的士子参与模拟科考的读书群，这些群不断扩大，而复社的成立代表这种努力发展到了顶峰。这种发展一方面见证了文化生产场域自主性的增长；另一方面也显示了商业出版界已经成为专业作家争夺界定艺文优劣标准与解读儒家经典权威的竞技场。

艺文生产的经济和政治

戴维·博尔金斯（David Perkins）最近的著作《文学史是可能的吗？》(*Is Literary History Possible?*)反思了欧陆文学研究中存在的危机。[①]他认为艺文批评家在写作艺文史时，必须决定什么样的艺文作品和谁的作品应该被包括在内。在同一文学体类（genre）的作家中，谁更好并不再是个问题，在某一个文学潮流中谁的作品是代表也不再是问题。然而这些问题需要深层次地考虑。经典作品连同与之相关的文学理论和历史在各种方法论观点和思潮中被审视，如解构主义、文化唯物论、后殖民地主义、性别和种族研究、新历史主义，以及各种形式的后现代主义等。那些教授英美文学经典的老师，会发现自己身陷各种评注争斗的漩涡中。最近，在一部由英美艺文研究领军学者参与撰写的论文集中，编者斯蒂夫·格林布拉特（Stephen Greenblatt）和吉尔斯·戈恩（Giles Gunn）尖锐地指出，"他们的工作中总是充满了变革、冲

---

① Perkins, *Is Literary History Possible?*

突和多样性，但直到最近，这些不同意见几乎很少会被整体地用来质疑这个领域"。这部论文集表现出他们为了挽救现状而作的努力——力图重新划定文学研究的边界，而"不用假装这个领域能够在单一的、结合的框架中被理解"①。但是，即便重新划定，这一界线也没有共同的方法论和立场支撑，这样将会缺少一个思想上的正当理由，缺乏文学定义的理由只能暴露该论文集只不过是一部百科全书式的选集而已。这种尝试更多是一种书目式和学科式的，而不是从思想上对这一危机开出的解药。它并未给质疑艺文文学批评的人提供答案，而这些文学批评无一例外地在问——文学史是可能的吗？

这个问题和最近欧陆文学研究中出现的危机，提出了美学中有关价值的最基础问题。我们怎样定义文学中的价值？同理，怎样定义艺术中的价值？我们怎样解释文学风格和标准中价值的变化？问题在于怎样避免错误地把文学风格和体类的拼凑作为一定社会中不可避免的改变或者社会的持续发展，以此当作艺文生产中文化的本质表现。反而，在考量这些变化时，我们必须注意到布尔迪厄所称的"象征性斗争"（symbolic struggles），它指的是在文化生产场域中各个占据统治地位的群体如何争取让自己的风格被其他群体接受的斗争。占据统治地位的群体会努力成为"典范鉴赏的权威"或者

---

① Greenblatt and Gunn, *Redrawing the Boundaries: The Transformation of English and American Literary Studies*, pp. 1-3.

"品位的制造者"（taste maker）。① 如果缺少了对非话语因素（如印刷）如何决定哪些人以及他们如何成为文风的制造者的考查，任何关于文学风格和艺术品位的历史都是不完整的。布尔迪厄曾说过：

> （艺文）场域的历史就是已有成就的人物与年轻的挑战者之间的斗争。作家、学者和作品的衰老绝不是一种机械式的、按时间反方向的回溯，它产生于两类人之间的斗争：一类是那些已经成名的人，他们"开创了一个时代"，他们努力让自己的成就不被时代淘汰；另一类是那些努力要把已经成名的人推进历史里的人，如果不能这样做他们便不可能出名，因为已经成名的人会尽力让历史停下脚步，永远保持现状。②

布尔迪厄对于界定风格与品位的权威的争夺的强调就是要我们注意：艺文风格的改变不能被视为独立于社会群体之间权力关系的历史来研究。布尔迪厄的实际数据来源于现代欧洲。他所分析的是资本主义社会的现实，在现代欧洲，市场导致了"思想和艺术场域的自主化"（autonomization of the intellectual and artistic fields），而这些场域都属于艺文生产场域。③ 由于布尔迪厄对现代欧洲研究没带有任何历史主义和欧洲中心主义的色彩，他的分析

---

① Bourdieu, *Distinction: A Social Critique of the Judgment of Taste*, see ch. 4, esp., pp. 244-255.

② Bourdieu, *The Field of Cultural Production: Essays on Art and Literature*, p. 60.

③ Bourdieu, "The Field of Cultural Production", *The Field of Cultural Production: Essays on Art and Literature,* part I.

观点可以用来研究晚明的习业。文化产品和艺文服务市场的膨胀，既是"文"的商品化的过程，产生了与欧洲相似的发展，又是文化产品领域自主权的提升，这导致了在艺文场域内对艺文品位评审权威的产生。在艺文领域享有声望的作家开始通过科举考试来挑战和商讨政府对于艺文风格所设定的层级。

一部艺文品位的历史（a history of literary tastes）需要考虑文化生产场域结构的变化，也要考虑其与权力场域之间的关系。这是有关在两个场域中位置的创造、毁灭、升降，以及两个场域关系变化的历史。艺术的品位，不管是物质的、文字的、表演的，都是社会的产物，然而用布尔迪厄的话来说，"这个领域是否定（艺术）品位的社会性最佳的例子"（it is the area par excellence of the denial of the social）。[1] 某一文派所生产的话语，并不能说明该文派生产者自身在文化生产场域中如何获得位置。

在16、17世纪的中国，构建文化生产场域的社会条件（包括各种习业和制度）经历着重要的变化。商业出版逐步在经济场域中为文化产品创造了新的位置，那些占据了这些新位置的人有实力挑战设置文艺标准的考官。简单来说，商业出版产生了新的习业，它减弱了政府通过科举考试对于艺文典范的控制。当我们试图对中国和欧洲艺文变迁进行比较研究时，我们必须重视这种结构上的重大区别。

---

[1] Bourdieu, *Distinction: A Social Critique of the Judgment of Taste*, p. 13.

宫廷与明代文学史

文学史研究，特别是有关明清时期的，学者在解释不同文派兴衰的原因时，主要惯用形容文学作品的两个标签，即具有美学品质和相应的意识形态价值。很多学者用对特定时期主流学派流弊的不满来解释诗歌、散文文派（如复古派、公安派、竟陵派和唐宋派等）的历史起源。但却很少有人注意科举考试和商业出版在明清文学史中的重大作用。①

从明初至16世纪的大部分时间，政治权力和艺文标准的权威是重叠的。直到16世纪90年代，皇朝政府及其推崇的程朱正统学派在塑造艺文评注的习业及话语上是十分重要的。② 在这一时期，各种文学风格相互竞争，一派取代另一派成为诗或散文的风格标准，而诗与散文是文人所掌握的主要体类。创造了不同文学风格及模式的作家们都在皇权政府里占据了位置。通过他们在政界的位置，这些作家创造和推广艺文标准和范式，以供那些希望跻身官场的人效仿。

从翰林院到六部

明代早期"兴起"的"台阁体"，基本上是朝廷中高级官员的风格。台阁体指的是那些通过会试成为进士并被任命为翰林院庶

---

① 例如周质平对袁宏道的研究。刘祥光对北宋时期印刷对科举考生文书风格的影响的研究是少数例外之一。

② 关于永乐皇帝如何指定程朱理学为科举考试中皇权意识形态的讨论，见 Benjamin Elman, "The Formation of 'Dao Learning' as Imperial Ideology During the Early Ming Dynasty"。

吉士的人所写作的诗文的风格。① 翰林院的官员在官场上都有很好的升迁机会。台阁体的领袖，例如杨士奇（1365—1444年）、杨荣（1371—1440年）和杨溥（1372—1446年），都曾任职内阁，内阁成员都是皇帝政务和政策的主要咨询人。② 树立文学典范的权力与政治权威一样，共存于皇权系统的中央。

台阁体倡导者的写作模仿了宋代作家欧阳修和曾巩的风格。③ 台阁体的影响清楚表明，在明初是朝廷中拥有权力和威望的高官们树立了艺文作品的典范，制定了文学创作的目标。④ 考官们都是从翰林院的成员中选拔出来的，这就解释了台阁体是如何通过科举考试来不断自我复制繁衍的。⑤

很多早期进入朝廷核心（内阁和翰林院）的官员都是江西吉安人。⑥ 一些泰和籍的高级官员曾经担任会试的主考官。特别是杨士奇，他在提携很多泰和人在中央的官位上起过很大作用。⑦ 他身

---

① 见简锦松：《明代文学批评研究》，第19—21页。
② 见李天佑：《明代的内阁》，《明清史国际学术讨论会论文集》，第66—67页。关于三杨的职业生涯，见 Mote and Twitchett, *The Cambridge History of China: The Ming Dynasty, 1368-1644*, pp.284-288, 306-308。关于杨士奇的研究，见 Dardess, *A Ming Society: T'aiho County, Kiangsi, in the Fourteenth to Seventeenth Centuries*, pp. 143-144,179。
③ 见 Chih-P'ing Chou, *Yüan Hung-tao and the Kung-an School*, Cambridge University Press, 1988, p.9。
④ 见简锦松：《明代文学批评研究》，第39—52页；陈建华：《中国江浙地区十四至十七世纪社会意识与文学》，第135—136页。
⑤ 见王世贞：《弇山堂别集》，卷81—83。
⑥ 见陈建华：《中国江浙地区十四至十七世纪社会意识与文学》，第135—136页。关于明早期泰和籍人士升迁高官的讨论，见窦德士，第173—189页。
⑦ 杨士奇、王志与其他一些泰和籍的高官在1412年、1415年、1421年、1427年、1433年、1436年和1454年担任会试的主考官。见 Dardess, *A Ming Society: T'aiho County, Kiangsi, in the Fourteenth to Seventeenth Centuries*, p.187。

居大学士高位，且任期达20年之久，这为他的泰和、吉安同乡们带来了前所未有的机会。① 在明代早期和中期，很多吉安籍人士考中进士和举人。② 当时有一个笑话讽刺大量江西人士在中央政府任职及其实际上掌握权力的情况："翰林多吉水，朝士半江西"③。

政治权力与制定艺文典范标准的权威统一在皇朝中心的情况，一直贯穿了差不多整个15世纪。但从16世纪开始，翰林院的艺文权威开始受到越来越多的挑战，随后又被没有翰林院背景的艺文评论家所取代。一群被称作古文派"前七子"的官员开始在写作话语与习业中发挥他们的影响。这群人在16世纪早期非常活跃，他们的领袖代表了中央政府对艺文标准控制逐步减弱这一漫长过程的开始。他们当中只有三个是翰林院成员。李梦阳（1472—1529年）和何景明（1483—1521年）只是六部普通成员，在艺文写作中有一定的声望。④ "后七子"则以王世贞和李攀龙为中心。王与"后七子"中的其他两位均供职于刑部。这两个派别的领袖在中央政府是同僚，其中没有人在翰林院任职。

"前七子"领袖的文学理论倡导复古。他们摒弃了晚唐以后

---

① Dardess, *A Ming Society: T'aiho County, Kiangsi, in the Fourteenth to Seventeenth Centuries*, pp. 2-3, 175-179, 186-189.
② 见简锦松：《明代文学批评研究》，第115—119页。
③ 陈建华：《中国江浙地区十四至十七世纪社会意识与文学》，第135页。
④ 见简锦松：《明代文学批评研究》，第52—58页。"前七子"另外五人为边贡、康海、王九思、王廷相和徐祯卿。只有康海、王九思和王廷相曾任翰林学士。见《明史》，第7346—7355、7384—7385页。

的诗文和汉以后的散文写作的样式("文必秦汉,诗必盛唐")。① 在诗歌方面,李梦阳强调韵律的形式要符合古代诗律的格调。李梦阳和其他人的诗在韵律结构和辞句格式方面实际上模仿了《诗经》。② 李梦阳批评台阁体诗模仿宋体诗,而且并不赞同宋代道学家对于诗的观点,他们强调的是道德之"理"。他认为,"天下有殊理之事,无非情之音"③。情感的表达在理性诗歌中不起任何作用。宋代道学家太过注重"理",所以他们忽视了人类情感的活力和生动表达。由于他们把诗歌的目的限定在说教上,宋代说教的诗歌不注重"情"且缺乏主题的多样性。很重要的一点是,不要将这些对宋代诗论的批评视为对明政府正统的程朱理学的攻击。李梦阳的批评主要是针对诗文的写作。他没有抛弃儒家学说的"理",也没有质疑政治中心在维持道统上的作用。

从嘉靖后期到万历中期这段时间,"后七子"所推崇的范式占据了诗文写作批评的统治地位。李攀龙和王世贞的诗文创作和与之相关的名声都来自他们任职期间的闲暇时间。李于1544年入仕之后,便倾力于诗文写作。④

"后七子"一直在古代中寻找诗文写作的范式。⑤ 对于他们来说,汉代以后的散文和晚唐以后的诗都不如前。王世贞强调古诗

---

① 见 Chih-P'ing Chou, *Yüan Hung-tao and the Kung-an School*, pp. 5, 9.
② 见简锦松:《明代文学批评研究》,第219—220页。
③ 郑利华:《明代中期文学演进与城市形态》,第58页。
④ 见王世贞所作的传记;见李攀龙:《沧溟先生集》,第721页。
⑤ "后七子"另外五人为梁有誉、徐中行、宗臣、谢榛和吴国伦。

的韵律节奏和风格,而对宋诗则嗤之以鼻。① 但是在他的晚年,像李攀龙一样,王世贞开始欣赏他的对手(即唐宋派诗文的推崇者)有关于艺文理论的抒发情感的主张。② 尽管有些改变,他们还是反对使用当下的诗文表达。李攀龙批评在诗文写作中使用俗语。③ 同样,王世贞在他的戏剧批评中也采用古体风格,并一直重视精练的词语选择和戏剧的说教功能。④

对"前后七子"最重要的评议者是散文作家唐顺之(1507—1560年),他支持唐宋作家,把他们当作模范来模仿。唐顺之是"八才子"中的一位,属唐宋散文流派,另外七位是陈束(1508—1540年)、王慎中(1509—1559年)、赵时春(1509—1567年)、熊过、任瀚、李开先(1502—1568年)和吕高(1505—1557年)。⑤ 唐晚年受到王阳明弟子王畿的影响,反对诗歌受到严格规矩的限制。⑥ 唐批评"前后七子"模仿那些与现在遥不可及的诗文。⑦ 他的诗不讲究诗律和词汇,⑧ 他所推崇的是"本色",并把它当作衡量文学作品好坏的新标准。唐说:"诗文一事,只是直写胸臆。""本色"指的是作者在作品中表达的真实情感,也指未加修饰的、简单的、

---

① 见王运熙、顾易生:《中国文学批评史》,第 477—484 页。
② 见王运熙、顾易生:《中国文学批评史》,第 483—484 页;Chih-P'ing Chou, *Yüan Hung-tao and the Kung-an School*, pp.12-14。
③ 见李攀龙:《沧溟先生集》,卷 15,《三韵类押序》。
④ 见陈建华:《中国江浙地区十四至十七世纪社会意识与文学》,第 412—420 页。
⑤ 见陈建华:《中国江浙地区十四至十七世纪社会意识与文学》,第 248 页。
⑥ 见郭绍虞:《中国文学史》,第 308—309 页。
⑦ 见 Chih-P'ing Chou, *Yüan Hung-tao and the Kung-an School*, pp.14-15。
⑧ 见 Chih-P'ing Chou, *Yüan Hung-tao and the Kung-an School*, pp.15-17。

易于理解的语言；这种语言在唐宋时期使用广泛，更接近明代古文的风格。"本色"包含了几种意思：真实的"情"，它透过一种简单的语言来表达，是一种让那些没有受过古典教育的读者都能理解的语言；隐喻、严格的规范和阅读规则都是阻碍。唐宋派打破了复古派的格调、韵律范式，而尊崇唐宋时期的文学典范。唐顺之的诗文表现力强，且简洁明了，这些都要求到应用新的文学范式来克服诗、文体类的限制。

尽管坚持采用简洁和与时代相符的语言，唐顺之仍旧信奉文学作品说教的功能。唐宋派不仅为宋代道学学者的道德思想辩护，还认为他们的诗才应是诗的典范。① 他们的文学理论代表了维护程朱道统的重大努力。唐顺之是一名进士，在1533年他仅20多岁时就进入了翰林院。② 所有唐宋派的拥护者，除了唐顺之，其余都在1526年或者1529年中了进士，但只有三个人在翰林院任职。③ 也就是说，文学评论家既是官员，也是有影响力的作家。拥有皇权政府中的官位仍然是成为文学品位评审人的一个重要条件。

出版在艺文名望生产过程中日益凸显的重要性

"前七子"的名望仅限于官场，且并不是通过他们的作品被收录在诗文选集中来确立的。然而选集在万历年间开始逐步成为

---

① 见陈建华：《中国江浙地区十四至十七世纪社会意识与文学》，第247—248页。
② 见简锦松：《明代文学批评研究》，第22页。
③ 见陈建华：《中国江浙地区十四至十七世纪社会意识与文学》，第248页；《明史》，第5422、7367—7368、7370—7371页。

一种重要的商业出版形式。从对"前七子"中两位领军人物的出版记录的检视中可以初步了解 16 世纪早中期艺文创作和商业出版之间的关系。现存的李梦阳出版记录表明,在李的文学活动中,编辑活动和印刷活动是相对不重要的,他没有参与编辑或者编选其他作者的文章。商业出版几乎没有在他的文学和经济生活中扮演任何角色。在王重民的《中国善本书提要》中,有十部书署名李梦阳,其中六部是在他去世后出版的不同版本李氏作品集,两部是由唐代诗人孟郊所作、出版商凌濛初出版、李为评注者。另外两部似乎为伪作,但即便如此,也是在他去世后由凌濛初印的。只有一部在嘉靖年间出版的杨一清(1454—1530 年)的诗集将李梦阳列为评论和评点书籍的两人之一,他在书中被列为杨的弟子。①

杜信孚的《明代版刻综录》是一本现存的明版书目录,其中包含了比较多的由李梦阳所撰写的作品。他的诗文集是他去世后由其他作家编辑的。② 李梦阳是在他去世后才出名的,他的名声主要是因为王世贞和其他万历年间景仰他的作者的追捧。在其他的善本书目中也有相似的记录。《台湾公藏善本书目人名索引》是现存善本书的联合目录,其中李梦阳的名下列出了 43 部著作。这当

---

① 另外一部是《白鹿洞书院新志》。见《中国善本书目提要》,第 202、497、573、579—580 页。
② 李梦阳的一部诗选由杨慎于 1544 年编辑评论,另一部由闵齐伋于万历中期双色套印而成。李的两部文集也于同时期出版,由著名作家丰坊和汤宾尹编辑。见《明代版刻综录》,2.15a,2.22a,4.46b,4.52a,2.8b,4.52a,5.16a,5.49b。

中除一部之外，其余全部是他自己诗文集的不同版本。① 他的名声并非由商业出版的诗文选集制造。

何景明的名望和影响在当时的出版界中更是微不足道。在《中国善本书提要》中，有七部书署了他的名字，其中六部是他个人作品的不同版本。这些都是在他去世后由他的弟子和朋友出版的。② 在《台湾公藏善本书目人名索引》中，他署名的书共有28部、15种，其中除三部之外其余都是他自己的诗文合集。③ 李梦阳和何景明署名的书相对比较多，这证明了他们的名望和他们作品的受欢迎程度，但是这种情况也毫无疑问地表明，他们自己并没有从事编辑、选编和评注的商业出版活动，而参与这些活动正是万历年间及之后大多数作家的特征所在。

"后七子"与"前七子"的区别在于，"后七子"越来越依靠印刷文本来传播他们的作品与文学主张。他们在推广自己的诗文上很是积极，但是直到王世贞退出官场之后，推广的效果才在考生中显现出来。王世贞在太仓隐退后，他个人的影响和众多的作品使他所推崇的"后七子"的诗文在南方考生中产生了巨大的影响。

"后七子"对印刷文本的依赖程度越来越高，并通过印刷文本

---

① 唯一的例外可能是其中一部逸闻集录是于清前期出版的。见《台湾公藏善本书目人名索引》，第260—261页。

② 另一部是陕西地方志。见《中国善本书目提要》，第201、584—585页；《美国哈佛大学哈佛燕京图书馆中文善本书志》，第219页。

③ 除了陕西地方志，还有一部杂录文集和一部关于礼的著述。见《台湾公藏善本书目人名索引》，第318页。

来扩大他们的影响。李攀龙至少与许殿卿和徐子与这两位出版商①走得很近。②李将手稿、校订稿和修改内容邮寄给他们。③他将目录和实际入选文章进行对照,并向许殿卿指出,有一首诗已被删除,但是诗的题目还被留在目录中。④他不喜欢徐对其中一首诗的题目的改动。⑤许殿卿也同样参与他的其他印本的校对工作。⑥绝大多数刊本(只有一部例外)是他自己的诗文,这些都是与王世贞唱和时创作的。⑦

李攀龙和王世贞共同推广他们自己的作品以及他们所赞赏的作品的出版。⑧王为"后七子"之一的宗臣的作品集写了序。⑨李一直为《古今诗删》收集各时代——从上古到明代——的诗。不过,之后他改变了想法。出于一些原因,他不想收录明代作家的作品。⑩这个决定可能源于他的一个观点——唐代之后的诗价值都不高。

这个诗集似乎是他尝试过的唯一非自己创作的诗集选本。一些现存的诗文选也将李列为作者。在9部将李攀龙列作编辑的诗

---

① 译者注:徐子与即徐中行(1517—1578年),与李攀龙、王世贞均在"后七子"之列。
② 李攀龙:《沧溟先生集》,第672—678页。
③ 李攀龙:《沧溟先生集》,第675页。
④ 李攀龙:《沧溟先生集》,第675页。
⑤ 李攀龙:《沧溟先生集》,第676页。
⑥ 李攀龙:《沧溟先生集》,第674页。
⑦ 李攀龙:《沧溟先生集》,第673、695、709页。
⑧ 王世贞于1567年出版了李攀龙的文集《沧溟先生集》。这部书现存至少有三个副本。见《明代版刻综录》,1.22b。
⑨ 李攀龙:《沧溟先生集》,第673—674页。
⑩ 李攀龙:《沧溟先生集》,第694页。

文集中，有8部是他去世后在万历年间出版的。他在南方有了名气之后，这些诗文集都署他为编者。① 尽管商业出版对于李而言，并不如写诗那么重要，他的名声还是在他去世之后通过出版文选传播开来。然而，这些书都是在万历中期之后出版的，还带有著名评论家钟惺、谭元春等人的评注。②

商业出版在艺文名望生产中日益凸显的重要性可以从王世贞的出版物中看出一二。就如艾南英所观察到的，年轻的士人不需要学习或者练习写作，他们唯一所要做的就是手边有一部王世贞的《弇州山人四部稿》。"后生小子不必读书，不必作文，但架上有《前后四部稿》，每遇应酬，顷刻裁割，便可成篇。骤读之，无不浓丽鲜华，绚烂夺目；细案之，一腐套耳。"③ 这种套用王世贞诗文的普遍情况之所以可能，是因为他的作品流传非常广泛。王的书在16世纪70年代被南京的世经堂书坊出版。④ 王世贞尽管是一位有权势的退休官员，拥有很多资源来出版自己的作品，他仍然很乐意把他的作品交给书坊出版。那时，任何有资源的人都可以出版自己的作品，那么交由书商来运作就有了新的含义。出版商不会花钱去印卖不出去的书。而王世贞成了受欢迎的作家，也成了出版商争相"冒名"的对象。⑤

---

① 见《中国善本书目提要》，第437、460—461、473页。
② 见《美国哈佛大学哈佛燕京图书馆中文善本书志》，第539页。
③ 见艾南英：《天傭子集》，5.25b-26a。
④ 见《中国善本书目提要》，第628页。这部书现存至少有8个版本，这证明了明代出版书籍的量和重印量是很大的。见《明代版刻综录》，1.39a。
⑤ 王的著作被广泛阅读，他写作了不计其数的作品，包括明代逸闻和传记文章。见《中国善本书目提要》，第109—110、131、444—445页。

商业出版和士商作家

分析作家群体、皇权政府和商业出版之间的不同关系是十分必要的。作家和皇权政府之间的关系能够用很多方法衡量出来。其中一个重要的指标就是作家在政府中服务或者能够服务的时长,即他们在官场任职的时间。这个时间的长度可以从通过会试时的平均年龄与通过会试之后的年数来计算。

表 5.1　士商作家考中进士或举人的平均年龄和余生对照表

姓名	中进士/举人的年份	中进士/举人的年龄	余生（年）
陈际泰	1634（进士）	67	7
陈子龙	1637（进士）	29	10
方应祥	1616（进士）	54	12
黄汝亨	1598（进士）	40	28
丘兆麟	1610（进士）	38	19
张溥	1631（进士）	29	10
钟惺	1610（进士）	36	15
周钟	1639（进士）	—	6
艾南英	1624（举人）	41	22
李贽	1552（举人）	25	50
谭元春	1627（举人）	—	10
徐孚远	1642（举人）	43	23
平均		40.2*	17.6，13.3**

*平均年龄不包括周钟和谭元春。
**平均数不包括最后四个只中过举人的作家。
表 5.1－表 5.8 数据来源于《明代版刻综录》。

"前七子"通过会试的平均年龄是23岁。他们都生于明前期,那时科举考试竞争并不是特别残酷,人口也没有增长过快。唐宋派大师的平均年龄是22岁,而"后七子"中除了谢榛和梁有誉,其余都是27岁,这表明科举考试竞争已日渐激烈。"前七子"通过会试之后的余生平均是32.2年。除了徐祯卿通过考试的时间很晚,其他人获得进士之后的余生平均为36.6年。而"后七子"的这个数据则减为30年,唐宋派大师则是34年。

表 5.2 四个艺文派领袖中进士时的平均年龄和余生对照表

艺文派领袖	中进士的年龄	余生(年)
"前七子"	22.3	32.2
唐宋派大师	22	38.1
"后七子"	27	30
士商作家	41.8*	13.3

＊不包括表 5.1 中的所有只中过举人的作家。

相比之下,明代最后五十年非常活跃的士商作家这样的专业群体通过会试的平均年龄是40.2岁(见表5.1)。他们成为进士后的余生只有13.3年,这个数字是唐宋派大师的三分之一,而且比"前七子"少了一半(见表5.2)。从万历年间开始,艺文圈的领导者在经济场域任职的时间超出了最终在政府任职的时间。他们工作生涯的大部分时间都是从事文化生产,而不是在政治场域里活动。很多人不得不通过在经济场域的各种工作来"治生",如当馆师,经营出版生意,为出版商工作,给商人、缙绅和官员们提供艺文服务,等等。他们的艺文产品与商业出版市场紧密相连。

出版市场创造和保持了作家们的名望,其逐步增长的重要性可见于表5.3—表5.8,这些表列出了《明代版刻综录》中收录的不同文派领袖的作品种类和数量刊本,包括"前七子"、"后七子"、唐宋派、公安派和竟陵派。李贽和陈继儒这两位不属于任何文派的作家由于其无可争议的名气,也被列于表中。

表 5.3 艺文领袖写作或编纂的书籍总表

姓名	经	"四书"	史	百家	个人作品	编辑文集	文选	诗选	小说	戏剧	其他*	总数	种类数
李梦阳	0	0	0	0	9	0	0	0	0	0	0	9	1
李攀龙	0	0	0	0	4	0	0	4	0	0	0	8	2
唐顺之	0	0	7	0	5	0	2	0	0	0	5	19	4
王世贞	0	0	1	0	5	1	0	0	0	0	9	16	4
李贽	1	1	2	1	12	0	1	2	5	12	5	42	10
陈继儒	0	0	0	1	4	1	2	1	1	5	5	20	8
袁宏道	1	0	1	0	6	0	2	0	1	0	1	12	6
钟惺	3	2	2	0	4	0	3	2	1	1	4	22	9

*含奏折与历书。

表5.4 艺文领袖在出版活动中的职位

姓名	著、纂	编、辑、选	批评、批点、评点、注	校、鉴、阅、订、鉴定	总计	职位数
李梦阳	9	0	0	0	9	1
李攀龙	4	4	0	0	8	2
唐顺之	9	7	3	0	19	3
王世贞	11	5	0	0	16	2
李贽	12	8	22	0	42	3
陈继儒	4	5	10	1	20	4
袁宏道	7	5	1	0	13	3
钟惺	4	9	8	0	21	3

表5.5 艺文领袖的出版物数量、种类与参与出版的职位数

姓名	出版物数量	种类	职位数
李梦阳	9	1	1
李攀龙	8	2	2
唐顺之	19	4	3
王世贞	16	4	2
李贽	42	10	3
陈继儒	20	8	4
袁宏道	12	6	3
钟惺	22	9	3

到了嘉靖晚期（1550年前后），唐顺之和王世贞等文学领袖越来越多地参与到出版活动中，尤其是作为编辑和编纂者参与出

版。① 从 16 世纪中期开始，从李贽到袁宏道，再到钟惺，所有的艺文领袖们都并不仅仅出版他们自己的作品，而是也加入到编辑、编纂和校对他人的作品的各种工作中（见表 5.3—表 5.5）。这些作家作品的数量从一方面来说是被低估的；另一方面来说是被夸大了。理由是表中所列的并不是现存版本的全部清单，其中也存在很多"冒名"出版的作品。然而，正如第三章所讨论的那样，大多数作家参与到编辑、编纂、评注和选刊的工作中，这一点是毫无疑问的。相同类型的习业也能从一些不特别依附于某文派的知名作家中得到证明（见表 5.6）。随着这些作家名气的提高，商业出版中的冒名现象也越来越多，因为这些制造伪作的出版商们相信自己有足够的权力和能力来规避法律和经济后果。与明代早期到嘉靖中期的文学领袖们相比，这些作家不再那么依靠由人际关系网所产生的影响。

王世贞没有以评注者或者批评者的身份名列在任何一本书中（见表 5.4）。小说和戏剧作品中也看不到唐顺之和王世贞的名字。②

---

① 关于王世贞的出版物，见姜公韬：《王弇州的生平与著作》，第 61—80 页。唐顺之是被冠以许多文集作者或编者之名的早期作家之一（见本书第三章）。在《台湾公藏善本书目人名索引》中，有 20 部作品将唐列为作者或编者。除了有 5 部文集不是他本人的作品，他被列为 3 部诗集的编者和 2 部历史作品的点评者。《中国善本书目提要》中还包括了唐被列为编者的另外 6 部作品。见《中国善本书目提要》，第 100、146、231、444、445、520 页。

② 在《台湾公藏善本书目人名索引》所列出的 49 部明代出版物中，只有 1 部小说和 1 部戏剧，见第 57—60 页。

表5.6 其他知名作家在出版活动中的职位

姓名	著、纂	编、辑、选	批评、批点、评点、注	校、鉴、阅、订、鉴定	总计	职位数
陈仁锡	10	4	0	0	14	2
焦竑	8	11	3	0	22	3
李廷机	3	2	4	0	9	3
汤显祖	14	1	5	0	20	3
屠隆	9	2	2	1	14	4
徐渭	5	0	8	0	13	2
张溥	1	2	0	0	3	2

王世贞与朝廷的密切关系和他在苏州当地的影响，使得书商不敢冒用他这样知名大家的名。当然，也可能是由于他并不热衷于撰写和出版自己的评注。然而，明代最著名的戏剧作家徐渭和汤显祖，与另一位剧作家屠隆都是戏剧方面的批评家和评注家（见表5.6）；表5.7—表5.8所收载的刊本中，没有将他们列为"四书"或经、史著作的评注或编纂者的。

表5.7 其他知名作家写作或编纂的书籍总表

姓名	经	"四书"	史	百家	个人作品	编辑文集	文选	诗选	小说	戏剧	其他*	种类数
陈仁锡	1	1	1	1	2	0	1	0	0	1	1	8
焦竑	1	0	3	4	3	1	1	0	0	0	10	7
李廷机	0	1	5	0	1	0	1	1	0	1	3	7
汤显祖	0	0	0	0	5	1	0	1	0	13	1	5
屠隆	0	0	0	0	7	0	0	0	0	1	2	6
徐渭	0	0	0	2	4	2	0	0	0	4	0	5
张溥	1	0	0	0	0	0	0	0	0	0	3	3

*含奏折与历书。

表 5.8　其他知名作家的出版物数量、种类与参与出版的职位数

姓名	出版物数量	种类	职位数
陈仁锡	14	8	2
焦竑	22	7	3
李廷机	9	7	3
汤显祖	20	5	3
屠隆	14	6	4
徐渭	13	5	2
张溥	3	3	2

"冒名"是晚明商业出版中的普遍现象，要证明伪书是一个艰难的问题。但是出版商并不是随意挑一个有名的大家，把他的名字印在书上。他们大多很了解这些作家的专长，并考虑得非常仔细，才决定把谁的名字印在什么"体类"的书籍上，因为他们知道见多识广的读者不会买一本有着明显"冒名"痕迹的书，读者是知道那些名作家一般是没有兴趣写与他们的专长一点都不沾边的书的。事实上，李梦阳并没有李贽和陈继儒那样被屡屡盗名，这表明晚明的商业出版并非完全无法无天、乱象丛生，并非什么人都能任意盗版和"冒名"，而不用考虑后果。出版商和作者确实可以追踪，也有能力找到和惩处"冒名"的违法出版商（详见本书第三章）。如果出版商决定冒用一位作家的名义出版一本书，他们会挑选一位与该书的"体类"相同的作家，以获得读者的认可。这个原则是基于对文化生产场域中读者群多样性的考虑。

206　　从实际作品和出版商盗名作品来看，"多产"作家的名字总是会出现在多种"体类"的作品之中。我们看到，长于诗的李攀龙只出版过诗选，但是这并不能代表其他作家的情况。比如，钟惺也是一位著名的诗人和评注家，但是他的作品"体类"却涉猎很广。陈继儒和李贽也是显赫的诗人。可以肯定的是，极少有作家能够达到陈、李二人的名气。从有限的资料中我们可以发现，唐顺之和王世贞的 35 部作品中连一部小说或戏剧都没有（见表 5.3）。① 王是散文和诗歌的先驱和领袖，同时也有广泛的兴趣，这能够从他在"其他"类型中的作品数上看出。② 唐因他在历史、经世和散文写作方面的兴趣而闻名。他有 7 部史类著作和 2 部文选。如果进行更细致的调查，或许能够发现其他作品，甚至在小说和戏曲的种类中也是如此，但事实上，"冒名"这种习业是由图书市场的原则所制约的。一位作家的名望首先要在书籍市场上得到认可，然后他名字的市场效应就会体现在"冒名"的书上。

　　从台阁体的拥护者到"前后七子"和"八才子"，批评家权威的根基有一个逐渐迁移的过程，即从朝廷的中心——内阁和翰林院，转移到了六部。尽管文学批评领袖的身份从翰林院学士向外

---

　　① 袁宏道也没有戏剧和小说类型的作品，但是另一部目录中将袁列为一些戏剧作品的点评者。见《美国哈佛大学哈佛燕京图书馆中文善本书志》，第 782、785 页。
　　② 在"其他"这一类中包含种类繁多的文体，有一部关于绘画的书、他的《凤洲笔记》、关于王锡爵女儿昙阳子（存争论）的传记、鸿篇巨制的《弇州史料》、有关苏轼的逸闻录，以及一部唐代逸闻集。见《明代版刻综录》，4.21a、4.40b、4.53b、5.39b、3.3b、6.17a、7.2a。

扩展到其他部门的官员，但这些批评家们仍旧不同程度地被卷入官廷政治斗争中。例如，"前七子"就强烈反对有权有势的太监刘瑾（卒于1510年），他们在与刘的斗争中确立了自己的文学兼政治团体的特色。"后七子"也身陷激烈的对抗严嵩（1480—1565年）的权力斗争中。从很大程度上来说，这些作家的声望仍源于他们清正为官的高尚品德。"前后七子"被奉为官员楷模，同时也是杰出的诗人。他们文章的价值部分源自他们在官场上的高尚道德行为。

尽管唐宋派的拥护者和"后七子"在风格上有所不同，但他们的诗文理论主要都是为皇权政府及其代言人——官员和上层人物——的艺文和意识形态的需要服务的。李梦阳"真诗乃在民间"的主张并没有导致普通大众的生活经历和方言融入诗的主题和风格之中。换句话说，"前后七子"和"八才子"的文学理论来自皇权政府的官员，他们有着共同的从政经历，在任期间与政府有着很深的关系，他们作品的受众主要是那些科举考生和官场同僚。

在复古运动中，"前后七子"的写作手法和参考范式来自古代。甚至，即使翰林院作为文学权威的地位逐渐降低，在15世纪80年代到16世纪90年代之间，诗和散文的写法还是一直围绕着皇权这个中心，那些有影响力的并处于核心地位的倡导者都是有着很强的从政背景的人。这些艺文学批评家在其作品影响到他们的追随者之前，已在政治场域占有位置。但是，商业出版的兴盛导致了新一代文学批评家的诞生,这些人是仍然正在拼力试图通过科举考试进入到政界之中的士子。在他们中进士之前,很多士人就已经是有一定名气的儒家经典的评注家了,还有的是卓越的作家或优秀的诗人。由商业市场产生的巨大名气,让那些没有通过乡试和会试的科举考生用文学作品挑战考官所制定的作品优劣的标准。他们正是通过出版在文学史上留下了自己的名声。

出版与科举考试成功

商业出版的兴盛不仅提供给考生大量的举业用书,帮助他们准备考试,还提供给考生一个展示他们作品的途径,以此吸引考官的注意。在16世纪晚期,乡试和会试的考生从他们获得成功的时文中选一些印刷出来当作礼物赠送给朋友和亲戚,已经成为一种潮流。① 一些非常有才华的考生还受雇于举业用书的出版商,为这些书做编辑或者评论。他们这样做,一方面是由于经济上的原因;另一方面也能够在考试中给他们自己增添更多的胜算。像艾南英、陈际泰和周钟这样的批评家在为出版商做批注之前,都出版过自己的时文。不论是私人的还是商业的,出版对士子和艺文批评家文艺声望的产生有着重要的意义。商业出版逐步增长的重要性导致了更深远的变化,它使艺文权威核心地位的存在由政治

---

① 见叶梦珠:《阅世编》,第292页。

场域转向了图书市场，让皇权政府丧失了对艺文生产的控制。

时文的官方模式

明政府非常热衷于控制文章的风格，而文章的风格被视为科举考试中选拔考生的主要标准。直至 16 世纪晚期和 17 世纪早期，尊崇考官所推崇的艺文风格一直是应试者的目标。所有的考生都面临着相同的困境，即如何在风格和叙述上表现出对官方样板遵从的同时，还要想办法使自己在各等级考试中从数以万计的考生里脱颖而出。从宋代开始，中央政府采取了多种方式来防止作弊，减少了考官与考生之间的勾结。① 将考生姓名糊上和由书记员誊录答案等做法有效阻止了将考生的身份呈现给考官。然而，这些方法却不能去除考生各自的文风或者对词语和表述的特别偏好。如果知道了考生在考场中的位置或者考生在哪个"房"，考官就能通过此考生独特的风格来判定他的身份。②

考生被指定用八股文式来回答有关"四书"的问题。八股文是一种具有高度结构性的文章，共有八部分组成，即"八股"。③由于这种正规的样式，这些文章又被称作"制艺"或者"制义"。

---

① 关于多种作弊方法的讨论，见 John Chaffee, *The Thorny Gate of Learning in Sung China*, p. 51。

② 关于考官通过风格辨认考生的例子，见艾南英：《天傭子集》，2.5b。关于明和清早期的更多作弊方法，见 Elman, *A Cultural History of Civil Examinations in Late Imperial China*, pp. 196-198。

③ 关于八股文历史和式样的概观，见 Elman, *A Cultural History of Civil Examinations in Late Imperial China*, pp. 380-399。

中央政府会定期出版会试和乡试的记录。起初，考生们即便看了这些记录也对考题一无所知，因为在政府出版的《会试录》中，仅有考官的名字、序和通过考试的人的名字。从1385年开始，三个部分的考题和一些时文被收录在内。①但不管这些"程文"（范文）是由考官还是考生撰写的，都要经过考官严格的编辑审核。在16世纪30年代早期，官员开始尝试出版不经考官编辑的会试考生文章。然而，礼部尚书夏言却反对这种做法，他坚决主张未经编审的文章不能被当作程文，且只能采用当下的方式，即只出版经过考官自己改定过的时文。②

编纂通过考试的文章有一个重要的功能，就是保证了已出版的程文完全遵从官方对艺文作品标准的控制。在编辑的过程中，可以删除不合适的风格、引用和观点。这项政策在万历年间再次受到挑战。1585年之后，除了考官的程文，中榜考生的文章也在编辑之后作为程文。③尽管礼部没有为乡试公布一个格式作为标准，但政府所有的考试记录格式都是相似的。④按照政府记录

---

① 见王士禛：《古夫于亭杂录》，2.18b。成功考生的时文选早在15世纪晚期就开始刻印出版了，但只代表了一小部分时文。在1587年，礼部受命遴选和出版从明初到嘉靖早期会试成功考生的时文。见顾炎武：《日知录》，16.10a，16.21a。

② 见孙承泽：《春明梦余录》，41.8a-b。

③ 见徐学谟：《世庙识余录》，7.8b-9a。

④ 一部科举考试记录清晰显示出，在遴选成功考生的文章方面，并没有严格的规定控制。前三名开外的考生文章也能入选。根据政府记录的原则，前三名考生的文章不一定被收录。仅举两例，1585年会试探花的"四书"和《易经》文章都未被出版，而第九名考生的"四书"文章则入选。1582年浙江乡试第三名考生的"四书"文章却被列在第一名考生之前，而第二名考生的"四书"文章则未入选，只有关于《礼记》的文章被收录了。见《明代登科录汇编》，卷20，第11135—11136页；卷19，第10505—10562页。

的标准，每级考试三个部分中，每一类只能有一篇文章被选为程文。①因此，即使是前三名的考生也不可能在官方考试记录中看到自己所有的文章。从考生的角度来说，程文一直是极其少数的。

商业出版的科举时文选集

在16世纪前25年中，商业出版的墨卷（时文）选集非常稀少。②在隆庆（1567—1572）和万历之前，除了官方考试记录，很少有其他印刷的八股文选出版。李诩（1506—1593年）回忆他准备应试时，还没有由考生自己印制的考试练习。小书贩们有时会带着二三十个手写本的科举时文到他家中兜售，每篇文章售价0.002—0.003两银不等。甚至从1529年唐顺之通过会试到他进士及第这段时间内，他的文章是被他的一个亲戚，而不是书坊出版的。同样，当薛应旂1535年通过会试的时候，他的文章是由他的弟子和李诩联合出版的。这个时候基本没有书坊出版的科举时文，甚至连唐和薛这些最后中了状元的考生的文章，也未通过书坊出版。③

在16世纪中期，出版商们开始出版不同种类的科举时文选集。归有光（1506—1571年）就是这些私人制作出版科举时文的

---

① 比如，袁继咸是第三名，但是他只有两篇文章被收录进官方记录。见袁继咸：《六柳堂集》，第399页。
② 见钱谦益：《牧斋有学集》，卷45，第447页。
③ 见赵吉士：《寄园寄所寄》，7.7a-b。

少数人之一，他在1565年通过会试前就开始这项工作了。他遴选出一些文章，并将其出版为程文文集。① 然而，他仅仅从几部最新的《乡试录》和《会试录》以及乡试中榜考生所写的文章中进行挑选。这些文章仅仅选自一次考试，而后来的选集情况就大为不同了。另外，文集还包括了少数文章的成绩。归有光也编辑考生的策论文选。②

考试文选成为举业用书中最流行的种类，因为它给考试问题提供了现成的答案。更重要的是，它们使考生能够跟上考官所认可的思想和文风的趋势。考生选择三四百个程文答案背诵下来是普遍现象，这样做基本上就可以涵盖科举考题的范围了。③

从万历开始，出版商逐渐出版了一批带着批评的考生文章选集，而这些批评并不是由考官们撰写的，而是由专业的批评家完成的，这些批评家当中有不少都已经通过了乡试，并准备参加会试。这些文章的出版开辟了一个考生和编辑挑战考官标准和判断的论坛。越来越多的前三名考生文章被印刷出来，成百甚至后来上千的文章交由读者检视。与由考官撰写或编辑的程文不同，这些文章没有被修改过。

到16世纪90年代，印刷出版的八股文选集已经填满了书肆。④

---

① 见归有光：《震川文集》，5.10a。
② 关于归有光选择的乡试中榜考生文章是从《乡试录》中选的还是从那些未选入的文章中选的，并无定论。见归有光：《震川文集》，5.10a。
③ 这是时文选家方应祥给考生们的建议。见方应祥：《青来阁初集》，3.7a-b。
④ 见李诩：《戒庵老人漫笔》，第334页。

政府印制的考试记录与商业出版的文选相比，无论在质量还是受欢迎程度上已大大失色。书商出版的文选种类多到考生根本无法读完。① 随着各种形式的文选和合集的繁盛，时文已从其他种类的作品中分离出来，成为一个单独的体类。这或许是大多数书店在数量和种类上存货最多的一类书。② 在卷帙浩繁的文选《明文海》中，黄宗羲汇集的八股文选集的序就占了八卷的篇幅。③

文选的种类

被收录出版的时文有许多种不同的格式。在 17 世纪早期，市面上至少有 5 种考试文选。第一种是"程文"，即由考官改定考生的文章或自己写的范文。④ 第二种是"墨卷"，即考生科考时自己写的关于"四书"的文章。到 17 世纪 20 年代时，每次会试之后都会产生数百种由通过会试的进士所撰写的墨卷文章。第三种被称为"房稿"，是由成功的会试考生所写的有关"五经"的文章。⑤ 第四种被称作"窗稿"，指士人自己的练习文章。⑥ 有很多考生出

---

① 见袁宏道：《潇碧堂续集》，第 653 页。
② 时文集随处可得的状况可以在小说《姑妄言》中找到印证，4.474。
③ 见黄宗羲：《明文海》，卷 307—314。
④ "程文"的意义发生了一些变化。张采认为，"程"和"模"被考官和考生用来宽泛指代范文。见谢国桢：《明清之际党社运动考》，第 139 页。
⑤ 根据沈守正的说法，科举考试中关于"五经"的文章从 1583 年开始出版。而杨彝则记录到，首出"五经"文集的时间是 1592 年。而时间上的不同并不一定相互矛盾。沈可能是指"五经"中几部的文章，而非全部的"五经"。杨彝则是指后者。见沈守正：《雪堂集》，5.9a-b；顾炎武：《日知录》，16.9b-10a。
⑥ 在 16 世纪前期，考生出版练习文章的情况比较罕见。到 16 世纪晚期才发展起来。

版在准备考试期间撰写的练习文章和作品，借此来扩大名气。第五种是"社稿"，这是一种由文社出版的新型文集，包括其成员的作品，用来展示成员的才华。这种文选兴起于17世纪20年代，因为这时考生们尝试着通过联合出版以及艺文组织的力量来夺取功名。①

在有关"四书"的文选集出现后，书商们又大约在1592年至1595年之间印刷了"五经"文选。考试时，每个考生都要求回答有关"四书"的同组问题，另外每人可以选择"五经"中自己专长的一部。出于对管理和评分的考虑，应试者被分入不同的"房"，每一部经籍都对应不同数量的"房"，每一经"房"的数量取决于选择某一经籍的考生总数。这类文选的选录范围是与"同房"考生的数量相关的②，被称为"房选"③。

除了单场考试的文选集，还出现了汇编多场考试时文的选集。第一部此类文集由杭州作者钱古于1580年编著，其中包括了不同年份的时文。④这在17世纪早期成为一种普遍的八股文选集样式，比如由艾南英编辑的文选《八科房选》就选取了从1607年至1628年间的八场考试中的文章。⑤还有的选集包含了整个朝代的文章，比如《皇朝历科四部墨卷评选》就是一部涵盖整个明代的文选集，

---

① 见谢国桢：《明清之际党社运动考》，第119页。
② 见查慎行：《人海记》，1.67b-68a。
③ 见艾南英：《天傭子集》，3.28a。又见陈际泰：《已吾集》，2.6a-7a。
④ 见查慎行：《人海记》，1.67b。
⑤ 见艾南英：《天傭子集》，1.17a。

包括了通过会试的知名学者和批评家的时文。作者中包括了丘兆麟、钟惺、汤宾尹和黄汝亨等著名批评家,还有著名的官员和思想家顾宪成、赵南星、王畿、杨起元和冯梦祯等人。复社的领袖张溥也编辑过类似的文选。①

出版商和评注家们不断创新选集的形式。到 17 世纪初期,出现了一种特殊形式的文选,书中包括秋季乡试考试和次年春季北京会试的文章。张溥编辑了一部 1627 年乡试的选集。② 在 1628 年春季会试结束后,他编辑了另一部包含 1627 年考试文章的文选。这是可以理解的,因为乡试考生之中大多数人虽然文章被编辑称赞,但绝大部分并不能顺利通过会试。也有一些文章通过了第二年春季的会试,但没有收入乡试的文选中。正如张溥在 1627 年和 1628 年考试文选所作的序文中所写的那样:"次程墨者,必兼春秋两试之文而举之。……或失于前而备于后,或逸于他本而此存之。"③

这种格式成为最流行的文选种类之一,因为它提供了有关考试情况的类似历史回顾。这类文选中记录了近期考题的例子,考生们可以由此预测下次考试可能出现的题目。

这些文选的遴选和印刷给专业批评家提供了自己注解的机会。

---

① 见艾南英:《天佣子集》,6.5a;张溥:《七录斋论略》,1.28a-b。
② 这部书实际上是由张所编。见《明代版刻综录》,4.53a。著名批评家黄汝亨在 1609 年到 1610 年也编过这样的文集,收录了乡试和会试的文章。见黄汝亨:《寓林集》,7.24b-25a。
③ 见张溥:《七录斋论略》,2.32a。

尽管格式不同，这些文选仍然支持考官们的判断。威胁到考官权威的大多是市面上可见的那些未通过考试的文章。通过乡试和会试的时文会被送去礼部进行审核和记录，①没有通过的将会遭废弃处理。我们现在还不清楚究竟出版商什么时候开始选取印刷乡试和会试没有中式的文章。但是可以确定的是，书商对那些文章的出价是 0.2—0.3 两银②，并在印刷前交到批评者手中来进行点评的。编辑兼批评者成为另一种考官，他们会基于考生的艺文表现给出评价。

超附文本与评注权威

关于"四书五经"的各种类型的八股文选集十分繁盛，它们不仅为考生提供了更多的范式，而且为考生兼作者们开辟了一个新的话语空间，在这新的空间里挑战官方考官的评价。批评家和编辑已经成了"品位的制定者"（arbiter elegantium）。③在他们手中，商业出版被授予权力公断各种艺文风格，并被推上了艺文场域的权威地位。布尔迪厄认为"文化的定义"（definition of culture）或者"品位的评定"（judgment of taste）是统治阶级内部

---

① 考生文章的抄本也被称为"墨卷"，以区别于考官做有标记的"朱卷"。之后在 1585 年考试中出现的换卷现象，使得礼部推广了新的誊录做法，就是将"墨卷"和"朱卷"一起呈交给礼部。如果有作假的现象，则会检查誊录是否正确。这种做法被批准实施后，地方官员必须在张榜后三天内将朱墨二卷交于礼部。见王世贞：《弇山堂别集》，83.18b-19a。

② 见叶梦珠：《阅世编》，第 294 页。

③ Bourdieu, *Distinction*, p. 255.

派别不断斗争的结果。如布尔迪厄所说，在艺文场域内所占据的位置使时文批评家能够"定义经济、教育或者社会资本、社会权力之间的合法原则，而这些社会资本如被由共同信念认可而赋予权威的话，会增强它们的象征力量"①。

批评家的权威被八股文选集的读者们所认可。随着其选文认可度的不断提高，一篇文章若被他们的文选收录就会成为公认的杰作。考生的优秀会被批评家和编辑公开表彰。张居正的儿子参加会试时，他的亲信们不辞辛劳，寻找职业批评家评注了他的文章。②被知名的编辑选中文章是一件很光荣的事，也算是在考场外的一大成就了。③ 17世纪20年代晚期的一部戏剧很清楚地表明，"名士"的定义标准就是能入八股文选集的人——"既有选刻，必是知名之士"④。

文选批评家的权威被考生们所认可。在每个考试结束时，考生们就会寻找一些批评家，把自己的文章送去让他们评注，并试着让他们在文选中选录自己的文章。陈际泰在北京考试过后，收到了陈子龙的一封信，信中说，他要为刚结束的会试编辑一本文选。在陈际泰公布这个消息之前，就已经有300多名考生带着自己的文章去找他了。陈际泰本身就是一个有名气的批评家，在北

---

① Bourdieu, *Distinction*, p.254.
② 见蔡士顺：《同时赏论录》，2.16a。
③ 见艾南英：《天傭子集》，3.29a。
④ 《绿牡丹传奇》，2.22a，见《全明传奇》，第89卷。通常认为这部戏剧是由温体仁的弟弟温育仁所作，温育仁曾被复社领袖拒绝过。

京从事考生文章的收集联络工作。①

利用批评家的声望来宣传考生的才华是一个很普遍的方法。即使某人的文章没有被选中，他也仍然可以出版自己的文章。为了给自己的选集造势，考生们会寻找有名的批评家或"名公"为自己的八股文集作序。在李梦阳和李攀龙所写的序文中，没有一篇是为还正在努力通过乡试和会试的考生们写的。②

但是与之相比，钟惺却被很多考生邀请为他们的文章作序。③艾南英从没通过会试，但是他的个人文集里收录了他为不同的考生作的近50篇序。④他的朋友陈际泰是江西的另一位评论家，为不同的时文集写了30多篇序，张溥也是如此。⑤汤宾尹是一位"名公"，他批判科举考试，并提出"四书"新解。在他的个人文集中，收录了为时文集所写的60多篇序和题词，其中大多数是专为某个考生写的。⑥方应祥（1560—1628年）与书商合作出版了大量时文。他的朋友计划从其中另外选出一本新的文选。方应祥便给钱谦益（1582—1664年）写了封信，请他为文选作序。⑦黄汝

---

① 见陈际泰：《已吾集》，2.7a。
② 见李攀龙：《沧溟先生集》；李梦阳：《空同先生集》。可能性很大的是，他们为这些文集作了序，不过这些序没有被编辑收录在他们的个人作品集里。然而，这种由编辑拒绝收录的情况也发生在之后的文集中。后来的作者文集中很多都包括大量的序言类文章，这能够证明先前的做法有所改变。
③ 为时文集作的序有10篇，大多是个人完成的，包括钟惺自己。见钟惺：《隐秀轩集》，卷18。
④ 见艾南英：《天傭子集》，卷1—4。
⑤ 见陈际泰：《已吾集》，卷2—4。
⑥ 见汤宾尹：《睡庵稿》，卷2—6。
⑦ 见方应祥：《青来阁初集》，5.20b-21a。

亨的个人文集中有60多篇为考试文选所写的序，其中至少有25篇是为个人的八股文集写的。黄是1600年至1620年间的同辈评论家中资历较老的一位，他为沈守正、丘兆麟、方应祥等其他批评家都作过序。①

关于职业批评家的权威对科举考试的影响，在艾南英的评注里有清楚揭示。他观察到周钟与张溥这两位批评家的艺文观点没有能够在他们所处地区的考生中推行，但是这些考生却又不能不去读周和张评注的八股文选集。被他们的文选选中收录被看作一种对艺文成就的认可，而未被选中则是可悲的。艾南英清楚地意识到像他这样有巨大影响力的批评家，能够通过编选和评注时文对科举考试的过程发挥效用，他把这种权力与皇帝相提并论。② 批评家在判定优秀艺文作品方面的权威构成了一个自主的法庭，以至于连考官也要接受。

一旦批评家建立起犹如法官那样高高在上的地位，他的名望就会成为一种象征性资本，这是考生们孜孜以求的。考生如果自己就是批评家，那么通过考试的概率就会更大一些。为了区别于其他人，考生必须努力在商业出版市场中找到评注编辑的职位。比如，福建人李忠义在他为通过乡试而奋斗的同时，也是一个八股文选家，又为"四书"写评注。③ 他的"公共"名声帮助他通过

---

① 见黄汝亨:《寓林集》，卷7。
② 见艾南英:《天傭子集》，3.28a-29b。
③ 见钱谦益:《牧斋有学集》，卷45，第448页。

了乡试。

那些来自富有家庭的考生本来不需要去为出版商工作来维持生计，但随着对批评家"权力"的普遍认可，他们也选择出版商业性的八股文选集。周钟就是一个很好的例子。他出身于金坛的名门望族，是一个很有天赋的作家，在17世纪20年代早期的江南众多批评家中，他成为其中一位新生领袖。①尽管明版书书目中只有非常少量的记载，但毫无疑问，周钟是以职业批评家的身份参与到编辑、评注时文的活动中的。②

批评家和商业出版

通过一群活跃在1590年到1630年间浙江、江西和南直隶的批评家的活动，我们可以看到商业出版在造就职业八股文批评家中起到了重要的作用。他们在时间上有一定程度的重叠，而且很多人也是认识的朋友。

杭州人沈守正编写了一本题为《四书说丛》的"四书"评注，这部书在晚明评注界经常被引用。他在1603年通过乡试，但却没

---

① 见陆世仪：《复社纪略》，《东林始末》，第172—173页。周钟的作品极少流传至今，其中一个例子是一部1623年由他编辑的批评文集。见周钟：《醉石居评次名山业皇明小论》。

② 由于周钟不忠于明室，向李自成投降，他的文章和著作很少流传下来。但是仍然有现存的著作是由他编纂和评论的。见《醉石居评次名山业皇明小论》《七录斋论略》和《七录斋文集》，收录于《台湾公藏善本书目人名索引》，第360页。

有通过会试。像大多数的应试者一样,沈出版了几部他自己的时文选集。①为了养家糊口,也为了继续参加会试,他当了一名私塾先生,同时也为出版商工作。与其他文人的境遇相似,他也通常要靠借钱度日。②他参与了一些八股文选集的编辑工作,而且擅长"五经"中的《诗经》。1613年时,他收到了六百多篇邮寄来的有关《诗经》的时文,他选择评注了其中三分之一,出版成书。③沈守正对待那些他请求作序的人非常友好,黄汝亨就是其中一个著名的例子。④1616年,沈在会试前景黯淡的情况下,最后选择在黄岩县的官学中任教。⑤

黄汝亨也是杭州人,早在1588年他正试图通过乡试时就出版了自己的考试练习文章选集。⑥他编纂了一部题为《四书全旨》的"四书"注⑦,并长期从事编辑单场和多场考试的八股文选集。在这些选集当中,部分是从已经出版的选集中编辑而成的。⑧他还参与选编一类包含乡试和次年春天的会试文章的新式文集(年份分别为1609年至1610年、1612年至1613年和1615年至1616年)。⑨值得注意的是,这些文集是他在1598年通过会试之后编辑的。除

---

① 见沈守正:《皇明都察院司务无回沈公墓表》,《雪堂集》,5b。
② 见沈守正:《沈无回先生传》,《雪堂集》,2b-3b。
③ 见沈守正:《沈无回先生传》,《雪堂集》,5.9a-b。
④ 见黄汝亨的序,《寓林集》,7.32b-33a。
⑤ 见沈守正:《雪堂集》,1a-7b。
⑥ 见黄汝亨:《寓林集》,7.47b-48a。
⑦ 见黄汝亨:《寓林集》,26.37a。
⑧ 见他为1609年到1610年文集作的序。见黄汝亨:《寓林集》,7.24b-25a。
⑨ 见黄汝亨:《寓林集》,7.24b-25a、30.21b、30.23a-b、7.43a-44b、7.51b-52a、7.55b-56b。

了这些综合文集，他还编辑了自己的门生在 1610 年和 1613 年通过考试时所撰写的文章。[1] 如其他所有的批评家一样，他经常收到考生和学生们邮寄的文章。[2]

在 1610 年至 1630 年间，江西最有名的时文批评家有艾南英、陈际泰、丘兆麟和罗万藻。[3] 丘兆麟的时文选集是学生们的案头必备。[4] 在由南京和建阳的出版商刊印的多种文选中，他都被列为编选者。[5] 丘还编辑了一本《易经》评注，这部书于崇祯年间在南京出版，被他的家族成员在准备考试时使用。他得到了考官汤宾尹的认可，汤在 1610 年就通过了会试。[6] 汤在书中被列名为"鉴定"。[7] 汤宾尹是南直隶宣城人，也是一位有名望的时文大家，而名气更大的是他的书斋——睡庵。[8] 汤是"四书"评注中最常被引的作家之一（见本书第四章）。他出版了自己的八股考试文集，

---

[1] 见黄汝亨：《㝢林集》，7.40b-41a，7.45b-46a。

[2] 远方的考生也给黄汝亨寄来文章，他们希望自己的文章能被收录在黄所编的文集中。见黄汝亨：《㝢林集》，7.11b-13a，7.51b-52a。

[3] 尽管他们的评注文集在当时流传很广，但几乎没有保存至今的。这证明了时文集与其他种类文集相比较来说，存世率是比较低的。艾南英的一部名为《皇明今文定》的时文集现藏于北京大学图书馆。见《中国善本书目提要》，第 481 页。

[4] 汤宾尹：《睡庵稿》，4.25b-26a。

[5] 其中一部是由南京郑思鸣的奎璧堂刻印的，序的时间是 1620 年，另一部是由建阳书商于 1614 年出版的。见《明代版刻综录》，6.35a；《美国哈佛大学哈佛燕京图书馆中文善本书志》，第 588、592 页。再有一部可能是在苏州刻印出版的。丘兆麟在一部名为《皇明文隽》（1620 年由萧少衢的师俭堂出版）的时文集中被列为"参补"，袁宏道为"主选"，陈继儒为"标旨"，张鼐为"读者"，吴从宪为"解释"，陈万言为"汇评"。见《中国善本书目提要》，第 480 页。

[6] 见汤宾尹：《睡庵稿》，4.25b-26a。

[7] 见《中国善本书目提要》，第 5 页。

[8] 见汤显祖：《汤显祖集》，第 1335 页。

也参与遴选和评注其他时文。① 像其他"名公"一样,他为很多考生的个人八股文选集作序。② 他还编辑了他的同乡、剧作家梅鼎祚的作品。③ 在一部由建阳书商于 1604 年出版的历史论文选集中,汤宾尹被列为编辑。④

陈际泰、艾南英等江西批评家全都编辑和评注过单场考试时文。⑤ 艾南英是 1620 年至 1630 年间名满天下的八股文批评家之一,曾编辑和评注过 1628 年、1630 年、1631 年、1634 年和 1635 年的科举考试时文。⑥

艾南英常常被认为是一个唐宋派"古文"作家。他在 1600 年成为生员。艾南英对科举考试的经历感到愤恨,在经过将近 20 年的不断尝试之后,他最终在 1619 年通过了乡试⑦,但从未在会试中金榜题名。像陈际泰一样,他是一名享有盛誉的考试时文评注家,在 1615 年之前就开始评注考试文章。⑧ 不过,在会试中,他却屡战屡败,每每考完都沮丧而归。回到南方后,他都要在南京为书商们工作几个月。⑨ 随着他声望的增长,当他从北京考完归来时,

---

① 见汤宾尹:《睡庵稿》,卷 4,3.1a-b。见《中文善本书志》,第 207 页。
② 见汤宾尹:《睡庵稿》,4.30a,6.25a-b。
③ 见《中国善本书目提要》,第 651 页。
④ 见《中文善本书志》,第 295 页。
⑤ 见陈际泰:《已吾集》,2.6a-b;艾南英:《天傭子集》,1.9a-16b,1.20a-25a。
⑥ 见艾南英:《天傭子集》,1.12a-14a。
⑦ 见艾南英:《天傭子集》,2.4a。
⑧ 吴应箕曾经提到,艾南英的批评主要集中在支持那些与朱熹评论相合的文章上。见艾南英:《天傭子集》,吴应箕的序,1.11a。
⑨ 见艾南英:《天傭子集》,1.12a,3.28a,6.5a。

书商都会主动为他接风。1630年艾南英南下时，一位南京的书商已在芜湖迎接他的到来，并呈给他1630年考试的文章。① 大多数情况下，他是一位独立批评家，但同时他也和其他作家一起合作编选文集。②

　　批评家经常会因为与出版商的喜好不一致而产生争执，而出版商则更看重利润和速度。艾南英经常要与书商们妥协自己的想法。当他出版时文集《今文定》与《今文待》时，由于这两部书收录了多场考试的文章，所以选择涵盖了非常广泛的时空范围。艾非常明确地尝试创造一部能被他自己认可的文章范式的文选，并把它看作一项严肃的学术活动。然而，他的雇主却仅仅在乎1608年到1628年的文章，这个时间段距出版时间较近，很明显的原因就是出版商认为考生不会对所有时期的好文章都留意。这种出版意图上的冲突到了最后以书商一方的胜利而告终，不过书商承诺会将1608年以前的文章附在这两部文集之后。艾南英推荐了另一位评注家吴仲升参与评注这些附加的文章，但书商希望快速出版，便删掉了吴的评注和附录文章。那些被删除的文章和评注后来被附在一部收录1631年到1634年的时文集中。③

　　这是一个复杂的协商过程，一方是批评家的选择，一方是出版商为了与对手竞争而要求快速出版。从一方面来说，这明显表

---

① 见艾南英：《天傭子集》，1.12a。
② 他与闻启祥共同编辑了一部时文集。见艾南英：《天傭子集》，6.6b-7a。
③ 见艾南英：《天傭子集》，1.18a。

现出职业批评家在艺文批评中的权威；从另一方面来说，出版商在文化生产和考试场域设置了限制。商业出版促进了批评家的竞争，他们都努力将自己的观点灌输给读者。为了赢得读者，批评家不会去帮助对手，而是贬低他们。批评家之间的争论带来了之后批评家地位的提升，他们成了艺文典范的仲裁人。在给陈定生的一封信中，吴应箕责难批评者（评选者）不去发现"古人之精神"。他挑选出几个代表人物进行批评，他们是诗歌批评家钟惺、时文批评家张溥和古诗文批评家茅坤。吴应箕认为他们各自"埋没"了"古人精神"："彼其一字一句，皆有释评，逐段逐节，皆为圈点。自谓得古人之精髓，开后人之法程。不知所以冤古人误后生者正在此。"①

吴应箕本人是一位批评家，也是复社的一名活跃成员，他对职业批评家的批评展示了他们是如何尝试为自己找出一条诗文写作的新路，并用新的诗文写作权威来反对之前和当时作家的权威的。但是与"前七子"和"后七子"不同，这些士商作家都是用功努力的科举考生，他们宣称自己是艺文大家，能够解释和教授写作的方法、长处和劣势。

吴应箕对钟惺、张溥和茅坤的批评，清楚地体现了批评家的自我鼓吹和在设置艺文潮流中起到的重要作用。然而，这也反映出官方权威的衰退，这种权威正在被那些从出版市场获得名望的

---

① 见吴应箕：《答陈定生书》，《楼山堂集》，15.8a。

批评家所占据。

批评家对抗考官

根据陈际泰的记录，在隆庆之前，会试和殿试第一名考生的籍贯通常都能被准确预测到。这是因为举业用书的商业出版还没有完全发展起来。[1]他认为，举业用书的大范围流通和对背诵范文习惯的依赖，能够使那些来自缺少学术传统的地区的学生具有更强的竞争性。来自江南的考生不再垄断考试的成功。毫无疑问，他的解释将出版改变考生准备考试的方式和遴选考生的复杂过程看得过于简单化。尽管如此，他的观点还是强调了出版在文化生产中的政治作用及其在晚明政治资源分配中的作用。很多考生为得到由出版业带来的艺文权威而激烈竞争。印刷为考生宣泄自己的不满和憎恨提供了一种有力的途径，它让考生来评注和判断考官的评分行为。通过印刷，考试系统的评分过程被公开，考官要为他们所评的分数负责，还要为推荐进入官场的特权负责。出版的时文与那些为争取通过更高级别考试的考生的个人文选一样，有着相同的效果。考生从序言作者那里得到的赞许，通常都传达了一个意思：这个考试体系是有问题的，它一直在使那些真正有才华的考生落选。

考生对于考官选择上榜考生的普遍不满情绪在不断增长。在

---

[1] 见陈际泰:《已吾集》, 1.1b。

批评家的批判中显得尤其尖锐，他们批评艺文范式使用的不一致性，也批评明礼部为修正考生文风而定期颁布的公告。批评家不仅注意到他们刚刚获得的艺文风格上的权威，而且与政府进行激烈的较量，以保护他们对于艺文风格的控制地位。在本书第四章，我们看到了礼部在试图督查科举时文的意识形态内容时，遇到了怎样的抵制。很多批评家都怀疑并批判政府强迫设置的严格艺文标准。

黄汝亨是早期的科举时文批评家之一，他在万历中期已经建立了自己的声望，他认识到了决定艺文标准的各种因素之间的相互作用。在一部包含1609年到1610年的科举时文选的序中，他写道："朝家日以正文体为事而正之甚难……而作者之心与主司之眼，若有司焉而不得自主。贾人以文为市，又从而溷之，鱼目夜光，杂陈莫辨。"随着热情的退去和时间的流逝，公正的批评家才能够给出对于考试的理性判断。他认为，只有那时才能达到"文章之权伸矣"①。

很多批评家认为礼部试图给艺文风格设置严格的标准是错误的。出于实际和理性的原因，他们认为对文风的桎梏是不受欢迎的。在为一本时文选所写的序中，汤宾尹解释了选择文章的困难。他指出了批评家和考官选择标准的差异。② 同样，丘兆麟也指出，

---

① 见黄汝亨：《酉戌墨卷选序》，《寓林集》，7.24a。
② 见汤宾尹：《睡庵稿》，3.1a-b。

礼部公布的风格没有被那些推崇不同文风的考官强迫使用。① 考生常会感到困惑，因为礼部的标准和个别不经常执行礼部指令的考官所推崇的标准是相互抵触的。然而，丘对政府规范艺文生产的尝试有更深层的观察。

在一本1610年科举时文选的序中，丘兆麟公然批评礼部那些呼吁"正文体"的官员。对于丘而言，"物无故而不新，法无因而不创"。他强调，文风总是随着时间的流逝而变化的，每一代都有自己的风格，甚至就连明王朝不同年号间的时文也是如此。他认为这些不同是不可避免的，因为作家的"神、气、才、品"各不相同。② 简言之，作家的学识和道德品质的不同，致使规范文风的行为是徒劳的，不可能产生效果。

钟惺是一位诗文批评家，竟陵人氏，被称作竟陵派的创始人。他与他的批评家朋友有着相同的观点，他谴责那些试图"正文体"的官员，认为他们的行为是在限制文人的才能。在给即将去州府担任教育官员的朋友的建议中，他力劝这些朋友去寻找那些有学识、坚持真理、有优点、有才华、有情感、有精神追求和目标的学生，认为艺文范式上严格的规定对于教育没有任何意义。③

与"前后七子"、甚至唐宋八大家等早期的艺文批评家相比，丘兆麟、钟惺、黄汝亨和公安派的袁氏兄弟等批评家都没有建立

---

① 见丘兆麟：《玉书庭全集》，3.43a-b。
② 见丘兆麟：《玉书庭全集》，12.50b-51a。
③ 见钟惺：《隐秀轩集》，第306、475页。

一种特别的文体供士子效仿。他们始终对赞赏文风多样化的必要性给予高度评价,这种风格的不同植根于艺术、道德和作家个人素质的不同。众所周知,汤显祖、袁宏道和钟惺都倡导艺文作品中个性的中心地位,即诗文中的"性灵"。他们拒绝遵从艺文产品内容和形式上的严格规定。① 张溥、陈子龙等复社领袖都是秦汉文章的拥护者,而他们的对手艾南英则选择了唐宋风格。在艺文公共空间上的竞争点燃了对抗和嫉妒之火。然而,重要的不在于批评家们推崇什么特别的艺文风格,也不在于谁的诗文作法更胜一筹。重要的在于他们的诗文作法向官员和考官的权威发出挑战,对为所有考生设置一个官方标准的行为说不。这些批评家和作家的艺文风格被考生们当作艺文风格和典范判断的标准,而并非考官和高官所制定的那一套。各种艺文风格之间的斗争就在艺文公共空间中决胜负,而这个空间里充满了众多的职业批评家,他们的权威博得了广大读者群体的尊重。

正如以上所指出的,会试考官印刷出版自己和考生改定的文章,当作每场考试的范文。到 17 世纪 20 年代时,来自批评家和出版业的压力持续上升,考官不敢编辑中式者的文章当作程文。在 1625 年会试之后,考官便废除用他们自己的文章作为程文的做法,而是全体从中式进士中辑选出来。这一做法在 1627 年的乡试

---

① 见陈建华:《中国江浙地区十四至十七世纪社会意识与文学》,第 424—433 页;郭少虞,第 363—389 页。关于对公安派的讨论,见齐皎瀚(Johnathan Chaves)的论文 "The Expression of Self in the Kung-an School: Non-Romantic Individualism" 和周质平(Chih-P'ing Chou)的著作 *Yüan Hung-tao and the Kung-an School*。

中也被采用。① 在 17 世纪 30 年代，批评家通过出版范文选集（包括艺文社成员、考生个人的文章和通过考试的考生文章等）来抵制考官的权威。在一部印有 1630 年考试中考官程文和通过考试的考生文选的序中，曾提到"今之行稿、社艺与程墨争道而驰"②。通过收编考试失败者文章的方式，职业批评家公开质询皇权政府在挑选考生过程中的公正性。

文社与考试成功

到 17 世纪 20 年代时，出版、职业批评家和科举考试开始成为文化生产场域中不可分割的连接点。在明代最后的 50 年，考生们不可避免地要出版自己的作品，无论是诗文或者评点"四书五经"的八股文，还是策论方面的专文。陈际泰说得很清楚，考生出版他们的诗文是为了得到考官的品评，这是在正式考试前的预考。③ 看一看晚明时期的文集，我们就会被大量考试练习文章（尤其是八股文）的序所震撼。④ 但是，出版，特别是私人出版并不是那么昂贵，几乎所有应试者都能够承受。一个人刻印出版自己的作品已不再是稀罕的事了。为了提高个人通过考试的成功率，一

---

① 见孙承泽：《春明梦余录》，41.8a。
② 见黄宗羲：《明文海》，卷 309，第 3192 页。
③ 见陈际泰：《已吾集》，2.9a。
④ 例如钟惺：《隐秀轩集》；孙鑛：《月峰先生居业编》；汤宾尹：《睡庵稿》，卷 4。

种新策略产生了,即出版业和组织(研习会和文学团体)权力的结合。

在明代以前,应试者成立过文社,以此为科举考试做更充分的准备。① 竞争的重要性和激烈程度促使很多考生通过作文练习来模拟考试。考生们会排练整个考试过程的每个细节,好像他们真的上了考场一样。

在万历以前,著名的艺文社大多以诗歌为主题,由爱好写作和批评诗歌的官员组织而成。"后七子"在刑部所在地白云楼会面。万历之前著名的诗社或者文社都由官员建立,会员身份反映了他们与皇权政府的紧密联系。这些团体的名称没有它们的领袖重要,因此更多被提及的是领袖的姓名,而不是社团抽象的名称。社团的大多数成员早已是官员了,而这些文社的名望正源自那些已经在官场上有一定地位的成员,而他们的艺文成就则是附属的和次要的。这与政治场域和文化生产场域之间的关系是重叠的。艺文品位的权威仍然牢固地掌握在那些位高权重的官员手中。相反,万历后期开始得到承认的知名文社则是由考生成立的,他们要么仍然身处在政治场域之外,要么与政治场域只有疏远的关系。

研习会转变为出版自身时文习作的文社的趋势的部分原因是这一时期生员人数受到进一步的限制。在嘉靖年间生员数量的暴增使得政府颁布了限额制度。1532 年颁布了一条政府法令要减少

---

① 钱谦益提到元代曾经有过月泉吟社。见《牧斋有学集》,84.881-882。

生员的数量，但之后由于御史提出了反对意见而被废除。1575年，张居正命令再次压缩生员数量。更少的数量就意味着更大的竞争。

研习会或者诗社对于明代文人而言是司空见惯的。陆世仪认为苏州一些知名文社起源于顾文康公成立的邑社。归有光稍后成立了南北二社。① 成立研习会是一件很平常的事，且不只限于长江下游。来自福建的考生为了准备考试也组织了研习会。著名官员李廷机回忆，当他只有12岁的时候，便和一些朋友成立了研习会来准备考试。② 这些由考生成立的研习会只要有成员还没有通过考试，就一直不会解散。一旦他们全部通过了会试，这些研习会就会自行解散，因为成员们要离家赴任。

在16世纪90年代之前，成立研习会非常普遍，同时，发起有组织、有命名的文社在南直隶和浙江一带也很常见。湖北人钟惺曾提到在1591年到1603年之间当他还是生员时，并不知道什么是文社。③ 然而，根据孙鑛的叙述，在他从辽宁回乡时（约16世纪90年代中期），浙江余姚的大多数考生都成立了文社。像其他考生一样，长松阁的成员邀请他做编辑和批评家。他选择了该文社成员的五十多篇文章刻印出版。④ 余姚是文人密集的郡县之一，在1590年之前，考生们并没有把文社当作助考的重要手段。当时

---

① 见陆世仪：《复社纪略》，《东林始末》，第171页。
② 见李廷机：《李文节集》，卷4，21.32b。
③ 见钟惺：《隐秀轩集》，第289页。
④ 见孙鑛：《月峰先生居业编》，2.21a-22b。

已有的文社成员数量比较少,而且很排外。比如由郝敬(1558—1639年)和李维桢(1547—1626年)在16世纪80年代晚期为准备考试成立的文社,只有五六个人。①

很多自称"社"的组织甚至没有名字。它们只是简单地由成员的数量而命名。比如,在苏州就有"十人社""六人社"和"十八人社"。②这些无名文社并不需要名头来区别于其他文社,因为它们只是为了准备考试而成立的私人团体,并不是以公共组织的形式而存在。③

天启年间的文社

17世纪20年代以前,研习会在转变为文社时在成员制上具有排外性。很多文社试图让他们的成员比本地区其他竞争对手表现突出。成员制几乎不代表什么特权,因为具有排外性,大多只限制给密友或亲属。因而,这些文社都倾向于小规模化,成员人数从3人到12人不等。例如,拂水山房由常熟县的考生们组成,成员不到9人。

南社由安徽的考生成立,规模也很小。后来,其中一位领袖吴应箕与苏州考生徐鸣时成立了一个新的社团——匡社。匡社最

---

① 见郝敬:《山草堂集》,李维桢序,7a。
② 见《南吴旧话录》,23.1a-3b。
③ 关于艺文团体如何演练考试,在一些小说和戏剧中有详细的记述。例如见阮大诚:《燕子笺》,1.13b-26a。

初的成员也很少。① 昆山的云簪社曾邀请张溥为他们的文选作序，它的成员制也是很严格的。②

杭州的严氏三兄弟严调御、严武顺、严敕在 1609 年前后成立了小筑社。稍后，这个家庭社团在 1627 年发展为读书社，其成员也只限制在 24 人。③ 读书社的活跃成员有闻启祥和严氏兄弟等。④ 闻和严都师从陕西著名批评家方应祥。⑤ 这个社团在 17 世纪 20 年代后期之前也像其他社团一样仅有少量成员，老师和学生合作编写书籍评注。例如，他们各自承担编辑和校对《庄子》评注中的一章。⑥ 闻启祥自己就是一个职业批评家，曾评注过很多书，也编辑过很多时文选集。⑦ 浙江地区其他的文社也保持着较小的规模。⑧ 比如，张溥于 1624 年成立的应社只有 13 个成员。⑨

江西著名批评家陈际泰是紫云社的成员，他们常在寺庙里会面。该社其他成员包括艾南英、罗万藻、章世纯和丘兆麟，全部是来自江西的批评家。江西其他的文社都请他们为自己团

---

① 见谢国桢：《明清之际党社运动考》，第 124 页。
② 见张溥：《七录斋论略》，3.7a-8b。
③ 见谢国桢：《明清之际党社运动考》，第 177—180 页。
④ 见黄宗羲：《黄宗羲全集》，卷 1，第 376 页。
⑤ 见方应祥：《青来阁初集》，6.18b。
⑥ 这部书有一则由陈继儒作的序，时间是 1626 年。考虑到他们都是陈继儒的朋友，这篇序应该是真品。见《中国善本书目提要》，第 238 页。
⑦ 沈幼宰的时文集也有陈继儒的一篇序，见《中国善本书目提要》，第 327 页。见艾南英给闻的信，收录于艾南英：《天傭子集》，6.6b。
⑧ 见谢国桢：《明清之际党社运动考》，第 181—184 页。
⑨ 见张溥：《七录斋论略》，3.7a-8b。

体的出版物作序。① 河南开封的考生也于 1624 年开始组织成立文社。1625 年成立的海金社使得河南其他考生纷纷仿效，成立文社。②

在 17 世纪 20 年代晚期，一些地区的文社从小组织发展成为大团队。例如，冯梦龙、姚希孟、文震孟、钱谦益、沈演、温体仁、朱国祯是韵社的领袖，它最初成立于 1620 年前后，后来成员数量多达 88 人。③ 松江的几社起初也将成员限制在 6 名考生④，但到 1632 年，就已增长到了一百多人。⑤ 文社成员数量的增长是对商业出版产生的艺文评注权威认可的结果，也是建立跨地域艺文社团的需要。

出版与人际关系网的力量

小型研习会终于开始利用它们在出版上的优势来提高成员在科举考试中的运气。⑥ 这里至少可以看出两个趋势：第一个趋势是除了出版考生个人的作品，文社还出版其成员作品的合集，称为

---

① 见艾南英为应社和平远堂社所写的序。收录于艾南英：《天傭子集》，3.5a-b, 4.50a。
② 见周亮工：《书影》，第 7 页。
③ 见金德门：《冯梦龙社籍考》，第 282—283 页。
④ 他们是夏允彝、陈子龙、徐孚远、周立勋、彭宾和杜麟徵。见谢国桢：《明清之际党社运动考》，第 153 页。
⑤ 见杜登春：《社事始末》，第 971 页。
⑥ 见谢国桢：《明清之际党社运动考》，第 119—120 页；大久保英子：《明清时代书院的研究》，第 164—165 页。

"社稿"。① 同一社团的成员相互间既是读者，也是编辑，或是作序者。他们被称作"社友""社弟"或"社盟"。② 成为某一艺文社团的成员象征着其艺文作品的水平高。

第二个趋势是从万历中期开始，跨地区考生的组织开始形成。文社成员介入出版领域，使得超越行政区域的批评家社群的产生成为可能。徐世溥在回忆1560年的情景时写道："嘉隆时，先正闱试诸牍出，相从论议，揣甲乙者，不失锱铢，其时士无交游，坊无选刻，文会不过族姓同里数人。"但在万历年间，像其他应试者一样，徐开始和其他府县的应试者进行交流，评论彼此的作品。几年之后，"南北声气毕通，称大同矣"。徐世溥关于科举考试中的艺文权威为何从政府转移至群众的解释是具有启发性的。他认为：

> 夫衡文者，去取当，醇疵明，学术有征，则文章之权在上；故士安其业，而习尚纯。及乎取舍失当，是非纰缪，主者之尺度不足以厌服天下之心。于是文章之权始在下。③

考生"篡夺"考官权威的能力来源于他们社团集体出版文章，以及作为商业出版界批评家的声望而得到的公众权威。作为杭州

---

① 见陈际泰：《已吾集》，卷2，7a-8b, 2.9b；Atwell, pp.337-338。
② 见黄景星：《四书解》；余应虬：《四书翼经图解》。
③ 见黄宗羲：《明文海》，卷3，第3230页。

批评家的领军人物，闻启祥同时也是读书社的领袖。杭州甚至全浙江的考生都很渴望自己的文章能得到闻的点评。①闻氏可能单独拥有，或者与人合伙经营一家名为"读书坊"的书坊，总共出版了至少16部书，其中有些题为陈继儒作。②

陈子龙、顾梦麟等应社成员也都涉足过出版。陈子龙是诗文和时文的批评家，大部头的经世文汇编《皇明经世文编》就是他的书坊平露堂出版的。顾梦麟在他的书坊织帘居出版了自己的作品，如《四书说约》和《诗经说约》等。③顾很明显是希望从这些举业用书中获得声望。但无论是顾还是陈，他们的书坊规模好像都没有闻启祥杭州读书坊那样大。在小规模的出版中，坊刻和私刻的界线是很难划分的。

艺文圈的很多领袖意图很清晰，他们要利用文社的威信和他们自身的声望来提高自己成功通过考试的概率。在为顾梦麟、杨彝、章世纯和张采出版的诗文集所作的序中，陈际泰提到，他们组织文社是为了提高自己时文和诗歌的写作水平。他们的作品被出版和流传，目的是制造被考官点评的机会，进而在考试时中举。④

---

① 见钱谦益：《牧斋有学集》，54.21a-22b。他被列为一部杭州人士时文集的评点人。见《中国善本书目提要》，第327页。

② 见《明代版刻综录》，6.10b，8.9b-10a。读书坊还出版了一部题为《四书名物考》的"四书"评注，作者署名为陈禹谟。见《大阪市立图书馆中文书目》（*A Catalog of Chinese Books in the Osaka City Library*），第20页。见陈给闻的信，收录于陈继儒：《白石樵真稿》之书信部分，3.54a-b。

③ 见孙康宜的著作；《明代版刻综录》，7.21b-22a。

④ 见陈际泰：《已吾集》，2.8b-9a，3.7b；《芑山集》，1.11a-b。

17世纪20年代成立的艺文社团与之前的有很大区别。这些文社不再是考生小规模私下会面的组织。很多文社领袖都是在他们所在的县以外享有盛名的编辑和批评家。他们编辑或评注的时文集在书肆里出售,并由书商在全国范围内贩卖。这些考生兼批评家认识到商业出版所产生的重要象征性资本,通过取得这一资本,他们开始在自己的家乡之外构建起人际关系网。由印刷带来的知名度,让他们能够成立更大更有力量的社团,而苏州地区的批评家是这个方面的先驱。

苏州批评家的支配地位

建立起批评家声望的考生们需要在两个战场上竞争——考场和商业出版。他们艺文风格的不同带来意义重大的辩论。艺文风格上的争斗或许可以带来以后考场上的胜利。批评界对手之间的明争暗斗充斥在16世纪晚期和17世纪早期的中国文学史中。

万历中期(约16世纪90年代),苏州已成为文化的中心,在艺文场域占有统治地位。苏州和南京是江南地区的两大文化市场,是职业作家高度集中的地区。[①]苏州坐落在全国最繁华的商业地区,也是交通枢纽,伴随着出版产业和图书贸易的繁盛,苏州当地的批评家与其他地区的对手相比而言,有着难以匹敌的优势。

根据孙鑛的描述,在嘉靖初年,余姚作家的时文被广泛阅读

---

① 见郑利华:《明代中期文学演进与城市形态》,第162页。

和关注。[①] 但到 16 世纪，情况就改变了。苏州的批评家成了受人瞩目的艺文作品的仲裁者，为其他地区批评家所望尘莫及。苏州以外的批评家如果得到苏州批评家的推许，他们的名声便会飙高。陈际泰便是一例。陈的科举时文不仅在江西考生中已经广为流传，而且名播于江西之外。但直到苏州批评家领袖周钟将陈的文章收录在他的文选中之后，陈才获得了全国范围的声誉。[②] 对于来自江西的艾南英、丘兆麟、罗万藻、章世纯而言，情况也是如此。他们自己建立了批评家的声望，但这都是由于受雇于苏州或南京的出版商，如果不与那些出版商合作的话，他们的名声就很可能受到极大的限制。

尽管在苏州批评界有强大的对手，艾南英不得不承认"房选诸刻，莫甚苏州"。不仅苏州的出版商出版了最大数量的八股文选集，而且苏州的批评家也成了职业评选圈中的领袖。艾南英将苏州与江西老家做对比，解释苏州文化繁荣的原因。他的家乡江西东乡与苏州不同，不处在贸易和交通的主干线上，而且书信邮寄不便，导致文章的邮寄时间更长，又不可靠。出版商想要快速出版评注文章是异常困难的。没有朋友或是老师的帮助，在短期内完成编选和评注是极其艰难的任务。[③]

[①] 见孙鑛：《月峰先生居业编》，2.21a。
[②] 见张溥：《七录斋论略》，见《七录斋集》，1.24a-b；张采的序，收录于陈际泰《已吾集》。
[③] 见艾南英：《天佣子集》，4.53a，6.10a，4.61a，4.53a。

苏州批评界有一种很强的本地认同感，他们将自己看作当地各艺文社的领袖。比如周钟就特别注重他在遴选文章上的权力，并以此为苏州考生制造声势。正如张溥在一部时文集的序中鼓吹道："天下之士由介生以成名者亦已多矣。"① 张溥和杨廷枢等其他苏州批评家也曾在他们的时文集序中公开推荐苏州考生。② 不过，周钟也会认真地推荐其他地区的优秀考生，陈际泰便只是其中一个例子。③

从17世纪20年代中期开始，周钟、张溥、杨廷枢和杨彝全都投身于编辑科举文集的工作中，包括单场考试、多场考试以及文社成员的文章。④ 在"五经"中，他们各有自己科考选择的专经——杨彝和顾梦麟负责编辑《诗经》文章，张溥负责《易经》，周钟兄弟负责《春秋》，杨廷枢则负责《尚书》。⑤ 除了"四书"文选之外，他们还编纂了一部有关历史和治国的文集。⑥

苏州批评家在考试文选的生产中占据支配地位的原因是很多的。出版商的命脉是获得稿本。出版商可以依靠超附文本中的广告获得稿本（见本书第二章），但是，两京和省府科举文章的快速传递更依赖良好的交通条件。人际交流网络对于批评家和出版

---

① 见张溥：《七录斋集》，1.24b。
② 见张溥：《七录斋集》，1.24a-25b。
③ 见张溥：《七录斋集》，1.24a-25b。
④ 见张溥所作的各种序。见张溥：《七录斋集》，卷1。
⑤ 见张溥：《七录斋集》，1.36a-37a，2.1a-5a，2.24a-25a。
⑥ 杨彝和顾梦麟共同编辑了一部历史文集。张溥编辑了一部关于时事和政府对策的文集。见张溥：《七录斋集》，2.43a-45b，2.36a-37a。

商来说也是至关重要的。向全国考生征文并获得他们的文章，是出版跨省的、具有全国性文选的基础。在1626年，当张溥计划编纂一本《易经》文选时，他向朋友和其他地区一流的批评家征文，还写信给陈际泰以及江西地区的其他批评家，然后陈就帮助张搜集文章。① 为了标榜全国范围内选文的公正性，批评家必须像张溥一样，需要维系一个与各地区文社领袖相互沟通的关系网。②

联合与对抗

批评家之间的关系可能是合作的，但也可能是对抗的。周钟和张溥提倡用"五经"来解释"四书"。在1621年到1622年之间的考试文选里，周钟开始敦促考生们在阅读"四书"时要与"五经"的内容相结合。对于周、张而言，"五经"是学问的基础，③ 并且提倡用秦汉时期的散文为模式。起初，艾南英似乎与周钟的关系不错。直到1624年，二人相互交流有关文章的取舍，希望达成一致的意见。但是，他们在文学范式的问题上始终未达成共识。艾推崇唐宋大家的散文，而周却提倡秦汉时期的文章。④ 周赞扬陈际泰，艾南英对此却很是不满，因为陈际泰大量模仿东汉文的繁缛修饰和排比风格。艾便给周写了一封信，抱怨周的选择和评注。⑤

---

① 见张溥：《七录斋集》，2.24a-25a，5.21a-22a，5.29a-b，5.31a-b，5.33a-34a。
② 见张溥：《七录斋集》，2.24a-25a。
③ 张溥在他1618年作的序中提到了那部文集。见张溥：《七录斋集》，2.29b。
④ 见艾南英：《天傭子集》，5.1a-2b。
⑤ 见艾南英：《天傭子集》，5.1a-8a，10a-12b。

艾南英对周钟以及其他将周推为领袖的批评家们越来越失去耐心。"房选诸刻，莫甚苏州。然自弟论之，非房选也，苏州社刻耳。"①艾自认为是公正的评注家，只挑选最好的文章，而不看考生的籍贯。他谴责苏州批评家拉帮结派，并指责他们借用文选图谋出名。他们的选择只能看作一个派别的评价，并没有明显反映出对文章质量的公正评判。对艾南英来说，苏州的批评家并不满足于选取最好的考生文章收录在他们的选集中，实际上是想让更多他们自己所属的艺文社的成员在未来的考试中取得成功。

艾南英的文章提到苏州批评家对举业用书出版的控制，对此他感到既自豪又怨恨。1628年那场考试结束之后有大量的文选出版了，作者包括张溥、马世奇、宋凤翔等应社的很多成员。②艾出版了他自己的文选，他批评了张溥和他的追随者只模仿"五经"的文体和措辞，而并不在意其精神实质。③

正当艾南英卷入一场与苏州批评家的论战时，由于他一直和苏州以外的批评家保持着很好的关系，于是便寻求这些人的支持。艾南英是闻启祥的好友，而闻自己也是一名科举时文批评家，并在杭州经营出版。④他们两人各自都参与编纂了1631年会试的文选。艾南英在南京度过了一个夏天，完成了文选的筛选和评注。

---

① 见艾南英：《天傭子集》，6.10a。
② 见陆世仪：《复社纪略》，《东林始末》，第177页。
③ 见艾南英：《天傭子集》，1.9b-10a。关于张溥编辑的两部文集，见《七录斋论略》，2.26a-31a。
④ 闻启祥为陈继儒出版书籍。见陈继儒：《白石樵真稿》，第498页。

他写信给闻,敦促闻在选择时要严格把关,并且在评注中不要用佛教和道教用语。这封信的主要目的实际上是尝试策划两人之间的合作,达成一致意见,以此对抗苏州批评家的文章选集。艾建议闻在看到他的第一部文选出版后再出版自己的文选,这样一来,就可以让闻排除那些艾已经评注过的文章。等艾看到闻的文选上市之后才出版自己的第二部文选,集中加入了他第一部选集没有收录而在闻的选集中赞扬的文章。在两人的密切合作下,形成了关于最佳散文风格的"天下之公言"①。然而,艾南英的实力还是逊于张溥、周钟等苏州批评家,因为这些人率先组建了各地八股文选家来对抗政府考官的"联合战线"。

艺文批评家的联盟 —— 复社

考生按照地方行政区划组织成文社,是要对地方考官施加舆论压力的一种努力。例如,江西的豫章社在每一个县选择了一名考生作为祭酒。这些被公认为祭酒的考生,基本上都被考官选拔了。②考生组织起来的社团用自己的方法甄别最优秀的考生,给政府的考官莫大的压力,因为考官们会面对这些考生组织的强大反抗,只不过这些压力都只是地方性的。

17世纪早期几十年间文社的繁荣终于导致1630年在苏州成

---

① 见艾南英:《天傭子集》,6.6b-7a。
② 见谢国桢:《明清之际党社运动考》,第123页。

立了大联盟——复社。这一联盟的建立成为考生组织发展的里程碑。尽管地方性的文社向考官施压让他们的领袖通过地方级别考试已取得一定的成功，但这些士子仍然被考官摆布，因为考官还是会受贿赂的引诱和上级官员压力的影响。而复社的成立标志着一个全国范围内艺文组织的诞生，他们的目标是要影响更高级考试的考官在遴选考生上的判断。

复社史无前例的声望和权力源于其与应社的合并。复社最初由吴甑和孙淳发起，但是却激起了应社成员的敌意。应社由张溥、张采、周钟、杨彝和顾梦麟成立，早期有13名成员。1627年，在张溥和周钟的领导下，应社成员数量翻倍，新成员包括了苏州地区之外的批评家。① 这个新社团名叫"广应社"。②

在张溥的努力下，最终两个社团合二为一，称作"复社"。在合并之后，吴甑和孙淳开始在苏州地区以外招兵买马。吴给孙提供足够的经费让他奔走四方招徕新成员。他要罗致的考生都具有一定的名望，而且已组成了文社③，包括南京的匡社、河南的端社、山东的邑社、黄州的质社、江苏的几社，还有浙江的超社和庄社等。④ 这些社团的成员被邀请参加了于1629年组织的一次聚会。⑤

1630年秋天，7500名应试者聚集南京参加乡试，张溥召开了

---

① 见谢国桢：《明清之际党社运动考》，第339—340页。
② 见张溥：《七录斋论略》，1.32a-35a。
③ 见谢国桢：《明清之际党社运动考》，第130页。
④ 见陆世仪：《复社纪略》，《东林始末》，第181页。
⑤ 见谢国桢：《明清之际党社运动考》，第126—127页。

一次复社成员的会议，讨论组织章程和课程。① 当考试结果公布出来后，多达 30 名复社成员通过了乡试，占总共 150 名江南举人的 20%，其中包括杨廷枢、张溥、陈子龙、吴伟业和吴昌时等。第二年春天，在北京举行的会试中，复社成员继续以大比例通过考试，中榜者共 62 人，占总共 347 名进士的 18%。② 不但张溥考取了进士，他的学生吴伟业更是成了会元。③ 一个文社能有如此高的登科率，这让很多人坚信一定要加入复社，或者要成立他们自己的社团。如果没有首先成为具有知名度的文社的成员，通过考试就是不可能的，除非采用贿赂考官的手段。

1631 年张溥通过会试之后，周钟负责起了编辑复社出版物的责任。④ 当复社在 1632 年出版成员的文章时，他们选择了《国表》为标题，意为"国之表率"。⑤ 文选史无前例地收集了全国 700 多名考生的 2500 多篇文章，排列的方法不是按照文社，而是按照省、州、府、县的行政级别排列。像南直隶、浙江和江西这样考生高度集中的地区，就设置了县一级，成员们分列于各县之下。而四川、山西和贵州这样只有几个或十几个考生的省份，便没有开列郡县等级的成员。每个县或府都设有一"长"，作为领导，他

---

① 见朱彝尊：《竹垞诗话》，第 165 页。

② Jerry Dennerline, *The Chia-ting Loyalists: Confucian Leadership and Social Change in Seventeenth-Century China*, p. 34; Elman, *A Cultural History of Civil Examinations in Late Imperial China*, pp. 210-211.

③ 见陆世仪：《复社纪略》，《东林始末》，第 205 页。

④ 周钟在 1639 年进士及第，陈际泰屡屡败战，终于在 1634 年进士及第。

⑤ 见张溥：《七录斋集》，3.3a-4a。

同时是组织间的联络人。例如，太仓州第一个便是张溥，杨廷枢排在吴县12个人中的第一位，杨彝在常熟县13个考生中名列第一，夏允彝是松江府的第一人，陈子龙是青浦县的首选，周钟在镇江府位列第一，华亭县则由周立勋和徐孚远领导，沈寿民在宁国府是第一位，陈际泰则列在江西抚州府下。其他批评家如罗万藻和章世纯等也列在其中，谭元春位于湖广竟陵县的前列，宋继澄则是山东莱阳县考生之"长"。①

复社的确是一个史无前例的全国性组织，行政区域单位是将考生推荐给考官的一种便利方式。但这并不意味着其支持明政府的政治权威。每个团体都有自己的领袖，这些人都是在当地凭借其文学名气当选的。地区文社领袖的选拔不是论资历和家庭背景的，而是论个人的艺文和学术能力。而他们的能力已经由他们作为批评家出版的八股文选集得到证明。所以，即使张溥是妾生之子，亲戚们对他也不友善，但他能领导复社的事实证明了复社在选择领袖时所遵循的原则是有才者居之。

《国表》文集的出版从很多角度来说都是十分重要的。这是一个庞大的考生和批评家组织的正式出版物。它是一部基于共识的公开宣言，也是考生表达的附有模范文章的公共舆论。对于考官而言，《国表》对于选拔乡试和会试考生的意义是再明显不过了。考生们已经能够自己决定谁应该通过考试，而且这些人的名字都在《国表》

---

① 见陆世仪：《复社纪略》，《东林始末》，第181—204页。

这部书中集体呈现给考官了。如果这些他们自己认为最优秀的考生都未能通过考试，考生们就有理由怀疑有腐败和欺诈的状况存在。

1632年会试之后出版了很多部文选，《国表》只是其中一部，但却是十分特殊的一部。它的销路非常好，以至于福建、湖广、江西的书商愿意出高价来重印。①张溥和复社很多成员通过乡试和会试之后，组织的权威得到了所有考生的认可。复社成员资格也成为抢手货。②甚至连大学士温体仁的弟弟温育仁这样的高官的儿子们也想加入复社，但没有被接受。③他很是恼怒，便写作并出版了戏剧《绿牡丹》来嘲弄复社。④复社的成员感到被羞辱后，向张溥和张采抱怨。两人即奔赴浙江并请提学副使黎元宽禁了这部戏。黎也是复社的成员，所以命令书店销毁这部剧本。他们还控告温氏家族成员编写该剧本的行为。⑤

复社在考试上的成功让考生确信扩大文社成员数量的需要。吕留良的兄弟在1639年组织了澄社，成员来自浙江的十多个县。⑥1639年南京考试结束后，吴应箕、陈贞慧、张自烈、冒襄、黄宗羲、侯方域、顾杲和方以智成立了国门广业社。组织大型文社这种行为一直持续到清初，只要清政府仍然在江南地区举行考

---

① 见杜登春：《社事始末》，第969页。
② 见陆世仪：《复社纪略》，《东林始末》，第205页。
③ 见朱希祖：《明季史料题跋》，第20页。
④ 见陆世仪：《复社纪略》，《东林始末》，第208页。
⑤ 之后，温体仁批评黎，说他没有能力评判生员的时文。见陆世仪：《复社纪略》，《东林始末》，第216页。
⑥ 见吕留良：《吕晚村先生文集》，5.17a-b。

试，文社就仍然能发挥作用。①

张自烈和新注解

考生兼批评家成立组织的方法被普遍采用，这促使文化生产场域的权威从中央政府向艺文公众转移。职业批评家才是文学品位和解释经典的裁判员，而不是那些有艺文技艺的官员。复社的声望帮助推广了由张溥和周钟等领袖所倡导的秦汉文风格。这种风格在1637年和1640年的考试中，被很多考生采纳。②

巨大的举业用书市场支持并鼓励批评家对于不同文学风格进行争论和抵抗。那些反对复社领袖文论的批评家也能够找到出版商来出版他们的批判文字。1633年，艾南英编辑了几部八股文选集，他批评了考试中出现的多种趋势，例如秦汉文风、引用佛家思想、俗语以及对程朱思想的偏离③，他强烈反对张溥和周钟的文论。江西宜春人张自烈（1597—？）是复社的成员，他与周钟和张溥的关系很好。他看到艾南英的文选后，马上出版了自己的文选，在很多问题上与艾针锋相对。④

张自烈和其他很多考生一样，有着相似的职业轨迹。他在1631年到南京国子监学习，并在那里待了超过十年。在南京，他

---

① 见黄宗羲：《思旧录》，《黄宗羲全集》，卷1，第358—359页；谢国桢：《明清之际党社运动考》，第158—162页。
② 见陈懿典：《陈学士先生集》，1.32b。
③ 见艾南英：《天傭子集》，1.1a-8b。
④ 见黄宗羲：《黄宗羲全集》，第358—359页。

结识了很多有名望的批评家，比如周钟和吴应箕等。① 张也是一位职业批评家，主要的工作就是选择中举考生的文章并加以评注。他从1633年开始为书商编写乡试、会试的八股文选集②。对于1633年、1636年、1637年、1640年和1643年的科考，他都有评选。③ 1636年，会试失利后，他没有足够的钱返乡，但是却拒绝了吴应箕等朋友给他的100两银子。为了赚取路费，他为书商干活，编辑了一部《诗经》的八股文选集。④

复社在很多方面展示了士人透过组织力量来控制公众舆论、影响科举考试中举的标准。张自烈通过对《四书大全》的研究而声名鹊起。⑤ 从1638年到1654年，张自烈和他的朋友，还有很多支持他的官员一起尽力游说政府，让张的评注成为"四书"的官方解释。当他在1638年完成编辑《四书大全》评注时，他在国子监的朋友精心策划了一个造势运动，借以推荐这部书给政府作为新的官方评注标准。1639年，当时活跃的批评家如杨廷枢、吴应箕、陈贞慧、沈寿民等，以及一些文人通过"公揭"的方式联名上书，将一份劝刻张氏评注的联合请愿书以南京国子监所有学生的名义提交到南京国子监⑥，在"公揭"上列名的大部分都是有名

---

① 见张慧剑：《明清江苏文人年表》，第502页。
② 见张自烈：《芑山文集》，11.23a。
③ 见张自烈：《芑山文集》，11.24a-26a。
④ 见吴应箕：《楼山堂集》，17.11a-b。
⑤ 署名张溥的《四书注疏大全合纂》1636年的序不是为张自烈的《四书大全辩》所写的。张自己提到，为他的书作序的批评家有吴应箕、方以智和沈寿民。见张自烈：《芑山文集》，11.8b。所以张溥的序明显是由出版商或者张自烈本人插入的序言，以增加著作的可靠性。
⑥ 见张自烈：《四书大全辩》，10a-b。

望的八股文批评家。之后"公揭"被翰林院提交到了礼部。①雪片般的信件和请愿送至提学、知县和布政司等官员的手中。②在等待政府回应的过程中，张自烈的一个学生用自己的钱资助刻印了《四书大全》，由一个在南京的杭州书商负责刻板和印刷。张的朋友吴应箕、周镳、方以智和沈寿民全都为他的评注集作了序。③

但是，礼部似乎试图避免将请愿书呈给皇帝。这一群学生在1640年提交了《公请具题颁行四书大全辩第二揭》，希望政府将张氏的"四书"注解颁布为官方注解。④这第二份请愿书被提交到江西提学那里，因为张自烈是来自江西的学生。江西道御史让张提交原稿进行审查。而江西按察使直到1642年才将其送到礼部，之后礼部批准呈上，由皇帝审阅。很显然，礼部在这个过程中并没有积极地推动。国子监的学生怀疑礼部故意拖延时间，于是又在1644年1月递交了第三份请愿。可是在呈给皇帝的手稿誊写完成之前，明朝就灭亡了。⑤

张氏评注与官方的《四书大全》有重大差异。朱熹的评注在官方的《四书大全》中具有神圣的地位。张氏抛弃了朱熹将章节

---

① 见《公请梓行四书大全辩第一揭》，收录于张自烈：《四书大全辩》。
② 见《四书大全辩》书前所列的公文、揭帖、书信等，收录于张自烈：《四书大全辩》。
③ 见张自烈：《芑山文集》，11.8a-b。
④ 见《公请具题颁行四书大全辩第二揭》，收录于张自烈：《四书大全辩》。
⑤ 见张自烈：《芑山文集》，11.8a-9a；《四书大全辩》，36a-39a。
　　译者注：第三份请愿实在明亡之后。顺治刻本《四书大全辩》卷首《公请颁布四书大全辩第三揭》文末虽署"崇祯十七年正月"，但文中有"十七年二月内，部方议覆，未几，贼陷都城，前议遂寝"云云，又称崇祯帝为"大行皇帝"，已是南明时事。又见张自烈《芑山文集》疏议卷一，《回奏锓行四书五经大全辩疏》《进四书大全辩疏》。

分为经与传的做法，删除了朱书中的"格物补传"一章①。他所做出的"改正"是基于伪造的《石经大学》和郑晓的观点。《大学》被复原成为《礼记》的一章。②他随意引用王阳明的意见，并且收录了伪造的《石经大学》。③所有这些都证明了商业出版的影响，它使得真实的和伪造的文本都广为流传。

与他之前的人相似，张自烈的评注只代表了他个人的意见。④与前人不同的是，他能够动员的支持，以及动员支持的方式。作为一位著名的批评家，他能够鼓动吴应箕和沈寿民等其他批评家支持他的注解。请愿所表达的不再是一个国子监学生的意见，而是公众舆论。其所代表的不只是南京国子监的学生，而且也是批评家组织的意见，而这些人正是文化生产场域中优秀艺文和思想的裁判者。这三次请愿被称作"公揭"，不过具有讽刺意味的是，这里的"公"字并非指政府，而是指学生和批评家们所组成的公众。

社团的组织架构微妙，但深刻地改变了文学生产中的规则以及政府选拔士人的规则。一方面，中央政府需要和由商业出版的

---

① 见张自烈：《大学》，《四书大全辩》，7b-8a。

译者注：其实，《大全辩》正文中保留了朱熹区分经传的做法，也并未删除"格物补传"；这些直接挑战朱熹的意见乃体现在《古本大学》等超附文本中。

② 见张自烈：《大学》，《四书大全辩》，14a-b。

③ 见张自烈：《大学》，《四书大全辩》，6a-b。

④ 1629年，国子监的一名学生向政府提交了一篇《孝经》评论文章，之后被批准正式出版。见《公请具题颁行四书大全辩第二揭》，收录于张自烈：《四书大全辩》。1630年，无锡生员张云鸾提交了自己的评论文章进行审核，并要求被采用为考试范文。见张云鸾《四书经正录》的序。

兴盛所产生的文学权威妥协；另一方面，试图走入官场的考生们也首先要在出版界占据位置，以便提高他们中举的机会。他们的经历为"要么出版，要么消亡"（publish or perish）的警句赋予了新的意义。在极其激烈和汹涌的科举大潮中，能够生存的希望非常渺茫。能在出版界建立名望就是他们的救生圈，他们只有出版，才能生存，并最后走入官场。

与"前后七子"不同，16世纪90年代到17世纪40年代间，大多数批评家和作家（周钟除外）通过会试的平均年龄是41.8岁，比明清时期进士的平均年龄略微年轻一点。登进士第后的余生平均只有13.3年。这个数字与他们之前的三个群体有很大的差别。

很重要的一点是，晚明批评家在经济场域占据地位的时间是很久的，他们需要教书、编辑、评论和替赞助者和书商写作来挣钱维持生活。在17世纪20年代，甚至连周钟这样的富家子弟，都得先去出版界奋斗以占有一席之地，借以建立自己的名望。财富以及不同形式的权力都必须首先转化成"知名度"（publicity）与商业出版界的公众权威。出版已经成为他们的经济和学术生活中不可分割的一部分，这与三杨、"前七子"、唐宋派和"后七子"等文章理论前辈相比，有了很大的不同。著名作家职业轨迹的变化清楚地表明商业出版对于科举考试制度，以及中央政府录用官员的方式的影响越来越巨大。

复社的建立离不开先前考生组织的大规模发展和万历之后出版业蓬勃发展带来的人际关系网络。文社的组织和对出版印刷的利用创造了以社团力量为基础的文化权力,这使得批评家和作家能够与中央政府交涉,商议儒家经典的解读和对艺文作品标准的评价。文社成员的增加是艺文公共场域在亲族和政府之外扩张的例证。文社属于一种自愿的组织形式,是考生组织的一种特殊形式,并不是由政府建立或资助的。考生们的职业轨迹跨过经济和政治场域,这种习业使得士与商的区别无论在个人还是家庭层面,都越来越淡化了。

结　论
16—17世纪中国的印刷和艺文文化

印刷对16—17世纪中国的影响

笔者的这项研究检视了印刷和艺文生产这两个领域之间的关联。本书各章节要达到的目标有两个：一是展示1550年到1650年间中国印刷的发展所带来的特殊影响；二是反驳欧洲中心主义的观点，因为这种观点认为只有活字印刷才有能力创造开放的和积极的变革。

印刷，特别是商业出版对这一时期中国社会的影响是多种多样的，包括经济、社会、文化和政治等多个方面。这些影响不是单向度的，也不是单一的因果关系。首先，商业出版的繁荣意味着书籍及其生产技术推动了16、17世纪商业化的进程。书籍生产的增长使得对纸张、墨料和木料生产与消费的需求大大提高，同时也大量吸收书写、编辑、编纂、刻印、装订、运输以及销售书籍等方面的劳动力。书籍生产成本的低廉和木质雕版印刷的简单便利吸引了许多人在出版业中寻求财富。而没有管理印刷的制度，更加鼓励了商人和士人进入出版市场，导致商业出版史无前例的繁荣。正如利玛窦描述的那样，大量的书籍以"非常低廉的价格"被销售。苏州、南京和湖州等新的出版中心的兴起，标志着这一时期商业出版的总体繁盛。

商业出版的繁盛带来的一个主要的社会影响就是，通过士与商职业轨迹的融合，政治场域和经济场域之间的关系被重组。这对皇权统治系统的影响是吊诡的，因为同时具有支持性和颠覆性。一方面，对艺文和生产劳动力的大量需求在经济场域中创造了大量的职位，吸收了很多文人，这些人数量巨大，但进不了官场。[①]艺文技艺商品化的加剧，使得士在负责编辑、评论、书写、校对和印刷的过程中能够担任"商"的角色。出版市场这些职位带来的收入，能维持他们继续追求中举的努力。考生在考试上花费的时间越久，他们对于皇权统治系统的投入就越多。通过参加考试，他们与国家系统之间的关系定期更新。具有讽刺意味的是，商业出版为考生提供了一个"副"场域，在这里他们原本想要追求的职业轨迹已不再重要，商业出版在政治中心之外发挥了一种文化吸引力，使得考生成为职业的艺文作者，他们有义务去迎合读者的需要，因为读者的兴趣范围比那些考试和官职所需要的来得更

---

① 姜士彬早就指出知识分子不是一个同质的群体。见 Johnson, "Communication, Class, and Consciousness in Late Imperial China", in idem et al., eds., *Popular Culture in Late Imperial China*, pp. 53-61.

广泛、更多样。

　　书籍生产的繁盛对于文化场域，特别是考试场域的影响是巨大的。图书市场催生了大量的书籍和许多畅销书作者，悄悄地侵蚀着皇权政府在文化生产场域的权威。在出版界中，皇权政府不再占据中心地位。书籍生产的扩张让艺文场域拥有了前所未有的自主权，从而能够成为在文化生产场域挑战和对抗皇权政府权威的力量。如此的自主权清楚表现在非官员的批评家和作者对于文学风格和经籍注解所持有的权威。政府与"公"这个词语含义的分离体现出公共艺文界（包含读者和文社）自主权的发展和增大。中央政府不再能代表公众，或为公众代言。"公"所表示的内容是由艺文界的发言人所决定的。

　　通过大量书籍的出版，图书市场孕育出许多畅销书批评家和作家，比如李贽、黄汝亨、陈继儒、孙鑛、钟惺和徐奋鹏等，他们的权威并不来自他们在政治场域的位置，而是源自商业出版市场机制逐步构筑起来的艺文公共空间。当他们在图书市场获得名声时，这些畅销书批评家和作者不再是高官，或者根本就身在官场之外。到 17 世纪 20 年代，正是艺文公共场域提供的声誉使很多考生兼批评家得以通过科考成为官员。

　　在考试场域，书商给批评家和考生提供了未经政府认可的重印或者新印的作品。私人和商业出版者还重印了稀见书籍和非经籍作品。"诸子百家"的文章、汉代的注释与学术著作充斥出版市场。批评家们在兴盛的书市中找到大量图书，凭借新思想和新知识，自由地跨越意识形态的界线。出版商和他们的批评家、作者队伍争先给考生们提供多种"四书"、"五经"、历史、政治方面的助考读物。儒家经典的新注解充斥市场，从而降低了朱熹正统的影响力，朱熹的评注不再是唯一的解读。考生能够从数不胜数的出自著名批评家的注释、诗集和文集中各取所需。这些批评家没有义务去遵守官方的文学和意识形态的标准。

商业出版对于考生追求考试成功的策略来说，影响较为隐晦。批评家的艺文权威高过了考官，这使得考生们更加依赖图书市场。商业出版对于希望在乡试和会试胜出的考生变得非常重要。士商家庭为科举考试所做的准备工作日益复杂起来，考生需要更多地依赖举业用书来收集考试信息和范文。考试练习方法受到广泛采用的事实，可以从研习会和文社日益流行中得到证明。

在艺文公共场域的声望已成为考生能够在乡试、会试中式的重要资格。财富和权力需要转化为艺文声望，也需要由艺文声望来补充，而这些声望是在商业出版界产生的。多数考生尝试出版自己的文章，希望自己的作品被载入由著名批评家所编辑的选集。他们加入文社，由文社出版成员的作品，以此让公众来品评。

考生不仅是商业化考试出版物的消费者，如果他们想要成功，自己也必须成为其制造者。他们如果成为批评家、评注家，那么考试成功率就会高一些。因此，很多人成了书商的编辑和批评家。这种经济场域中的位置给他们在文坛中带来了权威和知名度。

商业出版改变了考生竞争的方式。他们在进入考场之前，就必须争取成为文社成员，确立在商业出版中的权威地位。艺文批评家联盟的形成为17世纪20年代后期复社的成立奠定了基础，这表明了商业出版和私人组织在追求考试成功上的作用。在张溥的领导下，复社对考试的结果和由此而获取的官职产生了史无前例的影响。

当商业出版开始干涉政治力量的分配时，对于士商家庭而言，对政治权力的追求就变得曲折和复杂。他们本来就从事商业和贸易，因此更善于利用商业出版市场的资源，同时运用私人组织的力量来鼓动和转化舆论，借此在考试中获得成功。考试场域在这一时期只是由士商利用并且从商业出版中获益的场域之一。

士商文化在超附文本中的象征性产物

本书中前面的章节仅仅描绘了与考试有关的商业出版对于文化生产品的影响。商业出版对其他很多领域的影响也是深刻的。不断分化的阅读公众看到了什么？如果皇权政府的意识形态和文化不再是文化生产场域的架构，那么在出版界中会有新的意识形态产生吗？

这一时期书籍生产的发展体现了各种阅读兴趣的扩张，皇权政府的艺文等级制度和标准只是决定出版商选题的众多结构性因素之一。书籍也是为了满足娱乐、生活和宗教的需要而生产的。小说、戏剧、旅游指南、医学手册和实用手册提供了大量的资料和信息，提高了处于逐步复杂和商业化社会中的人们的生活质量，在这个社会中，大部分的人口在经济、社会和文化方面需要识字和使用书籍。这些书籍越来越多地用简单、直白的通俗印刷文体写成。这里有一个关于出版如何影响语言的问题。商业出版的繁荣没有使得中国与欧洲一样，产生国家民族语言。① 但是，这里有其他同样重要的问题需要提出。市场中越来越多用通俗文体写成的娱乐和资料性书籍，有没有引起了对儒家经典、正史以及经典文学作品的文言体更大的不满？

所以说，先前的章节讨论了 16、17 世纪另一种艺文文化的印刷生产，但只涉及了这一深远过程中重要的一小部分。艺文场域出现空前的自主性具有更加重要的意义，需要放置在士商文化兴起这个更广大的时代背景中来理解。

考生兼作家仅仅是士商的一种。士商是一个正在兴起的群体，他们的职业轨迹散布于政治和经济场域。不论从个人或是家庭的层面来看，江南地区的士商家庭采取追求双重职业或者双重身份的策略是非常普遍的。那些商业区域与明代商业、文化发达的地区有着密切的联系。士商精英们对于教育和商业有着浓厚的兴趣，开始在很多前沿问题上与皇权政府进行交流和商议，因而其产生的"一个新文化意识形态"不再以皇权政府为中心。但是，

---

① Febvre and Martin, *The Coming of the Book*, pp. 319-332；本尼迪克·安德森（Benedict Anderson）特别强调了印刷在国家民族语言和国家民族意识兴起方面的影响。见 Anderson, *Imagined Communities: Reflections on the Origin and Spread of Nationalism*, ch. 3。

这一意识形态并没有由系统的著述来表达，不过我们还是可以从士商在文本和超附文本中关于自己的经历、愿望、顾虑和价值的描述中窥一斑而知全豹。对于士商复杂的另类文化（alternative culture）的细致解读会在另一部研究中交代。①

前近代中国与欧洲的印刷

不论是活字印刷还是雕版印刷，都为交流和文化生产带来了深远却各自不同的变化。笔者不赞成将雕版印刷和活字印刷区分为"原始艺术"（a primitive art）和"现代技术"（a modern technology）。笔者认为，中国与欧洲在印刷和出版活动方面有着很多相似之处。

关于夸大欧洲活字印刷和中国雕版印刷差异的误解，源于欧洲印刷史的话语。我们必须重新检视一个观点——在古腾堡成功研制活字印刷并发明印刷机之后，欧洲活字印刷便取代了雕版印刷。"永久的断裂"（permanent rupture）和"技术突破"（technological breakthrough）的概念使学者们将活字和雕版当作两门完全不同的技术。我们经常能看到一些历史叙事认为，雕版印刷是印刷革命的萌芽阶段，在这场革命中，欧洲已经超越中国，而中国仍然在技术上落后。但是，在16、17世纪，活字和雕版这

---

① 周启荣:《明清时期中国的印刷与士商文化》（待出）。

两种印刷方法在中国和西欧都一直被使用。

与传统的论述不同，欧洲印刷者继续使用雕版印刷来制造图形和文字，如插图、标题页、页边、首字母和超大号字母等。[①]16、17世纪一个典型的欧洲印刷作坊都会雇用刻工，他的职责就是制造特殊型号字体和各种图案。伊丽莎白·爱森斯坦（Elizabeth Eisenstein）曾指出："尽管雕版印刷和活字印刷在起源上被认为是互不相干的，它们的发明最初是为了不同的目的……但不久后两种技术就交织在一起了。"[②]因此，将雕版看作欧洲印刷作坊生产的一部分而不是描述为被活字印刷所完全取代，才更加精确。尽管铜版也被使用，但价格不菲，于是很多近现代的印刷商还是选择木刻。[③]

印刷文本的方式转变为活字印刷，这对于印刷欧洲字母文字

---

① 伊丽莎白·爱森斯坦提到了"印刷插图在解剖学著作中的重要作用"以及"插图课本如何帮助指导科学观察"。见 Eisenstein, *The Printing Press as an Agent of Change: Communications and Cultural Transformations in Early-Modern Europe*, pp. 266-267, 485-486; Febvre and Martin, *The Coming of the Book*, pp. 47-49, 277-278。另见桑德拉·海恩德曼（Sandra Hindman）编辑的文集中玛尔塔·泰德施（Martha Tedeschi）与迈克尔·卡米尔（Michael Camille）的论文, "Publish and Perish: The Career of Lienhart Holle in Ulm", *Printing the Written Word: The Social History of Books, circa 1450-1520*。关于木刻及雕版印刷一直延续的重要作用，另见简·范·德·斯托克（Jan Van Der Stock）对安特卫普的图像印刷的研究，*Printing Images in Antwerp: The Introduction of Printmaking in a City Fifteenth Century to 1585*；杰拉尔德·泰森（Gerald Tyson）和希尔维娅·瓦根海姆（Sylvia Wagonheim）编辑的文集中也有很多对文艺复兴时期印刷的研究，*Print and Culture in the Renaissance: Essays on the Advent of Printing in Europe*。关于15世纪欧洲的木板画的历史，见阿瑟·海恩德（Arthur Hind），*A History of Woodcut with a Detailed Survey of Work Done in the Fifteenth Century*。

② 爱森斯坦提到，出版商常常回收再利用插图和木刻图案。见 Eisenstein, *The Printing Press as an Agent of Change: Communications and Cultural Transformations in Early-Modern Europe*, pp. 54, 258-259。

③ Febvre and Martin, *The Coming of the Book*, pp. 92-93。

而言，是一个"合乎逻辑"的解决方法。但是，这种"合乎逻辑"并不意味着活字印刷只对字母语言才适用。从印刷者的角度而言，不管是欧洲的字母文字还是中国的汉字，重复字的存在必然导致这一"合乎逻辑"的活字印刷的出现。然而，如果存有大量不同的字，而其他可用的方法是成本高的金属活字的话，还是使用雕版更合适。不过，如果活字制作成本不大，在排字和组织上也没有太大的困难的话，中国的印刷商就没有理由拒绝使用活字印刷。在这里，最主要的是技术的经济成本，正是这个考虑让中国印刷商决定使用哪种印刷方式。①

本书第二章认为，尽管雕版在16、17世纪是一种普遍的印刷方法，但活字的使用也在不断增长。制作金属活字的高昂成本，促使中国的印刷工匠使用木制的活字。虽然没有木制雕版那样坚实，但木活字的制作和替换在价格上还是比较低廉的。要加大字号和增加字体的种类时，制作更多的木活字就能解决，无须像欧洲印刷商那样另外制造打模钢锥和铸造一套活字。关于活字在中国明清出版中的流行程度到底如何这个问题，需要有更多的学术研究。

手动印刷机能够比雕版印刷速度更快，但是速度的重要性需要和其他因素结合起来考虑。雕版和活字之间的区别，更重要的在于不同社会政治的条件下书坊运行的经济计算。

欧洲和中国印刷商在经营所处的经济和社会政治环境中有很

---

① 《印刷书的诞生》中有关中国未能使用活字印刷的解释体现出作者对明清时期商业出版发展方面的知识不足。见 Febvre and Martin, *The Coming of the Book*, pp.75-76。

多限制和选择上的不同。在欧洲，就商业投资和安全而言，出版业是一个高风险行业。在这一时期，欧洲印刷商需要比中国同行投入更多的资金才能开业。资金的投入包括活字、印刷机和昂贵的纸张（此时纸张的原料仍然是破布），这使得投资印刷业不是一般人的财力能够负担得起的。许可证制度和版税不仅提高了生产的成本，而且限制了印刷业的发展。①

活字印刷迫使欧洲出版商为了节省劳动力和降低排版所占的成本而加大印数。根据费弗贺和马尔坦的著作，欧洲每种书籍的平均印数在 1000 本到 1500 本之间。② 这一数量不仅是预估数量，也是实际能够覆盖运营成本所必要的印量。这一数量范围也适用于大部分定位于国际市场的拉丁文书籍。即使是面向国际市场，欧洲印刷商还是会常常积压大量售不出的书。很多人不得不带着他们的书到里昂、法兰克福和莱比锡的书籍市场拍卖给其他书商。③ 由拉丁文读者组成的欧洲书市的国际网络，的确为书商在国内滞销的书籍提供了另外一个销售渠道。需要印刷大量图书却又不能预知销售数量的困境促使了欧洲书商探索寻找资金提供方的方法。从 17 世纪开始，英格兰、荷兰、意大利和法国的印刷商开始通过预售

---

① 这并不是说当时没有非法出版活动，罗伯特·达恩顿（Robert Darnton）就揭示了 18 世纪法国格拉伯街（Grub Street）的地下文学出版。见 Darnton, *The Literary Underground of the Old Regime*.

② Febvre and Martin, *The Coming of the Book*, pp. 216-218.

③ Febvre and Martin, *The Coming of the Book*, pp. 224-233; Clair, *A History of European Printing*, pp. 219-222.

（subscription）的方法来保证销售量，也同时为出版商筹集资金。①

欧洲书籍市场的范围最初是国际性的，印刷商和出版商都是为国内和国外的读者出版印刷。尽管有未知数量的书籍出口到了日本、韩国等地，中国出版商的经营最主要还是在国内。② 令研究中国书籍史的学者惊叹的是，欧洲16世纪到17世纪的大量书籍能够被保存至今。毋庸置疑，这里有很多原因——在私人和公共图书馆中，保护工作做得更好，或者是由以破布为原料制造的纸更为耐久。但是，现存的在廉价的中国竹纸上印刷的晚明和清初的刊本，看上去也同样的耐久。笔者认为，大量的欧洲书籍能够保存至今的原因，可能是前近代欧洲印刷商的书店和仓库中存有的未出售的书比中国同行的要多。活字印刷不仅要求更多的资金投入，而且由于未售出的书会冻结资金且无法兑现利润，所以需要大量流动资金。

与之相反，中国出版则有雕版和活字两种选择。木版雕刻的低廉价格和便宜纸张的使用，使得印刷成为一种相对低风险的商业投资。这并不意味着大多数出版商能够成功，但却表示进入出版市场的限制较少。雕版印刷的简单和方便能够使出版较为便捷地繁盛起来，也能够根据市场需求迅速地做调整。在梅鼎祚和臧

---

① 预售最早始于1617年的英格兰和1660年的荷兰。作为一种筹集资本的手段，它也具有明显的短处。18世纪威尼斯的例子表明预售商人只对那些已获成功的或为人所知的作品才有信心。重印作品在预售中占很大部分。见 Waquet, "Book Subscriptions in Early Eighteenth-century Italy", pp. 78-83.

② 关于日本进口书籍的研究，见大庭修（Oba Osamu）的著作《（江户时代）唐船持渡书的研究》。

懋循的例子中（见本书第二章），我们可以看到中国书籍出版运作的规模可以很容易地根据资金和需求的变化做出调整。大量招募刻工，便可以达到扩大生产和快速生产的需求。① 尽管对于中国和欧洲出版商来说，在不同的地点使用印刷设备并招募刻工来进行出版是一件普遍的事，但是雕版印刷与欧洲的活字印刷相比，在协调上更容易。欧洲印刷商在不同的作坊印刷同一个文本需要排字工人精确制版，事先将文本分成若干页。与此不同的是，雕版的写样完成，文本的分版也就同时完成，因为写样已经包含了分页、页码和全部的对齐格式。中国的刻工是在已经誊写完成的写样上工作，而不是手稿。中文文本的印版写本能够简单分配给不同的刻工，从理论上讲，刻印便可以在集中或者分散的情况下完成。雕版印刷"原子式"的独立制作方式在明代更适合竞争激烈的中国市场，而不适用于前近代的西欧。

就以商人为了利润而经营这一点来说，欧洲和中国的印刷商和出版商有很多相似之处：他们会尽量降低风险，通过减少生产成本来提高利润。许多出版商都很保守，仔细观察市场之后才行事。对于大多数欧洲出版商而言，为大学的读者印刷宗教书籍是个安全的策略。② 与此相似，为考生出版举业用书对大多数中国出版商而言，是很好的生存之道。为了减少消耗并获得额外的流动

---

① 这并不是说欧洲印刷不具备根据变化的需求进行调整的能力。比如，在17世纪的法国，就有出版机构分享印刷所的情况。印刷与出版的逐渐分离使得出版机构把印刷任务分给不同的印刷所，以应对紧密的时间表以及日益增长的需求。Clair, *A History of European Printing*, p.298.

② Clair, *A History of European Printing*, p.295.

资金，中国和欧洲出版商都喜欢重新使用、租借和买卖雕版。①

中国和欧洲出版商和印刷者也会遇到来自不同方面的阻碍。宗教教律和政治法规这两个重要因素使得欧洲出版商所面对的风险与中国印刷者有所不同，而这些因素也在不同程度上影响了他们的印刷生意。

在中国，当越来越多的出版商用较小的投资便能自由进入竞争激烈的图书市场时，法国和英国的文化领域还没有自主权，仍然被封建和宗教制度所束缚。首先，罗马天主教会和西欧所有国家的政府都关注图书数量的增长和它们对教会和皇权的威胁。教皇颁布诏书来惩罚那些异教书籍及其读者。教廷公布"图书目录"（catalogs），就是被审查过的书籍目录。1557 年，教皇保罗四世印发了第一份《禁书目录》，之后在 1564 年和 1596 年教会都颁布了《禁书目录》。全欧洲都感受到《禁书目录》的限制，所有的印刷商和书商都会受到约束②，因为只要出版异教书籍，就会被处决。③

---

① Febvre and Martin, *The Coming of the Book*, pp. 93-94. 这种做法在欧洲起源于 15 世纪早期，见 Tedeschi, "Publish and Perish: The Career of Lienhart Holle in Ulm", *Printing the Written Word: The Social History of Books, circa 1450-1520*, pp. 45-46。

② 1654 年的意大利特伦托（Trento）书目流传很广。1596 年书目是由教皇克莱蒙八世支持并推广的。见 Clair, *A History of European Printing*, p. 158。

③ Clair, *A History of European Printing*, p. 168. 笔者比较关注的是制度审查的存在，并非其实际效果，而实际效果这个问题是为学界所争论的。根据费弗贺和马尔坦的研究，在法国遭厄运的是沿街叫卖的小书贩，但是那些"控制书籍贸易的大的出版家族"却得到了足够的保护，也有足够的资源免除麻烦。见 Febvre and Martin, *The Coming of the Book*, pp. 310-312。不过，安娜贝尔·帕特森（Annabel Patterson）则认为一部分出版商能够免受处罚的同时，"如果我们读到审查年鉴，就会立刻发现这些人的免责是值得怀疑的"。这些审查名单上就有少量的对于名人的审查记录，比如布鲁诺、伽利略、约翰·海瓦德（Sir John Hayward）和威廉·普莱恩（William Prynne）。见 Patterson, *Censorship and Interpretation: The Conditions of Writing and Reading in Early Modern England*, pp. 29-30。

宗教在建构西欧图书市场的过程中占有举足轻重的地位。最能够体现这一事实的是德国出版业的发展和衰退。在16世纪早期，德国出版业在由马丁·路德领导的新教运动中迅速发展。① 新教徒制作了大量的"争教"书籍和带有插图的大幅画报。② 宗教斗争是新教运动中出版繁盛的主要推动力。但是在欧洲"三十年战争"（1618—1648）结束之后，西欧的图书交易、出版业和造纸业都遭受了沉重打击。③

印刷业被印刷业公所与政府所控制。正如丹尼尔·罗切（Daniel Roche）所指出，"从16世纪到宗教改革运动，言论和文字上的审查制度是法国官方的政策"④。在这一时期，法国政府发布法令来管理印刷商和书商。未经皇家批准就出版的，会被处死。⑤ 如果没有政府法规和在执行中的权力滥用，就不可能有"出版自由"和言论自由的诉求。知识和信息不能自由传播，是因为出版没有自由。出版商需要从国王那里购买一定的特权来获得出版的权利。1644年，巴黎有75家出版机构，但1686年，法国国王一道圣旨便

---

① Febvre and Martin, *The Coming of the Book*, pp. 287-295; Eisenstein, *The Printing Press as an Agent of Change: Communications and Cultural Transformations in Early-Modern Europe*, ch. 4.

② 见 Christiane Andersson, "Popular Imagery in German Reformation Broadsheets"。

③ Clair, *A History of European Printing*, p. 274.

④ Roche, "Censorship and the Publishing Industry", *Revolution in Print: The Press in France, 1775-1800*, p. 3.

⑤ Clair, *A History of European Printing*, p. 291. 关于从抵制旧制度艺文系统的限制和滥用权力的印刷商、出版商和作者的角度对法国大革命进行的分析研究，见 Carla Hess, "Economic Upheavals in Publishing"。

减为 36 家。①

考虑到雕版印刷的低成本、简单和便利，我们可以认为，出版在 16、17 世纪中国社会的重要程度即使未超过欧洲，起码也是等同的。在这段时期内，中国很多城市发展成新的出版中心，文化生产和政府行政管理很大程度上依赖出版。而在同时期的英国，出版业只集中在伦敦，其他地区仍然是以手抄本为主。王室和政府没有印刷设备，只能委托少量有许可证的出版商印制他们的文件。②伦敦的印刷商是由印刷出版同业公会（Stationers' Company）来进行管理的。③在 1615 年，伦敦只有 22 家印刷商。④直到 1695 年执照法例没有重新批准之前，日常通信很少用印刷品。"这时没有印刷的房产海报或者农商品销售广告，没有剧院的演出公告，没有报纸，没有印刷的传单、单据、条幅、票据或其他任何商业文书。没有印刷形式就意味着什么都要靠手写完成，包括结婚证明、契约和收据等。"⑤17 世纪末期的英格兰基本上还没有杂志或者期刊，所以还未出现一个独立的、职业的作家阶层。⑥

---

① Clair, *A History of European Printing*, p. 291.

② 法国直到 1631 年才建立起自己国家的印刷所——皇家印刷所（Imprierir Royale）。见 Clair, *A History of European Printing*, p. 299.

③ 玛丽女王于 1557 年颁布命令，由印刷商和书商成立印刷出版同业公会。但是，宫廷对于煽动性小册子的出版十分不安，于是导致了 1586 年许可证法令的出台，限制了伦敦的出版机构数量。见 Fehvre and Martin, *The Coming of the Book*, pp. 191-192.

④ 见 Fehvre and Martin, *The Coming of the Book*, pp. 191-192.

⑤ Belanger, "Publishers and Writers in Eighteenth-Century England", p. 6.

⑥ 由于出版仅被限制在牛津和剑桥这样的大学城，几乎没有人能够仅仅通过写作艺文作品就换得像样的生活质量。Belanger, "Publishers and Writers in Eighteenth-Century England", pp. 6, 22.

当时贵族和绅士不愿意将自己的作品印出来。这个时期也正是艺文精英们对待印刷的态度开始转变的时期。但是态度上的改变并没有快速地发生影响，因此莎士比亚还是没有用他自己的真名出版自己所有的十四行诗，也没有在他的有生之年用自己的名字出版自己所有的剧作。① 这一时期关于政治情况的信息也未能通过印刷传播给读者大众，政府的消息很少能被公众知晓。比如，议会成员的名单直到 1625 年才开始被出版商印发，而这也只是一份简单的姓名加头衔的名单而已。

与此相反，16、17 世纪的中国，政府并没有法规限制印刷商的数量，对出版的内容也没有限制。当时没有许可证制度，也没有出版前的检查制度。除了历书和本朝历史，基本上什么都可以印刷。政府有时会对那些在考试中用异端思想作答解释儒家经典的行为发出警告。当然，当时也存在着出版后查禁的事件。然而尽管有个别出版后被查禁的书籍，但 18 世纪晚期之前，就政治后果而言，中国的出版商不用担心他们的出版物会遭查禁，除非其中内容涉及敏感的政治事件，或者是为了某些政治阴谋而印行的。②

明政府与清前期政府没有公开支持过任何一个宗教。因此没有教廷对于含有异教思想的出版物进行监视。儒家学者、佛教徒、

---

① Davis, *Factual Fictions: The Origins of English Novel*, p. 139.
② 比如，在北方大规模起义爆发之后，《水浒传》就被封杀了。见周启荣：《明清时期中国的印刷与士商文化》（待出），第 4 章。在 18 世纪之前，并没有系统性的审查制度和统一行动来管制出版行为。见 Carrington L. Goodrich, *The Literay Inquisition of Ch'ien-lung*; R. Kent Guy, *The Emperor's Four Treasuries Scholars and the State in the Late Ch'ien-Iung Era*.

道教信士和基督教徒可以自由印刷和传播他们的学说。士商精英们除了需要抗争皇帝隐瞒奏折和文件外，不用去和其他任何法律上的限制做斗争。他们对政治透明化和信息知晓权的要求，表现在要求政府在邸报公开印发文件的行为上。①

从时间和空间上来说，技术对社会的影响并不是划一的。这是因为，没有抽象的时间和空间让一种技术发挥作用。这常常是一个"时空场"（chronotype），技术在一个具体的时间和空间组合内留下烙印。② 一种技术有影响或者没有影响，并不只依赖于它自己能够做什么。具体来说，印刷是一种可以复制文本的技术，但是如果我们只看到印刷技术在传播中的优势，就不能完全理解它的影响。决定印刷如何被利用的，不是印刷本身，而是利用该技术的群体的特定态度，同时还有这项技术的开发、引进、市场化、使用和抵制的生态、经济、社会和政治环境。这些多样化的因素同时也塑造了有关技术自身的话语生产。

---

① 关于要求公开上书皇帝的奏折以及以此体现出的对政治透明度的诉求，见周启荣：《明清时期中国的印刷与士商文化》（待出），第 6 章。

② chronotype 是巴赫金从数学上借用的一个术语，他通过这个术语尝试建构小说的理论。见 Bakhtin, "Forms of Time and of the Chronotope in the Novel", in Bakhtin, *Dialogic Imagination: Four Essays*, pp. 84-258。

附　录

附录1　毛扆:《汲古阁珍藏秘本书目》

书名	价格（两）	册	时期
冠谱	0.1	1	明
考古学范	0.1	1	明
栾城遗言	0.1	1	明
涉史随笔	0.1	1	明
帝京景物略精要	0.2	1	明
庚申外史	0.2	1	明
泾林杂记	0.2	1	明
南烬纪闻录	0.2	1	明
傍秋亭杂记	0.2	1	明
齐东野语拾遗	0.2	1	明
西迁注	0.2	1	明
西吴里语	0.2	1	明
寅斋闻见	0.2	1	明
笔畴	0.3	1	明

续表

书名	价格（两）	册	时期
高坡纪异	0.3	1	明
古今注	0.3	1	明
清溪暇笔	0.3	1	明
权文公文集	0.3	1	明
庶斋老学丛谈	0.3	1	明
罗子三训	0.4	1	明
农田余话	0.4	1	明
北窗炙輠	0.5	1	明
辅教编	0.5	1	明
孔平仲谈苑	0.6	1	明
稽神录（六卷）拾遗（一卷）	0.6	2	明
玉堂嘉话	0.6	2	明
诃摩图说，规中指南	0.8	1	明
天文玉历祥异赋注解	0.8	2	明
天文璇玑一览	0.9	3	明
八字当生数	1.0	1	明
赤文洞兵法	1.0	1	明
大易璇玑	1.0	1	明
精骑集	1.0	3	明
三世出兴志，世界名体志	1.0	1	宋
识遗	1.0	2	明
天文志，星野指南，天象赋合	1.0	1	明
易卦通数	1.0	1	明
游宦纪闻	1.0	2	明
芥隐录笔记	1.2	1	宋

续表

书名	价格（两）	册	时期
丽则遗音	1.2	1	元
片玉词	1.2	1	元
武当全相启圣实录	1.2	1	元
阳春白雪	1.2	2	元
玉历通政经	1.2	4	明
广卓异记	1.5	3	明
东观余论	1.6	4	明
癸辛杂识前集后集别集	1.6	4	明
汉隽	1.6	4	元
容斋三笔（仅7—16卷）	1.6	4	宋
手镜摘览	1.6	2	明
白虎通德论	1.8	3	元
史学提要	1.8	3	元
白公讽谏	2.0	1	宋
东京梦华录	2.0	1	宋
读书分年日程	2.0	2	元
观物篇	2.0	10	明
画相搜神广记前后二集	2.0	2	元
津阳门诗	2.0	1	宋
旧闻证误	2.0	1	宋
名臣事略	2.0	4	元
日用涓吉奇门五总龟	2.0	2	元
十一经问对	2.0	2	元
唐诗鼓吹	2.0	4	元
医家图说	2.0	1	宋

续表

书名	价格（两）	册	时期
抱朴子	2.4	8	明
焦蝶集	2.4	8	明
启劄青钱	2.4	6	元
诗集传疏义	2.4	8	元
太平和剂局方	3.0	5	元
演数品格论	3.0	3	明
左克明乐府	3.0	6	元
册府元龟（仅249—254，261—262，276卷）	3.2	4	宋
道德秘要	3.2	16	明
太平乐府	3.2	4	元
本朝蒙求	4.0	2	宋
博物志	4.0	1	宋
韩昌黎外集	4.0	2	宋
简斋诗集	4.0	4	宋
墨刻考古图	4.0	4	明
周易兼义	4.0	8	元
巢氏源候总论	4.8	8	元
吴志	4.8	6	宋
南华真经	5.0	5	宋
柳公乐章	5.0	5	宋
江阴志	6.0	4	宋
佩韦斋文集	6.0	4	宋
四灵诗	6.0	3	宋
澹寮集验秘方	6.0	10	元
文公家礼	6.0	4	宋

续表

书名	价格（两）	册	时期
岳倦翁宫词；石屏词；许棐梅屋词	6.0	2	宋
秦淮海集	6.4	8	宋
得效方	7.2	12	元
花间集	8.0	4	宋
刘宾客外集	8.0	4	宋
骆宾王集	8.0	2	宋
集篆古文韵海	10.0	5	明
四声篇	10.0	16	元
韦苏州集	10.0	5	宋
新集古文四声韵	10.0	5	明
武经总要前集后集	12.0	40	明
张右史文集	12.0	24	明
重续千文	12.0	2	宋
群经音辨	15.0	3	宋
孟东野诗集	16.0	4	宋
陶渊明集	16.0	2	宋
六书故	30.0	50	元
周益公全集	30.0	50	明
龙龛手鉴	36.0	6	宋
孔氏家语	50.0	5	宋
宋词一百家*	100.0		明

* 60位作者的诗集是被刻印出版的，40位作者的诗集为手抄本。

资料来源：毛扆：《汲古阁珍藏秘本书目》，第1—33页。

附录2 潘允端1586年至1601年间所购图书

书名	花费（两）	年代*
十大家文	0.25	1586
宋版小书2种	0.5	1592
墨刻3种	0.6	1592
辽史	0.8	1590
离骚	1.0	1590
名山记，地理统宗	1.2	1586
急就篇，1册	1.5	1587
辞藻	2.0	1586
宋刻小板华严经	2.0	1589
湖州裨编	2.3	1586
黄庭经及临本2本	3.0	1590
苏文	3.6	1597
世宗实录	4.0	1600
通鉴（不全，宋版）	5.0	1592
韩文（宋版）	5.0	1593
两汉书，1部	6.0	1586
白孔六贴，半部；通鉴，1部	8.0	1588
宋刻左传；济生拔粹	10.0	1590
文选，1部	35.0	1589
宋刻通鉴，160册	80.0	1586
汉书（宋版）	200.0	1591

*表示交易发生之年。
资料来源：《雨花堂日记》。

附录3　沈津列出的书籍价格

书名	花费（两）	卷／册	出版者	年代
万宝全书	0.1	34卷？37卷？		1614？1628？
新调万曲长春	0.12	3册？	金拱塘	1572—1619
鹤林玉露	0.2	4册		1522—1566*
倪云林先生诗集	0.2	7卷／4册	荆溪蹇氏	1629*
新镌五言唐诗画谱	0.5	2册？	黄凤池	1572—1619
新镌梅竹兰菊四谱	0.5	2册？／2卷？	黄凤池	1572—1619
奇效良方	0.7	1？		1522—1566*
诗余画谱	0.8	1册	清音馆	1612—1644
月露音	0.8	4卷／8册	杭州李衙	1572—1619
南丰先生元丰类稿	0.8	51卷／12册	？	1628—1644
文献通考	0.9	348卷／？册		1522—1566*
离骚图	1.0	？	汤复	1644
新编事文类聚翰墨大全	1.0	125卷／？册	福建安正堂刘双松	1611
新刻李袁二先生精选唐诗训解	1.0	7卷／4册	居仁堂余献可	1618
广金石韵府	1.0	5卷／6册	莲庵主人	1636
宋文文山先生全集	1.0	21卷／8册	杭州钟越	1629*
考古正文印薮	1.2	5卷／？册		1589
宣和集古印史	1.5	9卷／8册	来行学	1596
礼乐合编	1.5	30卷／16册	黄度	1633
永怀堂古文正集	2.0	10卷／24册	段君定	1633
新刻钟伯敬先生批评封神演义	2.0	20卷／20册	舒文渊	1600年代
印存初集	2.0	2卷／2册	胡正言	1600年代

续表

书名	花费（两）	卷/册	出版者	年代
大明一统志	3.0	90卷/16册	福建安正堂刘双松	1588
新编古今事文类聚	3.0	170卷/37册	福建安正堂刘双松	1607
集古印正	3.0	6卷/6册	甘旸	1596
汉魏六朝二十一名家集	3.0	123卷/册	惠州汪氏	1572—1644
本草	4.9	?卷/10册		1522—1566*

＊表示购买时间。
资料来源：沈津：《明代坊刻图书之流通与价格》。

附录4　1570年代至1640年代食物、用具和其他物品的价格

物品	单位	价格（两）
鸡	1只	0.034—0.05
猪肉	1斤	0.02
牛肉	1斤	0.015
羊肉	1斤	0.015—0.02
鹅	1只（大）	0.2
鱼	1斤	0.02—0.05
荔枝	1斤	0.046—0.05
葡萄	1斤	0.05
桃	1斤	0.04
李子	1斤	0.04
菠菜	1斤	0.15
芥菜	1斤	0.21

续表

物品	单位	价格（两）
胡桃	1斤	0.017
栗子	1斤	0.018
冬瓜	1个	0.1
糖	0.1斤	0.02
盐	1斤	0.001[a]
蜂蜜	1斤	0.02
白酒	1瓶	0.05
椅子	1把	0.4
锡酒瓶	1个	0.08
锡茶壶	1个	0.14
饭碗	1个	0.005
有纹饰的盘子	1个	0.066
刀	1把	0.02
筷子	1双	0.001—0.005
木炭	1斤	0.004
木柴	1斤	0.007
雨伞	1把	0.13—1.5
折扇	1把	0.2[b]
欧洲的眼镜	1副	4.0—5.0[a]
马匹	1匹	40.0[c]
棺材	1口	3.0[d]

a 上海的价格见叶梦珠：《阅世编》，卷7；b 见《二续金陵琐事》，199b；c 见张应俞，卷1，第1110页；d 见周晖，第2412—2413页。

资料来源：沈榜：《宛署杂记》，第122—123、141、147—148、151、159、170页。

附录5 陈仁锡以不同身份参与出版的书籍（出版商、编辑、评注者、编纂者、校对者）

年代	书名	出版商
1615	陈白阳集	阅帆堂
1615	石田先生集	阅帆堂
1618	古文奇赏（无梦园集）	酉酉堂
1620—1644	战国策奇钞	
1621	续古文奇赏（无梦园集）	酉酉堂
1621	藏书（无梦园集）	阅帆堂
1621—1627	东坡先生诗集	阅帆堂
1621—1627	宋元通鉴	阅帆堂
1623	续藏书（无梦园集）	阅帆堂
1624	奇赏斋广文苑英华	奇赏斋
1624	三续古文奇赏（无梦园集）	酉酉堂
1625	两汉奇钞	
1625	明文奇赏（无梦园集）	酉酉堂
1625	四续古文奇赏（无梦园集）	酉酉堂
1625	通鉴释文辩误	
1625	资治通鉴 陈1625年作序（无梦园集）	
1626	三国志（无梦园集）	阅帆堂
1626	诸子奇赏	
1628	经世八编类纂	
1628—1644	皇明世法录	
1628—1644	性理标题会要（无梦园集）	
1629	资治通鉴大全（无梦园集）	大桓堂
1632	大学衍义补（无梦园集）	

续表

年代	书名	出版商
1632	潜确居类书（无梦园集）	
1632	阳山志	阅帆堂
1633	表程文，策程文	白松堂
1633	皇明论程文选	
1634	奇赏斋古文汇编	
1633	无梦园集	
1634	奇赏斋古文汇编	奇赏斋（这是西西堂1625年版《无梦园集》的重印本）
1634	四书备考	阅帆堂
无出版日期的书籍		
	尧峰山志	
	皇明二祖十四宗增补标题评断实纪	
	国语合评	
	国策合评	
	逸品绎函	
	文品苴函	
	陈明卿集	
	百川学海	
	西汉文定	
	文辨误	
	京口三山志	
	羲经易简录	
	陈明卿先生评选古今文统	

资料来源：《明代版刻综录》，1.7a，1.43b，2.29a，6.28a；《中国善本书目提要》，第5、45、76—77、91、385、441—442、450、519、568—569页；《中国善本书目提要》，《易部》，第19页；《中文善本书志》，第58—59、144、173、187、221、229、298—299、349、555—556页；《台湾公藏善本书目人名索引》，第730—731页；《晚明史籍考》，第40—41页；《台湾公藏善本书目人名索引》，第730页；沈津：《美国哈佛大学哈佛燕京图书馆中文美术书志》，第465页；《四库禁毁书丛刊》，卷60，第2—35页。

附录6 晚明时期关于"四书"评注书籍的出版时间列表

出版时间	作者	书名
无	黄起有	新刻黄太史纂辑四书纲鉴
无	李廷机	四书大注参考
无	汤宾尹	新刻汤太史拟授科场题旨天香阁说
无	项声国	项会魁四书听月
无	徐牪	新刻徐九一先生四书剖诀
无	张明弼	参补邹鲁心印集注
无	张溥	四书引
无	周文德	四明居删补四书圣贤心诀
无	周文德	四书讲义存是
1563	徐爌	四书初问
1568	陈琛	灵源山房重订四书浅说
1578	黄光升	四书纪闻
1588	刘思诚	四书翼传三义
1589	徐奋鹏	重刻四书续补便蒙解注
1590	赵维新	感述录
1594	朱明良	新锲皇明百家四书理解集
1596	无作者	四书合注编
1596	王樵	四书绍闻编
1597	邹元标	仁文水田讲义
1600	李廷机	新镌翰林九我李先生家传四书文林贯旨
1602	许獬	四书崇熹注解
1604	马来远	四书最胜藏
1604	唐汝谔	四书微言

续表

出版时间	作者	书名
1607	袁黄	新刻了凡袁先生四书训儿俗说
1610	许孚远	四书述
1610	徐匡岳	儒宗辑要
1612	艾南英	艾千子先生手著四书发慧捷解
1612	钱肃乐	二刻钱希声先生手著四书从信
1613	钱肇阳	四书会解新意
1613	徐奋鹏	笔洞生新悟
1613	朱长春	新刻朱太复玄栖山中授儿四书主意心得解
1614	诸万里	诸继明析理编
1615	林散	四书说剩
1615	沈守正	四书说丛
1615	汤宾尹	睡庵四书脉
1615	王宇	四书也是园初告
1615	姚光祚	四书吾学望洋编
1615	袁黄	袁先生四书删正兼疏意
1617	洪启初	四书翼笺
1617	王纳谏	王观涛先生四书家训
1617	余应科	刻钱曹两先生皇明百方家问答
1617	钟天元	四书解缚编
1618	郭伟	六才子四书醒人语
1618	马世奇	鼎镌三十名家四书纪
1618	徐奋鹏	四书古今道脉
1618	周延儒	太史周玉绳评断四奇新辑国朝名公主意纲目诸说辨断
1619	黄士俊	四书要解
1619	徐奋鹏	鼎刻徐笔洞增补睡庵汤太史四书脉讲意

续表

出版时间	作者	书名
1620	姚文蔚	四书闻
1621	区罗阳	区子四书翼
1622	李铉	求己斋说书
1623	张振渊	石镜山房四书说统
1623	朱之翰	新镌四书理印
1624	郭伟	郭洙源先生汇辑十太史四书主意宝藏
1624	张嵩	四书说乘
1626	马世奇	四书鼎窝
1626	徐奋鹏	笔洞山房新著知新录
1627	王梦简	四书徵
1627	黄献臣	四书辟旦
1631	张云鸾	四书经正录
1632	徐奋鹏	纂定四书古今大全
1632	张溥	张天如先生汇订四书合考
1633	陈智锡	四书汇徵
1633	项煜	四书琅嬛集
1633	余应科	四书千百年眼
1634	申绍芳	新刻申会魁家传课儿四书顺文捷解
1637	陈子龙	说书文笺
1640	顾梦麟	四书说约
1641	徐文潜	四书醒言
1642	张溥	四书考备
1643	王纳谏	新镌四书翼注讲意
1644	顾梦麟	四书十一经通考
1644	吴当	合参四书蒙引存疑定解

图书馆、机构和书目出处缩写

BBCSJC	百部丛书集成,台北:艺文印书馆,1969
BDT	北京大学图书馆
BJTS	北京图书馆古籍珍本丛刊,北京:书目文献出版社,1987
BJTSGC	北京图书馆藏珍本年谱丛刊,北京:北京图书馆,1999
BJXS	笔记小说大观,扬州:江苏广陵古籍刻印社,1983
BJXSDG	笔记小说大观,台北:新兴书局,1987—1990
BT	北京图书馆
CSJCCB	丛书集成初编,上海:商务印书馆,1936
CSJCSB	丛书集成三编,台北:新文丰出版公司,1996
CSJCXB	丛书集成续编,台北:新文丰出版公司,1989
DMB	L. Carrington Goodrich 编:明代名人传,1368—1644,纽约:哥伦比亚大学出版社,1976
DMHD	大明会典,台北:华文书局,1964
FD	复旦大学图书馆
FMLQJ	冯梦龙:冯梦龙全集,魏同贤主编,上海:上海古籍出版社,1993
FSN	傅斯年图书馆(台北,"中研院")
GBXSCK	古本小说丛刊,北京:中华书局,1987
GBXSJC	古本小说集成,上海:上海古籍出版社,1990
HJAS	哈佛艺术研究月刊
HY	汉学研究中心(台北)
HYC	哈佛燕京图书馆,美国
HYX	汉学研究中心复印本(台北)
JAS	亚洲学会会刊
LC	美国国会图书馆
LDKS	历代刻书概况,北京:印刷工业出版社,1991

LYQJ	李渔：李渔全集，15 卷，台北：成文出版社，1970
MDBHCK	明代版画丛刊，台北：故宫博物院，1988
MDBKZL	杜信孚：明代版刻综录，扬州：江苏广陵古籍刻印社，1983
MDDKL	明代登科录汇编，台北：学生书局，1969
MDSHJJ	谢国桢：明代社会经济史料选编（全3册），福州：福建人民出版社，1981
MDSJHK	明代史籍汇刊，25 卷，台北：学生书局，1970
MDSMTB	明代书目题跋丛刊，北京：书目文献出版社，1994
MDZJCK	周骏富：明代传记丛刊，台北：明文书局，1991
MGHF	沈津：美国哈佛大学哈佛燕京图书馆中文善本书志，上海：上海辞书出版社，1999
MJBSHB	明季稗史汇编，上海：上海图书集成印书局，1896
MQJS	张慧剑：明清江苏文人年表，上海：上海古籍出版社，1981
MRZJ	明人传记资料索引，台北："中央"图书馆，1978
MS	明史（全28册），北京：中华书局，1974
MWH	黄宗羲编：明文海，北京：中华书局，1987
MZYXJ	钱谦益：牧斋有学集，四部丛刊
QDWZYD	清代文字狱档，上海：上海书店出版社，1986
QKZQJ	乾坤正气集，台北：环球书局，1966
SBBY	四部备要，台北：中华书局，1965
SBCK	四部丛刊，上海：涵芬楼，日期不详
SBCKCB	四部丛刊初编，台北：商务印书馆，1967
SBSZ	屈万里：中文善本书志，屈万里全集，台北：联经出版事业股份有限公司，1984
SBXQCK	王秋桂：善本戏曲丛刊，台北：学生书局，1987
SKJHS	四库禁毁书丛刊，北京：北京出版社，1997—2000
SKQS	四库全书，台北：商务印书馆，1986
SKQSZB	四库全书珍本，台北：商务印书馆，1979
SKY	中国社会科学院历史研究所
ST	上海图书馆
SWXHB	思无邪汇宝，台北：台湾大英百科股份有限公司
TWGCSB	台湾公藏善本书目人名索引，台北："中央"图书馆，1972
TYBB	王重民：中国善本书提要补编，北京：书目文献出版社，1991
WMQJ	徐朔方：晚明曲家年谱，杭州：浙江古籍出版社，1993
WMSJK	谢国桢：《晚明书籍考》
XHLB	学海类编，台北：艺文印书馆，1967
ZDCS	昭代丛书（全4册），上海：上海古籍出版社，1990
ZGGDZX	中国古代珍稀本小说，沈阳：春风文艺出版社，1997
ZGGJBK	中国古籍版刻辞典，济南：齐鲁书社，1999
ZGGJSB	中国古籍善本书目，上海：上海古籍出版社，1989

ZGSBS   王重民：中国善本书目提要，上海：上海古籍出版社，1983
ZGSXCS   中国史学丛书，台北：学生书局，1965
ZT   台北："中央"图书馆

参考文献

（为便于查找，按原书排列，只订正了部分错误）

Ai Nanying 艾南英. *Tianyong zi ji* 天佣子集. Reprint. Taibei: Yiwen yinshu guan, 1980.

Anderson, Benedict. *Imagined Communities: Reflections on the Origin and Spread of Nationalism*. London: Verso, 1991.

Andersson, Christiane. "Popular Imagery in German Reformation Broadsheets." In Gerald P. Tyson and Sylvia S. Wagonheim, eds., *Print and Culture in the Renaissance: Essays on the Advent of Printing in Europe*. Newark: University of Delaware Press, 1986.

Ariki Kengo. "Confucianism and Buddhism in the Late Ming." In Wm. Theodore de Bary, ed., *The Unfolding of Neo-Confucianism*. New York: Columbia University Press, 1975.

Armstrong, Elizabeth. *Before Copyright: The French Book Privilege System, 1498-1526*. Cambridge: Cambridge University Press, 1990.

Atwell, William. "From Education to Politics: The Fu She." In Wm. Theodore de Bary, ed., *The Unfolding of Neo-Confucianism*. New York: Columbia University Press, 1970, pp. 333-365.

Avis, Frederick C. "Miscellaneous Costs in Sixteenth-Century English Printing." *Gutenberg-Jahrbuch* (1976): 306-310.

Bakhtin, M. Mikail. *Dialogic Imagination: Four Essays*. Trans. Caryl Emerson and Michael Holquist. Austin: University of Texas Press, 1981.

Barnard, John. "Some Features of the Stationers' Company and Its Stock in 1676/7. *Publishing History*, vol. 336 (1994): 38.

Barnard, John and Maureen Bell. "The Inventory of Henry Bynneman (1583): A Preliminary Survey." *Publishing History*, vol. 29 (1991): 5-46.

Barr, Alan. "Four Schoolmasters: Educational Issues in Li Hai-kuan's Lamp at the Crossroads." In Benjamin A. Elman and Alexander Woodside, eds. *Education and Society in Late Imperial China, 1600-1900*. Berkeley: University of California Press, 1994, pp. 50-75.

Beattie, Hilary J. *Land and Lineage in China: A Study of T'ung-ch'eng County, Anhwei in the*

Ming and Ch'ing Dynasties. Cambridge: Cambridge University Press, 1979.

Belanger, Terry. "Publishers and Writers in Eighteenth-Century England." In Isabel Rivers, ed., *Books and Their Readers in Eighteenth-Century England*. New York: St. Martin Press, 1982, pp. 5-26.

Bell, Catherine. "Printing and Religion in China: some Evidence from the Taishang Gangying Pian." In *Journal of Chinese Religion* 20 (1992): 173-186.

——. "'A Precious Raft to Save the World' The Interaction of Scriptural Traditions and Printing in a Chinese Morality Book." *Late Imperial China* 17, no. 1 (June 1996): 158-200.

Berling, Judith. *The Syncretic Religion of Lin Chao'en*. New York: Columbia University Press, 1980.

Black, Jeremy. *The English Press in the Eighteenth Century*. London: Croom Helm, 1987.

Blaut, J.M. *The Colonizer's Model of the World: Geographical Diffusionism and Eurocentric History*. New York: The Guilford Press, 1993.

Bloom, Irene. Trans. and ed., *Knowledge Painfully Acquired: the K'un-chih chi by Lo Ch'in-shun*. New York: Columbia University Press, 1987.

Bol, Peter. *"This Culture of Ours": Intellectual Transitions in T'ang and Sung China*. Stanford: Stanford University Press, 1992.

Bourdieu, Pierre. *The Field of Cultural Production: Essays on Art and Literature*. Ed. by Randal Johnson. New York: Columbia University Press, 1993.

——. *Language and Symbolic Power*. Ed. John B. Thompson and Trans. Gino Raymond and Matthew Adamson. Cambridge, Mass.: Harvard University Press, 1991.

——. *Distinction: A Social Critique of the Judgment of Taste*. Translated by Richard Nice. Mass.: Cambridge, Harvard University Press, 1984.

——. *Outline of a Theory of Practice*. New York: University of Cambridge Press, 1977.

Bourdieu, Pierre, and Loïc J. D. Wacquant, *An Invitation to Reflexive Sociology*. Chicago: University of Chicago Press, 1992.

Brandauer, Frederick P. "The Emperor and the Star Spirits: A Mythological Reading of the Shuihu chuan." In Idem and Chun-chieh Huang, eds., *Imperial Rulership and Cultural Change in Traditional China*. Seattle: University of Washington Press, 1994, pp. 206-229.

Brokaw, Cynthia. "The Commercial Publishing in Late Imperial China: The Zou and Ma Family Businesses of Sibao." *Late Imperial China*, 17, no. 1 (June 1996): 49-92.

——. "Reading the Bestsellers of the Nineteenth Century: Commercial Pablishing in Sibao." In Idem and Kai-wing Chow, ed., *Printing and Book Culture in Late Imperial China*. Berkeley: University of California, forthcoming.

——. *The Ledgers of Merit and Demerit: Social Change and Moral Order in Late Imperial China*. Princeton: Princeton University Press, 1991.

—— and Kai-wing Chow, eds. *Printing and Book Culture in Late Imperial China*. Berkeley: University of California Press, forthcoming.

Brook, Timothy. *Geographical Sources of Ming-Qing History*. Ann Arbor: Center for Chinese Studies, University of Michigan, 1988.

——. "Communication and Commerce." In Denis Twitchett and Frederick W. Mote, eds., *The Cambridge History of China*, vol. 8. *The Ming Dynasty, 1368-1644, Part 2*. Cambridge: Cambridge University Press, 1998, pp. 579-707.

——. *The Confusion of Pleasure: Commercial and Culture in Ming China*. Berkeley: University of California Press, 1998.

——."Edifying Knowledge: The Building of School Libraries in Ming China." *Late Imperial China* 17, no. 1 (June 1996): 93-119.

Bühler, Curt. *The Fifteenth Century Book: The Scribes, The Printers, The Decorations*. Philadelphia: University of Pennsylvania Press, 1960.

Burkus-Chasson, Anne. "Elegant or Common? Chen Hongshou's Birthday Presentation Pictures and his Professional Status." *Art Bulletin*, XXVI, no. 2 (1994): 279-300.

Bussotti, Michela. "General Survey of the Latest Studies in Western Languages on the History of Publishing in China." *Revue Bibliographique de Sinologie* (1998): 53-68.

Byrd. Cecil K. *Early Printing in the Straits Settlements, 1806-1858*. Singapore: Singapore National Library, 1970.

Cahill, James. "Huang Shan Paintings as Pilgrimage Pictures." In Naquin, Susan and Chun-fang Yu. Eds. *Pilgrims and Sacred Sites in China*. Berkeley: University of California Press, 1992.

Cai Guoliang 蔡国梁. *Jin Ping Mei kaozheng yu yanjiu* 金瓶梅考证与研究. Xi'an: Shaanxi Renmin chubanshe, 1984.

Cai Qing 蔡清. *Sishu mengyin* 四书蒙引. *SKQS*, vol. 206.

Cai Shishun 蔡士顺. *Tongshi shanglun lu* 同时尚论录. Preface 1633. *BJTS*, vol. 120.

Cao Zhi 曹之. *Zhongguo yinshuashu de qiyuan* 中国印刷术的起源. Wuchang: Wuhan daxue chubanshe, 1994.

Carlitz, Catherine. "Printing as Performance: Literati Playwright-Publishers of the Late Ming." In Cynthia Brokaw and Kai-wing Chow, eds *Printing and Book Culture in Late Imperial China*. Berkeley: University of California Press, forthcoming.

——. "The Social Uses of Female Virtue in Late Ming Editions of Lienü Zhuan." *Late Imperial China* 12, no. 2 (Dec. 1991): 117-148.

Carter, Thomas Francis. *The Invention of Printing in China and Its Spread Westward*. Rev. L. Carrington Goodrich. New York: The Ronald Press Co. 1955.

Censer, Jack R. and Jeremy D. Popkin, eds., *Press and Politics in Pre-Revolutionary France*. Berkeley: University of California Press, 1987.

Chaffee, John. *The Thorny Gate of Learning in Sung China*. Albany: SUNY Press, 1995.

Chai E 柴萼. *Fantianlu conglu* 梵天庐丛录. Shanghai: Zhonghua shuju, 1925.

Chakrabarty, Dipesh. *Provincializing Europe: Postcolonial Thought and Historical Difference*.

N.J. Princeton University Press, 2000.

Chang, Kang-I Sun. "Ming and Qing Anthologies of Women's Poetry." In Ellen Widmer and Idem, eds. *Writing Women in Late Imperial China*. Stanford: Stanford University Press, 1997.

———. *The Late Ming Poet Ch'en Tzu-lung: Crisises of Love and Loyalty*. New Haven: Yale University Press, 1991.

Chartier, Roger. *The Cutlural Uses of Print in Early Modern France*. Trans. by Lydia G. Cochrane. New Jersey: Princeton University Press, 1987.

———. *The Cultural Origins of the French Revolution*. Trans. by Lydia G. Cochrane. Durham: Duke University Press, 1991.

———. "Gutenberg Revisited from the East." *Late Imperial China* 17, no. 1 (June 1996): 1-9.

———. *On the Edge of the Cliff: History, Language, and Practices*. Trans. by Lydia G. Cochrane. Baltimore: Johns Hopkins University Press, 1997.

———. "Texts, Printing, Readings." In Lynn Hunt, ed. *The New Cultural History*. Berkeley: University of California Press, 1989.

Chaves, Jonathan. "The Expression of Self in the Kung-an School: Non-Romantic Individualism." In Robert Hegel and Richard C. Hessney, eds. *Expressions of Self in Chinese Literature*. New York: Columbia University Press, 1985.

Chen Baoliang 陈宝良. "Mingdai de she yu hui" 明代的社与会. *Lishi yangjiu* 历史研究 no. 5 (1991): 140-155.

Chen Dachuan 陈大川. *Zhongguo zaozhishu shengshuaishi* 中国造纸术盛衰史. Taibei: Zhongwai chubanshe, 1970.

Chen Dingsheng 陈天定. *Huiyan shanfang shuoshu* 慧眼山房说书 (HYX).

Chen Hongshou 陈洪绶. *Chen Hongshou ji* 陈洪绶集. Hangzhou: Zhe-jiang guji chubanshe, 1994.

Chen Jianhua 陈建华. *Zhongguo Jiang-Zhe diqu shisi zhi shiqi shiji shehui yishi yu wenxue* 中国江浙地区十四至十七世纪社会意识与文学. Shanghai: Xuelin chubanshe, 1992.

Chen Jiru 陈继儒. *Meigong zazhu* 眉公杂著. 4 vols. Taibei: Weiwen chubanshe, 1977.

———. *Baishiqiao zhengao* 白石樵真稿. 1636. *SKJHS*, vol. 66.

———. *Chen Meigong quanji* 陈眉公全集. Shanghai: Dadao shuju, 1935.

———. *Meigong xiansheng wanxiangtang xiaopin* 眉公先生晚香堂小品. Ming editon (HYC).

———. *Wanxiang tang ji* 晚香堂集. Ming (Zhongzhen) edition, *SKJHS*, vol. 66.

———. *Yimin zhuan* 逸民传. 1603 preface (BDT).

Chen Jitai 陈际泰. *Yiwu ji* 已吾集. Taibei: Weiwen shuju, 1977.

Chen Keng 陈铿. "Cong Xingshi yinyuan kan Ming Qing zhiji de difang shishen" 从《醒世姻缘》看明清之际的地方士绅. *Ming-Qing Shi* 明清史, no. 12 (1984): 15-23.

Chen Menglian 陈梦莲. *Meigong fujun nianpu* 眉公府君年谱. *BJTSGC*, vol. 53.

Chen Pi Lieguo zhizhuan 陈批列国志传. *GBXSCK*, ser. 40, vols. 1-4. (Original in National Archives of Japan).

Chen Qinghao 陈庆浩 and Wang Qiugui 王秋桂, eds., *Siwuxie huibo* 思无邪汇宝. Taibei: Taiwan Daying baike, 1995.

Chen Que 陈确. *Chen Que ji* 陈确集. Beijing: Zhonghua shuju, 1979.

Chen Renxi. *Ming wen qi shang* 明文奇赏. Ming edition (SKY).

——. *Wumengyuan ji* 无梦园集. *SKJHS*, vol. 60.

Chen Wanyi 陈万益. *Wan Ming Xiaopin yu Ming ji wenren shenghuo* 晚明小品与明季文人生活. Taibei: Da'an chubanshe, 1988.

Chen Xuewen 陈学文. *Ming Qing shehui jingjishi yanjiu* 明清社会经济史研究. Taibei: Daohe chubanshe, 1991.

Chen Yidian 陈懿典. *Chen Xueshi xiansheng ji* 陈学士先生集 (HYX).

Chen Zilong 陈子龙. *Shuoshu wenjian* 说书文笺 Ming edition, preface 1637 (HYX).

——. *Chen Zhongyu gong quanji* 陈忠裕公全集. QKZQJ, vol. 30.

——. *Ming Jingshi wenbian* 明经世文编. Beijing: Zhonghua shuju, 1962.

Chen Zushou 陈组绶. *Sishu fumo* 四书副墨 (HYX).

Cheng Renqing 程任卿. *Sijuan quanshu* 丝绢全书. Reprint of a Wanli edition. *BJTS*, vol. 60.

Cheng, Yu-ying. "The Ethics of the Sphere Below (*Hsia*): The Life and Thought of Ho Hsin-yin." *Chinese Studies*, vol. 11, no. 1 (June 1993): 49-101.

——. *Wan Ming bei yiwang de sixiangjia: Luo Rufang shiwen shiji biannian* 晚明被遗忘的思想家：罗汝芳诗文事迹编年. Taibei: Guangwen shuju, 1995.

Cherniak, Susan. "Book Culture and Textual Transmission in Sung China." *Harvard Journal of Asiatic Studies* 54, 1 (1994): 5-125.

Chia, Lucille. "Of Three Mountains Street: The Commercial Publishers of Ming Nanjing." In Cynthia Brokaw and Kai-wing Chow, eds. *Printing and Book Culture in Late Imperial China.* Berkeley: University of California Press, forthcoming.

——. "Printing for Profit: The Commercial Printers in Jianyang, Fujian (Song-Ming)." Ph.D. diss., Columbia University, 1996.

Ch'ien, Edward T. *Chiao Hung and the Restructuring of Neo-Confucianism in the Late Ming.* New York: Columbia University Press, 1986.

Chou Chih-p'ing. *Yuan Hung-tao and the Kung-an School.* New York: Cambridge University Press, 1988.

Chow, Kai-wing. *The Rise of Confucian Ritualism: Classics, Ethics, and Lineage Discourse in Late Imperial China.* Stanford: Stanford University Press, 1994.

——. *Printing and Shishang Culture in Early Modern China.* Stanford: Stanford University Press, forthcoming.

——. "Discourse, Examinations, and Local Elites: The Invention of the T'ung-ch'eng School in Ch'ing China." In Benjamin A. Elman and Alexander Woodside, eds., *Soceity and Education in Late Imperial China.* Berkeley: University of California Press, 1994.

——. "Writing for Success: Printing, Examinations, and Intellectual Change in Late Ming

China." *Late Imperial China* 17, no. 1 (June 1996): 120-157.

——. (Zhou Qirong 周启荣). "Mingmo yinshua yu Huizhou difang wenhua" (Printing and Huizhou Local Culture in the Late Ming) 明末印刷与徽州地方文化 . In Zhou Shaoquan 周绍泉 and Zhao Huafu 赵华富 , eds. *95' Guoji Huixue xueshu taolunhui lunwenji* 95' 国际徽学学术讨论会论文集 . Hefei: Anhui daxue chubanshe, 1995, pp. 299-305.

Chu, Hung-lam. "The Debate over Recognition of Wang Yang-ming." *HJAS* 48, no. 1 (June 1988): 47-70.

Clair, Collin. *A History of European Printing*. London: Academic Press, 1976.

Clunas, Craig. *Superfluous Things: Material Culture and Social Status in Early Modern China*. Urbana and Chicago: Unversity of Illinois Press, 1991.

——. *Pictures and Visuality in Early Modern China*. Princeton: Princeton University Press, 1997.

Cu Hulu 醋葫芦 . *GBXSCK*, ser. 8.

Cui Wenyin 崔文印 , "Yuan Wuya kanben Shuihu Li Zhi ping bianwei" 袁无涯刊本《水浒》李贽评辨伪 *Zhonghua wenshi luncong* 中华文史论丛 , no. 2 (1980): 311-317.

Dardess, John. *A Ming Society: T'aiho County, Kiangsi, in the Fourteenth to Seventeenth Centuries*. Berkeley: University of California Press, 1996.

Darnton, Robert. "History of Reading." In Peter Burke, ed., *New Perspectives on Historical Writing*. University Park: Pennsylvania State University Press, 1992.

——. *The Literary Underground of the Old Regime*. Cambridge, Mass.: Harvard University Press, 1982.

——. "What is the History of the Book?" In Idem., ed. *The Kiss of the Lamourette: Reflections in Cultural History*. NY: W.W. Norton, 1990.

Davis, Lennard J. *Factual Fictions: The Origins of the English Novel*. Philadelphia: University of Pennsylvania Press, 1983.

de Bary, Wm. Theodore. "Individualism and Humanitarianism in Late Ming Thought" In idem, ed. *Self and Society in Ming Thought*. New York: Columbia University Press, 1970, pp. 188-247.

——. *The Message of the Mind in Neo-Confucianism*. New York: Columbia University Press, 1989.

——. *Self and Society in Ming Thought*. New York: Columbia University Press, 1970.

de Certeau, Michel. *The Practice of Everyday Life*. Trans. by Steven Rendall. Berkeley: University of California Press, 1984.

——. *The Writing of History*. Trans. by Tom Conley. New York: Columbia University Press, 1988.

De Weerdt, Hilde. "Aspects of Song Intellectual Life: A Preliminary Inquiry into Some Southern Song Encyclopedias." *Papers on Chinese History* (Harvard University) vol. 3 (Spring 1994): 1-27.

Dennerline, Jerry. *The Chia-ting Loyalists: Confucian Leadership and Social Change in*

Seventeenth-Century China. New Haven: Yale University Press, 1981.

Ding Shen 丁申. *Wulin cangshu lu* 武林藏书录. *CSJCXB*, vol. 3.

Dong Qichang 董其昌. *Xuanshangzhai shumu* 玄赏斋书目, *MDSM*, vol. 2.

——. *Rongtai ji* 容台集. 4 vols. Taibei: zhongyang tushuguan, 1968.

Du Dengchun 杜登春. *Sheshi shimo* 社事始末. *ZDCS*, vol. 2.

Du Xinfu 杜信孚. *Mingdai banke zonglu* 明代版刻综录. Yang-zhou: Jiangsu guangling guzhi keyinshe, 1983.

——. "Mingmo chuban jianshi xiaokao" 明末出版简史小考. *Chubanshi yanjiu* 出版史研究, no. 3 (1995): 173-180.

Duara, Prasenjit. *Rescuing History from the Nation: Questioning Narratives of Modern China*. Chicago: University of Chicago Press, 1995.

Ebrey, Patricia. *Confucianism and Family Rituals in Imperial China, 1400-1900*. Berkeley: University of California Press, 1991.

Edgren, Soren. "Southern Song Printing at Hangzhou." *Museum of Far East Antiques*, Bulletin, no. 61 (1989).

Eisenstein, Elizabeth. *The Printing Press as an Agent of Change: Communications and Cultural Transformations in Early-Modern Europe*. London: Cambridge University Press, 1979.

Elman, Benjamin A. *Classicism, Politics, and Kinship: The Ch'ang-chou School of New Text Confucianism in Late Imperial China*. Berkeley: University of California Press, 1990.

——. *A Cultural History of Civil Examinations in Late Imperial China*. Berkeley: University of California Press, 2000.

——. "The Formation of '*Dao* Learning'as Imperial Ideology During the Early Ming Dynasty." In Theodore, Huters, Bin Wong, and Pauline Yu, eds., *Culture and State in Chinese Society: Conventions, Accommodations, and Critiques*. Stanford: Stanford University Press, 1997.

——. *From Philosophy to Philology: Intellectual and Social Aspects of Change in Late Imperial China*. Cambridge, Mass.: Harvard University Press, 1984.

——. "Social, Political, and Cultural Reproduction in Civil Service Examination." *JAS* 50, no. 1 (1991): 7-28.

—— and Alexander Woodside, eds. *Education and Society in Late Imperial China, 1600-1900*. Berkeley: University of California Press, 1994.

Er xu Jinling suoshi 二续金陵琐事. *BJXSDG*, ser. 16, vol. 4.

Fan Hanwei 范韩魏. *Fanshi ji sishi shi* 范氏记私史事. *ZGYSJC*, vol. 39.

Fan Jinmin 范金民. "Ming Qing shiqi huoyue yu Suzhou de waidi shangren" 明清时期活跃于苏州的外地商人. *Zhongguo shehui jingjishi yanjiu* 中国社会经济史研究, no. 4 (1989): 39-42.

Fan Lian 范濂. *Yunjian jumu chao* 云间据目抄. *BJXSDG*, ser. 22. vol. 5.

Fang Bao 方苞. *Fang Bao ji* 方苞集. Shanghai: Shanghai Guji chubanshe, 1983.

Fang Hao 方豪. "Ming Wanli nianjian zhi gezhong jiage" 明万历年间之各种价格. *Shihuo yuekan* 食货月刊, new series, 2, no.1 (1972): 18-20.

Fang Hanqi 方汉奇. ed. *Zhongguo xinwen shiye tongshi* 中国新闻事业通史. Bejing: Zhongguo Renmin Daxue chubanshe, 1991, vol. 1.

Fang Xing 方行. "Ming Qing chubanye de ziben zhuyi mengya qiantan" 明清出版业的资本主义萌芽浅谈. *Pingzhun xuekan* 平准学刊 no. 1 (1985): 159-165.

Fang Yingxiang 方应祥. *Xinjuan Sishu xingren yu* 新镌四书醒人语. Ming edition, preface 1618 (HYX).

———. *Qinglai ge chuji* 青来阁初集. *SKJHS*, vol. 40.

Febvre, Lucien and Henri-Jean Martin. *The Coming of the Book*. London: Verso, 1997.

Fei Yuanlu 费元禄. *Zhaocaiguan qingke* 晁采馆清课. In Shen Tingsong 沈廷松, comp., *Huangming baijia xiaoshuo* 皇明百家小说. Ming edition, preface 1634 (SKY).

Feng Qi 冯琦. Beihai ji 北海集. *MRWJCK*, vols. 23-26.

Feng Qiyong 冯其庸 and Ye Junyuan 叶君远. *Wu Meicun nianpu* 吴梅村年谱. Nanjing: Jiangsu Guji chubanshe, 1990.

Feng Menglong 冯梦龙. *Feng Menglong quanji* 冯梦龙全集 (*FM-LQJ*). 43 vols. Shanghai: Shanghai Guji chubanshe, 1993. *FMLQJ*.

———. *Linjing zhiyue* 麟经指月. *FMLQJ*, vol. 1-2.

———. *Chunqiu hengku* 春秋衡库. In *FMLQJ*, vol. 3-4.

———. *Xiaofu* 笑府. *FMLQJ*, vol. 41.

———. *Xinke Gangjian tongyi* 新刻纲鉴统一. *FMLQJ*, vol. 8-12.

———. *Jiashen jishi* 甲申纪事. In *FMLQJ*, vol. 13.

———. *Xin Pingyao zhuan* 新平妖传. *FMLQJ*, vol. 29.

———. *Xingshi hengyan* 醒世恒言. *GBXSCK*, ser. 30.

———. *Jingshi tongyan* 警世通言. *GBXSCK*, ser. 32.

———. *Gua zhi'er* 挂枝儿. *FMLQJ*, vol. 42.

———. *Shange* 山歌. *FMLQJ*, vol. 42.

———. *Zhe mei jian* 折梅笺. In *FMLQJ*, vol. 43.

Feng Mengzhen 冯梦祯, *Kuaixue tang ji* 快雪堂集. Ming edition, preface 1616. *SKJHS*.

Foucault, Michel. *The Care of the Self, The History of Sexuality*, vol. 3. Trans. by Rober Hurley. New York: Vintage Books, 1986.

Frank, Andre Gunder. *ReOrient: Global Economy in the Asian Age*. Berkeley: University of California Press, 1998.

Fu Shan 傅山. *Shuang hongkan ji* 霜红龛集. Taibei: Hanhua wenhua, 1971.

Fu Yiling 傅衣凌. *Mingdai jiangnan shimin jingji shitan* 明代江南市民经济试探. Taibei: Gufeng chubanshe, 1986.

———. *Ming-Qing shehui jingjishi lunwenji* 明清社会经济史论文集. Beijing: Renmin chubanshe, 1982.

Furth, Charotte. *A Flourishing Yin: Gender in China's Medical History, 960-1665*. Berkeley: University of California Press, 1999.

Gallagher, Louis J. Trans. *China in the Sixteenth Century: The Journals of Mattew Ricci: 1583-1610*. New York: Random House, 1953.

Gao Ru 高儒. *Baichuan shuzhi* 百川书志. *MDSMTB*.

Ge Gongzhen 戈公振. *Zhongguo baoxue shi* 中国报学史. Hong Kong: Taiping shuju, 1964.

Geiss, James. "The Chia-ching reign, 1522-1566." In *The Cambridge History of China, vol. 7 The Ming Dynasty, 1368-1644, pt. 1*. Eds. by Denis Twitchett and Frederick W. Mote. New York: University of Cambridge Press, 1988.

Genette, Gerad. *Paratexts: Thresholds of Interpretation*. Cambridge: Cambridge University Press, 1997.

Gernet, Jacques. *China and the Christian Impact*. Trans. Janet Lloyd. Cambridge: Cambridge University Press, 1985.

Gingerich, Owen. "Copernicus's De Revolutionus: An Example of Renaissance Scientific Printing." In Gerald P. Tyson and Sylvia S. Wagonheim, eds., *Print and Culture in the Renaissance: Essays on the Advent of Printing in Europe*. Newark: University of Delaware Press, 1986.

Goodrich, L. Carrington. *The Literary Inquisition of Ch'ien-lung*. Baltimore: Waverly Press, 1935.

Grafton, Anthony. *Forgeries and Critics: Creativity and Duplicity in Western Scholarship*. Princeton: Princeton University Press, 1990.

Greenblatt, Stephen and Giles Gunn, eds., *Redrawing the Boundaries: The Transformation of English and American Literary Studies*. NewYork: Modern Language Association, 1992.

Gu Menglin 顾梦麟. *Sishu shuoyue* 四书说约. Ming edition, preface 1640 (HYX).

——. *Shijing shuoyue* 诗经说约. Taibei: Institute of Philosophy and Literature, Academic Sinica, 1996.

Gu Xiancheng 顾宪成. *Jingao cang gao* 泾皋藏稿. *SKQS*, vol. 1292.

Gu Yanwu 顾炎武. *Gu tinglin shiwenji* 顾亭林诗文集. Beijing: Zhonghua shuju, 1959.

——. *Rizhilu jishi* 日知录集释. Huang Rucheng 黄汝成, ed., 4 vols, *SBBY*.

——. *Tinglin wenji* 亭林文集. Beijing: Zhonghua shuju, 1983.

Gui Youguang 归有光. *Zhenchuan wenji* 震川文集. *SBBY*.

Guo Shaoyu 郭绍虞. *Zhongguo wenxueshi* 中国文学史. Hong Kong: Hongzhi shudian, n.d.

Guo Wei 郭伟. *Huang Ming bai fangjia wenda* 皇明百方家问答. Preface 1617 (HYX).

——. *Sishu zhijie zhinan* 四书直解指南. Chongzhen edition. *MDBKZL*.

——. *Xinjuan liu caizi Sishu xingren yu* 新镌六才子四书醒人语. Ming edition (HYX).

——. *Xinke yichou ke Hua huiyuan Sishu zhuyi jinyu sui* 新刻乙丑科华会元四书主意金玉髓. HYC.

——. *Zengbu Guo Zhuyuan xiansheng huiji shi taishi Sishu zhuyi baocang* 增补郭洙源先生汇辑十太史四书主意宝藏. Ming edition. *ZGGJBS*.

Guo Zhiqi 郭之奇. *Wanzaitang wenji* 宛在堂文集 (HYX).

Guo Zizhang 郭子章. *Qingluo gong yishu* 青螺公遗书 (FSN).

Guwang yan 姑妄言. *SWXHB*.

Guy, R. Kent. *The Emperor's four Treseauries: Scholars and the State in the Late Ch'ien-lung Era*. Cambridge, Mass.: Harvard University Press, 1987.

Guzhang juechen 鼓掌绝尘. Ming edition, preface, 1631. *GBX-SCK*, ser. 11.

Habermas, Jürgen. *The Structural Transformation of the Public Sphere: An Inquiry into a Category of Bourgeois Society*. Trans. by Thomas Burger with the assistance of Frederick Lawrence. Cambridge, Mass.: MIT Press, 1989.

Hai Rui 海瑞. *Hai Rui ji* 海瑞集. Beijing: Zhonghua shuju, 1962.

Halporn, Barbara. "Sebastian Brant's Editions of Classical Authors." *Publishing History* 16 (1984): 33-41.

Han Dacheng 韩大成. *Mingdai chengshi yanjiu* 明代城市研究 (A study of cities in the Ming dynasty). Beijing: Zhongguo renmin daxue chubanshe, 1991.

——. "Mingdai gaolidai ziben de tedian ji qi zuoyong" 明代高利贷资本的特点及其作用." *Mingshi yanjiu luncong* 明史研究论丛 no. 4 (1991): 483-467.

——. "Mingdai shangpin jingzhi de fazhan yu ziben zhuyi de mengya" 明代商品经济的发展与资本主义的萌芽. In *Ming Qing shehui jingzhi xingtai de yanjiu* 明清社会经济形态的研究, Shanghai: Shanghai renmin chubanshe, 1957.

Hanan, Patrick. *The Chinese Vernacular Story*. Cambridge, Mass.: Harvard University Press, 1981.

——. *The Invention of Li Yu*. Cambridge, Mass.: Harvard University Press, 1988.

Hanselaer, "De prijs van antieke teksten, gedrukt door Plantijn." In M. De Schepper and F. De Nave, eds., *Ex officina Plantiniana. Studia in memoriam Christophori Plantini (ca. 1520-1589), De Gulden Passer* 66-67 *(1988-1989)*, pp. 337-348.

Hanshan Deqing 憨山德清. *Daxue gangmu jueyi* 大学纲目决疑 and *Zhongyong zhizhi* 中庸直指 (HYX).

Hanxue yanjiu zhongxin jinzhao haiwai yicun guji shumu chubian 汉学研究中心景照海外佚存古籍书目初编. Taibei: Hanxue yanjiu zhongxin, 1990.

Hao Jing 郝敬. *Shancaotang ji* 山草堂集 (BT).

Hegel, Robert. *Reading Illustrated Fiction in Late Imperial China*. Stanford: Stanford University Press, 1997.

——. "Sui T'ang Yen-i and the Aesthetics of Seventeenth-Century Suchou Elite." In Andrew Plaks, ed. *Chinese Narrative: Critical and Theoretical Essays*. Princeton: Princeton University Press, 1977.

Heijdra, Martin. "The Socio-economic Development of Rural China during the Ming." In *The Cambridge History of China, vol. 7 The Ming Dynasty, 1368-1644, pt. 1*. Eds. by Denis Twitchett and Frederick W. Mote. New York: University of Cambridge Press, 1988.

Hess, Carla. "Economic Upheavals in Publishing." In *Revolution in Print: The Press in France, 1775-1800*. Eds. by Robert Darnton and Daniel Roche. Berkeley: University of California Press,

1989.

Hind, Arthur M. *A History of Woodcut with a Detailed Survey of Work Done in the Fifteenth Century*. 2 vols. New York: Dover Publications, 1963.

Hindman, Sandra. Ed. *Printing the Written Word: The Social History of Books, circa 1450-1520*. Ithica: Cornell University Press, 1991.

Ho, Ping-ti. *The Ladder of Success in Imperial China*. New York: Wiley and Sons, 1962.

Hu, Philip, K. Comp. & ed. *Visible Traces: Rare Books and Special Collection from the National Library of China*. NY: Queens Borough Public Library; Beijing: National Library of China and Morning Glory Publishers, 2000.

Hu Wanchuan 胡万川. "Feng Menglong shengping ji qi dui xiaoshuo de gongxian" 冯梦龙生平及其对小说的贡献.Taiwan: Zhengzhi Daxue, 1973 M.A. thesis.

——. "Feng Menglong ji Fushe renwu" 冯梦龙及复社人物. In *Feng Menglong jiqi zhuzuo* 冯梦龙及其著作. Taibei: Tianyi chubanshe, 1982.

Hu Wenhuan 胡文焕. *Qun yin leixuan* 群音类选. 4 vols. Beijing: Zhong-hua shuju, 1980.

Hu Yinglin 胡应麟. *Shaoshi shanfang leigao* 少室山房类稿. *CSJCXB*, vol. 146.

——. *Shaoshi shanfang bicong* 少室山房笔丛. Beijing: Zhonghua shuju, 1964.

Huacun kan xing shizhe 花村看行侍者. *Huacun tan wang* 花村谈往. Taibei: Dahua yinshuguan. n.d.

Huanxi yuanjia 欢喜冤家. *SWXHB*, vols. 10-11.

Huang chao like Sishu mojuan pingxuan 皇朝历科四书墨卷评选 (ex-mination essays on the four books in the Ming dynasty). Ming edition, 1625 (ZT).

Huang Miantang 黄冕堂. *Mingshi guanjian* 明史管见. Taibei: Xuesheng shuju, 1985.

Huang Qiyou 黄起有. *Xinke Huang taishi zuanji Sishu gangjian* 新刻黄太史纂辑四书纲鉴, Ming edition (HYX).

Huang Ruiqing 黄瑞卿. "Mingdai zhonghouqi shiren qixue jingshang zhi feng chutan" 明代中后期士人弃学经商之风初探. *Zhongguo shehui jingjishi yanjiu* 中国社会经济史研究. no. 2 (1990): 33-39, 46.

Huang Shengceng 黄省曾. *Wu Fenglu* 吴风录. In Shen Tingsong 沈廷松, comp., *Huangming baijia xiaoshuo* 皇明百家小说. Ming edition, preface 1634 (SKY).

Huang Jingxing 黄景星. *Sishu jie* 四书解 (HYX).

Huang, Philip. "'Public Sphere'/'Civil Society' in China? The Third Realm between State and Society." *Modern China*, 19, no. 2 (April 1993), pp. 216-40.

Huang, Ray. *1587: A Year of No Significance*. New Haven: Yale University Press, 1981.

Huang Renyu 黄仁宇. "Cong Sanyan kan wan Ming shangren" 从《三言》看晚明商人. In *Mingshi yanjiu luncong* 明史研究论丛, vol. 1. Taibei: Dali chubanshe, 1982.

Huang Rubing 黄儒炳. *Xu nanyong zhi* 续南雍志. Taibei: Weiwen tushu chubanshe, 1976.

Huang Ruheng 黄汝亨. *Sishu Zhou Zhuang hejie* 四书周庄合解 (HYC).

——. *Yulin ji* 寓林集. *SKJHS*, vol. 42.

Huang Yu 黄煜. *Bixue lu* 碧血录. In *Donglin shimo* 东林始末. Shanghai: Zhongguo shudian, 1982.

Huang Zongxi 黄宗羲. *Nanlei wen ding, qianji, houji,* and *sanji* 南雷文定前集，后集，三集. *CSJCCB.*

——. *Huang Zongxi quanji* 黄宗羲全集. Hangzhou: Zhejiang guji chubanshe, 1985.

——. *Ming wen hai* 明文海. Beijing: Zhonghua shuju, 5 vols.

——. *Mingru xue'an* 明儒学案. Shanghai: Commercial Press, 1930.

Huffman, James. *Creating a Public: People and Press in Meiji Japan.* Hononlulu: University of Hawaii Press, 1997.

Hunter, Dard. *Papermaking: The History and Technique of An Ancient Art.* New York: Dover Publications, 1974.

Hymes, Robert. "Marriage, Descent Groups, and the Localist Strategy in Sung and Yüan Fu-chou." In Patricia B.Ebrey and James L. Watson, eds., *Kinship Organization in Late Imperial China1400-1900.* Berkeley: University of California Press, 1986.

Idema, Wilt L. *Chinese Vernacular Fiction: The Formative Period.* Leiden: E. J. Brill, 1974.

Jian Jinsong 简锦松. *Mingdai wenxue piping yanjiu* 明代文学批评研究. Taibei: Xuesheng shuju, 1989.

Jiang, Jin. "Heresy and Persecution in Late Ming Society: Reinterpreting the Case of Li Zhi." *Late Imperial China* 22, no. 2 (Dec. 2001): 1-34.

Jiang Gongtao 姜公韬. *Wang Yanzhou de shengping yu zhushu* 王弇州的生平与著述. Taibei: Taiwan daxue wenxueyuan, 1974.

Jiang Zhaocheng 蒋兆成 *Ming Qing Hang Jia Hu shehui jingjishi yanjiu* 明清杭嘉湖社会经济史研究. Hangzhou: Hangzhou daxue chuba-nshe, 1994.

Jiao Hong 焦竑. *Tanyuan ji* 澹园集. 1606. Reprint. Jinling congshu. 2nd ser. Taibei: Datong shuju, 1969.

——. *Tanyuan xuji* 澹园续集. *CSJCXB,* vol. 187.

Jin Demen 金德门. "Feng Menglong sheji kao" 冯梦龙社籍考. *Zhonghua wenshi luncong* 中华文史论丛, no. 1 (1985), pp. 281-84.

Jin Ping Mei 金瓶梅. Reprint of Wanli edition, n.d.

Jin Risheng 金日升. *Songtian lu bi* 颂天胪笔. *SKJHS,* vol. 5.

Johns, Adrain. *The Nature of the Book: Print and Knowledge in the Making.* Chicago: University of Chicago Press, 1998.

Johnson, David. "Communication, Class, and Consciousness in Late Imperial China." In Idem et al., eds., *Popular Culture in Late Imperial China.* Berkeley: University of California Press, 1985.

——, Andrew Nathan, and Evelyn Rawski, eds. *Popular Culture in Late Imperial China.* Berkeley: University of California Press, 1985.

Judge, Joan. *Print and Politics: Shibao and the Culture of Reform in Late Qing China.* Stanford: Stanford University Press, 1996.

Kainen, Jacob. "Why Bewick Succeeded: A Note in the History of Wood Engraving."

Contributions from the Museum of History and Technology, Bulletin 218 (1959): 186-201.

Kernan, Alvin. *Samuel Johnson and the Impact of Printing*. New Jersey: Princeton University Press, 1989.

Ko, Dorothy. *Teachers of the Inner Chamber: Women and Culture in Seventeenth Century China*. Stanford: Stanford University Press, 1994.

Kobayashi, Hiromitsu and Samantha Sabin. "The Great Age of Anhui Painting." In James Cahill, ed., *Shadows of Mt. Huang: Chinese Painting and Printing of the Anhui School*. Berkeley: University Art Museum, 1981, pp. 25-33.

Kong Shangren 孔尚任. *Taohua shan* 桃花扇. Hong Kong: Hongzhi shudian, n.d.

Kornicki, Peter. *The Book in Japan: A Cultural History from the Beginnings to the Nineteenth Century*. Honolulu: University of Hawaii Press, 2001.

Kuo, Jason chi-sheng. "Hui-chou Merchants As Art Patrons in the Late Sixteenth and Early Seventeenth Century." In Chu-tsing Li, ed., *Artists and Patrons: Some Social and Economic Aspects of Chinese Painting*. Seattle: University of Washington Press, 1989.

Lee, Thomas H.C. *Education in Traditional China: A History*. Leiden: Brill, 2000.

Legge, Helen Edith. *James Legge: Missionary and Scholar*. London: The Religious Tract Society, 1905.

Leo Lee, *Shanghai Modern: The Flowering of a New Urban Culture in China, 1930-1945*. Cambridge, Mass.: Harvard University Press, 1999.

Leung, Angela Ki Che. "Elementary Education in the Lower Yangtzu Region in the Seventeenth and Eighteenth Centuries." In Benjamin A Elman and Alexander Woodside, eds. *Education and Society in Late Imperial China, 1600-1900*. Berkeley: University of California Press, 1994.

Lidai keshu gaikuang 历代刻书概况. Bejing: Yinshua gongye chuban-she, 1991.

Li gong shengci ji yi shilu 李公生祠纪义实录 (HYX).

Li Jixiang 李纪祥. *Liang Song yilai Daxue gaiben zhi yanjiu* 两宋以来大学改本之研究. Taibei: Xuesheng shuju, 1988.

Li Kaixian 李开先. *Li Kaixian ji* 李开先集. Beijing: Zhonghua shuju, 1959.

Li Le 李乐. *Jianwen zaji* 见闻杂纪. BJXSDG, ser. 44, vol. 8.

Li Mengyang 李梦阳. *Kongtong xiansheng ji* 空同先生集. Taibei: Weimin tushu, 1976.

Li Panlong 李攀龙. *Cangming xiansheng ji* 沧溟先生集. Taibei: Wei-min tushu, 1976.

Li Qingzhi 李清志. *Gushu banben jianding yanjiu* 古书版本鉴定研究. Taibei: Wenshizhe chubanshe, 1986.

Li Rihua 李日华. *Weishuixuan riji* 味水轩日记. BJTS, vol. 20.

———. *Tianzhi tang ji* 恬致堂集. SKJHS, vol. 64.

Li Ruiliang 李瑞良. *Zhongguo muluxueshi* 中国目录学史. Taipei: Wenjin chubanshe, 1993.

Li Xunzhi 李逊之. *Sanchao yeji* 三朝野记. BJXSDG, ser. 4, vol. 7.

Li Tan 李棪. *Donglindang jikao* 东林党籍考. MDZJCK, vol. 6.

Li Tianyou 李天佑. "Mingdai de neige" 明代的内阁. In *Ming Qing shi guoji xueshu taolunhui lunwenji* 明清史国际学术讨论会论文集. Tianjin: Renmin chubanshe, 1982.

Li Tingji 李廷机, *Li Wenjie ji* 李文节集. *MRWJCK*. Vols. 26-29.

———. *Sishu dazhu cankao* 四书大注参考. Ming edition, Chunzhen (HYX).

Li, Wai-yee. *Enchantment and Disenchantment: Love and Illusion in Chinese Literature.* Princeton: Princeton University Press, 1993.

Li Wenzhi 李文治, Wei Jinyu 魏金玉, and Jing Junjian 经君健. *Ming Qing shidai de nongye ziben zhuyi mengya wenti* 明清时代的农业资本主义萌芽问题. Beijing: Zhongguo shehui kexue chubanshe, 1983.

Li Xu 李诩. *Jie'an laoren manbi* 戒庵老人漫笔. Beijing: Zhonghua shuju, 1982.

Li Yu 李渔. *Liweng ouji* 笠翁偶集, *Liweng wenji* 笠翁文集, in *Li Yu Quanji* 李渔全集 (*LYQJ*). 15 vols. Taibei: Chengwen chubanshe, 1970.

———. *Yizhong yuan* 意中缘. LYQJ, vol. 8.

Li Zhizhong 李致忠. "Songdai keshu shulue" 宋代刻书述略. *LDKS*, pp. 46-89.

———. "Tangdai keshu kaolue" 唐代刻书述略. *LDKS*, pp. 22-45.

Li Zhi 李贽. *Fenshu Xu Fenshu* 焚书、续焚书. Beijing: Zhongghua shuju, 1975.

———. *Cangshu* 藏书. Beijing: Zhonghua shuchu, 1959.

Li Zhuowu piping zhongyi Shuihu zhuan 李卓吾批评忠义水浒传. Reprinted as *Ming Rongyutang ke Shuihu zhuan* 明容与堂刻水浒传. Shanghai: Renmin chubanshe, 1975.

Library of Woodcut Books of the 16th Century. Vienna: Gilhoffer & Ranschburg, n.d.

Lin Liyue 林丽月. *Mingdai de guozijiansheng* 明代的国子监生. Taibei: Shangwu yinshuguan, 1978.

Lin Qingzhang 林庆彰. "Wan Ming jingxue de fuxing yundong" 晚明经学的复兴运动. In *Shumu jikan* 书目季刊 18.3 (1984): 3-40.

———. *Mingdai kaojuxue yanjiu* 明代考据学研究. Taibei: Xuesheng shuju, 1986.

Lin San 林散. *Sishu shuosheng* 四书说剩 (HYX).

Lin Zhao'en 林兆恩. *Linzi quanji* 林子全集. *BJTS*, vol. 63.

Ling Mengchu 凌濛初. *Erke Pai'an jingqi* 二刻拍案惊奇. 4 vols. Preface 1632. *GBXSCK*, ser. 14.

Ling Dizhi 凌迪知, ed., *Guochao minggong hanzao* 国朝名公瀚藻. Preface 1582 (HYC).

Liu Jialin 刘家林. *Zhongguo xinwen tongshi* 中国新闻通史. 2 vols. Wuhan: Wuhan daxue chubanshe, 1995.

Liu, Kwang-ching. "Socioethics as Orthodoxy: A Perspective." In idem, ed., *Orthodoxy in Lae Imperial China.* Berkeley: University of California Press, 1990.

Liu Liangming 刘良明. *Zhongguo xiaoshuo lilun pipingshi* 中国小说理论批评史. Taibei: Hongye wenhua shiye, 1997.

Liu Renqing 刘仁庆 and Hu Yuxi 胡玉熹. "Woguo guzhi de chubu yanjiu" 我国古纸的初步研究. *Wenwu* 文物 (1976): 74-79.

Liu Xiangguang 刘祥光. "Yinshua yu kaoshi: Songdai kaoshi yong cankaoshu chutan" 印刷与考试：宋代考试用参考书初探. In *Zhuanbian yu dingxing: Songdai shehui wenhuashi xueshu yantaohui lunwenji* 转变与定型：宋代社会文化史学术研讨会论文集. Taibei: History Department, National University of Taiwan, 2000.

Liu Zhizhong 刘致中. "Xu Zichang jiashi shengping zhushu keshu kao" 许自昌家世生平著述刻书考 *Wenxian* no.2 (1992): 47-66.

Liu Zhongri 刘重日, et al. *Zhongguo shigao* 中国史稿, vol. 6. Beijing: Renmin chubanshe, 1987.

Liubu ji tiaoli fu duchayuan tiaoli 六部及条例附都察院条例. Manuscript edition, Zhongshan dauxe tushuguan (Canton: Zhongshan University Library).

Lu Qian 卢前, et al, *Shulin zhanggu* 书林掌故. Hong Kong: Mengshi tushu, 1972.

Lu Rong 陆容. *Shuyuan zaji* 菽园杂记. Beijing: Zhonghua shuju, 1985.

Lu, Sheldon Hsiao-peng. *From Historicity to Fictionality: The Chinese Poetics of Narrative*. Stanford: Stanford University Press, 1994.

Lu Shen 陆深. *Kechang tiaoguan* 科场条贯. *BJXSDG*, ser. 18, vol. 3.

——. *Yanshan wenji* 俨山文集. Ming edition, 1551 (SKY).

Lu Shiyi 陆世仪. *Fushe jilue* 复社纪略. In *Donglin shimo* 东林始末. Shanghai: Shanghai shudian, 1982.

Lü Kun 吕坤. *Shizheng lu* 实政录. *BJTS*, vol. 48.

Lü Mudan chuanqi 绿牡丹传奇. *Quan Ming chuanqi* 全明传奇, vol. 89. Taibei: Tianyi chubanshe, 1983.

Lü Liuliang 吕留良. *Lü Wancun xiansheng wenji* 吕晚村先生文集. Taibei: Zhongding wenhua, 1967.

Lü Tiancheng 吕天成. *Qupin* 曲品. *MDSMTB*, vol. 2.

Lu Yunlong 陆云龙. *Cuiyuge pingxuan shizui* 翠娱阁评选诗最. Ming edition, preface 1631 (FD).

——. *Huang Ming shiliu jia xiaopin* 皇明十六家小品. Reprint of Ming (Chungzhen) edition. Beijing: Zhongguo tushuguan chubanshe, 1997.

——. *Wei Zhongxian xiaoshuo qijian shu* 魏忠贤小说斥奸书. In *ZGG-DCX*, vol. 5.

Lu Renlong 陆人龙. *Xingshi yan* 型世言. Reprint of Ming Edition. Taibei: Institute of Chinese Philosophy and Literature, Academic Sinica, 1992.

Lü Zuoxie 吕作燮. "Ming Qing shiqi Suzhou de huiguan he gongsuo" 明清时期苏州的会馆和公所. *Zhongguo shehui jingzhishi yanjiu* 中国社会经济史研究, no.2 (1984): 10-24.

Lust, John. *Chinese Popular Prints*. Leiden and N.Y.: E. J. Brill, 1996.

Ma Shiqi 马世奇. *Dingjuan sanshi mingjia huizuan Sishu ji* 鼎镌三十名家汇纂四书纪. Ming edition, 1618 preface (HYX).

Ma, Tai-loi. "The Local Officials of Ming China, 1368-1644." *Oriens Extremeus*, 22 (June 1975): 11-27.

Mair, Victor. *Painting and Performance: Chinese Picture Recitation and Its Indiana Genesis*. Honolulu: University of Hawaii Press, 1988.

Man-Cheong, Iona D. "Fair Fraud and Fraudulent Fairness: The 1761 Examination Case." *Late Imperial China*, vol. 18, no. 2 (Dec. 1997): 51-85.

Manuscripts, Incunables, Woodcut Books and Books from Early Presses. London: Maggs Bros, 1920.

Mao Jin 毛晋. *Jiguge jiaoke shumu* 汲古阁校刻书目. *MDSMTB*.

——. *Yinhu tiba* 隐湖题跋. *CSJCXB*, vol. 5.

——. *Haiyue zhilin* 海岳志林. *BJXS*, vol. 7.

Mao Yi 毛扆. *Jiguge zhencang miben shumu* 汲古阁珍藏秘本书目. *CSJCCB*.

Maza, Sarah. *Private Lives and Public Affairs: The Causes Celebres of Prerevolutionary France*. Berkeley: University of California Press, 1993.

Martin, Henri-Jean. *The History and Power of Writing*. Trans. by Lydia G. Cochrane. Chicago: University of Chicago Press, 1994.

McArthur, Tom. *Worlds of Reference: Lexicography, Learning, Language from the Clay Tablet to the Emperor*. New York: Cambridge University Press, 1986.

McDermott, Joseph. "The Ascendance of the Imprint in Late Imperial Chinese Culture." In Cynthia Brokaw and Kai-wing Chow, eds. *Print and Book Culture in Late Imperial China*. Berkeley: University of California Press, forthcoming.

McKenzie, D.F. *The Cambridge University Press 1696-1712: A Bibliographical Study*. 2 vols, Cambridge: Cambridge University Press, 1966.

McLaren, Anne E. "Ming Audiences and Vernacular Hermeneutics: The Uses of the Romance of the Three Kingdom." *T'oung Pao*, vol. 81 (1995): 51-80.

McLuhan, Marshall. *The Gutenberg Galaxy: The Making of Typographic Man*. Toronto: University of Toronto Press, 1962.

McNeill, William H. "World History and the Rise and Fall of the West." *Journal of World History* 9, no. 2 (Fall 1998): 215-236.

Mei Dingzuo 梅鼎祚. *Luqiu shishi ji* 鹿裘石室集. *SKJHS*, vol. 58.

Meng Pengxing 孟彭兴. "Shiliu, shiqi shiji Jiangnan shehui zhi pibian ji wenren fanying" 16、17 世纪江南社会之丕变及文人反应. *Ming-Qing shi* 明清史, no. 5 (1998): 24-33.

Meng Sen 孟森. *Mingdai shi* 明代史. Taibei: Zhonghua congshu weiyuanhui, 1957.

Meskill, John. *Academies in Ming China: A Historical Essay*. Tuscon: The University of Arizona Press, 1982.

Miao Changqi 缪昌期. *Congyetang cungao* 从野堂存稿. *CSJCXB*, vol. 147.

Milne, William. "Letter from Canton." 1814 Feb 7, (London Missionary Society Archives, Incoming Correspondence, Morrison, B 1/F 3/JB), School of Oriental and African Studies.

Ming-Qing shehui jingji xingtai de yanjiu 明清社会经济形态的研究. Shanghai: Shanghai renmin chubanshe, 1957.

Ming-Qing Suzhou gongshangye beike ji 明清苏州工商业碑刻集. Shanghai: Jiangsu renmin chubanshe, 1981.

Mingshi 明史. Beijing: Zhonghua shuju, 1974. 28 vols.

Mingshi gao 明史稿. Chou Jin-fu 周骏富, ed., *Mingdai zhuanji congkan* 明代传记丛刊, vol. 96. Taibei: Mingwen shuju, 161 vols., 1991.

Ming taixue jingji zhi 明太学经籍志. *MDSMTB*. Beijing: Shumu wenxian chubanshe, 1994.

Mote, Frederick W. and Hung-lam Chu. *Calligraphy and the East Asian Book*. Ed. Howard L. Goodman. Boston: Shambhala, 1989.

Mote, Federick and Denise Twitchett, eds. *The Cambridge History of China: The Ming Dynasty, 1368-1644, part 1*. New York: Cambridge University Press, 1988.

Mukerji, Chandra. *From Graven Images: Patterns of Modern Materalism*. New York: Columbia University Press, 1983.

Mungello, David. *Curious Land: Jesuits Accommodationism and the Origins of Sinology*. Honolulu: University of Hawaii Press, 1989.

Murray, Julia K. "Didactic Illustrations in Printed Books: Choice and Consequence." In Cynthia Brokaw and Kai-wing Chow, eds. *Printing and Book Culture in Late Imperial China*. Berkeley: University of California Press, forthcoming.

Nagoya-shi Hosa bunko kanseki mokuroku 名古屋市蓬左文库汉籍分类目录. Nagoya: Nagoya kyoiku iinkai. 1975.

Nan Wu jiuhua lu 南吴旧话录. Comp. Jiang Lie 蒋烈. Preface 1915.

Nanyin san lai 南音三籁. *SBXQCK*, vol. 52-54.

Naquin, Susan and Chun-fang Yu. Eds. *Pilgrims and Sacred Sites in China*. Berkeley: University of California Press, 1992.

——. "The Transmission of White Lotus Sectarianism in Late Imperial China." In Johnson, David, Andrew Nathan, Evelyn Rawski, eds. *Popular Culture in Late Imperial China*. Berkeley: University of California Press, 1985.

Nivison, David. "Protest against Conventions and Conventions of Protest." In Arthur Wright, ed. *The Confucian Persuasion*. Stanford: Stanford University Press, 1960.

Oertling II, Sewall. "Patronage in Anhui During the Wan-Li Period." In Chu-tsing Li, ed., *Artists and Patrons: Some Social and Economic Aspects of Chinese Painting*. Seattle:University of Washington Press, 1989.

Oki Yasushi. 大木康. *Minmatsu no hagu ne chishikini* 明末のはぐれ知识人 Tokyo: Kodansa, 1995.

——. *Minmatsu Kūnan ni okeru shuppan banka no kenkyu* 明末江南における出版文化の研究 (A study of Printing Culture in the Jiangnan District in the Late Ming Period). *Hiroshima University Bulletin of the Faculty of Letters*, vol. 50, special issue, no. 1 (1991).

Ūba Osamu 大庭修. (Edo jidai ni okeru) Tūsen mochiwatashisho no kenkyū (江户时代における) 唐船持渡书の研究. Kansai Daigaku Tūzai Gakujutsu Kenkyūsho, 1967.

Ūkubo Eiko 大久保英子. *Min-shin jidai shoin no kenkyū* 明清时代书院の研究 (A Study of Academies in the Ming-Qing Period). Tokyo:Kobusho kankokai, 1976.

Pan Jixing 潘吉星. *Zhongguo zaozhi jishushi gao* 中国造纸技术史稿. Beijing: Wenwu chubanshe, 1979.

———. *Zhongguo Hanguo yu Ouzhou zaoqi yinshuashu de bijiao* 中国、韩国与欧洲早期印刷术的比较. Beijing: Kexue chubanshe, 1997.

Pan, Ming-te. "Rural Credit in Ming-Qing Jiangnan and the Concept of Peasant Petty Commodity Production." *JAS* 55, no. 1 (Feb. 1966): 94-117.

Patterson, Annabel. *Censorship and Interpretation: The Conditions of Writing and Reading in Early Modern England.* Madison: University of Wisconsin Press, 1984.

Perkins, David. *Is Literary History Possible?* Baltimore: Johns Hopkins University Press, 1992.

Peterson, Willard. *Bitter Gourd: Fang I-chih and the Impetus for Intellectual Change.* New Haven: Yale University Press, 1979.

Pettas, Willliam. "A Sixteenth-Century Spanish Bookstore: The Inventory of Juan de Junta." *Transactions of the American Philosophical Society*, vol. 85, pt. 1 (1995): 1-247.

Plaks, Andrew. *The Four Masterworks of the Ming Novel.* New Jersey: Princeton University Press, 1987.

Qi Biaojia 祁彪佳. *An Wu xi gao* 按吴檄稿. *BJTS*, vol. 48.

———. *Qu pin Ju pin* 曲品剧品. Taibei: Zhu Shangwen, 1960.

Qi Chengye 祁承㸁, *Tanshengtang cangshu mu* 澹生堂藏书目. *MDS MTB*.

Qian Cunxu 钱存训. *Zhongguo shuji, zhi mo ji yinshuashi lunwenji* 中国书籍、纸墨及印刷史论文集. Hong Kong: Chinese University Press, 1992.

———. *Zaozhi Ji yinshuai* 造纸及印刷. Taibei: Shangwu yinshu guan, 1995.

See also Tsien Tsuen-hsiun.

Qian Qianyi 钱谦益. *Muzhai chuxue ji* 牧斋初学集. *SBCK; SBCKCB.*

———. *Muzhai youxue ji* 牧斋有学集. *SBCK; SBCKCB.*

———. *Liechao shiji xiaozhuan* 列朝诗集小传. Taibei: Shijie shuju, 1961.

Qian Xiyan 钱希言. *Xixia* 戏瑕. *BJXSDG*, ser. 17, vol. 2.

Qingdai naifu keshu mulu jieti 清代内府刻书目录解题. Beijing: Zijin-cheng chubanshe, 1995.

Qiu Zhaolin 丘兆麟. *Yushu ting quanji* 玉书庭全集. Ming edition, 1632 (ST).

Qu Dajun 屈大均. *Guangdong xinyu* 广东新语. Beijing: Zhonghua shu ju, 1985.

Raitoguchi Ritsuko 瀬户口律子. *Liuqiu guanhua keben yanjiu* (Study of the official language) 琉球官话课本研究. Hong Kong: Institute of Chinese Culture, Chinese University, 1994.

Rawski, Evelyn S. *Education and Popular Literacy in Ch'ing China.* Ann Arbor: University of Michigan Press, 1979.

———. "Economic and Social Foundations of Late Imperial Culture." In David Johnson, Andrew J. Nathan, and Evelyn S. Rawski, eds., *Popular Cutlure in Late Imperial China.* Berkeley: University of California Press, 1985.

Ricci, Matthew. *China in the Sixteenth Century: The Journal of Matthew Ricci.* New York: Random House, 1953.

Richardson, Brian. *Printing, Writers, and Readers in Renaissance Italy*. Cambridge: Cambridge University Press, 1999.
Roche, Daniel. "Censorship and the Publishing Industry." In Robert Darnton, ed., *Revolution in Print: The Press in France 1775-1800*. Berkeley: University of California Press, 1989.
Rolston, David. Ed., *How to Read the Chinese Novel*. New Jersey: Princeton University Press, 1990.
——. *Traditional Chinese Fiction and Fiction Commentary: Reading and Writing Between the Lines*. Stanford: Stanford University Press, 1997.
Rose, Mark. "The Author in Court: Pope v. Curll (1741)." In Martha Woodmansee and Peter Jaszi, eds., *The Construction of Authorship: Texual Appropriation in Law and Literature*. Durham: Duke University Press, 1994, pp. 211-229.
Ruan Dacheng 阮大铖. *Yanzi jian* 燕子笺. Hong Kong: Guang zhi shuju, n.d.
San she ji 三社记. *Quan Ming chuanqi* 全明传奇. Taibei: Tianyi chubanshe, 1983.
Santangelo, "Urban Society in Late Imperial Suzhou." In Linda Cooke Johnson, ed., *Cities of Jiangnan in Late Imperial China*. Albany: State University of New York Press, 1993, pp. 81-116.
Shen Bang 沈榜. *Wanshu zaji* 宛署杂编. Bejing: Guji chubanshe, 1982.
Shen Defu 沈德符. *Wanli yehuo bian* 万历野获编. BJXSDG, ser. 15, vol. 6.
Shen Jin 沈津. "Mingdai fangke tushu zhi liutong yu jiage" 明代坊刻图书之流通与价格 (Circulation and Price of Books as Bookstores in Ming Dynasty), *Guojia tushuguan guankan* no. 1 (June 1996): 101-18.
Shen Shaofang 申绍芳. *Xinke Shen huikui jiazhuan keer sishu shunwen jiejie* 新刻申会魁家传课儿四书顺文捷解 (HYX).
Shen Shouzheng 沈守正. *Xuetang ji* 雪堂集. Ming edition 1630 (ZT).
——. *Sishu shuocong* 四书说丛 (HYX).
Shen Zijin 沈自晋. *Chongding nan jiugong cipu* 重定南九宫词谱. SBXQCK, vol. 1.
Shen Zuan 沈瓒. *Jinshi congcan* 近事丛残.
Shi Fenglai 施凤来. *Xinke Shi huiyuan zhenzhuan Sishu zhuyi suijue chuanbi* 新刻施会元真传四书主意髓觉椽笔. 1607 preface (SKY).
Shi Jinbo 史金波 and Yasin Ashuri 雅森·吾守尔. *Zhongguo huozi yinshuashu de faming he zaoqi chuanbo* 中国活字印刷术的发明和早期传播. Beijing: Shehui kexue wenxian chubanshe, 2000.
Shi Xuan 史玄. *Jiujing yishi* 旧京遗事. BJXSDG, ser. 9, vol. 8.
Smith, Joanna Handlin. "Garden in Ch'i Piao-chia's Social World: Wealth and Values in Late Ming Jiangnan." *JAS* 51:1 (Feb. 1992): 55-81.
——. "Benevolent Societies: The Reshaping of Charity in the Late Ming and Early Qing." *JAS* 46.2 (May 1987): 309-337.
Smith II, Henry D. "Japaneseness and the History of the Book." *Monumenta Nipponica* 53, no.

4 (Winter 1998): 499-514.
Steinberg, S.H. Revised by John Trevitt. *Five Hundred Years of Printing*. London: The British Library and Oak Knoll Press, 1996.
Su Jing 苏精. *Ma Lixun yu zhongwen yinshua chuban* 马礼逊与中文印刷出版.Taibei: Xuesheng shuju, 2000.
Sun Chengze 孙承泽. *Chunming meng yu lu* 春明梦余录. *SKQSZB*, ser. 6.
———. *Tiangu guangji* 天府广记. Beijing: Beijing chubanshe, 1962.
———. *Shan Shu* 山书. *SKJHS*, vol. 71.
Sun Kaidi 孙楷第. *Zhongguo tongsu xiaoshuo shumu* 中国通俗小说书目, Hong Kong: Shiyong shuju, 1967.
Sun Kuang 孙鑛, *Yuefeng xiansheng juye bian* 月峰先生居业编. Ming edition, preface 1594 (ST).
———. *Yuefeng xiansheng juye cibian* 月峰先生居业次编. Ming edition, (ST).
———. *Jin wenxuan* 今文选. Ming edition, preface 1603 (BT).
Sutterland, John. "Publishing History: A Hole at the Centre of Literary Sociology." In Philippe Desan, Priscilla Parkurst Ferguson, and Wendy Griswold, eds. *Literature and Social Practice*. Chicago and London: University of Chicago Press, 1988, pp. 267-282.
Swartz, David. *Culture and Power: The Sociology of Pierre Bourdieu*. Chicago: University of Chicago Press, 1997.
Taga Akigoro 多贺秋五郎. *Sofu no kenkyū* 宗譜の研究. Tokyo: The Tokyo Bunko Publications, 1960.
Tan Qian 谈迁. *Zaolin zazu* 枣林杂俎. *BJXSDG*, ser. 22, vol. 6.
Tang Binyin 汤宾尹. *Shui'an gao* 睡庵稿. Ming edition, preface 1610 (ZT).
———. *Shui'an Sishu mai* 睡庵四书脉. Ming edition, preface 1615 (HYX).
Tang Changshi 唐昌世. *Suibi manji* 随笔漫记. *MQSL*, ser. 1, vol. 3.
Tang Shunzhi 唐顺之. *Jingchuan ji* 荆川集. *CSJCXB*, vol. 144.
Tang Wenji 唐文基. "Mingchao dui xingshang de guanli he zhengshui" 明朝对行商的管理和征税. *Zhongguoshi yangjiu*, no. 3 (1982): 19-32.
Tang Xianzu 汤显祖. *Tang Xianzu ji* 汤显祖集. Beijing, Zhonghua shuju, 1962.
Ted Telford, *Chinese Genealogies at the Genealogical Society of Utah: an Annotated Bibliography*. Taibei: Chengwen chubanshe, 1983.
Tedeschi, Martha. "Publish and Perish: The Career of Lienhart Holle in Ulm." In Sandra Hindman, ed., *Printing and the Written Word: The Social History of Books, circa 1450-1520*. Ithica: Cornell University Press, 1991.
Tian Jinsheng 田金生. *Huizhou fu fu yi quanshu* 徽州府赋役全书, Taibei: Xuesheng shuju,1970.
Tian Yiheng 田艺蘅. *Liu qing ri zha zhechao* 留青日札摘钞. *Jilu huibian* 纪录汇编. *BBCSJC*.
Trigault, Nicola, and Matteo Ricci. *China in the Sixteenth Century: The Journals of Matthew Ricci: 1583-1610*. Trans. Louis J. Gallagher. New York: Random House, 1953.

Tsien Tsuen-hsuin. "Paper and Printing". In Joseph Needham, ed. *Science and Civilization in China*, vol. 5, Chemistry and Chemical Technology, pt. 1. New York: Cambridge University Press, 1985.

Twitchett, Denis. *Printing and Publishing in Medieval China*. New York: Frederic C. Beil, 1983.

Twitchett, Denis and Frederik W. Mote. *The Ming Dynasty, 1368-1644, Part 2. The Cambridge History of China*. New York: Cambridge University Press, 1998.

Tu Long 屠隆. *Kaopan yushi* 考槃余事. *CSJCCB*, vol. 1559.

Tu, Wei-ming. *Neo-Confucian Thought in Action: Wang Yang-ming's Youth (1472-1529)*. Berkeley: University of California Press, 1976.

Tyson, Gerald P. and Sylvia S. Wagonheim, eds., *Print and Culture in the Renais-sance: Essays on the Advent of Printing in Europe*. Newark: University of Delaware Press, 1986.

Van Der Stock, Jan. *Printing Images in Antwerp: The Introduction of Printmaking in a City, Fifteenth Century to 1585*. Trans. Beverly Jackson. Rotterdam: Sound & Vision Interactive Rotteram, 1998.

Van Gulik, R.H. *Sexual Life in Ancient China*. Leiden: J.E. Brill, 1961.

Wagner, Rudolf. "Shenbaoguan zaoqi de shuji chuban (1872-1875)" 申报馆早期的书籍出版, 1872-1875. In Chen Pingyuan and et al. eds., *Wan Ming yu Wan Qing: Lishi chuancheng yu wenhua chuangxin* 晚明与晚清：历史传承与文化创新. Wuhan: Hubei jiaoyu chubanshe, 2002.

Wang Chunyu 王春瑜. "Mingdai shangye wenhua chutan" 明代商业文化初探. *Zhongguoshi yanjiu* 中国史研究. No. 4 (1992): 141-154.

Wang Ermin 王尔敏. *Ming Qing shidai shumin wenhua shenghuo* 明清时代庶民文化生活. Taibei: Academic Sinica, Institute of Modern History, 1996.

Wang Liqi 王利器. *Yuan Ming Qing sandai jinhui xiaoshuo xiqu shiliao* 元明清三代禁毁小说戏曲史料. Shanghai: Shanghai guji chubanshe, 1981.

Wang Shimao 王世懋. *Minbu shu* 闽部疏. *CSJCCB*.

Wang Shizhen 王世贞. *Yanshantang bieji* 弇山堂别集. *ZGSXCS*.

Wang Shizhen 王士禛. *Gufu yuting zalu* 古夫于亭杂录. *CSJCXB*, vol. 214.

———. *Fengan yuhua* 分甘余话. *CSJCXB*, vol. 214.

Wang Xijue 王锡爵. Ed. *Huang Ming guanke jingshi hongci xuji* 皇明馆课经世宏辞续集. *SKJHS*, vol. 92.

Wang Yu 王宇 *Sishu yeshiyuan chukao* 四书也是园初告. Ming edition, preface 1615 (HYX).

Wang Yunxi 王运熙 and Gu Yisheng 顾易生. *Zhongguo wenxue piping shi* 中国文学批评史. Taibei: Wunan tushu chuban youxian gongsi, 1991.

Wang Zhongmin 王重民. *Zhongguo shanbenshu tiyao* 中国善本书提要. Shanghai: Shanghai guji chubanshe, 1983.

Waquet, Francoise. "Book Subscriptions in Early Eighteenth-century Italy." In *Publishing

History, vol. 33 (1993): 77-88.
Warringtong, Bernard. "The Bankruptcy of William Pickering in 1853: The Hazards of Publishing and Bookselling in the First Half of the Nineteenth Century." In *Publishing History* 27 (1990): 5-25.
Wei Dazhong 魏大中 *Zangmizhai ji* 藏密斋集. *SKJHS*, vol. 45.
Weng Tongwen 翁同文. "Yinshushu duiyu shuji chengben de yinxiang" 印刷术对于书籍成本的影响. *Tsing-hua hsueh-pao* 清华学报, vol. 6, nos. 1-2 (1967): 35-40.
Widmer, Ellen. "From Wang Duanshu to Yun Zhu: The Changing Face of Women's Book Culture in Qing China." In Cynthia Brokaw and Kai-wing Chow, eds., *Printing and Book Culture in Late Imperial China*. Berkeley: University of California Press, forthcoming.
———. "Huangduzhai of Hangzhou and Suzhou: A Study in Seventeenth-Century Publishing.: *HJAS* 56, no. 1 (1996): 77-122.
———. "Xiaoqing's Literary Legacy and the Place of Women Writer in Late Imperial China." *Late Imperial China* 13, no. 1 (June 1992): 111-155.
Wiens, Mi Chu. "Lords and Peasants: The Sixteenth to the Eighteenth Century." *Modern China* 6, no. 1 (Jan. 1980): 3-39.
Williams, George Walton. *The Craft of Printing and the Publications of Shakespeare's Works*. London: Folger Books, 1985.
Willimas, S. Wells. *The Middle Kingdom: A Survey of the Geography, Government, Education, Social Life, Arts, Religion, etc., of the Chinese Empire and Its Inhabitants*. New York: John Wiley & Sons, Publishers, 1876.
Wilson, Thomas A. *Genealogy of the Way: The Construction and Uses of the Confucian Tradition in Late Imperial China*. Stanford: Stanford University Press, 1995.
Wong, Bin, Theodore Huters, and Pauline Yu. *Culture and State in Chinese History: Conventions, Accommodations, and Critiques*. Stanford: Stanford University Press, 1997.
Woodmansee, Martha. "On the Author Effect: Recovering Collectivity." *The Construction of Authorship: Textual Appropriation in Law and Literature*. In Idem and Peter Jaszi, eds. Durham: Duke University Press, 1994.
Wu Dang 吴当. *Hecan sishu mengyin cunyi dingjie* 合参四书蒙引存疑定解 (HY).
Wu Han 吴晗. "Mingdai de xin shihuan jieji, shehuide zhengzhide wenhuade guanxi jiqi shenghuo" 明代的新仕宦阶级，社会的政治的文化的关系及其生活. *Mingshi yanjiu luncong* 明史研究论丛, no. 5 (1991): 1-68.
Wu Jingzi 吴敬梓. *Rulin waishi* 儒林外史. Hong Kong: Zhonghua shu ju, 1972.
Wu, K.T. "Ming Printing and Printers." *Harvard Journal of Asiatic Studies* 7, no. 3 (1943): 203-260.
Wu Yingji 吴应箕. *Loushantang ji* 楼山堂集. *Yueya tang congshu* 粤雅堂丛书.
Wu Zhihe 吴智和. *Mingdai de ruxue jiaoguan* 明代的儒学教官. Taibei: Xuesheng shuju, 1991.
Xiang Shengguo 项声国. *Sishu ting yue* 四书听月 (HYX).

Xiang Yu 项煜. *Sishu renwu leihan* 四书人物类函. Mind edition (HYX).

Xiao Dongfa 肖东发. *Zhongguo bianji chubanshi* 中国编辑出版史. Shenyang: Liaoning jiaoyu chubanshe, 1996.

——. "Jianyang Yu shi keshu kaolüe" 建阳余氏刻书考略. *LDKS*, pp. 90-146.

Xie Guozhen 谢国桢. *Ming Qing zhiji dangshe yundong kao* 明清之际党社运动考. Beijing: Zhonghua shuju, 1982.

Xie Zhaozhi 谢肇淛. *Wu Zazu* 五杂俎. Taibei: Xinxing shuju, 1971.

Xinbian shiwen leiyao qizha qingqian 新编事文类要启札青钱. Tokyo: Nagasawa Kikuya 长泽规矩也 and Koten kenkyu kai 古典研究会, 1963.

Xu Bo 徐𤊹. *Xushi jiacang shumu* 徐氏家藏书目. *MDSMTB*, vol. 2.

Xu Fenpeng 徐奋鹏. *Xu Bidong xiansheng shi'er bu wenji* 徐笔峒先生十二部文集 (BDT), Ming edition.

——. *Bidong sheng xinwu* 笔峒生新悟, preface, 1613(HYX).

——. *Xuke Bidong xiansheng houwu* 续刻笔峒先生后悟, preface, 1613 (HYX).

——. *Sishu zhixin* 四书知新, preface 1626 (HYX).

——. *Zuanding gujin sishu daquan* 纂定古今四书大全, Ming edition (HYX).

——. *Sishu gujin daomai* 四书古今道脉. Ming edition (HYX).

Xu Fuyuan 许孚远. *Daxue kao* 大学考, *Daoxue shu* 大学述, *Daxue zhiyan* 大学支言, *Zhongyong shu* 中庸述, *Zhongyong zhiyan* 中庸支言, and *Lunyu shu* 论语述 (HYX).

Xu Guangqi 徐光启. *Nongzheng quanshu jiaozhu* 农政全书校注. Shanghai: Shanghai Guji chubanshe, 1979.

Xu Hongzu 徐宏祖. *Xu Xiake youji* 徐霞客游记. Taibei: Shijie shuju, 1970.

Xu Jianqing 徐建青. "Qingdai de zaozhi ye" 清代的造纸业. *Zhongguo shi yanjiu*, no. 3 (1997): 135-144.

Xu Jianrong 徐建融. *Mingdai shuhua jianding yu yishu shichang* 明代书画鉴定与艺术市场. Shanghai: Shanghai shudian chubanshe, 1997.

Xu Shuofang 徐朔方. *Wan Ming Qujia nianpu* 晚明曲家年谱. 3 vols. Hangzhou: Zhejiang guji chubanshe, 1993.

Xu Wei 徐渭. *Xu Wei ji* 徐渭集. Beijing: Zhonghua shuju, 1983.

——. *Xu Wenchang sanji* 徐文长三集. 4 vols. Taibei: zhong yang tush-uguan, 1968.

Xu Xiaoman 徐小蛮. "A Study of Printing of Genealogies in Shanghai and Jiangsu-Zhejiang Area in the Qing Dynasty." In Cynthia Brokaw and Kai-wing Chow, eds., *Printing and Book Culture in Late Imperial China*. Berkeley: University of California Press, forthcoming.

Xu Xuemo 徐学谟. *Shimiao shi yu lu* 世庙识余录. Taibei: Guofeng chu banshe, 1965.

Xuanlanzhai shumu 玄览斋书目. *MDSMTB*.

Xue Gang 薛冈. "Tianjue tang biyu" 天爵堂笔余. *Mingshi yanjiu luncong* 明史研究论丛, no. 5 (1991): 322-356.

Yang Wenkui 杨文魁. *Sishu shiwen shilu* 四书事文实录. Ming edition (HYX).

Yao Guangzuo 姚光祚. *Sishu wuxue wangyang bian* 四书吾学望洋编. Ming edition, preface 1615 (HYX).

Yang Shengxin 杨绳信. "Lidai kegong gongjia chutan" 历代刻工工价初探. *LDKS*, pp. 553-567.

Yang Shicong 杨士聪. *Yutang huiji* 玉堂荟记. Taibei: Taiwan sheng zhengfu yinshuachang, 1968.

Yang Xunji 杨循吉. *Sutan* 苏谈. *Jilu huibian* 纪录汇编. *BBCSJC*.

Ye Changchi 叶昌炽. *Cangshu jishi shi* 藏书纪事诗. Taibei: Shijie shuju, 1961.

Ye Dehui 叶德辉. *Shulin qing hua* 书林清话. Taibei: Shijie shuju, 1961.

Ye Mengzhu 叶梦珠. *Tianfu guangji* 天府广记. Beijing: Bejing chubanshe, 1962.

———. *Yueshi bian* 阅世编. *Shanghai zhanggu congshu* 上海掌故丛书. Vol. 1, Xuehai chubanshe, 1968.

Ye Sheng 叶盛. *Shuidong riji* 水东日记. *ZGSXCS*, vol. 25-26.

Ye Xian'an 叶显恩. *Ming Qing Huizhou shehui yu tianpuzhi* 明清徽州农村社会与佃仆制. Hefei: Anhui renmin chubanshe, 1983.

Ye, Yang. *Vignettes from the Late Ming: A Hsiao-p'in Anthology*. Seattle: University of Washington Press, 1999.

Yeh, Catherine. "Reinventing Ritual: Late Qing Handbooks for Proper Customer Behavior in Shanghai Courtesan Houses." *Late Imperial China* 19, no. 2 (Dec. 1998): 1-63.

———. "The Life-style of Four Wenren in Late Qing Shanghai." *HJAS* 57, no. 2 (Dec. 1997): 419-470.

Yin Yungong 尹韵公. *Zhongguo Mingdai xinwen chuanbo shi* 中国明代新闻传播史. Chongqing: Chongqing chubanshe, 1990.

Yi chun xiang zhi 宜春香质. *SWXHB*, vol. 7.

Yu, Chun-fang. "P'u-t'o Shan: Pilgrimage and the Creation of the Chinese Potalaka." In Naquin, Susan and Chun-fang Yu. Eds. *Pilgrims and Sacred Sites in China*. Berkeley: University of California Press, 1992.

———. *The Renewal of Buddhism in China: Chu-hung and the Late Ming Synthesis*. New York: Columbia University Press, 1980.

Yu Jideng 余继登. *Diangu jiwen* 典故纪闻. *CSJCCB*. Reprint of Wanli edition. Taiyuan: Shanxi guji chubanshe, 1993.

Yu Yingke 余应科 *Juan Qian Cao liang xiansheng Sishu qianbai nian yan* 镌钱曹两先生四书千百年眼. Ming edition, preface 1633(HYX).

Yu Yingqiu 余应虬. *Sishu Yijing tujie* 四书翼经图解. Ming edition(HYX).

———. *Sishu mai jiangyi* 四书脉讲意. Ming edition, 1619 (HYX).

Yu, Ying-shih 余英时. "Zhongguo jinshi zongjiao lunli yu shangren jingshen" 中国近世宗教伦理与商人精神 In *Zhongguo sixiang chuantong de xiandai quanshi* 中国思想传统的现代诠释. Taibei: Lianjing chubanshe, 1990.

——. "Shi-shang hudong yu ruxue zhuanxiang: Ming Qing shehuishi yu sixiangshi zhi yi mainxiang" 士商互动与儒学转向：明清社会史与思想史之一面相. In Hao Yanping and Wei Xiumei, eds., *Jinshi zhongguo zhi chuantong yu tuibian: Liu Guangjing yuanshi qishiwu sui zhushou lunwenji* 近世中国之传统与蜕变：刘广京院士七十五岁祝寿论文集. Taibei: Academic Sinica, 1999.

Yuan Hongdao 袁宏道 *Pinghuazhai zalu* 瓶花斋杂录. *XHLB*.

——. *Yuan Zhonglang quanji* 袁中郎全集. Ming Edition, preface 1629 (BDT).

——. *Yuan Zhonglang quanji*. Hong Kong: Guangzhi shuju, n.d.

——. *Xiaobitang xuji* 潇碧堂续集. *SKJHS*, vol. 67.

——. *Xiaobitang ji* 潇碧堂集. *SKJHS*, vol. 67.

Yuan Huang 袁黄. *Sishu xun er sushuo* 四书训儿俗说 (HYX).

——. *Liaofan Yuan xiansheng sishu shanzheng jian shuyi* 了凡袁先生四书删正兼疏义. (HYX)

——. *Baodi zhengshu* 宝邸政书. In *Liaofan zazhu* 了凡杂著. *BJTS*, vol. 80.

Yuan Jixian 袁继咸. *Liuliutang ji* 六柳堂集. *SKJWS*, vol. 116.

Yuan Tongli 袁同礼, "Mingdai sijia cangshu gailue" 明代私家藏书概略. *Tushuguanxue jikan* 图书馆学季刊, no. 2 (1926-1937). Beijing: Zhonghua tushuguan xiehui.

Yuan Yi 袁逸. "Mingdai yiqian shuji jiaoyi ji shujia kao" 明代以前书籍交易及书价考. *Zhejiang xuekan* 浙江学刊, no. 6 (1992): 174-178.

Yuan Zhongdao 袁中道. *Kexuezhai jin ji* 珂雪斋近集. Shanghai: Shanghai shudian, 1983.

——. *You ju bei lu* 游居柿录. In *Yuan Xiaoxiu riji* 袁小修日记. Taibei: Taibei shuju, 1956.

Yuelu yin 月露音. *MDBHCK*, no. 6.

Yugui hong 玉圭红. *SWXHB*, vol. 4.

Zang Maoxun 臧懋循. *Fubaotang ji* 负苞堂集. Shanghai: Gudian wen xue chubanshe, 1958.

Zelin, Madeleine. *The Magistrate's Tael: Rationalizing Fiscal Reform in Eighteenth Centruy Ch'ing China*. Berkeley: University of California Press, 1984.

Zha Duo 查铎. *Chandao ji* 阐道集. Preface 1609 (SKY).

Zha Jizuo 查继佐 *Zui wei lu* 罪惟录. Hangzhou: Zhejiang guji chu-banshe, 1986.

Zha Shenxing 查慎行. *Renhai ji* 人海记. *CSJCXB*, vol. 214.

Zhai Tunjian 翟屯建. *Ming Qing shiqi Huizhou keshu jianshu* 明清时期徽州刻书简述. *Wenxian* 文献, no. 4 (1988): 242-251.

Zhang Anqi 张安奇. "Ming gaoben Yuhuatang riji zhong de jingji shi ziliao yanjiu" 明稿本《玉华堂日记》中的经济史资料研究. *Mingshi yanjiu luncong* 明史研究论丛, no. 5 (1991): 268-311.

Zhang Dai 张岱. *Tao'an meng yi* 陶庵梦忆. Taibei, Kaiming shudian, 1957.

——. *Sishu yu* 四书遇. Hangzhou: Zhejiang guji chubanshe, 1985.

Zhang Fengyi 张凤翼. *Chushitang ji* 处实堂集. Wanli edition (ZT)

——. *Juzhu shanfang ji* 句注山房集. *SKJHS*, vol. 70.

Zhang, Longxi. *Mighty Opposites: From Dichotomies to Differences in the Comparative Study of China*. Stanford: Stanford University Press, 1998.

Zhang Nai 张鼐. *Zhang Dongchu xiansheng xieyu yinmeng Sishu yan* 张洞初先生设喻引蒙四书演 (HYX).

Zhang Pu 张溥. *Sishu yin* 四书印. Ming edition (HYX).

——. *Qiluzhai lunlue* 七录斋论略. Taibei: Weiwen shuju, 1977.

——. *Sishu kaobei* 四书考备. Ming edition (HYX).

——. *Sishu zhushu daquan hezuan* 四书注疏大全合纂. Ming edition (HYX)

Zhang Wenyan 张文炎. *Guochao minggong jingji wenchao* 国朝名公经济文钞. *BJTS*, vol. 120.

Zhang Xiumin 张秀民, "Mingdai Nanjing de keshu" 明代南京的刻书. *Wenwu* 文物, no. 11 (1980): 78-83.

——. *Zhongguo yinshuashi* 中国印刷史. Shanghai: Shanghai renmin chubanshe, 1989.

—— and Han Qi 韩琦. *Zhongguo huozi yinshua shi* 中国活字印刷史. Beijing: Zhongguo shuji chubanshe, 1998.

Zhang Xuan 张萱. *Xiyuan jianwenlu* 西园见闻录. *ZHWSCS*, ser. 5, vols. 1-8. Reprint of 1940 edition. Taibei: Huawen shuju, 1975.

Zhang Yingyu 张应俞. *Dupian xinshu* 杜骗新书. *GBXSCK*, ser. 35, vol. 3.

Zhang Yunluan 张云鸾. *Sishu jingzheng lu* 四书经正录 (HYX).

Zhang Zilie 张自烈. *Jishan wenji* 芑山文集. *CSJCXB*, vol. 188.

——. *Sishu daquan bian* 四书大全辩. Preface 1656 (HYX).

——. *Sishu zhujia bian* 四书诸家辩. Preface, 1656 (HYX).

Zhao Jishi 赵吉士. *Ji Yuan ji suo ji* 寄园寄所寄. Wensheng shuju, 1911.

Zhao Lu 晁瑮. *Zhaoshi baowentang shumu* 晁氏宝文堂书目, *MDSM*.

Zhao shi bei 照世杯. Taibei: Tianyi chubanshe, 1974.

Zhao Shiyu 赵世瑜 "Mingdai fuxian lidian shehui weihai chutan" 明代府县吏典社会危害初探. *Zhongguo shehui jingji shi yanjiu* 中国社会经济史研究. No. 4 (1988): 53-61.

Zheng Lihua 郑利华. *Mingdai zhongqi wenxue yanjin yu chengshi xingtai* 明代中期文学演进与城市形态. Shanghai: Fudan daxue chu-banshe, 1995.

Zheng Xiao 郑晓. *Jin yan* 今言. *BJXSDG*, ser. 18. vol. 3.

Zhongguo kaoshi zhidushi ziliao xuanbian 中国考试制度史资料选编. Hefei: Huangshan shushe, 1992.

Zhongxu meng 终须梦. *ZGGDZX*, vol. 4

Zhong Xing 钟惺. *Cuiyuge pingxuan Zhong bojing xiansheng heji* 翠娱阁评选钟伯敬先生合集 (SKY).

——. *Yinxiuxuan ji* 隐秀轩集. Shanghai: Shanghai guji chubanshe, 1992.

——. *Shi huai* 史怀. Wanli edition (ZT).

—— and Tan Yuanchun 谭元春. Eds. Gushi gui 古诗归. Ming edition, preface 1617 (ZT).

Zhou Hongzu 周弘祖. *Gujin shuke* 古今书刻. *MDSM*, vol. 2.

Zhou Hui 周晖. *Xu Jinling suoshi* 续金陵琐事. *BJXSDG*, ser. 16, vol. 4.

Zhou Lianggong 周亮工. *Shu ying* 书影. Shanghai: Gudian wenxue chubanshe, 1957.

Zhou Qirong 周启荣. See Chow, Kai-wing.

Zhou Shaoquan 周绍泉 and Zhao Yaguang 赵亚光. Eds. *Doushan gong jiayi jiaozhu* 窦山公家议校注. Hefei: Huangshan shushe, 1993.

Zhou Wende 周文德. *Shanbu Sishu shengxian xinjue* 删补四书圣贤心诀. Ming edition, (HYX).

——. *Sipengju Sishu shengxian xinjue* 四朋居四书圣贤心诀 (BT).

——. *Sishu jiangyi cunshi* 四书讲义存是 (HYX).

Zhou Zhong 周钟. *Zuishiju pingci mingshanye huang Ming xiaolun* 醉石居评次名山业皇明小论. Preface 1623 (SKY).

Zhu Mingliang 朱明良. *Huang Ming baijia sishu lijie ji* 皇明百家四书理解集. Ming edition, preface 1594 (HYX).

Zhu Xi 朱熹. *Daxue zhangju* 大学章句. In *Sishu Wujing Song Yuan ren zhu* 四书五经宋元人注. Beijing: Zhongguo shudian, 1985.

Zhu Xizu 朱希祖. *Ming ji shiliao tiba* 明季史料题跋. Beijing: Zhonghua shuju, 1961.

Zhu Yizun 朱彝尊. *Jingyi kao* 经义考. *SKQS*, vol. 680.

Zhuo Fazhi 卓发之. *Luli ji* 漉漓集. *SKJHS*, vol. 107.

译后记

2004年初夏，我与美国朋友比尔从波士顿开车去芝加哥大学拜访钱存训先生。拜访完钱先生后，我们顺路去了伊利诺伊大学香槟校区，在那里第一次见到了周启荣教授。周教授带我们参观了校园，互相交流了对中国出版史研究的看法，并说起了他在斯坦福大学出版社出版的新书 Publishing, Culture and Power in Early Modern China。凭直觉我就觉得这是一本很棒的书。

西方对中国出版史的研究，早期主要集中在对中国印刷术的研究上，尤其是侧重对中国印刷术的发明、西传等方面的研究。此后，研究扩展到关注印刷术发明之前的中国文字记录，并在一些专题，如出版管理、传教士在华出版等领域进行了有益的探索。进入21世纪以后，西方的中国出版史研究，一是借用其他学科的概念，如"文化权力""公共领域"等，对中国出版史进行研究，强调中国出版史与社会经济文化之间的关联，及其对社会的促进作用；二是重视对个案研究，通过分析个案，使中国出版史的研究进一步得到深化。毫无疑问，周启荣教授的这本著作，属于其中的佼佼者。该书以晚明前后中国的出版为切入口，用文化权力、公共领域等概念，对当时中国的出版与社会的关系进行了探讨。

回国后我就与商务印书馆商谈该书的中文版翻译。在商务印书馆的支持下，我与我的学生开始了该书的翻译工作。原以为这本书翻译起来会很容易，但着手后才发现困难重重。一是内容艰深。本书不是传统意义上的出版史研究图书，而是带有思想史意味的研究著作。要准确把握这本书背后的内容，需要研读有关明代思想史的一些资料。因此，边译边学成为翻译这本书的常态。二是引文的原书难觅。周教授在写作这本书的过程中，除在中国大陆查找了若干明版图书外，还在中国台北、日本、美国等图书馆查找了大量明版图书。要将书中引用的这些引文全部还原，成为一项艰巨的工作。为了查找一句话的出处，恳请各国朋友的帮助成为该书译稿后期完善时的常态。2012 年夏天，我邀请周启荣教授到南京大学讲授暑期课程，课余又就该书中的一些翻译问题与周教授进行了交流。但由于我这十年间诸事掺杂，精力分散，往往其他事情一分神，一两个月就溜走了，自然导致这部已经翻译好的稿子迟迟没有出版。

该书的英文原名是 *Publishing, Culture and Power in Early Modern China*。日本学者常常用"近世"这个术语翻译 Early Modern China，但中文中却没有合适的词汇。这一词汇对应的时段，虽是晚明这一时期，但又超越了晚明。结合该书的语境，经与周启荣教授多次协商，我们最终将中译本的书名确定为《中国前近代的出版、文化与权力（16—17世纪）》。

晚明是一个人性大解放的时代。这种对个性的追求，也给出版业带来了影响。而周教授也正是从研究李贽出发，逐步切入到出版史领域的。全书从书籍生产成本和书价探讨起，认为这一时期的中国书价比西欧的便宜，士人、城镇百姓普遍能买得起书。在此基础上，作者探讨了书籍出版在明代的地位、科举考试与出版的商业化等问题。

中西之间的差异，孕育出了各自不同的文明与实践。周教授写作本书的出发点是为了批评西方学者在研究中国历史方面的欧洲中心主义视角。但这不妨碍本书借鉴西方学者的一些理论资源来解释中国的出版实践活动。

本书中的核心理论与重要概念之一是"场域"与"习业"。

场域理论是布尔迪厄提出的，"场域"是指网络或位置之间客观关系的结构。在社会行为中，每个人在各种场域中占有位置，不同场域中的位置也各不相同。个人通过在场域中的竞争获得经济、文化、社会等不同类型的资本。不同资本之间可以进行转化。如拥有"经济资本"可帮助获得文化资本；具有"文化资本"也有助于获得经济资本。通过科举考试，意味着考生获得了文化资本，进而会被授予官衔，获得政治资本和经济资本，并进而扩大他的社会资本。拥有这些资本的人，自然容易受到出版商的青睐，而他们进入出版市场后，出版商利用其社会知名度进行广告宣传，并担保自己的图书质量。明版图书中出现的各种作者头衔、美称,其背后原因就在于此。

"习业"的英文是 practice。在汉语中,practice 通常被译为"实践"。周教授认为,"实践"的习惯用法是根据一个目标、原则、蓝图有计划、有意识地去实现,把计划、原则、蓝图变成事实。"习业"一方面可以包括这个意思,但"习"也强调不必是有意识、预先构想的计划、蓝图,以至原则,只是由种种不同因素造成的惯性活动。这些活动不是偶然性、突发性、一次性的活动,而是经常重复、有一定规则、带有累积性和长时段的活动,也就是"业"。同时,这种活动是社会中有一定数量的人共同接受、重复而不自知的。明代商业出版中的这一实践,便是这样一种"习业"。因此,在经过多次协商后,遵照周教授的意思,我们将 practice 译为"习业"。把 habitus 译为"习心"也是如此。

本书中的另一个重要概念是"超附文本"(paratext)。

超附文本是热拉尔·热奈特(Gérard Genette)提出来的,目前这一概念已在中国得到了广泛的应用,出现了很多利用这一理论来研究中国书籍的论著。超附文本指的是书名页、序言、后记、字体、版心、评论和评注内提到的文本等,这些内容是图书的组成部分之一。以前,这些文本常常会被研究者所忽略,认为是一些无足轻重的边缘性内容。超附文本又可分为"附书文本"(peritext,指书籍之中的文本)和"超书文本"(epitext,指书籍之外的文本)。出版作为一种商业活动,在中国古代"士农工商"

的社会等级结构中,并不是一件非常值得炫耀的行为。因此,明清士人的文集作品中,常常将从事这些活动的诗文删除。但通过超附文本,诸如序、跋、评注、参与者头衔和其他文体作品等,可以证明很多士人曾经参与过商业出版这一事实。晚明时期,随着商业出版的扩大,许多士人成为作者、编辑、编纂者、评注者、批评者、出版者或校对者,形成了一个"士"与"商"两种职业相结合的"士商"群体。同时,随着这一群体的扩大,他们也开始注意扩大他们的社会影响力。因此,他们通过出版活动宣扬自己的艺文理念,挑战科举考官的权威等。而这正是出版活动所产生的社会影响,是出版所发挥出的重要社会功能之一,也是出版活动被无数士人看重的原因之一。

周教授的这本书,一改传统出版史研究的写法,采用新文化史研究的思路,注意挖掘出版背后的影响因素,展现了晚明出版与社会、经济、文化等多方面的互动关系,探讨了出版活动背后的个人与社会的作用。同时,这本书将中国前近代的出版活动放在世界史的视域中进行分析,跳出了以往研究只局限在中国自身的不足。著名历史学家何炳棣先生在他的《读史阅世六十年》中总结他一生的治学之路时曾说:"我于国史选定研究对象之后往往先默默地作两种比较:与西方类似课题作一概略的比较,亦即所谓不同文化间(intercultural)的比较;在同一国史课题之内试略作不同时代的,亦即所谓'历时'(diachronic)的比较。特别是在专攻先秦思想的现阶段,这两种成了习惯的默默比较不时能扩展我的历史视野，导致新的思路，得出与众不同的论断。"[1]同样，周启荣教授的这本书，将中国的雕版印刷技术与古滕堡的金属活字印刷技术相比较，将同时期中国的文人、书籍出版商与欧洲文人、出版商相比较，得出的一些结论自然就有意义。如第二章中指出："中国的书商和出版商这两种职业并不是截然区分的，这与17世纪欧洲的书商与出版商相似，通常'他们绝大多数人都是身兼二职'。但是在欧洲，木刻工匠同时也印书、售书的情况就非常少见了。由于雕版印刷的简易性，这种'身兼二职'的现象在晚明时期很常见。"第三章在探讨晚明士人的写作、科举和出版的商业化中的种种不同表现时，指出"16世纪和17世纪的中国文人与同时期的法国文人差不多，都竭力寻找谋生的方法"。"商业出版对于中国文人经济状况的影响和法国与英国的状况十分相似。欧洲的学者们也是依靠资助和出售文稿（包括序言、信件和纪念文章）获得报酬"。该书最后的结论部分，更是从中西方不同的社会、技术角度，探讨了印刷出版对16—17世纪中国的影响，以及在这一时期中国与欧洲印刷的不同发展与影响。

本书英文版出版后，近年来中文世界先后又有沈俊平的《举业津梁——明中叶以后坊刻制举用书的生产与流通》（学生书局2009年版）、郭孟良的《晚明商业出版》（中国书籍出版社2010年版）、张献忠的《从精英文化到大众传播——明代商业出版研

---

[1] 何炳棣：《读史阅世六十年》，广西师范大学出版社2009年版，第476页。

究》(广西师范大学出版社 2015 年版)、何朝晖的《晚明士人与商业出版》(上海古籍出版社 2019 年版) 等同类主题的图书问世。如果把缪咏禾的《中国出版通史·明代卷》(中国书籍出版社 2008 年版)、程国赋的《明代书坊与小说研究》(中华书局 2008 年版) 等书也算上的话,相关研究成果则更多。但与上述图书相比,周教授的这本书在研究内容上仍具有开拓性与独特性,可以打开大家的研究思路。

本书由我与我的研究生傅良瑜、郝彬彬、肖超、乔晓鹏等共同翻译。每章译稿完成后,大家分头进行修改完善。完善后的译稿,周启荣教授曾通读并更正过多次,并请其高足张新歌参与了译校工作。我也先后邀请夏维中教授、何朝晖教授、王赫等进行校读,帮助完善。当然,该译本中存在的任何问题,我都负有责任。

感谢周启荣教授的宽容及理解,也感谢商务印书馆胡中文、郭朝凤、丁波、王希以及编辑石斌、郭晓娟等在本书出版过程中付出的辛勤劳动。

本书作为国家社科基金重大项目"中国出版学学术史文献整理、研究与资料库建设"(21&ZD321) 阶段性成果之一,也感谢国家社科基金长期以来的支持。

张志强

2021 年 10 月 4 日初稿

2021 年 12 月 30 日二稿

图书在版编目（CIP）数据

中国前近代的出版、文化与权力：16—17世纪 / （美）周启荣著；张志强等译. — 北京：商务印书馆，2023（2024.10重印）
ISBN 978-7-100-20677-8

Ⅰ.①中… Ⅱ.①周… ②张… Ⅲ.①图书－出版发行－研究－中国－明代 Ⅳ.①G239.294.8

中国版本图书馆CIP数据核字（2022）第025294号

权利保留，侵权必究。

中国前近代的出版、文化与权力：
16—17世纪
〔美〕周启荣　著
张志强　等译
夏维中　等校

商　务　印　书　馆　出　版
（北京王府井大街36号　邮政编码100710）
商　务　印　书　馆　发　行
三河市尚艺印装有限公司印刷
ISBN 978-7-100-20677-8

2023年6月第1版　　开本 880×1230　1/32
2024年10月第2次印刷　印张 14
定价：88.00元